AF541478

इलेक्ट्रॉनिक पत्रकारिता

इलेक्ट्रॉनिक पत्रकारिता

डॉ. अजय कुमार सिंह
अध्यक्ष
इलेक्ट्रॉनिक मीडिया विभाग
परीक्षा नियंत्रक और समन्वयक शोध केंद्र
हरिदेव जोशी पत्रकारिता और जनसंचार विश्वविद्यालय
जयपुर, राजस्थान

लोकभारती प्रकाशन

पहली मंजिल, दरबारी बिल्डिंग, महात्मा गाँधी मार्ग
प्रयागराज-211 001
वेबसाइट : www.lokbhartiprakashan.com
ईमेल : info@lokbhartiprakashan.com
शाखाएँ : 1-बी, नेताजी सुभाष मार्ग, दरियागंज
नई दिल्ली-110 002
अशोक राजपथ, साइंस कॉलेज के सामने
पटना-800 006 (बिहार)
1, अनमोल सोराबजी संतुक लेन, मरीन लाइंस
मुम्बई-400002

मूल्य : ₹ 700

प्रथम संस्करण : 2014
द्वितीय संस्करण : 2026

आस्था पेपर कन्वर्टर
प्रयागराज द्वारा मुद्रित

ELECTRONIC PATRAKARITA
by Dr. Ajay Kumar Singh

ISBN : 978-81-8031-772-9

अनुक्रम

पंचम अध्याय

छठा अध्याय

सातवाँ अध्याय

आठवाँ अध्याय

समर्पण एवं आभार

हरिदेव जोशी पत्रकारिता और जनसंचार विश्वविद्यालय, जयपुर के आदरणीय कुलगुरु प्रोफेसर नन्द किशोर पाण्डेय सर को सादर समर्पित है यह पुस्तक।

मेरी हार्दिक कृतज्ञता प्रो. के. जी. सुरेश, निदेशक, इंडिया हैबिटेट सेंटर और पूर्व कुलपति, एमसीयू के प्रति है, जिनके प्रोत्साहन और अटूट समर्थन ने मुझे इस यात्रा में सदैव मजबूती प्रदान की। उनका विश्वास मेरे लिए शक्ति का स्रोत रहा।

प्रो. अनिल कुमार राय 'अंकित' कुलगुरु, पंडित दीनदयाल उपाध्याय शेखावाटी विश्वविद्यालय, सीकर का भी हृदय की गहराइयों से आभार व्यक्त करता हूँ, जिनके मार्गदर्शन, विश्वास और विचारशील सुझावों ने मेरे कार्य को निखारने में महत्त्वपूर्ण भूमिका निभाई।

अपने सम्मानित सहकर्मियों डॉ. ऋचा यादव, डॉ. शालिनी जोशी, डॉ. रतन सिंह शेखावत, डॉ. अनिल कुमार मिश्रा और डॉ. गरिमा श्री का विशेष आभार व्यक्त करता हूँ, जिन्होंने पुस्तक के विकास के दौरान निरंतर सहयोग, उत्साहवर्द्धन और मार्गदर्शन प्रदान किया। उनकी प्रेरणा मेरे लिए अत्यंत महत्त्वपूर्ण रही है।

अपने परमपूज्य पिता स्मृतिशेष सुखराज सिंह के प्रति श्रद्धानवत् हूँ जिन्होंने सदैव मुझे प्रोत्साहित किया, साथ ही अपनी स्नेहमयी माता स्व. श्रीमती सरोज सिंह के प्रति भी कृतज्ञ हूँ जिन्होंने अनेकों कठिनाइयों के बावजूद असीम वात्सल्य एवं संरक्षण प्रदान करके मुझे इस योग्य बनाया।

अपने पुत्र अभिरव सिंह एवं पुत्री शांभवी सिंह का भी विशेष धन्यवाद करता हूँ, जिन्होंने इस पुस्तक के प्रूफरीडिंग में सहयोग देकर भाषा-संबंधी त्रुटियों को सुधारने में महत्त्वपूर्ण भूमिका निभाई।

लोकभारती प्रकाशन के परम् आदरणीय श्री रमेश ग्रोवर जी और श्री आमोद माहेश्वरी जी को हृदय से धन्यवाद देता हूँ क्योंकि इनके सहयोग और तत्परता के बिना प्रस्तुत पुस्तक इतने अल्प समय में आप तक नहीं पहुँच पाती।

यह पुस्तक मेरे जीवन के उन सभी सम्मानित व्यक्तित्वों के समर्थन, मार्गदर्शन और प्रेरणा का परिणाम है, जिन्होंने इस यात्रा में किसी न किसी रूप में मेरा साथ दिया। मैं उन सभी के प्रति हृदय से आभारी हूँ।

अंत में मैं अपनी पत्नी डॉ. पूजा सिंह, एसोसिएट प्रोफेसर, पूर्णिमा यूनिवर्सिटी, जयपुर के प्रति हृदय की गहराइयों से आभार व्यक्त करता हूँ। उन्होंने जीवन के हर उतार-चढ़ाव में मेरा साथ दिया, मुझे प्रेरित किया और हर परिस्थिति में मेरा हौसला बढ़ाया। उनके अटूट विश्वास, धैर्य और सहयोग के बिना इस पुस्तक का प्रकाशन संभव नहीं हो पाता। उनका साथ मेरे जीवन की सबसे बड़ी शक्ति है।

—अजय कुमार सिंह

प्राक्कथन

सूचना क्रान्ति के इस युग में रेडियो, फ़ोटोग्राफी, टेलीविज़न, इण्टरनेट इत्यादि अत्याधुनिक तकनीक के प्रयोग के कारण पत्रकारिता में क्रान्तिकारी परिवर्तन हुए हैं। वर्तमान में रेडियो, टेलीविज़न एवं इण्टरनेट के माध्यम से ख़बरों को त्वरित गति से दर्शकों तक पहुँचाना पत्रकारिता का प्रमुख दायित्व है। आज पत्रकारिता एक ऐसा महत्त्वपूर्ण माध्यम बन गयी है जो समाज में फैली हुई कुरीतियों को दूर कर समाज एवं जनमानस के अधिकारो के प्रति जागरूकता फैलाने एवं सामाजिक मूल्यों की स्थापना करने में महत्त्वपूर्ण भूमिका निभा रही है।

इस युग में मीडिया द्वारा प्रस्तुत किये जा रहे समाचारों, सूचनाओं का सीधा प्रभाव आम जनता पर पड़ रहा है। वर्तमान में टेलीविज़न पत्रकारिता एवं प्रोडक्शन, फ़ोटोग्राफी, एफ एम चैनल एवं वेब पत्रकारिता के क्षेत्र में रोज़गार के अवसर निरन्तर बढ़ते जा रहे हैं। इलेक्ट्रॉनिक माध्यमों के विकास के साथ ही पत्रकारिता नें प्रायोगिक एवं तकनीकी पक्ष की भूमिका निरन्तर बढ़ती जा रही है। नयी सदी की पत्रकारिता में वही पत्रकार, कैमरामैन, वीडियो एडिटर, प्रकाश निर्देशक, ऑडियोमैन, वेब डिज़ाइनर अपने को स्थापित कर पायेगा, जो प्रशिक्षण के साथ-साथ अत्याधुनिक तकनीकों में दक्ष होगा।

पत्रकारिता में आज विशेषज्ञता ने अपना स्थान बना लिया है। टेलीविज़न पत्रकारिता में आनेवाले अधिकतर विद्यार्थी इसके ग्लैमर के वशीभूत होकर इस क्षेत्र में आते हैं और सफलता के लिए हमेशा शॉर्टकट की तलाश में रहते हैं। यदि कोई टेलीविज़न के क्षेत्र में कार्य करना चाहता है तो उसे यह सुनिश्चित करना पड़ेगा कि वह क्या बनना चाहता है? उदाहरण के लिए, यदि कोई व्यक्ति देखने में सुदर्शन नहीं है, साथ ही उसका उच्चारण भी दोषपूर्ण है तो वह कभी रिपोर्टर या ऐंकर नहीं बन पायेगा। ऐसे में उसके लिए कैमरा पर्सन या वीडियो जर्नलिस्ट, वीडियो एडीटर, लाइटिंग डाइरेक्टर, फ्लोर मैनेजर, साउण्ड निर्देशक, एनीमेटर, वेव डिज़ाइनर इत्यादि बहुत-सारे अन्य क्षेत्र खुले हुए हैं, जिसमें वह अपनी प्रतिभा का लोहा मनवा सकता है।

अच्छे पत्रकारों की आवश्यकता को देखकर मीडिया का प्रशिक्षण देने के लिए विश्वविद्यालयों में पत्रकारिता विभाग प्रारम्भ किये जा रहे हैं, साथ ही, नये पत्रकारिता विश्वविद्यालयों की स्थापना भी हो रही है। भोपाल में माखनलाल चतुर्वेदी राष्ट्रीय पत्रकारिता एवं संचार विश्वविद्यालय, छत्तीसगढ़ में कुशाभाऊ ठाकरे पत्रकारिता विश्वविद्यालय एवं हाल ही में राजस्थान के जयपुर में हरिदेव जोशी पत्रकारिता और जनसंचार

विश्वविद्यालय की स्थापना की गयी है। वर्तमान में काफी संख्या में युवा पीढ़ी निजी एवं सरकारी विश्वविद्यालयों में पत्रकारिता का प्रशिक्षण प्राप्त कर रही है। यह पुस्तक इलेक्ट्रॉनिक पत्रकारिता के क्षेत्र में युवा समुदाय की आवश्यकताओं को ध्यान में रखकर लिखी गयी है।

इस पुस्तक के माध्यम से विभिन्न विश्वविद्यालयों में चल रहे इलेक्ट्रॉनिक पत्रकारिता विशेषकर टेलीविज़न के पाठ्यक्रमों का अध्ययन करनेवाले विद्यार्थियों के सामने आनेवाली समस्याओं को हल करने का प्रयत्न किया गया है। प्रस्तुत पुस्तक में टेलीविज़न, रेडियो, वेव एवं फिल्म पत्रकारिता के प्रायोगिक स्वरूप का विवेचन किया गया है। फ़ोटोग्राफी चूँकि टेलीविज़न का मूल है या दूसरे शब्दों में कहा जाये तो टेलीविज़न चित्रों की एक क्रमबद्ध श्रृंखला है। फ़ोटोग्राफी के सभी सिद्धान्त टेलीविज़न के दृश्यों पर भी लागू होते हैं इसलिए टेलीविज़न के अध्ययन के पूर्व इस पुस्तक में फ़ोटोग्राफी के तकनीकी पक्ष को सरल, सहज भाषा में समझाने का प्रयत्न किया गया है। इस पुस्तक में इलेक्ट्रॉनिक पत्रकारिता का स्वरूप, फ़ोटो पत्रकारिता, टेलीविज़न पत्रकारिता, टेलीविज़न प्रोडक्शन तकनीक, फिल्म पत्रकारिता, रेडियो पत्रकारिता के साथ-साथ वेव पत्रकारिता या इण्टरनेट पत्रकारिता के विविध आयामों को सहज ढंग से समझाने का प्रयास किया गया है।

इलेक्ट्रॉनिक पत्रकारिता में जिसमें हर 6 माह के बाद उपकरण बदल जाते, फार्मेट बदल जाते हैं, यहाँ तक कि पूरी-पूरी तकनीक बदल जाती है। ऐसे समय में टेलीविज़न के क्षेत्र में कार्य कर रहे व्यक्तियों और आनेवाली युवा पीढ़ी के सामने सदैव चुनौतियाँ बनी रहती हैं। इन चुनौतियों का सामना करने के लिए भावी पत्रकारों को चयन किये गये क्षेत्र का तकनीकी एवं प्रायोगिक ज्ञान होना अति आवश्यक है। वेव पत्रकारिता में भी रोज़गार के अवसर निरन्तर बढ़ते जा रहे हैं, जिसके लिए इण्टरनेट एवं कम्प्यूटर ज्ञान के साथ-साथ वेव पेज निर्माण या वेबसाइट निर्माण का ज्ञान होना भी ज़रूरी है। इसके साथ ही इलेक्ट्रॉनिक पत्रकारिता सफलता के लिए निरन्तर प्रयास, समर्पण एवं प्रायोगिक ज्ञान अत्यावश्यक है। निरन्तर प्रयासों से मिलनेवाली सफलताएँ ज़्यादा परिपक्व होती हैं।

इलेक्ट्रॉनिक पत्रकारिता विशेषकर टेलीविज़न के क्षेत्र में प्रयोगात्मक एवं तकनीकी ज्ञान उपलब्ध करानेवाली ऐसी हिन्दी पुस्तकों का सर्वथा अभाव है, जो भावी पत्रकारों को टेलीविज़न का अत्याधुनिक और प्रायोगिक ज्ञान उपलब्ध करा सकें। यह पुस्तक इलेक्ट्रॉनिक पत्रकारिता के क्षेत्र में कदम रखनेवाले विद्यार्थियों एवं पत्रकारों के लिए उपयोगी सिद्ध हो, ऐसा प्रयास किया गया है।

सर्वप्रथम इस पुस्तक की मूल प्रेरणा देनेवाले अपने गुरु प्रो. अर्जुन तिवारी के प्रति श्रद्धानवत हूँ जिन्होंने मुझे पत्रकारिता के विषय में व्यापक जीवन-दृष्टि प्रदान की और उनके प्रगतिशील विचारों ने सदैव मेरे लिये ज्ञान का मार्ग प्रशस्त किया।

मैं हरिदेव जोशी पत्रकारिता एवं जनसंचार विश्वविद्यालय के कुलपति माननीय सनी सेबेस्टियन के प्रति कृतज्ञता ज्ञापित करता हूँ, जिनकी व्यापक जीवन-दृष्टि एवं प्रेरणा ने इस पुस्तक-लेखन का मार्ग प्रशस्त किया। इसी क्रम में मैं प्रो. राजन महान, प्रो. नारायण बारेठ, प्रो. संजीव भानवत, प्रो. सन्तोष कुमार तिवारी, प्रो. मनोज दयाल, प्रो. पुष्पेन्द्रपाल

सिंह और श्री वेपा राव का भी हृदय से आभार व्यक्त करता हूँ, जिनकी व्यापक दृष्टि ने इस पुस्तक-लेखन का मार्ग प्रशस्त किया और उनके आशीर्वाद से ही यह कार्य पूर्ण हो सका।

मैं उत्तर प्रदेश राजर्षि टण्डन मुक्त विश्वविद्यालय के कुलसचिव डॉ. ए. के. सिंह के प्रति भी हृदय से कृतज्ञता व्यक्त करता हूँ, जिनका परामर्श एवं सहयोग निरन्तर मुझे प्राप्त होता रहा।

मैं जयपुर दूरदर्शन केन्द्र के उपनिदेशक श्री महेश पालीवाल एवं लखनऊ दूरदर्शन केन्द्र एवं आकाशवाणी लखनऊ के निदेशक समाचार श्री आर. पी. सरोज का भी आभार व्यक्त करना चाहता हूँ, जिन्होंने मुझे दूरदर्शन एवं आकाशवाणी सम्बन्धित जानकारी उपलब्ध कराकर अमूल्य सहायता प्रदान की।

अग्रज की भाँति दिशा प्रदान करनेवाले हिन्दी दैनिक आज के श्री रमाशंकर श्रीवास्तव, इलाहाबाद प्रेस क्लब के अध्यक्ष श्री रतन दीक्षित, सचिव श्री देवेन्द्र प्रताप सिंह, एनडीटीवी के श्री अजय सिंह एवं एबीपी न्यूज़ के श्री मो. मोइन का हृदय से आभार व्यक्त करता हूँ, जिनके भरपूर सहयोग ने सदैव मुझे प्रोत्साहित किया।

मैं अपने परमपूज्य पिता स्मृति शेष सुखराज सिंह के प्रति श्रद्धानवत हूँ जिन्होंने सदैव मुझे प्रोत्साहित किया। साथ ही मैं अपनी स्नेहमयी माता श्रीमती सरोज सिंह के प्रति भी कृतज्ञ हूँ जिन्होंने अनेकों कठिनाइयों के बावजूद असीम वात्सल्य एवं संरक्षण प्रदान करके मुझे इस योग्य बनाया। मैं अपने जीजा जी श्री महेन्द्र प्रताप सिंह एवं भानजे श्री प्रणव सिंह के प्रति भावनवत हूँ जिन्होंने निरन्तर मुझे प्रोत्साहित किया।

मैं अपनी धर्मपत्नी श्रीमती पूजा सिंह, पुत्र शिवांश और पुत्री आयुषी के प्रति भी कृतज्ञता ज्ञापित करता हूँ, जिन्होंने इस पुनीत ज्ञान-यज्ञ के सम्पादनार्थ मेरा निरन्तर सहयोग एवं उत्साहवर्द्धन किया। उनके अमूल्य सहयोग एवं परिश्रम से ही इस पुस्तक प्रकाशन का कार्य सम्पन्न हो सका। अतः मैं इनके प्रति हृदय से आभार प्रकट करता हूँ।

अन्त में लोकभारती के परम आदरणीय श्री रमेश ग्रोवर एवं श्री आमोद महेश्वरी का भी हृदय से आभार व्यक्त करता हूँ कि जिनके बिना इतने अल्प समय में इस पुस्तक का प्रकाशन सम्भव नहीं था साथ ही श्री रमेश उपाध्याय जी का भी आभार व्यक्त करता हूँ जिन्होंने प्रूफरीडिंग में सहायता की।

-डॉ. अजय कुमार सिंह

इलेक्ट्रॉनिक पत्रकारिता का स्वरूप

इलेक्ट्रॉनिक जनसंचार माध्यम-विद्युत् तरंगों से संचालित होनेवाले जनसंचार माध्यम इलेक्ट्रॉनिक मीडिया कहलाते हैं। इनमें रेडियो, टेलीविज़न, फिल्म, इण्टरनेट, फ़ोटोग्राफी इत्यादि आते हैं। इन माध्यमों के द्वारा पत्रकारिता करना इलेक्ट्रॉनिक पत्रकारिता कहलाता है।

इलेक्ट्रॉनिक का अर्थ-इलेक्ट्रॉनिक शब्द इलेक्ट्रॉन शब्द से बना है। विज्ञान में रुचि रखनेवाले व्यक्ति इससे परिचित हैं। यह द्रव्य का एक ऋणावेशित कण होता है। इलेक्ट्रॉनिकी के अन्तर्गत इलेक्ट्रॉन के प्रवाह से सम्पन्न होनेवाली क्रियाओं का अध्ययन किया जाता है। संसार के प्रत्येक क्षेत्र में इलेक्ट्रॉनिक खोजों ने आश्चर्यजनक आविष्कार किये हैं। इलेक्ट्रॉनिक युक्ति एम्लीफिकेशन के द्वारा टीवी, रेडियो के सिगनल को एम्लीफाई कर बढ़ाया जाता है, जिससे यह कार्यक्रम अधिकतर क्षेत्रों में लोग देख सकते हैं। फ़ोटो इलेक्ट्रिक प्रभाव के कारण प्रकाश को विद्युत् ऊर्जा और विद्युत् ऊर्जा को प्रकाश ऊर्जा में परिवर्तित किया जा सकता है। टेलीविज़न का आविष्कार इसी प्रयोग के द्वारा सम्भव हो सका। संक्षेप में यह कहा जा सकता है कि संचार की आधुनिक रूप के समस्त आविष्कारों की जननी इलेक्ट्रॉनिकी ही है।

पत्रकारिता का अर्थ एवं स्वरूप-पत्रकारिता आम जनमानस की अभिव्यक्ति की वह जीवन्त विधा है, जिससे समसामयिक सत्य एवं सूचनाएँ प्रकट होती हैं। समाज में सजग रहकर नागरिकों को उनके अधिकारों और दायित्वों का बोध कराने की कला को पत्रकारिता कहते हैं। समाज हित में सम्यक् प्रकाशन को पत्रकारिता कहा जा सकता है। प्रारम्भिक काल में पत्रकारिता सिर्फ़ समाचारों का संकलन तथा प्रसारण करना था जबकि वर्तमान परिप्रेक्ष्य में रेडियो, फ़ोटोग्राफी, टेलीविज़न, इण्टरनेट इत्यादि तकनीक के प्रयोग के कारण पत्रकारिता में क्रान्तिकारी परिवर्तन हुए हैं। वर्तमान में रेडियो, टेलीविज़न एवं इण्टरनेट के माध्यम से ख़बरों को त्वरित गति से दर्शकों तक पहुँचाना पत्रकारिता का प्रमुख लक्ष्य और साथ ही विज्ञापन प्राप्त करना, पत्रकारिता की प्रमुख आवश्यकता बन गये हैं। आज पत्रकारिता एक ऐसा महत्त्वपूर्ण माध्यम बन गयी है जो समाज में फैली हुई कुरीतियों को दूर कर समाज एवं जनमानस में अपने अधिकारो के प्रति जागरूकता एवं सामाजिक मूल्यों की स्थापना करती है। पत्रकारिता आज न सिर्फ़ लोगों को पल-पल की घटनाओं

का ज्ञान करा रही है, बल्कि व्यक्तिपरक जिज्ञासाओं को शान्त करने का कार्य भी कर रही है। पत्रकारिता समाज का वह दर्पण है, जो मानव-मन में उठ रहे विचारों, मूल्यों एवं आदर्शों को सही रूप में आम जनमानस के समक्ष रख रही है।

पत्रकारिता के लिए अंग्रेज़ी का शब्द है, 'जर्नलिज्म' (Journalism)। 'जर्नलिज्म' शब्द की व्युत्पत्ति 'जर्नल' शब्द से हुई है। 'जर्नल' शब्द का अर्थ दैनिकी, दैनन्दिनी, रोजनामचा (उर्दू-शब्द) होता है। पत्रकारिता के सन्दर्भ में इसका अर्थ 'पत्र', 'अख़बार' तथा दैनिक होता है।

सत्रहवीं-अठारहवीं शताब्दी के पूर्व अंग्रेज़ी शब्द पीरिऑडिकल (Periodical) अर्थात् नियतकालीन का प्रयोग होता था। बाद में इसका स्थान लैटिन शब्द 'डियूरनल' और 'जर्नल' ने ले लिया। दैनन्दिन गतिविधियों और राजकीय क्रिया-कलापों का समावेश 'जर्नल' में होता है। इसके अन्तर्गत समाविष्ट विषयों को बीसवीं शताब्दी में गम्भीरता प्रदान की गयी। समालोचना और शोध-विषयों के प्रतिनिधि के रूप में 'जर्नल' को मान्यता दी गयी है।

फ्रेंच भाषा का एक शब्द है 'जर्नी'। 'जर्नी' शब्द से भी जर्नलिज्म शब्द की उत्पत्ति मानी जाती है। 'जर्नी' शब्द का अर्थ होता है, दैनन्दिन गतिविधियों अथवा घटनाओं की विवरण-प्रस्तुति।

'जर्नल' को व्यापकता प्रदान करनेवाला शब्द 'जर्नलिज्म' बहुआयामी है। लेखन, सम्पादन, संकलन तथा इनसे सम्बद्ध संकायों को पत्रकारिता के अन्तर्गत स्थान दिया गया है। आकाशवाणी, दूरदर्शन, वीडियो, फिल्म इत्यादि मीडिया भी इसके अन्तर्गत आते हैं।

पत्रकारिता में अत्याधुनिक तकनीक के समावेश से इसकी क्षमता में असीमित वृद्धि हुई है। आज पत्रकारिता न सिर्फ़ समाज में फैली हुई कुप्रथाओं, विसंगतियों, अन्धविश्वासों तथा जड़ता पर प्रहार कर रही है, बल्कि वर्तमान जीवन की अनिवार्यताओं तथा आवश्यकताओं के यथार्थ का भी सही चित्रण करती है। पत्रकारिता के लिए अंग्रेज़ी शब्द जर्नलिज्म का प्रयोग होता है, जिसकी व्युत्पत्ति जर्नल शब्द से हुई है और जिसका शाब्दिक अर्थ दैनिक है। दूसरे शब्दो में कहा जाय तो दैनिक जीवन में प्रतिदिन घटने वाले क्रिया-कलापों, राजकीय गतिविधियों का विवरण जर्नल में रहता है। पत्रकारिता के सन्दर्भ में इसका अर्थ अंग्रेज़ी शब्द पीरिऑडिकल (Periodical) अर्थात् नियतकालीन का प्रयोग होता था। बाद में इसका स्थान लैटिन शब्द 'डियूरनल' और जर्नल ने ले लिया।

कुछ विद्वान् फ्रेंच भाषा के जर्नी शब्द से जर्नलिज्म शब्द की उत्पत्ति मानते हैं। जर्नी का शाब्दिक अर्थ है 'दैनिक गतिविधियों अथवा घटनाओं के विवरण का प्रस्तुतीकरण'। इससे कहा जा सकता है कि जर्नल को व्यापकता प्रदान करनेवाला शब्द जर्नलिज्म बहुआयामी है। लेखन, सम्पादन, संकलन, प्रकाशन एवं प्रस्तुतीकरण को पत्रकारिता की श्रेणी में रखा गया है। वर्तमान परिप्रेक्ष्य में समाचार-पत्र, रेडियो, टेलीविज़न, फिल्म, सीडी-डीवीडी, इण्टरनेट, मोबाइल फोन इत्यादि भी मीडिया के अन्तर्गत आते हैं। संक्षेप में हम कह सकते है कि वह हर माध्यम जिसके द्वारा हम अपने मस्तिष्क में विश्व के बारे में समस्त सूचनाएँ संकलित करते हैं, मीडिया के अन्तर्गत आते हैं।

पत्रकारिता की प्रमुख परिभाषाएँ-

- "प्रकाशन, सम्पादन, लेखन एवं प्रसारणयुक्त समाचार माध्यम के संचालन केन्द्र व्यवसाय को पत्रकारिता कहते है।" पत्रकारिता मानव अभिव्यक्ति की एक वह मनोरम कला है जिसका कार्य जनता तथा जननेताओं के समक्ष लोक-कल्याण-सम्बन्धी कार्यों की सूची प्रस्तुत करना।

चैम्बर और न्यू वेब्स्टर्स डिक्शनरी

- सामयिक ज्ञान के व्यवसाय को पत्रकारिता कहते हैं। इस व्यवसाय में आवश्यक तथ्यों की प्राप्ति, सजगतापूर्वक उनका मूल्यांकन तथा सम्यक् प्रस्तुति होती है।
-सी.जी.मूलर
- कला, वृत्ति और जन-सेवा ही पत्रकारिता है। *-डब्ल्यू.टी.स्टीड*
- प्रकाशन, सम्पादन, लेखन अथवा प्रसारण-युक्त समाचार माध्यम के संचालन केन्द्र व्यवसाय को पत्रकारिता कहते हैं। *-न्यू वेबसटर शब्दकोश*
- पत्रकारिता का लक्ष्य सेवा करना है। *-महात्मा गाँधी*
- पत्रकारिता को मैं रणभूमि से भी अधिक बड़ी चीज़ समझता हूँ। यह कोई पेशा नहीं, बल्कि पेशे से कोई ऊँची चीज़ है। यह एक जीवन है, जिसे मैंने अपने को स्वेच्छापूर्वक समर्पित किया। *-जेम्स मैकडोनल्ड*
- पत्रकारों के कार्यों, कर्त्तव्यों और उद्देश्यों की विवेचना करने का माध्यम है पत्रकारिता। यह एक विधा है जो अपने युग और अपने सम्बन्ध में लिखा जाये, वही पत्रकारिता है। *-डॉ. कृष्णबिहारी मिश्र*
- The Printing press is the most powerful weapon with which man has armed himself for the fight against ignorance and oppression. *-James Garfield*
- Journalism is literature in a hurry. *-Matthew Arnold*
- Journalism : The profession of conducting or writing for public Journals.
-Chambers Dictionary
- Journalism is communication. It is the events of the day distilled into a few words, sounds of pictures processed by the mechanics of communication to satisfy the human curiosity of a word. *-David Wainwright*
- Nothing less than the highest ideals, the most scrupulous anxiety to do right, the most accurate knowledge of the problems it has to meet, and a sincere sense of social responsibility will save Journalism. *-Joseph Pulitzer*

पत्रकारिता आज एक ऐसा माध्यम बन गयी है, जो विश्व भर की समस्त घटनाओं एवं गतिविधियों का दर्पण है। समाज में व्याप्त भ्रष्टाचार, बईमानी, अराजकता तथा जनहित की सूचनाओं को त्वरित गति से जनता तक पहुँचाती है तो दूसरी ओर सामाजिक जीवन के प्रगतिशील विचारों एवं तत्त्वों का निर्माण कर समाज में फैली कुरीतियो, अन्धविश्वासों, रूढ़िवादी परम्पराओं पर प्रहार करती है। समाज में पल-पल घटित हो रही

धर्म, राजनीति, अपराध, युद्ध, विज्ञान, तकनीक, खेल, प्राकृतिक आपदा इत्यादि घटनाओं का विश्लेषण करते हुए समाज में नयी चेतना और विचारधारा को स्थापित करती है।

पत्रकारिता के उद्देश्य

पत्रकारिता मानव अभिव्यक्ति का सशक्त माध्यम है। पत्रकारित समाज को जागरूक एवं शिक्षित करती है। सूचनाओं का प्रचार-प्रसार करना पत्रकारिता का मुख्य उद्देश्य है। 'सत्यं, शिवं, सुन्दरम्' को चरितार्थ करना पत्रकारिता का परम उद्देश्य है। पत्रकारिता सूचनाओं का एक ऐसा तन्त्र है जो ख़बरों को संकलित करने, सम्पादित करने एवं प्रदर्शित करने का कार्य करता है। पत्रकारिता समाज के विभिन्न पहलुओ पर गहराई से चिन्तन कर उसकी चित्तवृत्तियों और अनुभूतियों को जनता के समझ प्रस्तुत करती है। पत्रकारिता का मूल उद्देश्य जनता का सही मार्ग दर्शन करना है। अपनी बहुमुखी प्रवृत्तियों के माध्यम से पत्रकारिता अग्रदूत बनकर जन-कल्याण और विश्व-बन्धुत्व की भावना को विकसित एवं मुखरित करती है। पत्रकारिता का मुख्य उद्देश्यः

1. सूचित करना।
2. सूचना देना।
3. मनोरंजन करना।
4. जनमत तैयार करना।
5. सामाजिक विकृतियों को दूर करना।
6. जन-जीवन का नियामक।
7. सामाजिक मूल्य स्थापित करना।
8. सर्जनात्मकता पैदा करना।
9. दिशा-निर्देश देना।
10. लोकचेतना पैदा करना।

पत्रकारिता का मूल उद्देश्य सूचना देना, शिक्षित करना तथा मनोरंजन करना है। इन तीन उद्देश्यों में सम्पूर्ण पत्रकारिता का सार तत्त्व समाहित किया जा सकता है। अपनी बहुमुखी प्रवृत्तियों के कारण पत्रकारिता व्यक्ति और समाज के जीवन को गहराई तक प्रभावित करती है। पत्रकारिता देश की जनता की चित्तवृत्तियों, अनुभूतियों और आत्म से साक्षात्कार करती हुई मानवमात्र को जीने की कला सिखाती है। सत्य की खोज में रत् रहते हुए समाज में उदात्त मूल्यों की स्थापना की दिशा में पत्रकारिता की भूमिका विशेष उल्लेखनीय है। इसका मूल लक्ष्य ही अन्याय का उद्घाटन, दोषों का परिहार, असहाय और पीड़ितों की रक्षा एवं सहयोग तथा जनता का पथ-प्रदर्शन करना है। तात्कालिक में शाश्वत, सामयिक में चिरन्तन तथा अनित्य में नित्य की खोज की महान् साधना में रत पत्रकारिता सामाजिक-सांस्कृतिक एवं राजनीतिक चेतना की अग्रदूत बनकर जन-कल्याण और विश्व बन्धुत्व एवं भ्रातृत्व की भावना को विकसित करने का सशक्त माध्यम है। प्राचीन जीवन की व्याख्या एवं विश्लेषण हम अपने साहित्य एवं इतिहास में पाते हैं किन्तु वर्तमान जीवन की सुन्दरता एवं कुरूपता का कटु यथार्थ हम सामयिक पत्रों में ही देख सकते हैं। यहाँ हम पत्रकारिता के प्रमुख उद्देश्यों की चर्चा करेंगें-

● **सूचना देना :** पत्रकारिता जन-जन को विश्व रंगमंच पर घटित होनेवाली घटनाओं की जानकारी कराती है। इसके माध्यम से जनता को सरकार की नीतियों तथा गतिविधियों के बारे में जानकारी मिलती रहती है। एक प्रकार से यह जन-हितों की संरक्षिका है।

● **शिक्षित करना :** सूचना के अतिरिक्त पत्रकारिता का प्रमुख कार्य शिक्षित करना भी है। पत्रकार जनता के आँख तथा कान होते हैं। पत्रकार जो देखता है, सुनता है उसे मुद्रित तथा इलेक्ट्रॉनिक माध्यम से जनता तक पहुँचाता है। पत्रकारिता सूचना के साथ-साथ जनमत निर्धारित करने की दिशा में महत्त्वपूर्ण आधार-भूमि तैयार करती है। सम्पादकीय स्तम्भों, अग्रलेखों, पाठकों के पत्र, परिचर्चाओं, साक्षात्कारों इत्यादि विविध तरीकों के द्वारा जनता को सामाजिक तथा महत्त्वपूर्ण विषयों पर जानकारी देकर उनकी मानसिक ख़ुराक की पूर्ति की जाती है। देश की वैचारिक चेतना को पत्रकारिता ही उद्वेलित करती है। इस प्रकार पत्रकारिता जन-शिक्षण का प्रमुख माध्यम है।

● **मनोरंजन करना :** मनोरंजन रेडियो तथा दूरदर्शन का प्रमुख कार्य है। इसके अतिरिक्त समाचार-पत्र-पत्रिकाएँ भी इस दृष्टि से काफी स्थान पाठकों के मनोरंजन सम्बन्धी सामग्री के लिए सुरक्षित कर रही हैं। मनोरंजक सामग्री पाठकों को स्वाभाविक रूप से आकृष्ट भी करती है। मनोरंजन में कई बार शिक्षा का मार्मिक सन्देश भी छिपा रहता है। उदाहरणार्थ राजनीतिक कार्टून तथा ऐसे ही हास्य-व्यंग्य के स्तम्भ। इनके मूल में सामाजिक-राजनीतिक जीवन में स्वस्थ भावों का संचार करना ही होता है। मनोरंजन की दृष्टि से पत्र-पत्रिकाएँ जहाँ मनोरंजक समाचारों के प्रकाशन में रुचि प्रदर्शित करती हैं वहीं फीचर लेखों के माध्यम से इस कार्य को विशेष रूप से किया जाता है। मनोरंजन मानवीय रुचि का महत्त्वपूर्ण पक्ष है।

● **जनमत तैयार करना :** मीडिया द्वारा समय-समय पर व्यक्तियों और समूहों का विश्लेषण कर उनके बारे में जानकारियाँ उपलब्ध करायी जाती हैं जिससे कि लोग उनके बारे में अपनी राय कायम कर सकें। जनमत और निर्माण में मदद मिल सके। हाल ही में हुए 2014 के लोकसभा चुनाव में मीडिया ने हर राजनीतिक पार्टी और बड़े नेताओं के विषय में लोगों को जानकारी उपलब्ध करायी, जिससे लोगों को अपना उम्मीदवार चुनने में सहायता मिली।

● **सामाजिक विकृतियों को दूर करना :** दहेज-प्रथा, बाल-विवाह, अन्धविश्वास, विधवा-विवाह, कन्या भ्रूण हत्या, बहू हत्या, बेरोज़गारी, अशिक्षा, महँगाई, भ्रष्टाचार इत्यादि विकृतियाँ हमारे समाज को दूषित कर रही हैं। स्वस्थ पत्रकारिता के माध्यम से इन बुराइयों को दूर करने का प्रयत्न किया जा रहा है और यह पत्रकारिता के उद्देश्य में समाहित है।

● **जन-जीवन का नियामक :** सामाजिक, राजनीतिक, सांस्कृतिक एवं धार्मिक विचारों, क्रिया-कलापों का आम जनमानस पर प्रत्यक्ष और अप्रत्यक्ष रूप से प्रभाव पड़ता रहता है। लूट, हत्या, चोरी-चकारी आदि आपराधिक प्रवृत्तियाँ जन-जीवन को प्रभावित करती हैं। हमारे आस-पास आये दिन इस तरह की आपराधिक प्रवृत्तियाँ अपने पैर पखारती जा रही हैं। पत्रकारिता का एक अहम् उद्देश्य इन आपराधिक प्रवृत्तियों को रोकना और उनके बारे में जनता को बताना है।

• **सामाजिक मूल्यों की स्थापना :** सामाजिक एवं धार्मिक रीति-रिवाजों, विभिन्न मेलों का आयोजन, संस्कृति एवं सभ्यता की जानकारी देना सामाजिक परम्पराओं, विश्वासों, तरीकों तथा विचारों से परिचित कराना भी पत्रकारिता के उद्देश्य में समाहित है। भारतीय जीवन-पद्धति, सांस्कृतिक-गरिमा, सामाजिक ढाँचा व संस्था, विश्वास तथा दृष्टिकोण समाज में मानव-मूल्यों की स्थापना करके जन-जीवन को विकासोन्मुख बनाती हैं। जनता द्वारा ही समाज का सृजन होता है। सामाजिक सन्दर्भ में उन सामाजिक आवश्यकताओं एवं बन्धनों के वातावरण को जानना अति आवश्यक है, जिनमें मानव प्राणी सम्प्रेषण की भागेदारी करता है।

• **सर्जनात्मकता पैदा करना :** मीडिया पत्रकारिता के एक ही मुद्दे पर विभिन्न सामाजिक, राजनीतिक एवं धार्मिक बुद्धिजीवियों के विचारों को सुनने का अवसर प्रदान करता है। वाद-विवाद, तर्क-वितर्क का संगम एवं विभिन्न विचारों व दृष्टिकोणों के माध्यम से समाज में सर्जनात्मकता पैदा करता है।

• **दिशा-निर्देश देना :** पत्रकारिता द्वारा समाज में सहमति, सहयोग, सामूहिक व्यवहार, विकास और गतिशीलता पैदा करने के लिए समय-समय पर आवश्यक दिशा-निर्देश दिया जाता है। जिसके फलस्वरूप समाज में नयी क्रान्ति व चेतना का विकास होता है। समाज को उचित दिशा में निर्देशित करना पत्रकारिता का अहम् उद्देश्य है।

• **लोक चेतना पैदा करना**-लोकतन्त्र को सुदृढ़ और जागरूक बनाये रखने में, पत्रकारिता महत्त्वपूर्ण भूमिका अदा करती है। संकटकालीन परिस्थितियों में लोकतन्त्र का मनोबल बढ़ाना, सर्व-धर्म-सद्भाव एवं सौहार्द भाव को पुष्ट करना एवं सामाजिक जनमत को अभिव्यक्ति देना, लोकतान्त्रिक परम्पराओं की रक्षा करना, शान्ति और भाईचारे की भावना को बढ़ाना पत्रकारिता का परम उद्देश्य है।

समाचार (News)-समाचार को अंग्रेज़ी में न्यूज़ NEWS कहते हैं। न्यूज़ शब्द न्यू का बहुवचन है, जो लैटिन शब्द नोवा से बना है, जिसका अर्थ होता है नया या नवीन। इसका अर्थ यह हुआ कि जिन घटनाओं को हम पहले से नहीं जानते थे अर्थात् जो नयी हैं वही समाचार हैं। न्यूज़ के चार अक्षर (NEWS) N-North-(उत्तर), E-East-(पूर्व), W-West-(पश्चिम), S-South-(दक्षिण), सामान्यतः चारों दिशाओं से मिलनेवाली सूचनाओं को समाचार कहा जाता है। दूसरे शब्दों में यूँ कह सकते हैं कि समाचार एक ऐसा माध्यम है जिसके द्वारा देश-विदेश से जुड़ी जानकारियाँ हमें प्राप्त होती हैं। मूल प्रश्न यह उठता है कि कौन-सी जानकारी किस माध्यम के लिए समाचार है और किसके लिए नहीं है। इसका अर्थ यह हुआ कि हर सूचना सभी के लिए समाचार नहीं हो सकती।

समाचार और सूचना में अन्तर (Difference between News And Information)-

रेलवे स्टेशनों पर हर ट्रेन के आने-जाने का समय प्रदर्शित होता रहता है। यह सूचना होती है। इसे समाचार नहीं कहा जा सकता। कोई भी सूचना समाचार तब बनती है जब उसमें न्यूज़ वैल्यू का समावेश हो जाता है। जैसे-इलाहाबाद-जयपुर एक्सप्रेस प्रतिदिन रात्रि 10.45 पर इलाहाबाद से जयपुर जाती है यह मात्र सूचना है कोई समाचार नहीं, लेकिन यह ट्रेन तीन दिनों के लिए रद्द हो जाती है तो यह ख़बर बन जाती है, क्योंकि इससे जाने वाले लोग इस सूचना से प्रभावित होते हैं।

सूचना प्रौद्योगिकी के इस युग में समाचार की कोई निश्चित परिभाषा नहीं रह गयी है। समाचार को समझने के लिए निम्नलिखित परिभाषाएँ हैं-

"अनेक व्यक्तियों की अभिरुचि जिस सामयिक बात में होती है, वह समाचार है। सर्वश्रेष्ठ समाचार वह है जिसमें बहुसंख्यक लोगों की अधिकतम रुचि हो।"

-प्रो. विलियम जी. ब्लेयर

"समाचार सामान्यतः वह उत्तेजक सूचना है जिससे कोई व्यक्ति सन्तोष अथवा उत्तेजना प्राप्त करता है।" *-प्रो. चिल्टन बुश*

"समाचार किसी घटना, परिस्थिति, स्थिति या रूप की सही और सामयिक सूचना है। ऐसी सूचना जिसमें इन लोगों की जिनके लिए वह अभिप्रेत हो, दिलचस्पी है।"

-डाउलिंग लैदरवुड

"प्रत्येक चीज़ समाचार है, लगभग कोई भी चीज़ बड़ा समाचार बन सकती है, यदि वह यह दिखा सके कि वह किसी भी रूप में विस्तृत, रोचक, बहुत अधिक समझदारी लेकिन सार्वजनिक रूप में गहरी सावधानी से तैयार की गयी है।" *-जी.बी. डिबली*

"समाचार सबसे पहले देना चाहिए किन्तु सबसे अधिक जल्दबाज़ी में नहीं।"

-लन्दन टाइम्स

"समाचार किसी अनहोनी या असाधारण घटना की अविलम्ब सूचना को कहते हैं, जिसके बारे में लोग प्रायः पहले कुछ न जानते हों, लेकिन जिसे तुरन्त ही जानने को अधिक-से-अधिक लोगों में रुचि हो।" *-मानचेस्टर गार्डियन द्वारा पुरस्कृत परिभाषा*

"समाचार कोई घटना, विचार या समयानुकूल मत है जिसमें लोगों को प्रभावित करने की और रुचि उत्पन्न करने की क्षमता हो, वह लोगों को पूरी तरह से समझ में आ जाये।"

-एम.एल. स्पेन्सर (पूर्व अध्यापक वाशिंगटन विश्वविद्यालय)

"समाचार समयानुकूल घटना, तथ्य और विचारों का लेखा-जोखा है, जिसमें जो रुचि ले।" *-विलियम रीवर्स, वरिष्ठ लेखक*

"समाचार किसी वर्तमान विचार, घटना या विवाद का ऐसा विवरण है जो उपभोक्ताओं को आकर्षित करे।" *-वूल्सल और कैम्पवेल*

"समाचार कोई ऐसी चीज है जिसे आप कल (बीते हुए) तक नहीं जानते थे।"

-टर्नर कैटेलिज

"पर्याप्त संख्या में मनुष्य जिसे जानना चाहे वह समाचार है, शर्त यह है कि वह सुरूचि तथा प्रतिष्ठा के नियमों का उल्लंघन न करे।" *जे.जे. सिण्डलर*

"समाचार अति गतिशील साहित्य है। समाचार-पत्र समय के करघे पर इतिहास के बहुरंगे बेलबूटेदार कपड़े को बनानेवाले तकुए हैं।" -हार्पर लीच और जान सी. कैरोल

"घटना समाचार नहीं, बल्कि वह घटना का विवरण है, जिसे उनके लिए लिखा जाता है जिन्होंने उसे देखा नहीं है।" *-मैन्सफील्ड*

"समाचार सामान्यतः वह उत्तेजक सूचना है जिससे कोई व्यक्ति सन्तोष या उत्तेजना प्राप्त करता है।" *-प्रो. चिल्तनबरा*

समाचार को तात्कालिक घटनाओं का विवरण भी कहा जा सकता है लेकिन प्रत्येक सूचना का तिवरण समाचार नहीं होता। अब प्रश्न यह उठता है कि उस सूचना की पहचान कैसे हो, जो समाचार बन सकती है। जब किसी सूचना में समाचार मूल्य या समाचार के तत्त्व शामिल होते हैं तो वह समाचार बन जाती है। एक रिपोर्टर को किसी समाचार की पहचान करने के लिए उसमें न्यूज़ सेन्स का ज्ञान अवश्य होना चाहिए। सूचनाओं को समाचार बनानेवाले समाचार के महत्त्वपूर्ण तत्त्व निम्नलिखित हैं-

समाचार के तत्त्व (Elements of News)

सामयिकता (Timeliness)-सामयिकता अथवा तात्कालिकता समाचार का सबसे महत्त्वपूर्ण तत्त्व है। अचानक हुई किसी घटना या दुर्घटना के बारे में दर्शक तत्काल जानना चाहते हैं। टेलीविज़न समाचारों में देर से ख़बर प्रसारित होने पर उसका प्रभाव समाप्त हो जाता है। इसीलिए न्यूज़ चैनलों में आज सबसे पहले ख़बर प्रसारित करने की होड़ लगी रहती है। यदि किसी क्रिकेट मैच में भारत जीत जाता है तो उसका परिणाम अगले दिन बताने पर उस ख़बर का कोई महत्त्व नहीं रह जायेगा बल्कि दर्शक यह कह सकता है कि यह ख़बर तो पुरानी हो चुकी है।

प्रभाव (Impact)-कई समाचार ऐसे होते हैं, जो आम दर्शकों को भी प्रभावित करते हैं। ऐसे में समाचार की संरचना के लिए यह आवश्यक होता है कि कौन-सी घटना या तथ्य जनमानस के विशाल समूह को प्रभावित कर रही है। जैसे राजनीति और अपराध से जुड़ी बड़ी ख़बरों से सम्बन्धित समाचार जनता बड़ी ही उत्सुकता और रुचि से देखती हैं। इसका कारण यह है कि इनका प्रभाव सभी पर पड़ता है। उदाहरण के लिए संसद में जब बजट पेश होता है तो देश में सभी की नज़रें बजट समाचार पर ही होती हैं उस समय उन्हें और कोई समाचार नहीं देखना होता।

समीपता (Nearness)-हर व्यक्ति जिस शहर अथवा कस्बे में रहता है उससे जुड़ी ख़बरों को प्रमुखता से देखता है। यही कारण है कि आज प्रादेशिक न्यूज़ चैनलों की भरमार है। अधिकांश राष्ट्रीय न्यूज़ चैनलों का एक-एक प्रादेशिक न्यूज़ चैनल भी होता है जिसमें उस प्रदेश से जुड़ी हर छोटी-बड़ी ख़बर प्रसारित की जाती है। उदाहरण के तौर के लिए यदि इंग्लैण्ड में बर्ड फ्लू के कारण सैकड़ों मुर्गे मर रहे हैं तो यह ख़बर होगी, परन्तु इस पर भारत में कोई विशेष चिन्ता नहीं होगी, पर यदि पश्चिम बंगाल में बर्ड फ्लू फैल रहा है तो एलर्ट कर दिया जाता है। ठीक उसी प्रकार टर्की में प्लेन क्रैश भारतीयों के लिए बड़ी ख़बर नहीं होगी। परन्तु यदि भारत में कहीं प्लेन क्रैश हो जाता है तो वह बहुत बड़ी ख़बर होगी।

विश्वसनीयता (Credibility)-किसी घटना का शत-प्रतिशत एवं परिशुद्ध सन्तुलित विवरण समाचार को विश्वसनीय बनाता है। विश्वसनीयता समाचार की आत्मा होती है अतः असत्य ख़बरें समाचार की आत्मा को नष्ट कर देती हैं। किसी भी घटना के सभी तथ्यों को जाँच-परखकर ही समाचार में सम्मिलित किया जाता है। एक भी तथ्य के गलत होने पर समाचार निरर्थक हो जाता है। समाचार में असत्य तत्त्वों को प्रदर्शित करके जनता का विश्वास और भरोसा नहीं जीता जा सकता, उसके लिए आवश्यक है कि जो भी

समाचार प्रसारित हो वह सत्य एवं विश्वसनीय तथ्यों पर आधारित हो। विश्वसनीयता के लिए ही टेलीविज़न चैनल का रिपोर्टर घटनास्थल से ही पीटीसी करता है, जिससे लोगों को लगे कि रिपोर्टर घटनास्थल पर मौजूद है।

विचित्रता (Oddity)-विचित्रता भी समचार का विशेष तत्त्व है। समाचार में हैरतअंगेज़ व आश्चर्यचकित घटनाओं से उसका महत्त्व और भी अधिक बढ़ जाता है। संशय और रहस्य से परिपूर्ण समाचार पाठकों में अधिक जिज्ञासा उत्पन्न करता है। समाज में जहाँ कहीं भी कुछ असामान्य घटित होता है वह समाचार बन जाता है। जैसे-किसी महिला को 4 बच्चे पैदा होना, किसी व्यक्ति द्वारा 200 घण्टे लगातार गाना इत्यादि।

विवाद (Controversy)-समाचारों में विवाद का विषय बहुत प्रमुख है और लोग इस विषय में अधिक रुचि लेते हैं। समाज का कोई भी पहलू विवादों से अछूता नहीं रहा है। राजनीति के गलियारे से फिल्मों की चकाचौंध दुनिया और खेल-जगत् सभी जगह विवाद उपजते हैं और जनता उसको बड़ी ही उत्सुकता और रुचिपूर्वक देखती है। अभी हाल ही में उद्योगपति नेस वाडिया और फिल्म अभिनेत्री प्रीति जिण्टा का विवाद हर टेलीविज़न चैनल की सुर्ख़ियाँ बना। ख़बरों के अलावा विशेष कार्यक्रम भी इस विवाद पर दिखाये जा रहे हैं।

संघर्ष (Conflict)--विभिन्न राष्ट्रीय अथवा अन्तरराष्ट्रीय स्तर पर चलनेवाले संघर्ष सदैव सुर्ख़ियों में बने रहते हैं। दो देशों के बीच होनेवाले युद्ध के समाचारों को प्रमुखता से प्रस्तुत किया जाता है। दर्शक भी बड़ी ही उत्सुकता से ऐसे समाचारों को देखते हैं। अभी हाल ही में इराक में सुन्नी विद्रोहियों के समूह आईएसआईएस द्वारा इराक के शहरों पर कब्ज़े को लेकर इराकी सेनाओं से संघर्ष को सभी टेलीविज़न चैनलों ने प्रमुखता से दिखाया।

नवीनता (Newness)-समाचार का प्रमुख तत्त्व नवीनता है। पल-पल घटती घटनाओं की जानकारी को दर्शक और पाठक जानना चाहते हैं, जो नया है अर्थात् पहले जिसे दर्शक नहीं जानते थे उन्हें जानने की रुचि दर्शकों में होती है। इसलिए नवीनता समाचार का अनिवार्य तत्त्व है।

आकार और संख्या (Size & Number)--आकार और संख्या का समाचार में महत्त्वपूर्ण स्थान होता है। यदि किसी दुर्घटना में अधिक संख्या में मृतकों और घायलों का पता चलता है तो वह बड़ी ख़बर के रूप में मुख्य समाचारों में प्रदर्शित होता है इसके विपरीत यदि मृतकों और घायलों की संख्या कम हो तो वह घटना छोटा समाचार मानी जायेगी।

मनोभाव (Sentiment)-कुछ घटनाएँ और गतिविधियाँ ऐसी होती हैं, जो सीधे मानवीय संवेदनाओं से जुड़ी होती हैं। इन्हें समाचार के रूप में प्रस्तुत करने से पाठकों व दर्शकों के मनोभाव स्पष्ट होते हैं। मनुष्य के भीतर लोभ, मोह, काम, क्रोध, प्रेम, अहंकार, दुःख, विषाद, खुशी आदि मनोभाव से जुड़ी ख़बरों को प्रस्तुत करने का चलन बहुत तेज़ी से बढ़ रहा है। सूचना क्रान्ति के इस युग में समाचार के क्षेत्र में भी बहुत परिवर्तन हो गया है। आज प्रेम-प्रसंग और सेक्स इत्यादि से जुड़े समाचारों को दिखाने के लिए टेलीविज़न चैनलों में विशेष कार्यक्रम प्रसारित किये जाते हैं। अभी हाल ही में क्रिकेट खिलाड़ी विराट

कोहली और फिल्म अभिनेत्री अनुष्का शर्मा के अफेयर को लेकर कई टेलीविज़न चैनलों ने विशेष कार्यक्रम प्रसारित किया।

समाचारों का चयन-टेलीविज़न समाचारों में ख़बरों का चयन बहुत महत्त्वपूर्ण होता है। सूचना की प्रकृति को देखकर ही यह समझ जाना चाहिये कि यह सूचना समाचार बन सकती है या नहीं। समाचारों के चुनाव में विश्वसनीयता और तात्कालिकता आवश्यक गुण हैं। समाचारों का चयन तथ्यों के विश्लेषण, आत्मविश्वास और विवेक के साथ किया जाता है।

1. जनाकर्षण
2. विश्वस्तरीय तथ्य
3. सामाजिक चेतना
4. आवश्यक तात्कालिक तथ्य
5. राष्ट्रहित सूचनाएँ
6. समाचार की प्रकृति

1. जनाकर्षण- टेलीविज़न के लिए समाचारों का चयन करते हुए जनता की रुचि और पसन्द और नापसन्द का ध्यान रखना बहुत आवश्यक है क्योंकि यदि दर्शकों को समाचार पसन्द नहीं आया तो वह उस समाचार को नहीं देखेंगे।

2. विश्वस्तरीय तथ्य-विश्वस्तरीय समाचार संकलन में विदेशी समाचार समितियों और विदेशी संवाददाता की सहायता से ऐसी ख़बरों का चयन किया जाता है, जिसका प्रभाव सम्पूर्ण विश्व के साथ-साथ भारत पर भी पड़ रहा हो। उदाहरण के लिए, इराक में हो रहा गृहयुद्ध टेलीविज़न के सभी चैनलों के लिए सुर्ख़ियाँ बना हुआ है, यदि यह अधिक दिनों तक चला तो भारत में पेट्रोल एवं डीज़ल के दाम बढ़ जायेंगे, क्योंकि भारत सउदी अरब के बाद इराक से ही तेल आयात करता है।

3. सामाजिक चेतना- देश की सरकार, प्रदेश और नगर के विभिन्न क्षेत्रों की ऐसी ख़बरें जो सामाजिक चेतना पैदा करनेवाली हों उनको इलेक्ट्रॉनिक मीडिया में प्रमुखता से प्रसारित किया जाता है। उदाहरण के लिए 11 दिनों तक चलनेवाले अन्ना हज़ारे के आन्दोलन को सभी टेलीविज़न चैनलों ने प्रमुखता से दिखाया था।

4. आवश्यक तात्कालिक तथ्य- टेलीविज़न में तात्कालिकता को ध्यान में रखकर समाचार को प्रसारित किया जाता है, जब कोई घटना अचानक घटित होती है तो दर्शक सबसे पहले उस घटना को देखना चाहता है, इसलिए समाचारों के चयन में तात्कालिकता का विशेष महत्त्व है।

5. राष्ट्रहित सूचनाएँ- राष्ट्रहित या प्रदेश से जुड़ी घटनाओं को भी टेलीविज़न चैनल पर प्रमुखता से दिखाया जाता है। अभी हाल ही में उत्तर प्रदेश के मुख्यमन्त्री अखिलेश यादव द्वारा कन्या विद्याधन योजना और लैपटॉप वितरण योजना को बन्द किये जाने के समाचार को सभी चैनलों ने प्रमुखता से दिखाया।

6. समाचार की प्रकृति- बॉलीवुड या सीरियल की ख़बरों और गॉशिप को विशेष प्रोग्राम बनाकर प्रमुखता से दिखाया जाता है। **'सास बहू और साज़िश'** सरीखे बहुत-सारे

घण्टे भर के शो सभी चैनलों पर चल रहे हैं। कॉमेडी शो तथा रियलिटी शो की क्लिपिंग काटकर उन्हें भी समाचारों की तरह प्रस्तुत किया जाता है। बॉलीवुड फिल्मों की समीक्षा तथा कलाकारों और निर्देशकों से बातचीत भी टेलीविज़न चैनलों पर प्रमुखता से प्रसारित की जाती हैं। इसके अलावा क्रिकेट, क्राइम, आर्थिक जगत्, रहस्य इत्यादि समाचारों का चयन भी टेलीविज़न चैनलों पर प्रमुखता से किया जाता है।

समाचार का महत्त्व-देश-विदेश में प्रतिपल घटनाएँ घटती रहती हैं। इसलिए टेलीविज़न संवाददाता को यह जानना बहुत आवश्यक है कि उसका चैनल किस तरह की ख़बरों को ज्यादा प्राथमिकता देता है। उदाहरण के लिए, कुछ चैनलों में धर्म के कार्यक्रम विशेष पैकेज बनाकर दिखाये जाते हैं, कुछ इनसे परहेज़ करते हैं। उसी प्रकार रहस्य, अपराध इत्यादि के समाचार हर चैनलों पर नहीं दिखाये जाते।

सभाचार के महत्त्व को समझने के लिए निम्न बिन्दुओं पर ध्यान देना आवश्यक है कि समाचार में

- मानवीय दृष्टिकोण उभरता हो।
- शीघ्रता से प्रकाशन की अपेक्षा हो।
- तात्कालिकता एवं सामयिकता उभरती हो।
- व्यक्ति-विशेष का महत्त्व आम जनता में उभरता हो।
- जनरुचि निहित हो।
- उच्चाधिकारी, जन-प्रतिनिधि या महत्त्वपूर्ण व्यक्ति के आचरण-विरुद्ध कार्यकलापों का उल्लेख हो।
- नवीनता और असामान्यता निहित हो।
- वैज्ञानिक आविष्कारों अथवा युवा वैज्ञानिकों के कृतित्व का उल्लेख हो।
- सूचना तकनीक के क्षेत्र में स्थानीय उपलब्धि की सूचना हो।
- अल्प साधनों से जुटाये गये नवीनतम उत्पाद की सूचना हो।
- किसी भी प्रकार की अप्रत्याशित घटना का उल्लेख हो।

समाचार के स्रोत-जिन संगठनों, व्यक्तियों और स्थानों से घटना या समाचार की जानकारी प्राप्त होती है उन्हें समाचार-सूत्र या समाचार-स्रोत कहते हैं। कुछ समाचार-स्रोत ऐसे होते हैं, जिनमें केवल समाचार बनाने की प्रेरणा और उससे सहायक तत्त्व प्राप्त होते हैं जबकि कुछ सूत्रों में पूर्ण समाचार सामग्री प्राप्त हो जाती है।

पत्रकारिता के क्षेत्र में प्रवेश करनेवाले नये संवाददाताओं के सामने सबसे बड़ी समस्या समाचारों के लिए अपेक्षित सूत्र का पता लगाने की होती है। जब संवाददाता समाचारों के महत्त्व एवं गुण के बारे समझ जाता है, तो वह धीरे-धीरे अपने अध्ययन, मनन, चिन्तन तथा वरिष्ठ संवाददाताओं के परामर्श से 'न्यूज़ वैल्यू' को समझने लगता है। 'न्यूज़ वैल्यू' से तात्पर्य यह जानना है कि कौन-सा समाचार कितना महत्त्वपूर्ण है और उसके लिए अपेक्षित जानकारी किन-किन सूत्रों से मिल सकती है परन्तु कोई भी संवाददाता हर ख़बर को देखने-सुनने के लिए उपस्थित नहीं रह सकता। इसके लिए वह अपने संवाद-सूत्र

विकसित करता है। इन संवाद-सूत्रों में समाचारों को समझने की व्यावहारिक बुद्धि एवं विवेक भी होना चाहिए

1. प्रत्याशित स्रोत-पुलिस स्टेशन, नगरपालिका, अस्पताल, संस्थाएँ, श्मशान, विविध समितियों की बैठकें, संसद् और विधानसभा, पत्रकार सम्मेलन, प्रेस रिलीज़, हैण्डआउट, सार्वजनिक वक्तव्य, संस्थाओं के सम्मेलन एवं विभिन्न सभा-स्थल ये सभी समाचार के प्रत्याशित स्रोत हैं।

2. पूर्वानुमानित स्रोत-गन्दी बस्तियाँ, शिक्षा-संस्थान, कल-कारख़ाने और कार्यालयों के सन्दर्भ में पहले से अनुमान लगाकर समाचारों को खोज निकाला जा सकता है।

3. अप्रत्याशित स्रोत-अप्रत्याशित ख़बरें वह होती हैं जिनके घटने का अन्दाज़ा किसी को नहीं रहता। जैसे—ट्रेन दुर्घटना, बम विस्फोट, नाव डूबना और इस प्रकार की घटनाओं के समय संवाददाता वहाँ उपस्थित नहीं रह सकता है। अप्रत्याशित ख़बरों को कवर करते समय उसके संवाद-सूत्र, अनुभव एवं खोजी स्वभाव ही काम आता है। ख़बरों की गहराई में उतरकर सच्चाई को ढूँढ़ निकालना और तत्काल उसे तस्वीरों के साथ प्रस्तुत करना अच्छे टेलीविज़न रिपोर्टर की पहचान है। उदाहरण के लिए, यदि कहीं कोई ट्रेन दुर्घटना हो जाती है तो टेलीविज़न संवाददाता को इन सवालों के जवाब सबसे पहले जानने होंगे।

- ट्रेन दुर्घटना कब, कहाँ, कैसे हुई?
- दुर्घटना में कितने लोगों की मृत्यु हुई और कितने घायल हैं?
- दुर्घटना का प्रमुख कारण क्या था?
- इसके लिए कौन-कौन जिम्मेदार है?
- पुलिस और बचाव दल दुर्घटना पर कब पहुँचे?
- प्रशासन क्या कह रहा है?
- घायलों को इलाज के लिए कहाँ ले जाया जा रहा है?
- मौके पर उपस्थित चश्मदीदों की बाइट?
- कोई हेल्पलाइन नम्बर है तो तुरन्त तत्काल बताना चाहिए?
- बाकी यात्रियों के घर पहुँचने के लिए क्या व्यवस्था की गयी है?
- प्रशासन द्वारा मृतकों एवं घायलों को कोई मुआवज़ा घोषित किया गया है?
- राजनीतिक दलों की क्या प्रतिक्रिया है?
- उस रूट पर यदि रेलमार्ग बाधित हुआ हो तो उसकी कोई सूचना इत्यादि।

इस तरह से टेलीविज़न संवाददाता अपने अनुभव, दूरदृष्टि, गतिशीलता और कार्य के प्रति उत्सुकता के कारण इस तरह के प्रश्नों के उत्तर जानने का प्रयत्न करता है। नये संवाददाताओं को अपनी इन क्षमताओं में वृद्धि करनी चाहिए और धैर्य के साथ समाचार तत्त्व को पहचानते हुए रिपोर्टिंग करनी चाहिए।

इलेक्ट्रॉनिक पत्रकारिता के माध्यमों में संवाददाता के अलावा देश-विदेश में फैली समाचार-समितियों से समाचार विजुअल, फ़ोटो इत्यादि प्रमुखता से प्राप्त किये जाते हैं।

समाचार-समितियाँ-सम्प्रति भारत में जो समाचार-समितियाँ हैं, वे हैं :-

- प्रेस ट्रस्ट ऑफ इण्डिया (Press Trust of India : P.T.I.) अंग्रेजी-माध्यम
- यूनाइटेड न्यूज़ ऑफ इण्डिया (United News of India : U.N.I.) अंग्रेज़ी-माध्यम
- हिन्दुस्तान समाचार (हि.स.) हिन्दी-माध्यम
- समाचार भारती (स.भा.) हिन्दी-माध्यम
- यूनीवात्त (वार्त्ता) : हिन्दी-माध्यम

प्रमुख अन्तरराष्ट्रीय समाचार-समितियाँ-अरब न्यूज़ एजेन्सी : अरब, तास : रूस, रॉयटर : ग्रेट ब्रिटेन, एसोसिएटेड प्रेस : ग्रेट ब्रिटेन, इण्टरनेशनल न्यूज़ एजेन्सी : संयुक्तराज्य अमेरिका, यूनाइटेड प्रेस इण्टरनेशनल : संयुक्त राज्य अमेरिका, न्यू चाइना न्यूज़ एजेन्सी : चीन, सिन्हुआ : चीन, अन्तरा : इण्डोनेशिया, सेल्फ : चेकोस्लोवाकिया, एजेन्सी फ्रांस : फ्रांस, मोण्टसामे : मंगोलिया, क्योदो : जापान, कोरियन सेण्ट्रल न्यूज़ एजेन्सी : उत्तर कोरिया, योनहॉप : दक्षिण कोरिया, वियतनाम न्यूज़ एजेन्सी : वियतनाम, थाइ न्यूज़ एजेन्सी : थाइलैण्ड, फिलिपीन्स न्यूज़ एजेन्सी : फिलीपीन्स, बनीमा : मलयेशिया, लंका अपुवाथ : श्रीलंका, बाँग्लादेश न्यूज़ एजेन्सी : बाँग्लादेश, प्रेस ट्रस्ट ऑफ इण्डिया : भारत, यूनाइटेड न्यूज़ ऑफ इण्डिया : भारत, भाषा : भारत, वार्त्ता : भारत, समाचार भारती : भारत, हिन्दुस्तान समाचार : भारत, पंजाबी समाचार सेवा : भारत, इरना : ईरान, बख्तर : अफ़गानिस्तान, अनाडोलू : टर्की

पत्र सूचना कार्यालय (Press Information Bureau)-पत्र सूचना कार्यालय (पी. आई. बी.) भारत सरकार की एक अग्रणी एजेन्सी है, जो लेख-माध्यमों और इलेक्ट्रॉनिक माध्यमों को सरकार की नीतियों, कार्यक्रमों और उपलब्धियों के बारे में सूचनाएँ प्रेषित करती है। इसका कार्य प्रमुखतः मीडिया और सरकार के बीच सेतु का काम करना है। यह कार्यालय सरकार को संचार माध्यमों में प्रकाशित/प्रसारित सरकार से सम्बन्धित समाचारों और विचारों से भी अवगत कराता है। देशभर में इसके आठ क्षेत्रीय कार्यालय तथा 32 शाखा कार्यालय एवं सूचना केन्द्र हैं। सूचनाओं और समाचारों के सम्प्रेषण के लिए यह संचार के विभिन्न साधनों का उपयोग करता है। कार्यालय प्रेस विज्ञप्तियों, प्रेस, नोट, फीचर लेख, सन्दर्भ सामग्रियाँ आदि समाचार-माध्यमों को उपलब्ध कराता है। इसके अलावा प्रेस ब्रीफिंग, भेंटवार्त्ताओं, संवाददाता सम्मेलनों तथा प्रेस-भ्रमण के कार्यक्रमों के आयोजन का दायित्व भी पत्र सूचना कार्यालय का है। साथ ही, संवाददाताओं को संवाद संकलन की सुविधाएँ मुहैया कराना, उन्हें मान्यता प्रदान करना आदि भी इसके कार्यों में शामिल हैं। यह कार्यालय केन्द्र सरकार की समस्त आधिकारिक गतिविधियों की सूचनाएँ संचार माध्यमों को उपलब्ध कराने की ज़िम्मेदारी निभाता है।

अन्य स्रोत-इन स्रोतों के अतिरिक्त स्थानीय समाचारों के अलग स्रोत हैं जो समाचार-पत्र के लिए अति महत्त्वपूर्ण होते हैं। अंग्रेज़ी की अपेक्षा हिन्दी समाचार-पत्रों के स्थानीय संवाददाता या विभिन्न जनपदों और क्षेत्रों में नियुक्त संवाददाता अभी बहुत कम स्रोतों से समाचार-दोहन कर पाते हैं। सामान्यतः प्रत्येक नगर या जनपद के निम्नलिखित सूत्रों से समाचार प्राप्त किये जा सकते हैं।

राजनीतिक दल के नेता, राजनीतिक दलों के कार्यालय, पुलिस के थाने-चौकियों, चिकित्सालय, न्यायालय परिसर, महापालिका और उसके अनुविभाग, न्यायालय,

पालिका-कार्यालय और सदस्य, अग्निशामक दस्ता, स्कूल-कॉलेज, क्लब, आर्थिक संगठन, सामाजिक संस्थाएँ, साहित्यिक संस्थाएँ, धार्मिक संस्थाएँ, हवाई अड्डा, बस स्टेशन, रेलवे स्टेशन, विभिन्न उद्योगों के श्रमिक संगठन, कर्मचारी संगठन, ज़िला सूचना कार्यालय,, शिक्षक संघ, बार एसोसिएशन, चार्टर्ड एकाउण्टेण्ट्स एसोसिएशन, सरकार, अर्द्ध सरकार तथा गैर सरकारी जन सम्पर्क अधिकारी, पुलिस अधिकारी, शव परीक्षा केन्द्र, नाइट क्लब, कॉफी हाउस, जलपान गृह, युवक संगठन, महिला संगठन, विद्यार्थी यूनियन, ज़िला जेल, हवालात, विश्वविद्यालय, सेण्ट्रल एक्साइज़ और कस्टम, इनकम टैक्स कार्यालय, सेल्सटैक्स कार्यालय, सेवा समितियाँ, चेम्बर ऑफ कामर्स, मेडिकल ऐसोसिएशन और पदाधिकारी, विभिन्न उद्योगों-व्यवसायों के संगठन और उनके पदाधिकारी, रोटरी क्लब, लायन क्लब, लियो क्लब, लाज, धर्मशालाएँ, मुसाफिरख़ाने, अनाथालय, महिला आश्रम, भूतपूर्व तथा वर्तमान एम.पी., एम. एल. ए., एम.एल.सी., कारपोरेटर, म्यूनिसिपल कमिश्नर, चेयरमैन, ज़िला बोर्ड के सभासद, अध्यक्ष आदि, श्रमिक नेता, भ्रष्टाचार विरोधी संगठन, युवक छात्र नेता, वैज्ञानिक प्रयोगशालाएँ, लोकसभा, राज्यसभा, विधानसभा, विधान-परिषद्, सभा, सम्मेलन, सार्वजनिक कार्यक्रम, ज़िला परिषद्, नोटीफाइड एरिया कार्यालय और सदस्य, टाउन एरिया कार्यालय और सदस्य, विकास खण्ड, ग्राम सभा, ग्राम पंचायत, ज़िला नियोजन कार्यालय, ज़िलाधीश, अतिरिक्त ज़िलाधीश, ज़िला स्वास्थ्य अधिकारी, तहसीलदार, ज़िला उद्योग कार्यालय, उद्योग कार्यालय, स्वास्थ्य निदेशालय, ज़िला विद्यालय निरीक्षक, ज़िलापूर्ति कार्यालय, प्रेस नोट, समाचार बुलेटिन, पत्रक (हैण्ड आउट्स), श्रमिक संगठन, पर्यटन कार्यालय, बन्दरगाह, प्रमुख व्यवसायी-उद्योगपति, वकील, बाज़ार, बैंक, वित्तीय और औद्योगिक निगम।

फ़ोटो पत्रकारिता

इलेक्ट्रॉनिक पत्रकारिता के सबसे प्रमुख एवं क्रान्तिकारी साधन टेलीविज़न या वीडियो को समझने के लिए फ़ोटोग्राफी को समझना ज़रूरी है। क्योंकि उसका मुख्य आधार छायांकन ही है। टेलीविज़न का प्रत्येक फ्रेम एक स्थिर चित्र ही होता है। फिल्म, टेलीविज़न और वीडियो इन सभी का आधार स्थिर छायाचित्र (स्टिल फ़ोटोग्राफी) ही है। फ़ोटोग्राफी से चलचित्र बनने की प्रक्रिया में कई धारणाएँ प्रचलित हैं।

किर्चर के शोध के अनुसार किसी भी गतिहीन चित्र को गतिमान् बनाकर उससे चल का आभास प्राप्त किया जा सकता, बशर्ते चित्रों का आकार और उसकी गति का अनुपात ठीक हो। यदि किसी किताब को हाथ में लेकर सारे चित्रों को तीव्र गति से पलटा जाता है तो दर्शक को ऐसा लगता है कि वह सजीव दृश्य देख रहा है यही चित्र से चलचित्र बनाने का मुख्य आधार है। वैज्ञानिकों को आँखों का अध्ययन करने से पता चला कि आँख 1/18 सेकेण्ड से अधिक गतिवाले दृश्य अपने रेटिना पटल पर स्थिर नहीं कर पाती है। प्रारम्भिक चरण में इसी को आधार मानकर चलचित्र के प्रत्येक फ्रेम को 1/18 सेकेण्ड में अंकित किया गया। परन्तु 1/18 सेकेण्ड में चित्रों के परस्पर मिश्रण से ध्वनि अंकित करने की समस्या सामने आयी। उत्तरोत्तर विकास के बाद चलचित्र का प्रत्येक फ्रेम 1/24 सेकेण्ड पर स्थिर कर लिया गया। वर्तमान में फिल्मांकन चलचित्र के लिए 24 फ्रेम प्रति सेकेण्ड एवं टेलीविज़न के लिए 25 फ्रेम प्रति सेकेण्ड होता है।

अतः टेलीविज़न के चित्र या वीडियो कैमरे को समझने से पहले हमें चित्र (फ़ोटो) का अध्ययन करना होगा

फ़ोटोग्राफी (Photography) शब्द ग्रीक भाषा के दो शब्द (Photo and graphos) का युग्म शब्द है, जिसमें फ़ोटो का अर्थ है प्रकाश और Graphos का अर्थ है लिखना या बिन्दु रेखा है। इस प्रकार प्रकाश द्वारा बिन्दुओं से चित्रण, छायाकंन या Photography कहलाता है।

किसी भी वस्तु को देखने के लिए प्रकाश का होना आवश्यक है क्योंकि उस वस्तु पर पड़नेवाले प्रकाश का परावर्तित प्रतिबिम्ब आँखों के लेन्स पर पड़ता है, जिससे वस्तु दिखायी देती है। उसी प्रकार फ़ोटोग्राफी के लिए प्रकाश मूल स्रोत है। फ़ोटोग्राफी में विषयवस्तु से टकराकर, प्रकाश, लेन्स के द्वारा कैमरे के अन्दर लगी प्रकाश संवेदी फिल्म

(Light Sensitive Film) पर पड़ता है और इस प्रकाश से फिल्म पर अदृश्य छवि का निर्माण होता है। फिल्म पर बनी इस अदृश्य छवि (Latant Image) को डेवलपर में प्रोसेस (Process) करने पर, प्रिण्टिंग (Printing) प्रक्रिया द्वारा छायाचित्र (Photograph) का निर्माण होता है।

फ़ोटोग्राफी का संक्षिप्त इतिहास

फ़ोटोग्राफी किसी एक व्यक्ति का आविष्कार नहीं हैं, विज्ञान की निरन्तर खोजों का परिणाम है। चौदहवीं शताब्दी में एक व्यक्ति अँधेरे कमरे में बैठा हुआ था। तभी उसकी नज़र दरवाज़े पर पड़ी। दरवाज़े में एक छोटा छिद्र था जिससे सूर्य का प्रकाश कमरे के अन्दर सामने की दीवार पर पड़ रहा था। उस प्रकाश द्वारा अँधेरे कमरे की दीवार पर बाहर

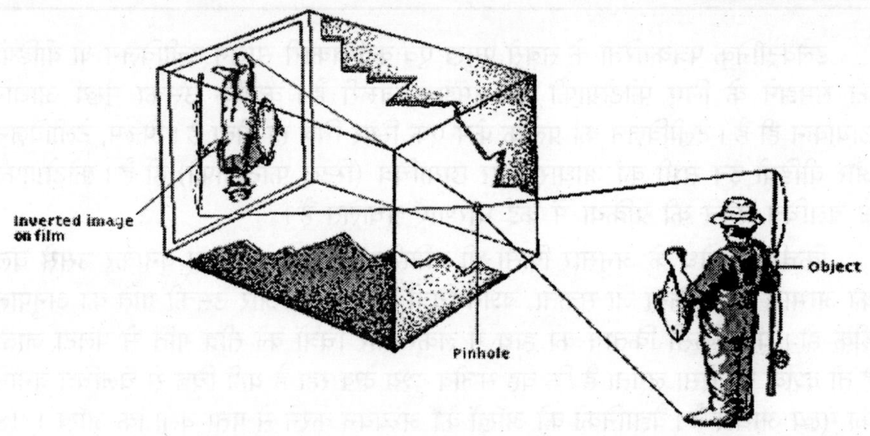

अन्धेरे कमरे की दीवार पर बाहर के व्यक्ति का उल्टा चित्र

सन् 1569 में इटली के डेला पोर्टा नामक व्यक्ति ने बाहर के दृश्य के बिम्ब को और अधिक स्पष्ट बनाने के लिए दरवाज़े के छिद्र में काँच का एक लेन्स लगा दिया। जिससे लेन्स से होकर आनेवाली सूर्य की किरणें और अधिक स्पष्ट प्रतिबिम्ब बनाने लगीं इस तरह तरह निरन्तर खोजों के परिणामस्वरूप सन् 1686 में ह्यूम जॉन ने अपनी पुस्तक में एक ऐसे प्रयोग का वर्णन किया है जिसमें एक यन्त्र के भीतर लेन्स और एक दर्पण लगा था जिसके द्वारा जो बिम्ब बनता था वह सीधा दिखायी देता था। इसी सिद्धान्त पर आगे लेन्स वाले रिफ्लेक्स कैमरे बनने लगे। बिम्ब को किसी कागज़ या काँच की सतह पर स्थायी बनाने के लिए अट्ठारहवीं शताब्दी में गेबर नामक वैज्ञानिक ने एक आविष्कार किया। उसने सिल्वर क्लोराइड को सफेद लाइट में कुछ समय के लिए रखा और देखा कि वह काला हो गया।

भौतिकशास्त्र के प्रोफेसर जॉन हिगरिच शुल्ज सन् 1827 में एक दिन खिड़की के पास खड़े होकर चाँदी मिले नाइट्रिक एसिड और कुछ मात्रा चॉक के मिश्रण की हाथ में लगाकर प्रयोग कर रह थे, उन्होने देखा कि सूर्य की किरणें हाथ पर लगे सिल्वर एसिड मिश्रण पर पड़ी तो वह भाग काला हो गया और जहाँ किरणें नहीं पड़ीं, वह भाग काला नहीं हुआ। यहीं से फ़ोटोग्राफी की नींव पड़ी। फ़ोटोग्राफी शब्द का सबसे पहले प्रयोग

लिखित रूप में जॉन हिगरिच शुल्ज द्वारा सन् 1939 में लिखे पत्र में किया गया था। फ़ोटोग्राफी अंग्रेज़ी शब्द है, परन्तु इससे पूर्व 'फ़ोटो' और ग्राफी शब्दों को प्रचलन ग्रीक भाषा में था। इनका अर्थ है-प्रकाश और अंकन अर्थात् छायांकन।

सन् 1780 में सिल्वर साल्ट के सोल्युशन से तैयार किये गये कागज़ पर पहली बार सिलहट यानी काली तस्वीरे बनायी गयीं। सन् 1802 में टामस वीग्वुड और सर हमफ्री डेवी ने भी इसी से मिलती-जुलती तस्वीर बनाने की एक विधि निकाली। लाइट के दुबारा एक्सपोज़र से इमेज को काला होने से बचाने के लिए अट्ठारहवीं सदी के अन्त में सर जान हारचल ने सोडियम थायोसल्फेट नामक फिक्सिंग एजेण्ट की खोज की। सन् 1824 में फ्रांस के जोसेफ निकोफर द्वारा काँच और धातु की प्लेटों पर कुछ चित्रों का निर्माण हुआ, इन्हाने लेवेण्डर के तेल में बिटुमैन को घोलकर काँच पर उसकी एक पतली-सी सतह लगायी और फिर काँच की इस प्लेट को चित्र बनाने के लिए कई घण्टे तक सूर्य के प्रकाश में एक्सपोज़ किया। इसके बाद जो भाग एक्सपोज़ नहीं हुए थे, उनको पहले लैवेण्डर के तेल से और फिर तेज़ाब यानी एसिड से धोया। इस प्रकार उन्होंने एक नेगेटिव तैयार किया। 1839 के करीब मैण्डेडैगोर ने सिल्वर क्लोराइड और आयोडाइड को मिलाकर एक सोल्युशन बनाया और उसको एक धातु की प्लेट पर लगाकर कैमरे में रखकर तीन घण्टे तक एक्सपोज़ किया, परन्तु इस प्रकार प्लेट पर जो इमेज बनी, वह बहुत ही धुँधली और अस्पष्ट थी। लेकिन चारों और बादल घिरे होने के कारण लाइट बहुत ही कम थी। उस दिन उन्होंने अपनी एक थोड़ी देर एक्सपोज़ की हुई प्लेट को कैमरे से निकालकर अपनी केमिकल रखनेवाली अलमारी मे दुबारा प्रयोग करने के लिए रख दिया। दूसरे दिन प्लेट को दुबारा इस्तेमाल करने के लिए उन्होंने निकाला, तो देखा कि प्लेट पर इमेज स्पष्ट दिखायी दे रही थी। बाद में उन्होंने पता लगाया कि ऐसा पारे के प्याले से निकलनेवाली भाप के कारण हुआ था। इस प्रकार पहले डेवलपिंग एजेण्ट की खोज हुई। बाद मे फ्रांस सरकार के बहुत आग्रह करने पर डैगोर ने अपनी चित्र बनाने की विधि को प्रकाशित किया और उसे डैगोर टाइप का नाम दिया। सन् 1839 में ही फाक्स टैलबोट ने नेगेटिव और उसका पोजिटिव बनाने के लिए एक कागज़ पहली बार बनाया और अपनी पद्धति को कैलो टाइप और टैलबो टाइप का नाम दिया। सन् 1849 में उन्होंने फ़ोटोग्राफी के लिए चमकीला कागज़ भी बनाया। सन् 1851 में लन्दन के स्काट आरचर ने कैमरे द्वारा नेगेटिव बनाने की एक नयी विधि कौलोडियन वेट प्लेट शुरू की। सन् 1871 में डॉक्टर आर.एल. मैडोक्स ने कौलोडियन के स्थान पर जिलेटिन का प्रयोग करके आधुनिक सूखी प्लेट का निर्माण किया।

फ़ोटोग्राफी का आविष्कार 1839 ई. में हुआ परन्तु रेखाचित्रों का प्रचलन 1607 ई. से ही प्रारम्भ हो गया था। जब यूरोप में लकड़ी के ठप्पों पर नक्काशी करके समाचार-पत्रों और पत्रिकाओं में रेखाचित्र छापे जाते थे। इस प्रकार के समाचार-पत्रों और पत्रिकाओं का प्रकाशन अधिकांशतः आस्ट्रिया, नीदरलैण्ड, जर्मनी और इटली में हुआ। सन् 1832 में लन्दन से दी पैनी मैगज़ीन नामक एक पत्रिका का प्रकाशन आरम्भ किया गया जिसमें बहुत-से रेखाचित्र छापे जाते थे इसका सम्पादन चार्ल्स ह्यइट द्वारा किया जाता था। इस मैगज़ीन का उद्देश्य समाज-सुधार करना था।

रेखाचित्रों का युग फ़ोटोग्राफी के आविष्कार के साथ ही समाप्त हो गया। अनेकों समाचार-पत्र, पत्रिकाएँ जो अब तक रेखाचित्रों के प्रकाशन की होड़ में थे, उन्होंने रेखाचित्रों को तिलांजलि दे दी और अच्छे फ़ोटो के साथ समाचारों का प्रकाशन प्रारम्भ कर दिया 'दि इलेस्ट्रेड लन्दन न्यूज़' पहली साप्ताहिक पत्रिका थी जिसने सन् 1842 में फ़ोटो प्रकाशित करने का सफल प्रयास किया। इसके पश्चात् ऑब्ज़रवर, सण्डे टाइम्स और वीकली क्रोनिकल ने भी फ़ोटो विधा को अपना लिया। सन् 1936 में हेनरी लूस ने लाइफ मैगज़ीन पत्रिका का प्रकाशन किया। इस पत्रिका ने दूसरे विश्व युद्ध, कोरिया युद्ध और वियतनाम युद्ध की घटनाओं की अनेक ख़बरें और उनकी फ़ोटो प्रकाशित की है।

बीसवीं शताब्दी में फ़ोटो पत्रकारिता का विकास अपनी चरमसीमा पर था। 1903 में लार्ड नार्थ क्लिफ ने लन्दन डेली मिरर समाचार-पत्र का प्रकाशन किया, जिसमें चित्रों का भरपूर प्रयोग हुआ, चित्रों की महत्ता के अन्य समाचार-पत्रों ने भी सचित्र पत्र-पत्रिकाओं का प्रकाशन आरम्भ किया। वर्ष 1919 में संयुक्त राष्ट्र अमेरिका से न्यूयार्क इलस्ट्रेटेड डेली न्यूज़ नामक समाचार-पत्र का प्रकाशन प्रारम्भ हुआ जिसमें अनेक तस्वीरें प्रकाशित की जाती थीं। इसी का नाम आगे चलकर डेली न्यूज़ हो गया।

फ़ोटो संघ-समाचार-पत्रों में चित्रों की महत्ता का उत्तरोत्तर विकास होता गया परिणामस्वरूप फ़ोटो प्रेषित करने के लिए नये-नये संगठनों का विकास होने लगा। बेन और अमेरिकन प्रेस फ़ोटो प्रेषित करनेवाले पहले संगठनों में से थे। इसके अतिरिक्त वाइड वर्ल्ड, इण्टरनेशनल न्यूज़ फ़ोटोज, न्यूज़ पेपर इण्टरप्राइज़ यूनियन तथा पेसिफिक एण्ड अटलाण्टिक फ़ोटो संघ भी महत्त्वपूर्ण थे। भारत में भी एसोसिएटेड प्रेस ने एपी वायर फ़ोटोज़ नामक अनुभाग से 1 जनवरी, 1935 से तार द्वारा चित्र भेजना आरम्भ किया जिसके द्वारा विभिन्न समाचार-पत्र-पत्रिकाओं को फ़ोटो भेजी जाती थी।

वर्ष 1936 में अमेरिका से लाइफ मैगज़ीन का सचित्र प्रकाशन प्रारम्भ हुआ। इसकी फ़ोटोग्राफर मारगरेट बोरकी ह्यइट नामक महिला थी जो कि विश्व की पहली महिला फ़ोटोग्राफर थी। 1943 में विश्व की दूसरी महिला फ़ोटो-पत्रकार अन्तिनेती डी. कोरावोव ने फ़ोटो-पत्रकारिता को अपना व्यवसाय बनाया थी। म्यूनिख में उसके एक फ़ोटो स्टूडियो न्यूज़पेपर' (1956) और 'हारपर्स' वीकली' (1957) में प्रकाशित हुए, जिनमें चित्रों को विशेष स्थान दिया गया।

फ़ोटोग्राफी के आविष्कार के बाद, फ़ोटो में सुसज्जित पत्रिका को छापने का पहला सफल प्रयास सन् 1842 में साप्ताहिक 'दि इलैस्ट्रेटेड लन्दन न्यूज़' के प्रकाशन से हुआ। इसके पश्चात् आब्जर्वर, सण्डे टाइम्स, वीकली क्रोनिकल ने भी रेखाचित्रों का प्रकाशन बन्द कर कर दिया और उसके स्थान पर फ़ोटो छापने लगे। समाचार-पत्रों व पत्रिकाओं में चित्रों को छापने से अधिक धन अर्जित किया जाने लगा, जिस मैगज़ीन व समाचार-पत्र में जितने अधिक चित्र होते थे उसकी कीमत भी उतनी ही ज्यादा होती थी।

भारत में फ़ोटो पत्रकारिता का उदय-भारत में समाचार-पत्रों और पत्रिकाओं में भी रेखाचित्रों के स्थान पर फ़ोटो को छापा जाने लगा। भारत का पहला मुद्रण प्रेस पुर्तगालियों द्वारा सन् 1550 में स्थापित किया गया। भारत का पहला समाचार-पत्र 'दि बंगाल गज़ेट' सन् 1780 में जेम्स ऑगस्ट्स हिक्की के द्वारा प्रकाशित किया गया। इसके

पश्चात् टाइम्स आफ इण्डिया 1861, पॉयनियर 1856, अमृत बाज़ार पत्रिका 1868, दि हिन्दू 1878 जैसे अनेकों समाचार-पत्र और पत्रिकाएँ प्रकाशित होने लगीं। सन् 1947 में जब भारत स्वतन्त्र हुआ तो समाचार-पत्रों को विकास के लिए एक अच्छा अवसर प्राप्त हुआ, उनमें समाचारों के साथ-साथ उससे सम्बन्धित फ़ोटो का भी प्रकाशन किया जाने लगा। भारत की पहली महिला पत्रकार होमी वयारवाला थीं, इनके अलावा एस. पाल, एनथियागाराजन, किशोर पारिख तथा रघुनाथ का नाम उल्लेखनीय है। भारतीय प्रकाशनों में समाचार और कहानियों के साथ-साथ फ़ोटो छापने का महत्त्व दिनोंदिन बढ़ता ही गया। फ़ोटोग्राफरों को सम्मान की दृष्टि से देखा जाने लगा। फ़ोटोग्राफी की नयी-नयी तकनीकों का विकास होने लगा।

फ़ोटोग्राफी (Photography)-फ़ोटोग्राफी एक ऐसी प्रक्रिया है, जिसके द्वारा फिल्म अथवा प्लेट पर प्रकाश के द्वारा चित्र बनाये जाते हैं। ऐसे बहुत-से रसायन हैं, जो प्रकाश के द्वारा प्रभावित होते हैं। सिल्वर क्लोराइट, जो सफेद लाइट के सामने कुछ समय तक रखने से काला हो जाता है। चित्र बनाने के लिए सबसे पहले केमिकल द्वारा तैयार की हुई एक फिल्म या प्लेट की आवश्यकता होती है। यह फिल्म काँच, सेल्युलाइट या कागज़ पर तैयार की जाती है। फिल्म बनाने के लिए सिल्वर क्लोराइट और सिल्वर ब्रोमाइट तथा जिलेटिन को मिलाकर एक सोल्यूशन बनाया जाता है और उसकी एक बहुत ही पतली सतह मशीन के द्वारा काँच, सेल्युलाइट या कागज़ पर लगा दी जाती है। यह सब कार्य पूर्णरूप से अंधेरे में किया जाता है।

कैमरा (Camera)-कैमरा चित्र बनाने का एक अद्भुत छोटा-सा यन्त्र है। यह धातु से बना एक हलका ढला हुआ बाक्स की तरह होता है, जिसमें सामने एक लेन्स लगा होता है। कैमरे में फिल्म रखने के लिए उसके अन्दर दो स्थान बने होते हैं। इस उपकरण का नाम कैमरा 'कामरा' शब्द से बना है।

लेन्स का काम कैमरे के अन्दर पीछे की ओर, जहाँ फिल्म लगायी जाती है, एक इमेज (बिम्ब) तैयार करना होता है। यह इमेज असली परन्तु उलटी बनती है। तस्वीर बनाने के लिए फिल्म को थोड़े-से निश्चित समय के लिए प्रकाश का पड़ना आवश्यक होता है, जिसे फिल्म को एक्सपोज़ करना कहते हैं। फिल्म को एक्सपोज़ करने के बाद यदि उसका निरीक्षण किया जाये तो उस पर कोई प्रतिबिम्ब दिखायी नहीं देता क्योंकि फिल्म पर लगे रसायन पर जो प्रतिबिम्ब बनता है वह अदृश्य होता है, जिसे गुप्त प्रतिबिम्ब कहते हैं। फिल्म को एक तरल पदार्थ, जिसे डेवलपर कहते हैं, में रखा जाता है तो यह गुप्त प्रतिबिम्ब दिखायी देने लगता है। इस प्रक्रिया को फिल्म डेवलप करना कहते हैं।

फिल्म डेवलप करने की सम्पूर्ण प्रक्रिया (डार्करूम) अँधेरे में की जाती है कुछ फिल्में ऐसी होती हैं जिन्हें लाल रंग की रोशनी में भी डेवलप किया जा सकता है। विकसित या डेवलप हुई फिल्म पर प्रतिबिम्ब काले, सलेटी और सफेद रंग पर बनता है। फिल्म के जिन भागों पर ज्यादा रोशनी पड़ती है वे काले हो जाते हैं, जिन भागों पर कम रोशनी पड़ती है वह स्लेटी हो जाते हैं और जिन पर रोशनी नहीं पड़ती है वह पारदर्शी रहते हैं। डेवलप करने के बाद फिल्म को फिक्चर नामक घोल में डाल दिया जाता है जो फिल्म पर लगे

रसायनों के उन भागों को धुलकर अलग कर देता है जिन पर प्रकाश का कोई प्रभाव नहीं पड़ता वह भाग पारदर्शी हो जाता है। फिल्म को विकसित और फिक्स करने के बाद उसका निगेटिव तैयार हो जाता है। वहाँ ध्यान देने योग्य बात है कि यह निगेटिव तस्वीर ली गयी वस्तु के विपरीत होता है। वस्तु का मूल चित्र प्राप्त करने के लिए निगेटिव को फ़ोटोग्राफिक पेपर पर रखकर एक्सपोज़ किया जाता है। एक्सपोज़ किये गये फ़ोटोग्राफिक पेपर पर डेवलप और फिक्स करने के उपरान्त वस्तु का वास्तविक चित्र प्राप्त होता है। फ़ोटोग्राफिक पेपर पर बना हुआ यह चित्र पॉजिटिव कहलाता है। फ़ोटोग्राफी में प्रकाश को तीन विधियों से नियन्त्रित किया जा सकता है-1. अपरचर द्वारा, 2. शटर स्पीड को नियन्त्रित करके, 3. फिल्म की गति को नियन्त्रित करके।

अपरचर (Aperture)-अपरचर लेन्स का वह क्षेत्रफल होता है जिसके मध्य से प्रकाश की किरणों फिल्म या सी.सी.डी. तक पहुँचकर प्रतिबिम्ब बनाती हैं। अपरचर लेन्स की फोकल लेन्थ और लेन्स के व्यास के बीच का अनुपात होता है। कैमरे में लगे लेन्स पर बना अपरचर उससे होकर गुज़रनेवाली प्रकाश की मात्रा को नापने एवं नियन्त्रित करने की विधि है। इसे एफ स्टाप भी कहते हैं। कैमरे की लेन्स पर लगे रिंग को घुमाकर आवश्यकतानसार अपरचर निर्धारित किया जा सकता है।

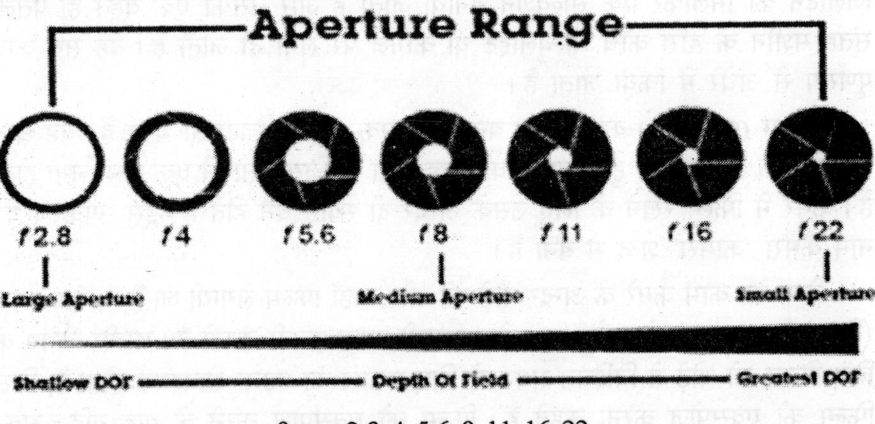

f stop- 2.8, 4, 5.6, 8, 11, 16, 22

यहाँ पर यह ध्यान रखना होगा कि यदि एफ स्टाप 1.4 है तो इसका यह अर्थ होगा कि सबसे अधिक प्रकाश की मात्रा लेन्स से होकर कैमरे में प्रवेश करेगी और यदि एफ स्टाप 22 है यानी सबसे अधिक है तो प्रकाश की सबसे कम मात्रा कैमरे में प्रवेश करेगी। प्रत्येक एफ स्टाप को बढ़ाने से पहलेवाले अंक की तुलना में प्रकाश की मात्रा आधी हो जायेगी। इसी प्रकार प्रत्येक एफ स्टाप को घटाकर छोटे एफ स्टाप निर्धारित करने से उससे दुगुनी प्रकाश की मात्रा प्रविष्ट करेगी।

शटर की गति (सेकेण्ड)	1/500 तीव्र	1/250	1/125	1/60	1/30	1/15	1/8	1/4 धीमी
अपरचर	f 2.8	f 4	f 5.6	f 8	f 11	f 16	f 22	32 छोटा व्यास

शटर (Shutter)-शटर कैमरे में लगा एक ऐसा छोटा-सा पर्देनुमा दरवाज़ा होता है जिसके खुलने पर लेन्स से गुज़रनेवाले प्रकाश की मात्रा फिल्म तक पहुँचकर उसे एक्सपोज़

करती है। कैमरे का शटर बटन दबाने पर शटर के खुले रहने की अवधि शटर गति (Shutter Speed) कहलाती है, जो मैनुअल कैमरे में शटर स्पीड रिंग पर लिखे अंकों के आधार पर तथा ऑटोमेटिक कैमरे में LCD पैनल पर नॉब द्वारा संचालित की जाती है। आधुनिक कैमरों में बी (Bulb) के निर्धारण द्वारा शटर बटन को दबाकर रखने से इच्छित समय तक शटर को खुला रखा जा सकता है। एक्सपोज़र को नियन्त्रित करने के लिए अपरचर के अलावा शटर की भी आवश्यकता पड़ती है। लेन्स प्रकाश की मात्रा (Amount of Light) को अपरचर के द्वारा कम करता है और अपरचर से फोकल प्लेन की तरफ जानेवाले प्रकाश को शटर नियन्त्रित करता है। प्रकाश की मात्रा और प्रकाश की अवधि (Duration of Light) के द्वारा फिल्म को एक्सपोज (Expose) किया जाता है। प्रकाश की मात्रा को नियन्त्रित करने में जो कार्य अपरचर करता है प्रकाश की अवधि को नियन्त्रित करने में वही कार्य शटर करता है।

शटर की गति (Shutter Speed)-सामान्यतः फ़ोटोग्राफी करते समय शटर स्पीड 1/125 रखी जाती है, गतिशील वस्तुओं की सुस्पष्ट छवि (Sharp Image) लेने के लिए तेज़ शटर स्पीड का प्रयोग करते हैं। इससे फ़ोटो में गतिशीलता का अहसास होता है। शटर स्पीड और अपरचर के सामंजस्य द्वारा अच्छे परिणाम प्राप्त होते हैं। अपरचर द्वारा चित्र में दृश्य की गहराई (Depth of Field) को भी नियन्त्रित करते हैं। अधिकतम अपरचर (1. 2 एम.एम., 1.4 एम.एम., 1.8 एम.एम. आदि) वाले लेन्स फास्ट लेन्स कहलाते हैं तथा अधिकतम अपरचर (3.5 एम.एम. या 4 एम.एम.) वाले लेन्स स्लो लेन्स माने जाते हैं। फास्ट लेन्स से स्लो लेन्स की अपेक्षा अच्छे परिणाम प्राप्त होते हैं।

शटर की गति सेकेण्डों में मापी जाती है। कुछ पुराने कैमरों में यह 1/1 सेकेण्ड से 1/1000 सेकेण्ड तक है। इसमें अन्तर इस प्रकार है-1/1, 1/2, 1/4, 1/8, 1/15, 1/30, 1/60, 1/125, 1/250, 1/500 और 1/1000 सेकेण्ड। आधुनिक ऑटो फोकस कैमरों में शटर की गति में अन्तर अलग प्रकार से होता हैं-जैसे 1/1, 1/2, 1/3, 1/4, 1/6, 1/8, 1/10, 1/15, 1/20, 1/30, 1/45, 1/60, 1/90, 1/125, 1/180, 1/250, 1/350, 1/500, 1/1000, 1/1500 और 1/2000, 1/4000, 1/8000, 1/16000 सेकेण्ड। इसे कम करते हुए यह गति 1 सेकेण्ड से 1.5, 2, 3, 4, 5, 6, 8, 10, 15, 20 और 30 सेकेण्ड और फिर जितनी देर शटर खुला रखना हो, रखा जा सकता है।

विभिन्न प्रकार के कैमरों में अलग-अलग प्रकार के शटर होते हैं। जैसे-मैनुअल शटर, रोटरी शटर, लीफ या आइरिस डायफ्राम शटर, फोकल प्लेन शटर इत्यादि।

एक्सपोज़र (Exposure)-फ़ोटो लेते समय विषयवस्तु के अनुसार अपरचर और शटर स्पीड सामंजस्य से फिल्म को एक्सपोज़र करने के लिए उचित मात्रा में प्रकाश डालना एक्सपोज़र कहलाता है अर्थात् सामने रखी विषयवस्तु (जिसका फ़ोटो लेना है) की गति और उस पर पड़नेवाले प्रकाश के अनुसार कैमरे के शटर की स्पीड और अपरचर का उचित निर्धारण ही एक्सपोज़र है। शटर स्पीड तथा अपरचर दोनों में से किसी एक का एक स्टैप (एफ 8 या 1/125 आदि) कम या ज्यादा करने से फिल्म पर पड़नेवाले प्रकाश की मात्रा दुगुनी अधिक या दुगनी कम हो जाती है, यदि एक नम्बर एफ नम्बर (अपरचर) कम करते

हैं और एक स्टैप शटर स्पीड भी कम करते हैं तो फिल्म पर पड़नेवाले प्रकाश की मात्रा बराबर रहती है जैसे 1/15-एफ 16, 1/30-एफ 11, 1/60-एफ 8, 1/125-एफ 5.6, 1/250-एफ 4 तथा इसी क्रमानुसार 1/500-एफ 2.8 आदि। लेकिन उपर्युक्त सभी एक्सपोज़र से परिणाम अलग-अलग प्राप्त होंगे। इस प्रकार विषयवस्तु के अनुसार उचित एक्सपोज़र से चाहे गये परिणाम प्राप्त किये जा सकते हैं।

अधिकतर एस.एल.आर. कैमरों में अन्दर बनी हुई टी.टी.एल. (Through-the-Lens Metering) पद्धति होती है, जो फ़ोटोग्राफर को उचित एक्सपोज़र प्राप्त करने में सहायक होती है। हस्तचालित कैमरों में व्यू फाइण्डर फ्रेम पर एक्सपोज़र की जानकारी मिलती है जबकि स्वचालित कैमरे स्वतः ही एक्सपोज़र का निर्धारण करते हैं, इन कैमरों में एल.सी.डी. (Liquid Crystal display) पैनल या व्यू फाइण्डर फ्रेम पर एक्सपोज़र की जानकारी प्राप्त की जा सकती है। स्वचालित कैमरे में कैमरे के मॉड के अनुसार भी निर्धारित किया जा सकता है। अधिकतर कैमरों में शटर बटन को हलका-सा दबाने पर व्यू फाइण्डर फ्रेम पर एक्सपोज़र के कम या अधिक होने की स्थिति में मीटर के अनुसार उचित एक्सपोज़र का निर्धारण कर अच्छे फ़ोटो बनाये जा सकते हैं। कम एक्सपोज़र पर फ़ोटो काली (Dark) दिखायी देती है, अधिक एक्सपोज़र से फ़ोटो हलकी दिखायी देती है।

एक्सपोज़र ऐसेसमेण्ट-एक्सपोज़र दो तरह से नापा जाता है।

रिफ्लेक्टेड लाइट-किसी व्यक्ति या विषयवस्तु का फ़ोटो खींचते समय व्यक्ति या विषयवस्तु से टकराकर जितनी लाइट की मात्रा कैमरे में आ रही है कैमरा उस मात्रा के द्वारा कैमरे में लगे एक्सपोज़र मीटर से एक्सपोज़र को नापता है। इस विधि में कैमरे के द्वारा हमें सही एक्सपोज़र का ज्ञान हो जाता है।

इसमें समस्या यह है कि यदि दो व्यक्तियों के फ़ोटो खींचना है और पहला व्यक्ति काला है और दूसरा गोरा है तो उनसे टकराकर लाइट की मात्रा अलग-अलग निकलेगी। अब प्रश्न यह उठता है किकिसके शरीर से टकराकर कैमरे में आयी लाइट पर एक्सपोज़र सेट किया जाये, क्योंकि यदि काले व्यक्ति पर एक्सपोज़र सेट किया जायेगा तो गोरा व्यक्ति बर्न हो जायेगा और यदि गोरे व्यक्ति पर एक्सपोज़र सेट किया जायेगा तो काला व्यक्ति इतना काला दिखेगा कि ठीक से दिखेगा भी नहीं। इस समस्या से निपटने के लिए ग्रे कार्ड रीडिंग सिस्टम का प्रयोग किया जाता है।

दोनों व्यक्तियों के सामने ग्रे कार्ड लगाकर हम एक्सपोज़र नाप लेंगे जो कि दोनों व्यक्तियों के लिए सही एक्सपोज़र होगा।

इन्सीडेण्ट लाइट-यह विधि बहुत आसान है। इससे हम एक्सपोज़र मीटर के द्वारा आईएसओ फीड करके अपरचर एवं शटर स्पीड के रूप में सही एक्सपोज़र प्राप्त कर लेते हैं।

फ़ोटोग्राफिक फिल्म-फ़ोटोग्राफिक फिल्म प्रकाश के प्रति संवेदनशील होती है। इसे बनाने के लिए प्रकाश ग्रहणशील घोल चाँदी के लवणों जैसे सिल्वर क्लोराइड, सिलवर ब्रोमाइड, सिल्वर आयोडाइड तथा जेलेटिन को मिलाकर बनाया जाता है। चाँदी के लवणों के बहुत छोटे-छोटे कण और जेलेटिन को मिलाकर बनाया गया घोल फिल्म पर लगाया जाता है, जिससे वह प्रकाश ग्रहणशील बन जाती है। जेलेटिन का मुख्य कार्य घोल में निर्मित

कणों को उसी सतह पर जमाये रखना है। इन अत्यन्त सूक्ष्म कणों को ग्रेन्स कहते हैं। फिल्म की गति इन्हीं ग्रेन्स के आकार पर निर्भर है। यदि ग्रेन्स छोटे हैं तो फिल्म की गति कम होगी और यदि बड़े हैं तो फिल्म की गति ज्यादा होगी।

फिल्म की संवेदनशीलता दो चीज़ों पर निर्भर करती है।

1. विषयवस्तु पर सूर्य का प्रकाश कितना पड़ता है या दूसरे शब्दों में यूँ भी कह सकते हैं कि फिल्म पर कितना प्रकाश पड़ रहा है।

2. विषयवस्तु का रंग कैसा है। प्रकाश का इन्द्रधनुष समान रूप से सभी वस्तुओं पर पड़ता है किन्तु रंगों के प्रभाव अलग-अलग होते हैं, जहाँ नीला रंग प्रकाश को फिल्म पर शीघ्र और अधिक ग्रहण करेगा वहीं लाल रंग कम मात्रा में और देर से ग्रहण करेगा। इसलिए रंगों का वर्णमूल्य (Rendering Value) का ज्ञान आवश्यक होता है। उदाहरण के लिए यदि लाल और नीला रंग नजदीक है तो अन्तर बहुत होगा जबकि नीला और पीला साथ है तो अन्तर कम होगा।

ब्लैक एण्ड ह्वाइट चित्रों में सारे प्रभाव देखने को मिल सकते हैं। यही स्थिति रंगीन फिल्मों की होती है। इसलिए हर रंग को पहचानने की योग्यता बनानी होगी।

फिल्म की गति (Film Speed)-फिल्म की गति का अर्थ है कि वह प्रकाश के प्रति कितनी संवेदनशील है। ब्लैक एण्ड ह्वाइट और रंगीन दोनों फिल्मों के लिए लागू होता है।

धीमी गति की फिल्में (Slow speed Films)-यह फिल्में प्रकाश के प्रति बहुत कम संवेदनशील होती हैं। दिन के प्रकाश में या प्रकाश की अधिकता में इन फिल्मों का उपयोग किया जाता है। 50 एएसए की फिल्में धीमी गतिवाली फिल्म कहलाती हैं। इनके ग्रेन्स बहुत छोटे होते हैं, जिससे स्पष्ट चित्र बनता है। इन फिल्मों के निगेटिव से बड़े चित्र बनाये जा सकते हैं।

मध्यम गति की फिल्में (Medium speed Films)-यह फिल्म धीमी गतिवाली फिल्मों की अपेक्षा प्रकाश के प्रति अधिक संवेदनशील होती हैं। इन फिल्मों के ग्रेन्स भी अपेक्षाकृत बड़े होते हैं। इन फिल्मों की गति 50-200 एस.ए. तक मानी गयी है। गति और गुणवत्ता के अनुसार इन फिल्मों की स्वीकार्यता और माँग सबसे अधिक थी।

तीव्र गति वाली फिल्में (Fast speed Films)-यह फिल्में प्रकाश के प्रति सर्वाधिक संवेदनशील होती हैं और बहुत कम प्रकाश में ही एक्सपोज़ हो जाती हैं। इन फिल्मों की गति 200 से अधिक 400 और 1600 तक मानी गयी है। इन फिल्मों के ग्रेन्स भी बड़े होते हैं। यह फिल्में रात्रि के समय या कम प्रकाश में कार्य करने के लिए उपयुक्त हैं।

फिल्म की गति नापने के लिए दिये गये अंक फिल्म की प्रकाश के प्रति संवेदनशीलता को प्रकट करते हैं।

1. अमेरिकन स्टैण्डड्र्स एसोसिएशन	-	ASA
2. इण्टरनेशनल स्टैण्डड्र्स ऑर्गनाइजेशन	-	ISO
3. ब्रिटिश स्टैण्डर्ड	-	BS
4. जर्मनी (Deutsche Indutrie Norms)	-	DIN
5. सोवियत संगठन	-	GOST
6. जापान स्टैण्डर्ड एसोसिएशन	-	JSA

इन सब में अमेरिका के एएसए का चलन अधिक है। फ़ोटोग्राफी करते समय कितने एएसए की फिल्म डाली गयी है। इसका ध्यान रखना चाहिए। वर्तमान में डिजीटल कैमरों में फ़ोटो खींचने के लिए इसी को आधार मानकर फिल्म स्पीड डायल होते हैं जिसे एलसीडी में देखकर मनचाहा आईएसओ सेट कर लिया जाता है।

रंगीन फिल्म (Colour Film)-रंगीन फिल्में तीन प्रकार की होती हैं।

1. कलर निगेटिव फिल्म (Colour Negative Film)-इन फिल्मों में पहले निगेटिव से ही प्रिण्ट बनाया जा सकता है। ये फिल्में डे-लाइट अर्थात् प्राकृतिक प्रकाश या टंगस्टन लाइट (कृत्रिम प्रकाश) दोनों में कार्य करती हैं। प्राकृतिक प्रकाश में इन फिल्मों को लगाने पर किसी फिल्टर की आवश्यकता नहीं होती है। लेकिन कृत्रिम प्रकाश में स्वाभाविक रंग प्राप्त करने के लिए कनवर्जन फिल्टर का उपयोग किया जाता है। फिल्टर का प्रयोग करने से दो स्टॉप का नुकसान होता है, जो कि अपरचर और शटर स्पीड के द्वारा नियन्त्रित किया जा सकता है। इसी बात को ध्यान में रखकर टंगस्टन लाइट की फिल्में विकसित की गयी हैं जो टंगस्टन लाइट में भी डे-लाइट का कार्य करती हैं। वर्तमान में प्रयोगशाला में भी रंग सन्तुलित किये जा सकते हैं।

2. रिवर्सल फिल्में (Reversal Films)- यह फिल्म प्राकृतिक और कृत्रिम प्रकाश में कार्य करती हैं। ये डे-लाइट और टंगस्टन फिल्म कहलाती हैं। इन फिल्मों में निगेटिव की जगह स्लाइड बनती है और इन्हें प्रोजेक्टर के माध्यम से देखा जा सकता है। इन फिल्मों के नाम के आगे क्रोम लिखा होता है।

3. पोलराइड फिल्म (Polaroid Film)-यह फिल्म केवल पोलराइड कैमरों में लगती है। इसमें फ़ोटो खींचने पर सीधा प्रिण्ट बनता है। इसके लिए किसी डार्करूम की आवश्यकता नहीं पड़ती क्योंकि फ़ोटो खींचने के बाद उसी समय प्रिण्ट निकल आता है। इसलिए इन्हें इन्स्टेण्ट फिल्म भी कहते हैं।

फ़ोटोग्राफी में रंगों का तापमान एक विशेष मीटर द्वारा नापा जाता है, जिसे कलर टेम्पेचर मीटर कहते हैं। प्रकाश का विभिन्न स्रोतों से तापमान भिन्न-भिन्न होता है। दिन की रोशनी में 5600^0 k होता है। टंगस्टन लाइट का 2800^0 k से 2900^0 k तथा इलेक्ट्रॉनिक फ्लैश का तापमान 6000^0 k होता है। इसी कारण प्राकृतिक प्रकाश और कृत्रिम प्रकाश के लिए अलग-अलग फिल्मों का निर्माण होता है।

डिजिटल कैमरे में फ़ोटो खींचने के लिए फ़ोटोग्राफिक फिल्म के बदले सी.सी.डी. (Charge Coupled Device) या CMOS (कम्प्लीमेण्ट्री मेटेल आक्साइड सेमीकण्डक्टर) का प्रयोग इमेज सेन्सर के रूप में होता है। डिज़िटल फ़ोटोग्राफी में जब प्रकाश लेन्स के माध्यम से होता हुआ CCD पर पडता है तो उसमें हज़ारों की संख्या में प्रकाश संवेदी चित्र अवयव पिक्सल (Pixels) संगठित होते हैं, जिसमें प्रत्येक पिक्सल अपने ऊपर पड़नेवाले प्रतिबिम्बित प्रकाश को उसकी मात्रा के अनुपात में विद्युतीय सन्देशों में परिवर्तित करता है और उस प्रकाश से अंकीय छवि का निर्माण करता है तथा छवि निर्माण के पश्चात् इस छवि को

कैमरे में फिल्म के स्थान पर लगनेवाली आन्तरिक स्मृति (Internal Memory) या स्मृति कार्ड (Memory Card) में भेजता है, यह मेमोरी कार्ड सी.सी.डी. या सी.एम.ओ.एस. द्वारा भेजी गयी छवि को संगृहीत करता है।

लेन्स-लेन्स एक ऐसा समांग पारदर्शी माध्यम है जो वक्र पृष्ठों से अथवा एक वक्र पृष्ठ तथा एक समतल पृष्ठ से घिरा होता है। यह दो प्रकार का होता है-

1. उत्तल लेन्स या (Convex or Converging Lens)-जो लेन्स बीच में मोटे तथा किनारों पर पतले होते हैं। उत्तल लेन्स कहलाते हैं। इसे पाज़िटिव लेन्स भी कहा जाता है। प्रकाश की किरणें इस लेन्स में से प्रवेश करने पर एक ही बिन्दु पर मिलती हैं। इसलिए इसे कनवर्जिंग लेन्स भी कहते हैं। उत्तल लेन्स तीन प्रकार के होते हैं-

(i) द्वि-उत्तल लेन्स (Double Convex Lens)-यह लेन्स दोनों ओर से उभरा हुआ होता है।

(ii) अवतल उत्तल लेन्स (Plano Convex Lens)- यह लेन्स एक ओर से उभरा हुआ और दूसरी ओर से समतल होता है।

(iii) उभयावतल लेन्स (Concavo Convex Lens)-यह लेन्स एक ओर उत्तल एवं दूसरी ओर अवतल होता है।

2. अवतल लेन्स (Concave Lens)- जो लेन्स बीच में पतले तथा किनारों पर मोटे होते हैं अवतल लेन्स कहलाते हैं। प्रकाश की किरणें जब इस लेन्स में प्रविष्ट होकर दूसरी ओर निकलती हैं तो विभिन्न दिशाओं में जाती हुई प्रतीत होती हैं इसलिए इन लेन्सों को डायवर्जिंग या निगेटिव लेन्स भी कहते हैं। इस लेन्स के प्रयोग से स्पष्ट प्रतिबिम्ब नहीं बनते हैं। यह लेन्स भी तीन प्रकार के होते हैः

(i) द्वि-अवतल लेन्स (Double Concave Lens)-यह लेन्स दोनों ओर से बीच में पतला और किनारों पर मोटा होता है।

(ii) अवतलीय अवतल लेन्स (Plano Concave Lens)-यह एक तरफ से समतल और दूसरी तरफ से अवतल होता है।

(iii) उभयोत्तल लेन्स (Convexo Concave Lens)-यह लेन्स एक ओर से उत्तल और दूसरी ओर से अवतल होता है।

फ़ोटोग्राफी में उपयोग किये जानेवाले लेन्स अवतल और उत्तल लेन्सों के संघटकों से बनाये जाते हैं। परन्तु उनका प्रभाव सकारात्मक ही होता है क्योंकि उनके माध्यम से प्रतिबिम्ब स्पष्ट नज़र आता है। प्रकाश की किरणें लेन्स में से प्रवेश करके दूसरी ओर एक बिन्दु पर एकाग्र होती हैं। यही कारण है कि लेन्स स्पष्ट प्रतिबिम्ब बनाता है।

जिस प्रकार हम अपनी आँखों से किसी विषयवस्तु को देखते हैं फ़ोटोग्राफी में ठीक उसी प्रकार कैमरा किसी वस्तु का प्रतिबिम्ब बनाकर फ़ोटो खींचता है। आँखों की पलकें फ़ोटोग्राफी कैमरे में शटर का कार्य करती हैं। पलकें खुलने पर वस्तु से आनेवाला प्रकाश कॉर्निया पर पड़ता है, जो पुतली से होकर लेन्स पर आपतित होता है। इस क्रिया में

आइरिस झिल्ली पुतली के व्यास को इस प्रकार सामंजित करती है कि तेज़ प्रकाश की वस्तु से सीमित मात्रा में तथा कम प्रकाशमान् वस्तु से पर्याप्त मात्रा में प्रकाश नेत्र में प्रवेश करे। इसके साथ ही सिलियरी-पेशियाँ लेन्स के पृष्ठों की वक्रता त्रिज्याओं को घटा-बढ़ाकर लेन्स की फोकस दूरी को ऐसा समंजित करती हैं कि वस्तु दूर हो या निकट, उसका स्पष्ट प्रतिबिम्ब रेटिना पर बने। यह प्रतिबिम्ब वास्तविक, उलटा तथा छोटा होता है। रेटिना की तन्त्रिकाओं के सिरे इस प्रतिबिम्ब के प्रकाश से प्रभावित होकर मस्तिष्क को सन्देश भेजते हैं, जिससे हम वस्तु को देखते हैं।

फ़ोटोग्राफी तकनीक के बारे में जानने के लिए हमें मुख्य अक्ष (Principle Axis) और प्रकाशिक केन्द्र (Optical Centre) को भी समझना होगा।

(i) मुख्य अक्ष (Principle Axis) -यदि लेन्स को क्षितिज की ओर क्षैतिज रखा जाये तो प्रकाशिक केन्द्र से होकर जानेवाली किरण एक धुरी के समान होती है। इस धुरी को ही मुख्य अक्ष कहते हैं।

(ii) प्रकाशिक केन्द्र (Optical Centre) -यह लेन्स के मध्य में वह बिन्दु है जिसमें से प्रकाश की किरणें अपनी दिशा बदले बिना दूसरी ओर जाती हैं।

फोकस (Focus)-प्रकाश की किरणें जो मुख्य अक्ष के समानान्तर होती हैं, उत्तल लेन्स में प्रवेश करने के उपरान्त एक बिन्दु पर एकत्रित हो जाती हैं। यह अवतल लेन्स में विभिन्न दिशाओं में चली जाती हैं। उस बिन्दु को लेन्स का फोकस कहते हैं।

फोकल लेन्थ (Focal Length)-प्रकाशिक केन्द्र और फोकस के बीच की दूरी को फोकल लेन्थ कहते हैं। दूसरे शब्दों में यह भी कहा जा सकता है। विषयवस्तु को लेन्स से जितना दूर किया जायेगा उसका प्रतिबिम्ब लेन्स के उतने ही पास बनता है। यदि विषयवस्तु की दूरी अनन्त है तो प्रतिबिम्ब लेन्स से एक निश्चित दूरी पर आकर रुक जायेगा। फोकल लेन्थ को F से प्रदर्शित किया जाता है तथा इसे मिलीमीटर में मापा जाता है।

जब विषयवस्तु और कैमरे के बीच की दूरी बदलती है तो दोबारा फोकस करना पड़ता है। ऐसा इसलिए होता है क्योंकि जब किसी विशेष फोकल लेन्थ के लेन्स के द्वारा फ़ोटो खींचते समय विषयवस्तु की दूरी बढ़ा दी जाये तो प्रतिबिम्ब की दूरी कम हो जाती है इसी प्रकार यदि विषयवस्तु की दूरी कम कर दी जाये तो प्रतिबिम्ब की दूरी बढ़ जाती है।

दूसरे शब्दों में कहा जाये तो फोकल लेन्थ का बड़ा या छोटा होना लेन्स पर निर्भर करता है, जिन लेन्सों का प्रतिबिम्ब पास बनता है वे कम फोकल लेन्थ के लेन्स कहलाते हैं और जिन लेन्सों का प्रतिबिम्ब दूर बनता है वे अधिक फोकल लेन्थ वाले लेन्स कहलाते हैं। कम फोकल लेन्थ के लेन्स द्वारा कम दूरी में भी ज्यादा क्षेत्र को कवर किया जा सकता है। इस प्रकार वाइड-एंगिल, नॉर्मल और टेली फ़ोटो आदि लेन्स अपनी फोकल लेन्थ के अनुसार ही निगेटिव पर वस्तु की छवि बनाते हैं। जूम लेन्स एक से अधिक फोकल लेन्थ का लेन्स होती है, जिससे लेन्स को बिना बदले उसकी क्षमतानुसार निगेटिव पर वस्तु की छवि बनती है

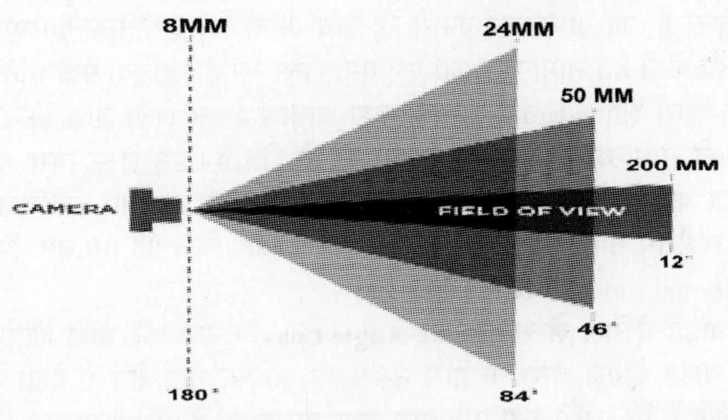

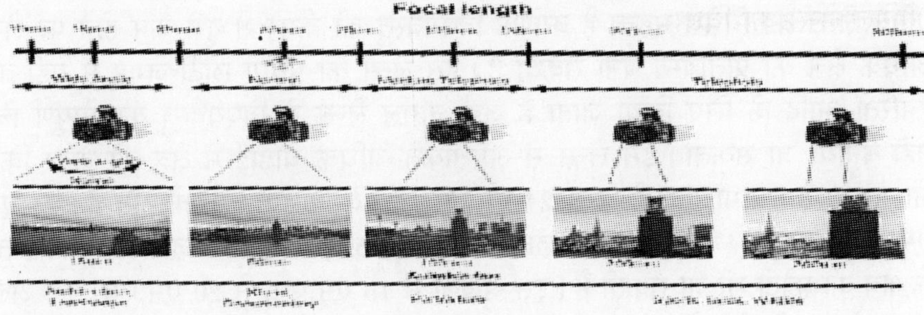

फोकल लेन्थ और ऐंगिल ऑफ व्यू के सम्बन्ध को दर्शाता चित्र

फ़ोटोग्राफी में प्रयोग होनेवाले लेन्सों को उनकी फोकल लेन्थ के आधार पर तीन मुख्य श्रेणियों में बांट सकते हैं:

1. सामान्य फोकल लेथ के लेन्स (Normal Focal Length Lens)
2. छोटी फोकल लेन्थ के लेन्स, (Short Focal Length Lens)
3. लम्बी फोकल लेन्थ के लेन्स (Long Focal Length Lens)

लेन्स को उनके ऐंगिल ऑफ व्यू (उस लेन्स से कितनी चौड़ाई तक देखा जा सकता है) के आधार पर भी तीन भागों में विभाजित किया जा सकता है-

1. नॉर्मल ऐंगिल लेन्स (Normal Angle Lens) -
2. वाइड ऐंगिल लेन्स (Wide Angle Lens)
3. टेली-फ़ोटो-ज़ूम लेन्स (Tally Photo Zoom Lens)

1. नॉर्मल ऐंगिल लेन्स (Normal Angle Lens) -कोई सामान्य मनुष्य अपनी आँखों से जितने कोण का क्षेत्र देख सकता है उसे उसका ऐंगिल ऑफ व्यू कहते हैं। इसी को आधार बनाकर सभी लेन्सों की फोकल लेन्थ निर्धारित की गयी है। 35 एम.एम. के सर्वाधिक प्रचलित कैमरे में लगनेवाले नॉर्मल लेन्स की फोकल लेन्थ 50 एम.एम. होती है। अतः नॉर्मल लेन्स को 50 एम.एम. की फोकल लेन्थ का माना गया है। 50 एम.एम. से कम फोकल लेन्थ वाले लेन्स को शॉर्ट फोकल लेन्थ लेन्स अर्थात् वाइड ऐंगिल लेन्स कहते

हैं। 50 एम.एम. से अधिक फोकल लेन्थ वाले लेन्स को टेली फ़ोटो लेन्स कहते हैं। यह सामान्य लेन्स है, जो अधिकतर कैमरों के साथ आता है। यह लेन्स 40 एम.एम. से 57 एम.एम. तक होते हैं। सामान्यतः 50 एम.एम. लेन्स का ही अधिक प्रयोग किया जाता है। इसे मानक लेन्स (Standard Lens) भी कहा जाता है। इस लेन्स द्वारा किये चित्र व्यक्ति की आँख की सामान्य दूरी एवं क्षेत्र के बराबर ही होते है। इस लेन्स द्वारा 46^0-47^0 कोण तक के क्षेत्र को फ़ोटो में लिया जा सकता है। फ़ोटोग्राफी के लिए अधिकतर इसी लेन्स का प्रयोग सर्वोत्तम माना जाता है। इस लेन्स की फोकल लेन्थ 35 एम.एम. फिल्म की कर्ण रेखा (Diagonal Line) के बराबर होती है।

(2) वाइड-ऐंगिल लेन्स (Wide-Angle Lens)-मनुष्य की आँखें जितना चौड़ा क्षेत्र देखती हैं, वाइड ऐंगिल लेन्स के द्वारा उससे भी अधिक चौड़े क्षेत्र में देखा जा सकता है या कह सकते हैं कि उससे बड़ा प्रतिबिम्ब देखा जा सकता है। फ़ोटो पत्रकार के लिए वाइड ऐंगिल लेन्स का विशेष महत्त्व हैं क्योंकि विषयवस्तु की कैमरे से दूरी कम होने पर लेन्स अधिक क्षेत्र का प्रतिबिम्ब बना सकता है। इस लेन्स का प्रयोग छोटी जगह में बड़ी-बड़ी इमारतों आदि के लिए किया जाता है जहाँ नॉर्मल लेन्स से विषयवस्तु का सम्पूर्ण चित्र नहीं बनाया जा सकता। इस लेन्स से अपेक्षाकृत अधिक चौड़ाई में क्षेत्र को कवर किया जा सकता है। सामान्यतः ये लेन्स 24 एम.एम., 28 व 35 एम.एम. के होते हैं। 24 एम. एम. लेन्स द्वारा 84°, 28 एम.एम. द्वारा 75° और 35 एम.एम लेन्स द्वारा 63° कोण तक के क्षेत्र की फ़ोटो ली जा सकती है। इस श्रृंखला में 15 एम.एम. से 20 एम.एम. तक अल्ट्रा वाइड लेन्स भी होते हैं, जो इनसे ज्यादा क्षेत्र को कवर करते हैं।

फिश आई लेन्स (Fish Eye Lens)

यह लेन्स कम स्थान में बड़ी वस्तु का फ़ोटो लेने के लिए बहुत उपयोगी होती है। इसे सुपर वाइड स्टिल लेन्स भी कहते हैं। यह 7.5 एम.एम. से 16 एम.एम. तक फिश आई लेन्स है, जो मछली की आँख की तरह अर्द्ध गोलाकार होता है। यह विषयवस्तु को 140^0 से 200^0 कोण तक क्षेत्र को कवर करता है। यह लेन्स हमारी आँख जो देखती है, उससे भी ज्यादा क्षेत्र को चित्रित करता है, इसीलिए इससे लिये गये फ़ोटो गोलाकार दिखते हैं। कलात्मक फ़ोटोग्राफी तथा फ़ोटो में विशेष प्रभाव डालने के लिए भी इस लेन्स का प्रयोग किया जाता है। फ़ोटो पत्रकार इन लेन्सों का प्रयोग नाटकीय स्थिति दर्शाने के लिए करते हैं। यह लेन्स अलग-अलग फोकल लेन्थों में मिलते हैं।

(3) टेली फ़ोटो लेन्स (Telephoto Lens)

यह नॉर्मल लेन्स से अधिक फोकल लेन्थ का लेन्स होता है। इसका ऐंगिल ऑफ व्यू कम चौड़ा होता है। इस लेन्स के द्वारा फ़ोटोग्राफर विषय के बहुत पास पहुँच सकता है और अनावश्यक वस्तुओं को फ्रेम से बाहर कर सकता है। ये लेन्स चौड़ाई में नॉर्मल लेन्स की अपेक्षा कम क्षेत्र को कवर करते हैं। इसमें 85 एम.एम. 105 एम.एम., 135 एम.एम. , 200 एम.एम., 500 एम.एम., 1000 एम.एम., 2000 एम.एम. के फोकल लेन्थ के लेन्स का प्रयोग अधिक होता है 24^0, 200 एम.एम. में 12^0 500 एम.एम. में 5^0 तथा 1000 एम. एम. में 2.5^0 कोण के क्षेत्र को कवर किया जाता है। ये लेन्स वन्य जीवों, खेतों एवं पक्षियों की फ़ोटोग्राफी के लिए ज्यादा उपयोगी होते हैं।

विभिन्न प्रकार के लेन्स

जूम लेन्स (Zoom Lens)

यह एक से अधिक फोकल लेन्थ के सामंजस्यवाला लेन्स होता है, जो लेन्स की फोकल लेन्थ के अनुसार माइक्रो, नॉर्मल, वाइड और टेली लेन्स आदि का कार्य करता है। जूम लेन्स द्वारा कैमरे को अपने स्थान से हिलाये बिना ही लेन्स की क्षमता के अनुसार चौड़ाई में ज्यादा क्षेत्र को कवर करने, सूक्ष्म वस्तुओं की फ़ोटोग्राफी तथा दूर की वस्तुओं को आवश्यकतानुसार फ्रेम पर पास लाकर फ़ोटोग्राफी कर सकते हैं। इस लेन्स में नॉर्मल, वाइड, टेली, मैक्रो आदि लेन्स के अनुसार किन्हीं दो या दो से अधिक फोकल लेन्थ का समावेश होता है। जूम लेन्सों को चार श्रेणियों में वर्गीकृत किया जाता है-

(i) वाइड-ऐंगिल जूम (Wide-Angle Zoom)

(ii) स्टैण्डर्ड जूम (Standard Zoom)

(iii) टेली फ़ोटो जूम (Telephoto Zoom)

(iv) सुपर जूम (Super Zoom)

(i) वाइड-ऐंगिल जूम लेन्स-यह दो फोकल लेन्थवाला वाइड-एंग्ल लेन्स है, जो कैमरे को स्थान से हिलाये बिना ही लेन्स की क्षमतानुसार चौड़ाई में अलग-अलग क्षेत्र को कवर कर सकता है। ये लेन्स 18-28 एम.एम., 15-30 एम.एम., 18-35 एम.एम., 19-35 एम.एम., 20-35 एम.एम., 17-35 एम.एम. आदि में मिलते हैं।

(ii) स्टैण्डर्ड जूम लेन्स-यह विभिन्न फोकल लेन्थ का लेन्स है। इस लेन्स द्वारा भी चौड़ाई में ज्यादा क्षेत्र, सामान्य क्षेत्र और दूर की वस्तु को लेन्स की फोकल लेन्थ के अनुसार फ्रेम पर पास लाकर फ़ोटो लिया जाता है। यह लेन्स 24-70 एम.एम., 24-85 एम.एम., 35-70 एम.एम., 28-105 एम.एम., 28-70 एम.एम., 24-105 एम.एम. आदि श्रेणियों में मिलते हैं।

(iii) टेली फ़ोटो जूम लेन्स-यह दो फोकल लेन्थवाला टेली लेन्स ही होता है। इस लेन्स के प्रयोग द्वारा दूर की वस्तुओं को लेन्स की फोकल लेन्थ के अनुसार कैमरे का स्थान बदले बगैर ही फ्रेम पर आवश्यकतानुसार पास ला सकते हैं। ये लेन्स सामान्यतः 70-210 एम.एम., 80-320 एम.एम., 100-300 एम.एम., 170-500 एम.एम., 70-30 एम.एम., 75-300 एम.एम., 80-400 एम.एम. आदि श्रेणियों में मिलते हैं।

(iv) सुपर जूम लेन्स-यह लेन्स स्टैण्डर्ड जूम लेन्स की तरह ही होता है, लेकिन स्टैण्डर्ड जूम लेन्स की अपेक्षा अधिक चौड़े व अधिक दूर के क्षेत्र को कवर करता है। ये लेन्स 28-200 एम.एम., 28-210 एम.एम., 35-300 एम.एम., 28-400 एम.एम. के होते हैं, जिनका आवश्यकतानुसार प्रयोग किया जा सकता है। इन लेन्सों का प्रयोग करते समय ट्राइपोड का प्रयोग करना चाहिए।

(v) मैक्रो एवं क्लोज़अप लेन्स (Macro and Closeup Lens)-इस लेन्स द्वारा सूक्ष्म वस्तुओं की फ़ोटोग्राफी करते हैं। इससे 3-4 इंच की दूरी से भी फ़ोटो लिया जा सकता है। इस लेन्स की फोकल लेन्थ 50 एम.एम. ही होती है। नॉर्मल लेन्स के साथ क्लोज़अप रिंग्स (Closeup Rings) लगाकर भी मैक्रो का कार्य किया जा सकता है। इन रिंग्स की संख्या आवश्यकतानुसार एक या इससे अधिक भी हो सकती है। इस लेन्स की डैफ्थ ऑफ फील्ड कम होती है। इस लेन्स का प्रयोग करते समय ट्राइपोड और कम अपरचर के साथ-साथ फोकस का विशेष ध्यान रखा जाता है।

(vi) पोर्ट्रेट लेन्स (Portrait Lens)-यह लेन्स पोर्ट्रेट फ़ोटोग्राफी के लिए उपयुक्त होता है, इसकी फोकल लेन्थ लगभग 85-90 एम.एम. होती है। इस लेन्स द्वारा पोर्ट्रेट के पीछे के दृश्य को बिना चेहरे को प्रभावित किये काफी हद तक हटाया (धुंधला किया) जा सकता है।

टेली कन्वर्टर (Tele Converter)-टेली कन्वर्टर को कैमरा बॉडी और लेन्स के बीच लगाकर फोकल लेन्थ बढ़ायी जाती है। उदाहरण के लिए-2x कन्वर्टर किसी भी लेन्स की फोकल लेन्थ दोगुनी कर देता है। यदि हम 28-210 मिमी. फोकल लेन्थ के साथ यदि 2x कन्वर्टर लगायें तो उसकी फोकल लेन्थ 56-420 मिमी. हो जायेगी। इसका उपयोगी जंगली जीव या खेलों के कवरेज के लिए किया जा सकता है। 2x कन्वर्टर से 2 स्टाप कम का प्रकाश फोकल प्लेन तक जायेगा, इसके लिए अपरचर यथास्थिति बढ़ाना होगा। यदि आपके कैमरे में एक्सपोज़र मीटर है तो आप उससे रीडिंग ले सकते हैं। ऑटो एक्सपोज़र कैमरे में यह काम उसका ऑटो सिस्टम कर लेगा। कन्वर्टर में भी लेन्स लगाये जाते हैं।

लेन्स की गति (Speed of Lens)-लेन्स की गति से यह तात्पर्य है कि कम प्रकाश में भी अच्छा चित्र खींचा जा सकता है। वह लेन्स जिसका अपरचर सबसे बड़ा होगा, वह सबसे तेज़ गति का लेन्स होगा। यदि लेन्स पर 2 लिखा है तो इसका यह अर्थ हुआ कि इसका अपरचर 1/2 है और यह लेन्स 4 अपरचर से अधिक तेज़ गति का होगा जो कम प्रकाश में भी काम कर सकेगा।

डेप्थ ऑफ फील्ड (Depth of Field)-किसी लेन्स की डेप्थ ऑफ फील्ड वह दूरी होती है जिसके बीच में यदि वस्तु रखी है तो उसकी फ़ोटो फिल्म पर स्पष्ट या शार्प आती है। फ़ोटो लेते समय जब किसी वस्तु का फोकस किया जाता है तब उस वस्तु के आगे का भाग (Foreground) और पीछे की पृष्ठभूमि (Background) भी दिखायी देता है। विषयवस्तु के आगे और पीछे का जो क्षेत्र फोकस में है और जिसकी स्पष्ट फ़ोटो दिखायी देती है उसे डेप्थ ऑफ फील्ड कहते हैं।

उदाहरण के लिए यदि तीन व्यक्तियों का एक चित्र खींचना है, जो एक साथ न खड़े होकर अलग-अलग दूरी पर खड़े हैं। पहला कैमरे से 4 फीट, दूसरा 7 फीट तथा तीसरा

9 फीट की दूरी पर खड़ा है। अब यदि कैमरे का अपरचर पूरा खोलकर 4 फीट पर खड़े व्यक्ति को फोकस करें तब वह तो बिलकुल साफ दिखायी देगा पर अन्य दो व्यक्ति साफ नज़र नहीं आयेंगे और यदि पूरे अपरचर पर तस्वीर खींची जाये तब 4 फीट पर खड़ा व्यक्ति तस्वीर में साफ आयेगा पर बाकी दोनों नहीं। अब कैमरे का अपरचर छोटा करने पर हम देखते हैं कि एक स्थिति ऐसी भी आती है, जब तीनों व्यक्ति व्यू फाइण्डर में साफ-साफ नज़र आने लगते हैं। इस अपरचर पर यदि तस्वीर खींची जाये तब तीनों ही व्यक्ति अलग-अलग स्थानों पर खड़े होने के बावजूद फ़ोटो में साफ दिखायी देंगे। यदि उस समय अपरचर 11 है तब यह कहा जायेगा कि अपरचर 11 पर डेप्थ ऑफ फील्ड 4 फीट से लेकर 9 फीट तक है। इसी प्रकार भिन्न-भिन्न अपरचरों पर डेप्थ ऑफ फील्ड भी कम या अधिक होती है।

डेप्थ ऑफ फील्ड तीन घटकों निर्भर करती है-

(i) अपरचर, (ii) लेन्स की फोकल लेन्थ, और (iii) लेन्स और वस्तु की बीच की दूरीं।

यदि लेन्स और वस्तु की बीच की दूरी बढ़ती है तो डेप्थ ऑफ फील्ड बढ़ेगी।

जब लेन्स फोकल लेन्थ कम होगी तो डेप्थ आफ फील्ड बढ़ेगी।

यदि अपरचर को छोटा कर दिया जाये तो भी डेप्थ ऑफ फील्ड बढ़ेगी।

डेप्थ ऑफ फील्ड जानने के लिए एफ स्टाप जिस पर लेन्स सेट किया जायेगा और कैमरे से विषयवस्तु की दूरी जिस पर लेन्स फोकस किया जाना है जानना ज़रूरी है। निश्चित फोकल लेन्थ के लेन्सों पर डेप्थ ऑफ फील्ड जानने के लिए स्केलिंग होती है जिस पर डेप्थ ऑफ फील्ड को जानने के लिए दूरी अंकित रहती है। यह स्केल फोकस के अनुसार ही घूमता है। इसके लिए पहले लेन्स को विषयवस्तु पर फोकस किया जाता और जिस एफ स्टाप पर लेन्स सेट किया जाता है उसके अनुरूप स्केल पर दूरी देखी जा सकती है।

श्वेत सन्तुलन (White Balance)-अलग-अलग स्थानों के वातावरण का तापमान अलग-अलग होता है। इसलिए ऐसे तापमान में रिकॉर्डिंग करते समय अन्य लाइटों का प्रभाव भी विजुअल पर पड़ता है, उसी को नियन्त्रित करने के लिए कैमरामैन ऑटो ह्वाइट बैलेन्स एवं वनपुश बटन द्वारा ह्वाइट शीट के माध्यम से ह्वाइट बैलेन्स करता है। उदाहरण के लिए यदि हैलोजन के प्रकाश में शूट किया जा रहा है तो विषयवस्तु पर पीले रंग का प्रकाश दिखायी देगा, परन्तु सही ह्वाइट बैलेन्स विधि का प्रयोग करके पीले रंग के प्रभाव को हटाया जा सकता है। डिजिटल कैमरे में ह्वाइट बैलेन्सिंग द्वारा रंगों में सामंजस्य बनाया जाता है। जिस प्रकार फिल्म कैमरे में रंगों का उचित सामंजस्य या आवश्यक प्रभाव डालने के लिए रंगों को सन्तुलित करनेवाले (Colour Correction) फिल्टरों का प्रयोग किया जाता है. उसी प्रकार डिजिटल कैमरे में ये प्रभाव ह्वाइट बैलेन्सिंग को व्यवस्थित कर लाये जा सकते हैं। इन्हे व्यवस्थित करने के लिए कैमरे में स्थापित विभिन्न मॉड्स (Day light, Tungsten एवं Cloudy day आदि) का प्रयोग किया जाता है, लेकिन यह सुविधा कैमरे के ह्वाइट बैलेन्सिंग के स्वचालित मॉडल (Automatic) में नहीं मिलती है। यह सुविधा केवल हस्तचालित (Manual) ह्वाइट बैलेसिंग मॉडल में ही उपलब्ध होती है। इसलिए ऑटोमेटिक ह्वाइट बैलेन्सिंग मॉडलवाले कैमरे में सूर्योदय और सूर्यास्त के समय लिये गये फ़ोटो अधिक प्रभावी नहीं होते हैं।

फिल्टर एवं उनके प्रभाव

फिल्टर का अर्थ-फिल्टर का अर्थ है किसी चीज या पदार्थ को छानने का उपकरण। फ़ोटोग्राफी में प्रयोग होनेवाले विभिन्न आकार के फिल्टर काँच और जेलेटिन के बने होते हैं जिन्हें लेन्स के फिल्टर माउण्ट के अनुसार सीधे लेन्स के ऊपर या फिल्टर अंगीकारक (Adopter) की सहायता से भी प्रयोग किया जाता है। इस उपकरण से प्रकाश की किरणों को छाना जाता है जिससे कि फ़ोटो को कलात्मक रूप दिया जा सके। चूँकि मनुष्य की कला की समझ असीमित है इसलिए नये-नये प्रकार के फिल्टरों का आविष्कार होता रहता है। कम्प्यूटर तकनीकी की बात करें तो को , साफ्टवेयर के नाम से, इन असीमित फिल्टरों की दूसरे रूप में रचना हो चुकी है।

फिल्टरों का मुख्य कार्य प्रकाश को फिल्म पर पड़ने से पहले निथारना है। जब लेन्स के ऊपर किसी भी प्रकार के फिल्टर को लगाकर एक्सपोज़र देते हैं तो वह कैमरा में प्रविष्ट होनेवाले प्रकाश की उग्रता पर अपना प्रभाव अवश्य छोड़ता है। अर्थात् फिल्टर द्वारा प्रकाश में संशोधन किये जाने से वैसा प्रतिबिम्ब नहीं बनता, जैसा हम आँखों से देखते हैं। प्रकाश की किरणों में सभी मुख्य रंग मौजूद होते हैं लेकिन इनमें से लाल, हरा और नीला रंग प्रमुख हैं। यदि प्रकाश की किरणों के आगे लाल रंग का फिल्टर रखा जाये तो उसमें से लाल रंग की किरणें गुज़रेंगी क्योंकि उसका अपना रंग लाल है। हरे और नीले रंग को वह लाल फिल्टर अपने में समा लेता है। इसी प्रकार प्रकाश की किरणों के आगे नीले रंग का शीशा रखने से केवल नीले रंग का प्रकाश ही गुज़रेगा और वह हरे व लाल रंग की किरणों को अपने में समाहित कर लेता है। इसी प्रकार अन्य दूसरे रंग भी चाहे वह एक-दूसरे में सम्मिलित ही क्यों न हों, इसी सिद्धान्त के आधार पर कार्य करते हैं।

फिल्टर फैक्टर (Filter Factor)-फिल्टर अपने में से प्रकाश के प्रविष्ट होते ही उसकी उग्रता को कम करता है। रंगीन फिल्टर अपने रंग की प्रकाश किरणों को अपने में से उसी रंग में प्रविष्ट होने देते हैं और अन्य रंगों को अपने में समा लेते हैं। इसी कारण से फिल्टर का प्रयोग करते समय कैमरा का एक्सपोज़र थोड़ा बढ़ा लिया जाता है। इस एक्सपोज़र की प्रतिशतता को फिल्टर का घटक (Filter Factor) कहा जाता है। इस प्रकार फिल्टर घटक उन दो एक्सपोज़र्स का अनुपात है, जो एक ही घनत्व व एक ही प्रकार का निगेटिव बनाने के लिए बिना फिल्टर और फिल्टर लगाकर दिये जाते हैं।

फिल्टर फैक्टर-एपरचर तालिका

फिल्टर फैक्टर	एपरचर
1	1/2
2	1
3	1.5
4-6	2
7-9	3

उदाहरण के तौर पर यदि किसी रंग के फिल्टर का फैक्टर 2 है और बिना फिल्टर के तस्वीर खींचने के लिए सही एपरचर 8 है तब फिल्टर के साथ तस्वीर खींचने के लिए एपरचर की 9 स्टॉप और बढ़ा देना चाहिए यानी 8 के स्थान पर उसे 5.6 कर देना चाहिए।

ठीक उसी प्रकार शटर स्पीड और फिल्म स्पीड में भी परिवर्तन करके एक्सपोज़र घटाया-बढ़ाया जा सकता है।

फिल्टर के प्रकार (Types of Filter)-

श्याम-श्वेत फिल्मों पर रंगीन फिल्टरों का प्रभाव-जब लेन्स के सामने रंगीन किरणों के आगन पर रंगीन फिल्टर लगायेंगे तो निश्चित ही रंगों पर उचित प्रभाव पड़ेगा, अतः कुछ प्रमुख रंगों के प्रभाव इस प्रकार हैं।

विभिन्न प्रकार के फिल्टर

1. मध्यम पीला फिल्टर-नीला रंग प्रभाव सामान्य, हरा गहरा, पीला और लाल गहरा व्यापक रूप में रंगों को सन्तुलित रखेगा।

2. गहरा पीला फिल्टर-नीला रंग अधिक गहरा, हरा और पीला और हलका, आकाश को गहरा करेगा। उपयोग-बादालों को और उभारेगा, आकाश और गहरा होगा।

3. मध्यम हरा फिल्टर-फूलों, पेड़ों, लैण्डस्केप, खुले में व्यक्ति-चित्रण के लिए सामान्य एवं समस्त रूप से उपयोगी।

4. नारंगी फिल्टर-पीला सामान्य, नीला और हरा गहरा एवं लाल रंग हलका हो जाता है।

उपयोग-आकाश को गहरा करना, बादलों को उभार देना, दूरस्थ विषयवस्तु को विवरणात्मक रूप से और स्पष्ट करना।

5. लाल फिल्टर-पीला सामान्य, नीला और हरा बहुत गहरा, लाल बहुत हलका।

उपयोग-नाटकीय प्रभाव, आकाश पूर्णतः काला और ऐसा काला कि फ़ोटो में रात का भ्रम पैदा हो।

6. नीला फिल्टर-नीला और बैंगनी हलके एव लाल अधिक गहरा।

उपयोग-व्यक्ति चित्रण में ग्रेटोन का समन्वय कृत्रिम प्रकाश में पैंक्रोमेटिक फिल्म पर।

रंगीन फिल्मों के लिए निर्धारित निम्न फिल्टरों के उपयोग से छायाचित्र तो प्रभावशाली बनेंगे ही साथ ही छायांकन में अनावश्यक भूलों का भी सुधार किया जा सकता है

1. कलर कन्वर्जन फिल्टर (Colour Conversation Filter)-कलर कन्वर्जन फिल्टर फ़ोटो में नीलेपन या सुबह-शाम की लाली के प्रभाव को कम करने में प्रयुक्त होता है। ये फिल्टर अलग-अलग शेड्स में मिलते हैं।

(i) 80-बी फिल्टर (80-B Filter)-दिन के समय में प्रयोग की जानेवाली फिल्म के साथ टंगस्टन के कृत्रिम प्रकाश में फ़ोटो खींचने के लिए इस फिल्टर का प्रयोग किया जाता है।

(ii) 81-ए फिल्टर (81-A Filter)-बरसात के दिनों में आकाश कुछ अधिक नीला दिखायी देता है उसे कम करने के लिए दिन के समय प्रयोग की जानेवाली फिल्म के साथ इस फिल्टर का उपयोग किया जाता है।

(iii) 82-ए फिल्टर (82-A Filter)-डे लाइट फिल्म का उपयोग करते हुए सूर्य के उदय और अस्त होने के समय की लाली को कम करने के लिए इसका प्रयोग किया जाता है।

(iv) 82-बी फिल्टर (82-B Filter)-कृत्रिम प्रकाश में प्रयोग की जानेवाली फिल्म को दिन के प्राकृतिक प्रकाश में प्रयोग करते समय इसका प्रयोग किया जाता है।

पोलेराइजिंग फिल्टर (Polarising Filter)-इस फिल्टर का प्रयोग श्वेत-श्याम तथा रंगीन दोनों प्रकार की फ़ोटोग्राफी में नेचुरल लाइट को नियन्त्रित करने के लिए किया जाता है। यह फिल्टर काँच, धातु, चमकीले पदार्थ, पानी, नीला आसमान आदि की अनावश्यक किरणों को कैमरे के अन्दर आने से रोकता है। इस फिल्टर का मुख्य कार्य चकाचौंध प्रकाश को कम करना है। इसके प्रयोग से सफेद आसमान का रंग गहरा कर सकते हैं। इस फिल्टर को लेन्स के आगे लगाकर घुमाया जा सकता है जिससे उचित प्रतिबिम्ब पर सेट करके फ़ोटो खींची जा सकती है। इस फिल्टर का प्रयोग कम रोशनी में भी किया जा सकता है। यह दो प्रकार का होता है—वृत्ताकार और रेखाकार। पुराने मैन्यूअल कैमरों में लिनियर फिल्टर लगाया जाता है जबकि आधुनिक ऑटो फोकस कैमरों में सरकुलर फिल्टर का प्रयोग किया जाता है।

इन्फ्रारेड फिल्टर (Infra-red Filter)-इस फिल्म में से केवल इन्फ्रारेड किरणें ही प्रवेश कर सकती हैं। इस फिल्म का प्रयोग वैज्ञानिक कार्यों जैसे चिकित्सा फ़ोटोग्राफी या बहुत ऊँचाई से ली जानेवाली फ़ोटो के लिए किया जाता है। इस फिल्टर का उपयोग तभी करना चाहिए जब कैमरे में इन्फ्रारेड फिल्म हो।

अल्ट्रावायलेट फिल्टर(Ultra-Violet Filter)-यह फिल्टर बिना किसी रंग के पारदर्शी फिल्टर होता है, जिसका प्रयोग करते समय एक्सपोज़र बढ़ाने की आवश्यकता नहीं होती है। इसका प्रयोग ब्लैक एण्ड ह्वाइट एवं रंगीन दोनों प्रकार के चित्रों के लिए किया जाता है। यह फिल्टर वायुमण्डल में फैले वाष्पकणों और धूल के कारण उत्पन्न हुई अल्ट्रावायलेट के प्रभाव को कम करता है जिससे दूर की चीजें स्पष्ट दिखायी देती हैं। प्रायः रंगीन फिल्म से दिन के समय फ़ोटो खींचने पर हलके नीले रंग का प्रभाव नज़र आता है। यह वातावरण में मौजूद अल्ट्रावायलेट किरणों के कारण होता है परन्तु यह फिल्टर इस प्रभाव को कम कर देता है। यह फिल्टर लेन्स के ऊपर एक कवच के रूप में उसकी सुरक्षा करता है, जिसके कारण इस फिल्टर को लेन्स से उतारने की आवश्यकता नहीं होती।

ग्रेजुएटिड फिल्टर (Graduated Filter)-इस फिल्टर का प्रयोग बहुत ज्यादा चमकते आकाश को नियन्त्रित करने में किया जाता है। यह फिल्टर काँच का बना होता है और इसमें एक सिरे पर रंग होता है और दूसरे तक पहुँचते-पहुँचते फिल्टर पूर्णतः रंगहीन हो जाता है। यह फिल्टर कई रंगों में आता है। फ़ोटोग्राफर अपनी आवश्यकतानुसार रंगों का चयन कर सकता है। जैसे-आकाश में अतिरिक्त रंग भरने के लिए। इस फिल्टर की एक ख़ामी भी है कि यह पूरे-के-पूरे आकारों और रंगों के ऊपर छा जाता है। इस फिल्टर का प्रयोग करते समय एक्सपोज़र बदलने की आवश्यकता नहीं होती।

कलर स्टाप फिल्टर (Colour Stop Filter)-यह फिल्टर भी रंगीन होता है किन्तु अन्दर इतना-सा होता है कि फिल्टर के बीचोबीच एक-तिहाई त्रिज्या का पारदर्शक होल होता है। इस तरह पारदर्शक होने का अर्थ है कि उतने हिस्से में काँच बिलकुल नहीं होता है जिससे चित्र के बीच का भाग वास्तविक विषयवस्तु का प्रतिनिधित्व करेगा और क्षेत्र के आसपास के भाग में फिल्टर के रंग का प्रभाव आयेगा। यह फिल्टर एक से अधिक रंगों में उपलब्ध होते हैं। इस फिल्टर का प्रयोग करते समय अपरचर को बढ़ा दिया जाता है जिससे सारा रंग अन्य स्थानों पर उचित प्रकार से समाहित हो जाये। इसी प्रकार की बनावट के बिना रंग के फिल्टर भी आते हैं जिनमें रंग के स्थान पर केवल काँच होता है। काँचवाले स्थान में एक विशेष प्रकार का लेन्स बना होता है जिससे चारों ओर का भाग चित्र में आंशिक रूप से धुँधला दिखे ताकि विषयवस्तु का केन्द्रीकरण हो सके।

हेज फिल्टर (Haze Filter)-इस फिल्टर का प्रयोग कोहरे तथा अल्ट्रावायलेट किरणों को कम करने के लिए किया जाता है। जैसे-बहुत ऊँचाई अथवा पहाड़ों पर अल्ट्रावायलेट किरणें औसतन अधिक मात्रा में होती हैं। ऐसी स्थिति में यह फिल्टर बड़े काम का साबित होता है।

न्यूट्रल डेन्सिटी फिल्टर (Neutral Density Filter)-इस फिल्टर का प्रयोग वस्तु से प्रतिबिम्बित प्रकाश की मात्रा को कम करने के लिए करते हैं। इसके प्रयोग से तेज़ प्रकाश में भी कम शटर स्पीड और ज्यादा अपरचर पर कार्य किया जा सकता है। यह फिल्टर अलग-अलग घनताओं का होता है, जिसे प्रकाश की मात्रा के अनुसार प्रयोग करते हैं, इसलिए इसका प्रयोग करते समय इस पर सीधा प्रकाश नहीं पड़ना चाहिए।

डिफ्रेक्शन फिल्टर (Diffraction Filter)-डिफ्रेक्शन फिल्टर के प्रयोग से स्टार लेन्स की तरह ही प्रकाशवाली वस्तुओं (बल्ब, सूर्य आदि) के चारों तरफ इन्द्रधनुषी रंगों का प्रभाव लाया जा सकता है। इस लेन्स को गहरी पृष्ठभूमि एवं रात्रि के समय प्रयोग करने से फ़ोटो में विशेष इन्द्रधनुषी प्रभाव आता है। इस श्रेणी में ग्लैक्सी, नेबुला, कोस्मोस आदि लेन्स होते हैं। इन लेन्सों के प्रयोग से आनेवाला इन्द्रधनुषी प्रभाव कैमरे के एक्सपोज़र के अनुसार अलग-अलग होता है।

(i) नेबुला फिल्टर (Nebula Filter)-यह फिल्टर सूर्य या तेज़ प्रकाश के चारों ओर इन्द्रधनुषी रंगों का चक्रनुमा प्रभाव बनाता है। इन्द्रधनुषी रंगों के प्रकाश चक्र में बननेवाले स्तम्भों की संख्या लेन्स के नम्बरों (Factor) पर निर्भर करती है, जो सामान्यतः 2 एक्स से 72 एक्स तक होती है। इस फिल्टर का प्रयोग प्रिज्म फिल्टर के साथ करने से भी फ़ोटो को और अधिक आकर्षक बनाया जा सकता है।

नेबुला फिल्टर का प्रभाव

(ii) ग्लैक्सी फिल्टर (Glaxy Filter)-विभिन्न रंगों की रोशनी में इस फिल्टर द्वारा रोशनी के आकर्षण को फ़ोटो में और अधिक बढ़ाया जा सकता है। इसके प्रयोग से फ़ोटो में रोशनी के चारों तरफ नाटकीय प्रभाव लाये जा सकते हैं।

मल्टी इमेज/प्रिज्म फिल्टर (Multi Image/Prism Filter)-इस फिल्टर के प्रयोग से निगेटिव में वस्तु के कई प्रतिबिम्ब बनाये जाते हैं, प्रतिबिम्बों की यह संख्या लेन्स के प्रिज्म फैक्टर के अनुसार अलग-अलग होती है। मूल वस्तु की अलग-अलग दिशाओं में छवियाँ बनाने के लिए (Parallel, Revolving आदि) अलग-अलग फिल्टरों का प्रयोग किया जाता है, जिससे वस्तु का गतिमय प्रभाव फ़ोटो में दिखायी देता है। इस फिल्टर का प्रयोग करते समय गहरी पृष्ठंभूमि से अच्छे परिणाम प्राप्त होते हैं।

With Filter

Without Filter

मल्टी इमेज/प्रिज्म फिल्टर का प्रभाव

स्टार बर्स्ट फिल्टर (Star Burst Filter)-इसे स्टार लेन्स भी कहा जाता है। इसके द्वारा फ़ोटो में प्रकाश (चमक) वाली वस्तुओं (बिन्दुओं) के ऊपर तारों (Stars) की तरह का प्रभाव लाया जाता है। यह प्रभाव लेन्स की क्षमता के अनुसार 2 स्टार, 4 स्टार, 6 स्टार एवं 8 स्टार आदि के आधार पर विभिन्न कोणों एवं रेखाओं के अनुसार अलग-अगल होता है।

स्टार बर्स्ट फिल्टर का प्रभाव

डिफ्यूजन एवं फॉग फिल्टर (Diffusion and Fog Filter)-इस फिल्टर के प्रयोग से फ़ोटो में सौम्य (Soft) एवं धुन्धवाला प्रभाव लाया जाता है। यह फिल्टर भी विभिन्न घनताओं में मिलता है, जिनके प्रयोग से फ़ोटो में कम या अधिक धुँधलापन (धुन्ध का प्रभाव) लाया जा सकता है।

डिफ्यूजन एवं फॉग फिल्टर का प्रभाव

कम्पोज़ीशन (Composition)-कम्पोज़ीशन के द्वारा किसी तस्वीर में दिख रहे तत्त्वों को कलात्मक तरीके से इस तरह सन्तुलित किया जाता है कि तस्वीर प्रभावशाली एवं आकर्षक बन सके। कम्पोजीशन एक ऐसी कला है जिसमें विषयवस्तु को समन्वयात्मक रूप से इस तरह संवारा जाता है कि पिक्चर के सीमित क्षेत्र में वे अपना पूरा प्रभाव दिखा सकें। इसलिए चित्र खींचते समय विषयवस्तु के महत्त्वपूर्ण भागों को ध्यान में रखना चाहिए। एक कुशल फ़ोटोग्राफर अपनी बुद्धि और कल्पनाशक्ति से कम्पोजीशन ,द्वारा सुन्दर एवं सजीव फ़ोटो खींचता है।

एक अच्छी फ़ोटोग्राफ खींचने के लिए विषयवस्तु का चयन, प्रभावशाली प्रस्तुतीकरण, आधुनिक लाइटें एवं फ़ोटोग्राफर की समझ समेत सभी तत्त्वों का उचित समावेश आवश्यक है। चित्र खींचते समय यह आवश्यक है कि मुख्य विषयवस्तु आकर्षण का केन्द्र बन सके। और ऐसा करने के लिए विषयवस्तु सही स्थान पर रखा जाना आवश्यक है। निर्माता-निर्देशक टॉम जेफरी का कहना है कि मुख्य विषयवस्तु की ओर लोगों का ध्यान आकर्षित करने में कई प्रकार की रेखाओं का मुख्य स्थान होता है जिन्हें फ़ोटोग्राफी में लीडिंग लाइन कहते हैं। किसी फ्रेम में क्षैतिज एवं ऊर्ध्व रेखाओं का चित्र के कम्पोजीशन में बहुत महत्त्व होता है। क्षैतिज या लेटी हुई रेखाओं से उदासीनता और खड़ी व ऊर्ध्व रेखाओं से ऊँचाई और महानता तथा कर्ण रेखाओं से दूरी का बोध होता है, साथ ही साथ इन रेखाओं से गति और कार्यशीलता भी प्रकट होती है। उचित कम्पोजीशन के लिए कई बार फ़ोटोग्राफर को अपना कोण एवं विषयवस्तु से दूरी में भी परिवर्तन करना पड़ता है।

अच्छी कम्पोज़ीशन के लिए कुछ सुझाव-

- चित्र में विषयवस्तु का एक ख़ास आकर्षक बिन्दु होना चाहिए और उसे उचित स्थान पर रखना चाहिए।
- इस बात का ध्यान रखना चाहिए कि फ़ोटो में अन्य वस्तुएँ भी प्रमुख विषय से सम्बन्धित हो अगर ऐसा न हो तो अनावश्यक वस्तुओं को हटा देना चाहिए।
- मुख्य वस्तु के आगे और पीछे ऐसी विषयवस्तु नहीं होनी चाहिए कि फ़ोटो देखनेवाले का ध्यान मुख्य विषय से हटकर उस वस्तु पर चला जाये। फ़ोटो में इसका भी ध्यान रखना चाहिए कि एक दूसरे के प्रभाव को नष्ट करनेवाली वस्तुएँ न हों। जैसे कि कैण्डल लाइट डिनर की फ़ोटो खींचते समय उसके आस-पास अन्य कोई आकर्षक या प्रभावशाली लाइटें न हों।
- रूल ऑफ थर्ड (एक तिहाई नियम) का पालन करना चाहिए जिसके अनुसार मुख्य आकर्षक विषयवस्तु को केन्द्र में नहीं होना चाहिए। चित्र के क्षेत्र को ऊर्ध्व एवं क्षैतिज रेखाओं द्वारा 9 बराबर भागों में बाँटने पर 4 कटान बिन्दु प्राप्त होते हैं। इन बिन्दुओं पर प्रमुख विषयवस्तु रखने पर आकर्षक दिखायी देती है।
- लैण्डस्केप में चित्र की संरचना करते समय होरिजन लाइन को चित्र के मध्य भाग में नहीं रखना चाहिए। लाइन को चित्र के मध्य भाग से ऊपर या नीचे रखना चाहिए। जिससे चित्र आकर्षक लगे।

- व्यक्ति जिस दिशा में देख रहा हो उस तरफ स्थान छोड़ना चाहिए ठीक उसी गतिमान् वस्तु, व्यक्ति, वाहन इत्यादि का चित्र खींचते समय वस्तु जिस दिशा में गतिमान् हो उधर अधिक जगह छोड़नी चाहिए।
- इस बात का ध्यान रेखना चाहिए कि होरिजन लाइन चित्र के आधार पर सदा समान्तर रहे।

दि रूल ऑफ थर्ड (The Rule of Third)-यह एक विश्वव्यापी नियम है जिसका पालन करने पर प्रभावपूर्ण चित्र बनाये जा सकते हैं। सरल भाषा में कहा जाये तो रूल ऑफ थर्ड के अनुसार सम्पूर्ण चित्र को 9 भागों में विभाजित किया जाता है और यह प्रयास किया जाता है कि आकर्षण का मुख्य बिन्दु स्क्रीन के बीच में न आये। चित्र में समाहित सभी तत्व आपस में सम्बन्धित लगें और चित्र आकर्षक लगे। अन्तरराष्ट्रीय मान्यता प्राप्त इस नियम की सार्थकता यह है कि विषयवस्तु की स्थापना दिये गये ग्राफ के अंकों के आधार पर होनी चाहिए। इन अंकित स्थानों का प्राथमिकता के आधार पर मनोवैज्ञानिक महत्त्व है एवं पूरे क्षेत्र को नौ भागों में विभाजित करने का तात्पर्य यह है कि सम्पूर्ण चित्र सजीव एवं प्रभावी लगे। सामान्य धारणा है कि प्राथमिकता में क्रम का महत्त्वपूर्ण स्थान है इसीलिए प्रथम दृष्टि में अंक 1 स्थान पर जायेगी और उसके बाद 2, 3 और 4 अंक पर जायेगी। इस संरचना का उतना ही महत्त्व है जितना विषय और भावनाओं का होता है, इसलिए फ़ोटो खींचते समय इन अंकों के स्थान को ध्यान में रखना चाहिए।

4		1
2		3

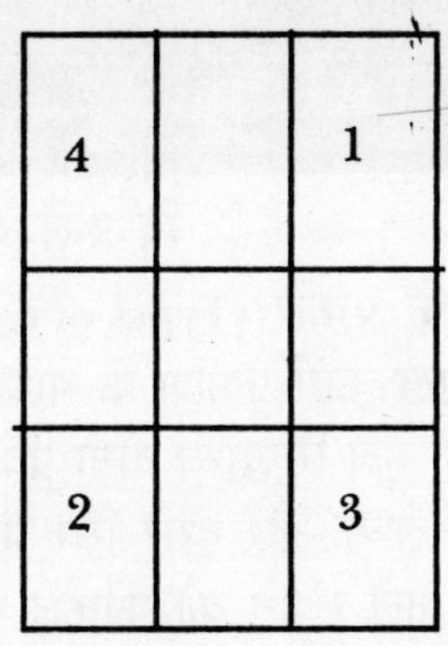

रूल ऑफ थर्ड का उदाहरण

रूल ऑफ थर्ड के अनुसार विषयवस्तु को कभी भी चित्र के केन्द्र में नहीं रखना चाहिए। क्षितिज रखेगा भी केन्द्र में न रखकर ऊपर दो-तिहाई और नीचे एक-तिहाई के बीच रखना चाहिए। यह एक सामान्य नियम है विशेष परिस्थितियों में चित्र का विभाजन अलग-अलग ढंग से भी किया जा सकता है। पोट्रेट में भी इसी रूल ऑफ थर्ड नियम का पालन किया जाता है। जिस व्यक्ति का चित्र लिया जा रहा हो उसकी आँखें ऊपरवाले अंकों के पास रखनी चाहिए और किसी भी स्थिति में केन्द्रीय बिन्दु से बचना चाहिए। प्रत्येक चित्र में इन वक्र रेखाओं का बहुत महत्त्व होता है और यह महत्त्व और भी बढ़ जाता है जब वह दिखायी न दे रही हो। मात्र उनका अस्तित्व अनुभव किया जा सकता हो। इनमें

वक्र रेखाओं को अंग्रेज़ी के C, S, J इत्यादि के माध्यम से परिलक्षित किया जा सकता है। फ़ोटो खींचते समय या फ्रेम बनाते समय कभी-कभी ऐसी स्थित बन जाती है कि जिस स्थान से फ़ोटोग्राफर से सही फ्रेम नहीं बन पा रहा हो ऐसी स्थिति में फ़ोटोग्राफर को अपना स्थान बदलकर नये फ्रेम बनाने का प्रयास करना चाहिए जिससे कि वह प्रभावपूर्ण एवं बेहतर चित्र खींच सके। विषयवस्तु से ऊपर व नीचे जाकर भी कोण बनाया जा सकता है जैसे कि शहर के एक विशाल भाग की फ़ोटो खींचने के लिए फ़ोटोग्राफर को किसी ऊँचे स्थान पर जाना पड़ता है।

दि रूल ऑफ थर्ड का उदाहरण

कैमरों के प्रकार (Types of Camera)-एनालॉग और डिजिटल फ़ोटोग्राफी दोनों में कैमरे का प्रमुख कार्य प्रकाश के माध्यम से फिल्म या सी.सी.डी. पर प्रतिबिम्ब बनाना है। फ़ोटोग्राफी के मूल सिद्धान्त दोनों प्रकार की फ़ोटोग्राफी में समान होते हैं। प्रत्येक कैमरे में एक सिरे पर लेन्स और दूसरे सिरे पर प्रकाश संवेदी फिल्म लगाने की व्यवस्था होती है। फिल्म लगानेवाले स्थान को फोकल प्लेन कहा जाता है। कैमरे की बॉडी को किसी धातु या सिन्थेटिक पदार्थ को साँचे में ढालकर बनाया जाता है। एनालॉग कैमरों में दो कक्ष होते हैं जिसमें एक्सपोज्ड और अनएक्सपोज्ड फिल्म आ सके। कैमरा से फ़ोटो खींचते ही अनएक्सपोज्ड फिल्म एक्सपोज्ड हो जाने के बाद एक्सपोज्ड कक्ष में चली जाती है। डिजिटल कैमरों में यही इमेज मेमोरी कार्ड में स्टोर हो जाती है।

फील्ड कैमरा (Field Camera)-इस कैमरे का बॉक्स लकड़ी का होता है, जिसके आगे और पीछे दो समतल फ्रेम लगाये जाते हैं। इन दोनों फ्रेमों को धौंकनी (Bellows) से आपस में जोड़ा जाता है ताकि सामनेवाले फ्रेम को फोकस करने के लिए आसानी से आगे-पीछे किया जा सके, क्योंकि इसी फ्रेम के बीच में सामने की ओर लेन्स लगाये जाते हैं और पिछले भाग में एक प्लेट होती है। इस कैमरों के स्टैण्ड पर ही लगाया जाता है, क्योंकि बड़े आकार का होने के कारण इसे कैमरे में बड़े आकार की फिल्मों का प्रयोग होता है। फ़ोटो का

एक्सपोज़र देने से पहले लेन्स का ढक्कन हटा लिया जाता है। पिछलेवाले फ्रेम में लगे ग्राउण्ड ग्लास का फ्रेम हटा लिया जाता है और उसकी जगह प्रकाश संवेदी फिल्म कैरियर में लगा दी जाती है। यह फिल्म डार्करूम में ही लगायी जाती है। एक्सपोज़र देते समय लेन्स पर से कैप हटा लिया जाता है और एक निश्चित समयावधि के बाद लेन्स का कैप पुनः लगा दिया जाता है। एक्सपोज़र के समय कैरियर में फिल्म पर लगा स्लाइडर हटा लिया जाता है और एक्सपोज़र के बाद स्लाइडर पुनः अन्दर कर दिया जाता है। इसके पश्चात् कैरियर को डार्करूम में ले जाकर डेवलप किया जाता है।

बॉक्स कैमरा (Box Camera)-ये वे साधारण कैमरे होते हैं, जिनमें उन लेन्सों का प्रयोग किया जाता है, जिसमें फोकस करने की आवश्यकता नहीं पड़ती। इसका अपरचर पहले से ही निर्धारित किया जा सकता है, जो प्रायः 11 या 16 होता है। इन कैमरों की शटर की गति 1/125 सेकेण्ड निर्धारित रहती है।

पूर्व निर्धारित शटर स्पीड और अपरचर के कारण ये कैमरे तेज़ गति से चल रही वस्तु का फ़ोटो नहीं खींच पाते, साथ ही, कम प्रकाश में फ़ोटो खींचना भी इनके लिए सम्भव नहीं है।

कॉम्पैक्ट कैमरा (Compact Camera)-यह छोटे आकार का कैमरा होता है, जिसमें बॉक्स कैमरे की तरह लेन्स बदला नहीं जा सकता है, परन्तु इसमें अच्छी गुणवत्ता का लेन्स लगा होता है। यह कैमरा उन व्यक्तियों के लिए होता है जो कभी-कभी फ़ोटो खींचते हैं। इसमें फ़ोटो खींचने के लिए विषयवस्तु को व्यू फाइण्डर में देखकर बटन दबाना रहता है, जिससे कि फ़ोटोग्राफी का ज्ञान न रखनेवाले लोगों को बहुत आसानी होती है। इन कैमरों में अपरचर और शटर स्पीड बदलने की आवश्यकता नहीं रहती है, क्योंकि इनमें एक्सपोज़र को नियन्त्रित करने के लिए स्वचालित प्रणाली होती है।

कुछ मॉडलों में जूम लेन्स की सुविधा भी दी गयी है ताकि फ्रेम के अन्दर आनेवाली वस्तुओं का चयन भी किया जा सके। इन कैमरों में तीन फीट से लेकर अनन्त तक फोकस किया जा सकता है। इन कैमरों का दोष यह है कि इसमें फिल्टर या अलग से लेन्स, फ्लैश नहीं लगाये जा सकते हैं। इसमें इनबिल्ट फ्लैश बहुत अच्छी नहीं होती है, जिसके कारण खींचे गये फ़ोटो शार्प नहीं होते। फ़ोटोग्राफी सीखनेवालों के लिए यह कैमरा उपयुक्त नहीं है।

मिनिएचर कैमरा (Miniature Camera)-ये कैमरे अपने नाम के मुताबिक छोटे और वजन में हलके होते हैं जिन्हें आसानी से जेब में रखा जा सकता है। इन कैमरों में 35 एम. एम. या इससे कम आकार की फिल्मों का प्रयोग किया जाता है। इन कैमरों में अपरचर और शटर स्पीड को निर्धारित किया जा सकता है। फोकस के लिए रेंज फाइण्डर की सुविधा इन कैमरों में होती है तथा एक्सपोज़र के लिए एक्सपोज़र मीटर भी इन कैमरों में लगे रहते हैं। व्यू फाइण्डर में देखने से इसमें तब तक दो प्रतिबिम्ब नज़र आते हैं जब तक फोकस सही नहीं हो जाता है। इसमें इलेक्ट्रॉनिक फ्लैश की सुविधा के साथ बड़े अपरचर का लेन्स लगाया जाता है। इस प्रकार के कैमरों में प्रायः 45 एम.एम. का लेन्स लगाया जाता है। आजकल इन कैमरों का प्रचलन समाप्त हो गया है।

पोलराइड कैमरा-पोलराइड कैमरे का आविष्कार 1937 में अमेरिका के डॉ. एडविन लैण्ड ने किया था। ऐसे कैमरों से ब्लैक एण्ड ह्वइट और रंगीन दोनों प्रकार के फ़ोटो खींचे जा सकते हैं। इन कैमरों के द्वारा खींचे गये फ़ोटो के प्रिण्ट्स कुछ ही क्षणों में प्राप्त हो जाते हैं। इसलिए इन्हें इन्स्टेण्ट कैमरा भी कहते हैं। इन कैमरों मे लगनेवाली फिल्म एक प्रकार का पॉजिटिव पेपर ही होता है, जो एक्सपोज़ करने के पश्चात् कैमरे की पद्धति द्वारा स्वतः ही फ़ोटो का स्वरूप ग्रहण कर लेती है। फ़ोटो का यह आकार कैमरे में लगनेवाली फिल्म पर निर्भर करता है। निगेटिव नहीं बनने के कारण इसमें एक विषयवस्तु की जितनी संख्या में फ़ोटो बनाने होते हैं, उसे उतनी ही बार एक्सपोज़ किया जाता है। यह कैमरा अब कम ही प्रयोग किया जाता है।

रिफ्लेक्स कैमरा (Reflex Camera)-रिफ्लेक्स कैमरे छोटे आकार के होते हैं और आसानी से प्रयोग किये जा सकते हैं। इन कैमरों में लेन्स के पीछे 45 डिग्री का एक दर्पण लगाया जाता है, जो लेन्स से आनेवाली किरण को ऊपर की ओर परावर्तित करता है ताकि एक निश्चित दूरी पर लगे धुँधले काँच पर दृश्य का बिम्ब बन सके। शुरुआत में ज्यादातर रोल फिक्स रिफ्लेक्स कैमरों का मध्यम आकार होने के कारण वर्गाकार फ़ोटो बनते थे, क्योंकि इन्हें कमर तक की ऊँचाई तक रखकर ऊपर से प्रतिबिम्ब को देखा जाता था और इनका पलटकर प्रयोग नहीं किया जा सकता था। कैमरे में फिल्म का प्रयोग होने के बाद रोल फिल्म के निगेटिव का आकार भी बदल गया।

रिफ्लेक्स कैमरे मुख्य रूप से दो प्रकार के होते हैं-सिंगिल लेन्स रिफ्लेक्स कैमरा, ट्विन लेन्स रिफ्लेक्स कैमरा। अपने छोटे आकार और गुणवत्ता के कारण सिंगिल लेन्स रिफ्लेक्स कैमरा काफी लोकप्रिय हैं। इन कैमरों की मुख्य विशेषता यह है कि इसमें व्यू फाइण्डर से जो प्रतिबिम्ब देखते हैं तस्वीर हूबहू वैसी ही बनती है। इन कैमरों में विषयवस्तु को देखने और फ़ोटो खींचने के लिए एक ही लेन्स का प्रयोग किया जाता है। इसी कारण इस कैमरे में फ़ोटो खींचते समय फोकस शार्प करते हुए डेप्थ ऑफ फील्ड भी देख सकते हैं।

लेन्स के पीछे लगा दर्पण (Plane mirror) धुँधले शीशे की स्क्रीन पर प्रतिबिम्ब बनाता है और शटर का बटन दबाते ही शीशा ऊपर की ओर उठ जाता है। इस प्रकार, प्रकाश की किरणें फिल्म पर पड़ती हैं। आमतौर पर ऐसे कैमरों में यह दर्पण तब वापस अपनी वास्तविक स्थिति में आता है, जब फिल्म अगले फ़ोटो के लिए आगे घूमती है, परन्तु महँगे एस.एल.आर. कैमरों में ऐसा नहीं है। उनमें दर्पण ऊपर उठने के बाद तुरन्त अपने पहले स्थान पर लौट आता है। इन कैमरों में फोकल प्लेन शटर का प्रयोग किया जाता है।

एस.एल.आर. कैमरों की दूसरी विशेषता यह है कि इनके लेन्स बदले जा सकते हैं। अधिकतर एस.एल.आर कैमरों में 35 एम.एम. फिल्म का प्रयोग किया जाता है, जिससे 34 × 36 एम.एम. के निगेटिव तैयार किये जा सकते हैं। कुछ एस. एल. आर. कैमरों में 120

एम.एम. या 120 एम.एम. की फिल्मों का प्रयोग होता है, परन्तु 35 एम.एम. आकार के एस.एल.आर. कैमरे सर्वाधिक लोकप्रिय हैं।

एस. एल. आर. कैमरे तीन प्रकार के होते हैं-1. सिंगिल लेन्स रिफ्लेक्स कैमरा, 2. ऑटोमेटिक या स्वचालित एस.एल.आर. कैमरा, 3. ऑटोफोकस एस.एल.आर. कैमरा।

मैनुअल एस.एल.आर. कैमरा (Manual SLR Camera)-इन कैमरों में फोकसिंग, अपरचर और शटर स्पीड फ़ोटोग्राफर को स्वयं सेट करनी होती है। यहाँ तक कि फ़ोटो खिंच जाने के बाद अगली फ़ोटो के लिए फिल्म स्वयं को बढ़ानी पड़ती है। हालाँकि बाज़ार में ऐसे कैमरे भी आने लगे हैं जिनमें नीचे की ओर मोटर ड्राइव का प्रयोग किया जाता हैं, जिससे हर एक्सपोज़र के बाद फिल्म स्वयं आगे बढ़ जाती है। ऐसे कैमरों में एक्सपोज़र मीटर पहले से लगा होता जो कि व्यू फाइण्डर में से देखने पर अन्दर लगी सुई से एक्सपोज़र की जाँच कर सकते हैं। मैनुअल एस.एल.आर. कैमरा में फ्लैश लगाने के लिए हॉट शू लगा होता है और स्वयं अपनी ही फ़ोटो खींचने के लिए स्वयं समय निर्धारित करने की सुविधा (Self timer) भी होती है।

ऑटो एस.एल.आर. कैमरा (Auto SLR Camera)-ऑटो एस.एल.आर. कैमरों की एक्सपोज़र प्रणाली मैनुअल एस.एल.आर. कैमरों से अलग होती है। इन कैमरों में एक्सपोज़र स्वचालित प्रणाली के माध्यम से किया जा सकता है। इनमें एक्सपोज़र का निर्धारण तीन प्रकार से होता है-

1. शटर प्राथमिकता मोड (Shutter Priority Mode)-इस पद्धति में कैमरे में एक निश्चित स्थान पर बने डायल पर संकेतों का चयन कर **S** शटर गति मोड का चुनाव करते हुए इच्छित गति का निर्धारण किया जाता है जिसके बाद कैमरे में लगा सेन्सर शटर का बटन दबाते ही अपरचर अपने आप सेट हो जाता है।

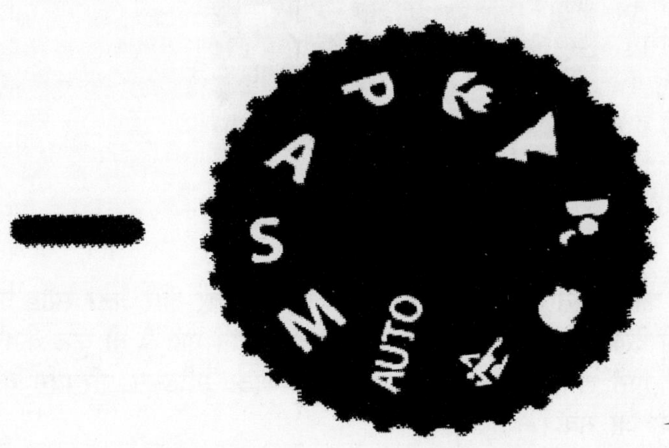

शटर प्राथमिकता मोड

2. अपरचर प्राथमिकता मोड (Aperture Priority Mode)-इस पद्धति में कैमरे में बने डायल पर **A** अपरचर प्राथमिकता मोड का चयन करते हुए वांछित अपरचर चुनाव

किया जाता है, जिसके बाद शटर का बटन दबाते ही कैमरे में लगा सेन्सर अपने-आप शटर स्पीड को सेट कर देता है।

अपचर प्राथमिकता मोड

3. प्रोग्रामिंग मोड (Programming Mode)-इस पद्धति में कैमरे में बने डायल पर **P** प्रोग्रामिंग मोड का चयन किया जाता है जिसके बाद प्रकाश की मात्रा के अनुरूप अपरचर और शटर स्पीड औसत के अनुसार अपने आप लग जाते हैं। कैमरा अपने सेन्सर यूनिट के माध्यम से उपलब्ध प्रकाश के अनुसार औसत निकालकर अपरचर और शटर स्पीड का निर्धारण कर देता है।

प्रोग्रामिंग मोड

इन स्थितियों में कार्य करते हुए आधा शटर दबाने पर अपरचर और शटर स्पीड की रीडिंग व्यू फाइण्डर में देखी जा सकती है। यदि एक्सपोज़र उचित नहीं है तो कुछ कैमरों में बीप की आवाज़ आने लगती है ताकि अपरचर और शटर स्पीड में परिवर्तन कर एक्सपोज़र सही किया जा सके।

ऑटो फोकस एस. एल. आर. कैमरा (Auto Focus SLR Camera)-इस ऑटोमेटिक कैमरे की माँग बाज़ार में सबसे अधिक रहती है, क्योंकि इन कैमरों में फ़ोटोग्राफर को सिर्फ़ व्यू फाइण्डर में देखकर क्लिक करना है। कैमरों में लगा माइक्रोप्रोसेसर कैमरे और

विषयवस्तु के बीच की दूरी का अन्दाजा लगाकर न सिर्फ़ फोकस सेट करता है बल्कि पहले से निर्धारित एक्सपोज़र मोड पर कैमरा सेट करने से उस एक्सपोज़र पर शटर स्पीड और अपरचर का निर्धारण भी कर देता है। इन कैमरों में भी अपरचर प्राथमिकता मोड, शटर प्राथमिकता और मैनुअल तीनों प्रकार के फ़ोटो बनाये जा सकते हैं। यदि भीड़ में किसी ख़ास व्यक्ति को फोकस में लेना हो तो इन कैमरों में मैनुअल फोकस भी किया जा सकता है।

ऑटोफोकस एस.एल.आर. कैमरों में फ्लैश लगा रहता है, साथ ही अतिरिक्त फ्लैश लगाने के लिए हॉट शू की व्यवस्था भी होती है। यदि विषयवस्तु प्रकाश के स्रोत या जिस दिशा से विषयवस्तु पर प्रकाश पड़ रहा हो और कैमरे के बीच हो यानी कि प्रकाश कैमरे के लेन्स के सामने से आ रहा है तो उस स्थिति में एक्सपोज़र कम्पन्सेशन यानी एक्सपोज़र की क्षतिपूति करने के लिए एक्सपोज़र मोड होता है और इसे 1/2 स्टेप की दर से कम या ज्यादा करके एक्सपोज़र की क्षतिपूर्ति की जा सकती है।

वर्तमान में ऑटो फोकस एस.एल.आर. कैमरों में सी.सी.डी. का प्रयोग किया जाता है, जो कि प्रकाश की किरणों के प्रति संवेदनशील होते हैं। इनके कारण ही लेन्स स्वयं ही फोकस कर लेता है। इन कैमरों का संचालन इसमें लगे हुए बटनों से होता है और इसकी कार्यप्रणाली एल.सी.डी. स्क्रीन पर देखी जा सकती है। ऐसे कैमरों में लम्बी अवधि तक चलनेवाली चार्जेबल लीथियम़ बैटरी का प्रयोग किया जाता है।

ट्विन लेन्स रिफ्लेक्स कैमरा (Twin Lens Reflex Camera)-ट्विन लेन्स रिफ्लेक्स कैमरों में दो अलग-अलग लेन्सों का प्रयोग किया जाता है, जिनकी फोकल लेन्थ समान होती है और यह एक-दूसरे के ऊपर लगे रहते हैं। ऊपरवाला लेन्स व्यूविंग लेन्स और नीचेवाला टेकिंग लेन्स कहलाता है। इनका अक्ष समतल और एक-दूसरे के समानान्तर होता है। ऊपरवाले लेन्स का प्रयोग विषयवस्तु को देखने और फ्रेम बनाने के लिए किया जाता है। नीचेवाले लेन्स का प्रयोग फिल्म पर वास्तविक प्रतिबिम्ब बनाने के लिए होता है। एस. एल.आर. कैमरों की तरह ऊपरवाले लेन्स के खुले अपरचर से प्रतिबिम्ब धुँधले शीशे के समतल स्क्रीन पर बनता है। इन कैमरों में 120 एम.एम. की फिल्म लगती है, किन्तु रोली कम्पनी के कैमरों में 220 एम.एम. की फिल्म भी लगायी जा सकती है। रोलीफ्लेक्स कैमरों में एडॉप्टर के द्वारा 35 एम.एम. की फिल्म लगायी जा सकती है। अधिकतर ट्विन लेन्स रिफ्लेक्स कैमरों के लेन्स बदले नहीं जा सकते परन्तु कुछ कैमरों में इसे बदला जा सकता है। रोलीफ्लेक्स, मैमिया और हैसलब्लैण्ड ये कुछ प्रमुख ट्विन लेन्स रिफ्लेक्स कैमरे के ब्राण्ड हैं।

पैरोलेक्स एरर (Parollax Error)- ट्विन लेन्स कैमरों में लगे लेन्सों की धुरी तो समानान्तर होती है किन्तु इन धुरियों में लगभग दो इंच की दूरी होती है, जिसके कारण व्यू फाइण्डर में देखा गया दृश्य फोकल प्लेन पर बननेवाले बिम्ब से थोड़ा भिन्न होता है। इन कैमरों के फोकसिंग की निकटतम दूरी तीन फीट होती है जिससे सामान्यतः दृश्य-क्षेत्र के अन्तर को पहचान पाना कठिन होता है। इस त्रुटि को पैरालेक्स एरर कहते हैं। जब तीन फीट से अन्दर के दृश्यें को फ़ोटोग्राफ करना है तो क्लोज़अप लेन्स लगाते हैं-क्लोज़अप लेन्स कैमरे के दोनों लेन्सों पर लगाने होते हैं। ऐसी स्थिति में पैरोलेक्स एरर और बढ़ जाती है। ऐसे समय में उन क्लोज़अप लेन्सों का उपयोग करना चाहिए जिनका

डिजाइन पैरोलेक्स एरर कम करने के लिए तैयार गया हो। इन कैमरों में फोटो खिंचते समय व्यू फाइण्डर थोड़ी देर के लिए ब्लाइण्ड हो जाता है, अर्थात् उस समय आप दृश्य को नहीं देख सकते। इसका मुख्य कारण है कि एस.एल.आर कैमरों में जिस लेन्स के माध्यम से व्यू फाइण्डर में देखते हैं उसी लेन्स के द्वारा फोकल प्लेन पर प्रतिबिम्ब बनता है और इसी स्थान पर लगी फिल्म डेवलप हो जाने पर निगेटिव का रूप धारण करती है। यही कारण है कि एस.एल.आर. कैमरों में पैरोलेक्स एरर नहीं हो पाती है।

डिजिटल कैमरा (Digital Cameras)-

यह अत्याधुनिक कैमरे है और वर्तमान समय में सर्वाधिक प्रयोग इन्हीं का हो रहा है। इस कैमरे में लेन्स द्वारा भेजी गये वस्तु के प्रकाश प्रतिबिम्ब की अंकीय (Digital) पद्धति द्वारा छवि का निर्माण होता है। इन कैमरों में प्रकाश के प्रतिबिम्ब की अंकीय छवि को परिवर्तित करने के लिए कैमरे में एक सेन्सर (Sensor) सी. सी. डी. (Charged Coupled Device) या सी. एम. ओ. एस.(Complimentry Metal-Oxide Semiconductor) का प्रयोग किया जाता जो कि सिलिकोन चिप (Silicon chip) की बनी हुई होती है।

डिजिटल कैमरा

सी.एम.ओ.एस. की अपेक्षा सी.सी.डी. से अच्छे परिणाम प्राप्त होते हैं। इसमें हज़ारो की संख्या में प्रकाश संवेदी चित्र अवयव (Pixels) संगठित होते हैं और प्रत्येक पिक्सल अपने ऊपर पड़नेवाले प्रतिबिम्बित प्रकाश को उसकी मात्रा के अनुपात में इलेक्ट्रॉनिक संकेतों (Electronic Signals) में परिवर्तित करता है और उस प्रकाश से अंकीय छवि का निर्माण करता है तथा छवि निर्माण के बाद इस छवि कैमरे में फिल्म के स्थान पर लगनेवाली आन्तरिक स्मृति (Internal Memory) या स्मृति कार्ड (Memory Card) मे भेजता है, यह मेमोरी कार्ड सी.सी.डी. या सी.एम.ओ.एस. द्वारा भेजी गयी छवि को संगृहित करता है। इस मेमोरी कार्ड को आवश्यकतानुसार कैमरे में लगाया व निकाला जा सकता है।

डिजिटल कैमरों को यू.एस.बी.(Universal serial bus) पद्धति द्वारा कम्प्यूटर को बन्द किये बिना ही यू.एस.बी. तार से स्कैनर एवं प्रिन्टर आदि से जोडकर कैमरे में संगृहीत छवियो को दूसरे स्थान पर भेजा Download जा सकता है।

सी.सी.डी. की ऊपरी परत पर अनगिनत अतिसूक्ष्म फ़ोटोसेन्सिटिव कैपेसिटर्स लगे होते हैं और फिल्म की तरह ये कैपेसिटर्स भी उन पर पड़नेवाले प्रकाश की मात्रा के अनुरूप ही सक्रिय हो जाते हैं। इनकी सक्रियता तब तक बनी रहती है, जब तक कैपेसिटर्स को प्रोसेस के लिए इलेक्ट्रॉनिक्स संकेत नहीं मिलता। कैनन, निकॉन, मिनॉल्टा, पेन्टेक्स, सोनी, सैमसंग, ओलम्पस इत्यादि प्रमुख डिजिटल कैमरा निर्माता कम्पनियाँ हैं।

पिक्सल (Pixel)-इसे पिक्चर एलीमेण्ट या चित्र तत्त्व भी कहते हैं। यह एक प्रकार का इलेक्ट्रॉनिक वर्गाकार होता है जिसकी सहायता से चित्र का निर्माण होता है, जिस प्रकार ब्लैक एण्ड ह्यइट चित्र सिल्वर ग्रेन के मिलने से बनती है। उसी प्रकार अंकीय छवि का निर्माण फ्क्सिल से होता है।

रेज़ोलुशन (Resolution)-एक चित्र के गुणवत्ता में रेज़ोलुशन का विशेष महत्त्व है। एक डिजिटल चित्र उसमें उपस्थित पिक्सलों की संख्या और हर पिक्सल में कितने रंगीन शेड्स (Detail) उपस्थित हैं। रेज़ोलुशन से इसका ज्ञान होता है। सी.सी.डी. पर पिक्सल की संख्या पर निर्भर करता है कि फ़ोटो का रंग और शार्पनेस कैसी होगी। पिक्सल की संख्या जितनी अधिक होगी फ़ोटो उतना ही स्पष्ट आयेगा। रेज़ोलुशन की गणना क्षैतिज और ऊर्ध्वाधर में उपस्थित पिक्सल के गुणनफल से होती है। जैसे 1920 × 2560।

35 एम.एम. की फिल्म में एक करोड़ चालीस लाख पिक्सल होते हैं।

डिजिटल कैमरा एक तरह से स्कैनर की तरह ही होता है। स्कैनर में किसी वस्तु को लगाकर उसकी छवि बनाने में समय अधिक लगता है तथा बड़ी वस्तुओ को स्कैनर में रखा भी नहीं जा सकता हैं। जबकि कैमरा इस कार्य को बहुत तीव्रगति से करता हैं। स्कैनर की तरह ही इसीलिए अधिकतर कैमरों में सी.सी.डी. का प्रयोग किया जाता है, लेकिन सी.एम.ओ.एस. में यह विशेषता है कि सी.सी.डी. की अपेक्षा बैटरी की खपत बहुत कम होती है।

एनालॉग एवं डिजिटल फ़ोटोग्राफी में अन्तर-

- डिजिटल कैमरों में इलेक्ट्रॉनिक संकेतों के द्वारा सी.सी.डी. पर प्रतिबिम्ब बनता है, जबकि एनालॉग कैमरों में फिल्म में लगे घोल पर प्रकाश पड़ने से रासायनिक क्रिया के द्वारा प्रतिबिम्ब बनता है।
- डिजिटल कैमरों में फ़ोटो खींचने के बाद इमेज को दर्ज करने तथा उसे स्टोर करने के लिए आन्तरिक एवं बाह्य मेमोरी कार्ड का प्रयोग होता है, जबकि एनालॉग कैमरों में फिल्म एक्सपोज़ होने के बाद प्रतिबिम्ब उसी प्रतिबिम्ब पर बनता है।
- डिजिटल कैमरों में फ़ोटो खींचने से पहले फ्रेम को एलसीडी स्क्रीन पर देखा जा सकता है जिससे कि उसके एक्सवोज़र का सही अन्दाज़ा लगाया जा सकता है जबकि एनालॉग कैमरों में व्यू फाइण्डर में देखकर इसका अन्दाज़ा लगाना मुश्किल होता है।

• डिजिटल कैमरों में फिल्म खींचने के बाद सीधा पाजिटिव इमेज को देखा जा सकता है जिससे कि यदि फ़ोटो में कोई कमी हो तो तत्काल दूसरी फ़ोटो ली जा सके, जबकि एनालॉग कैमरों में पहले निगेटिव बनता है उसके बाद प्रयोगशाला में डेवलप करने के बाद उसकी पाजिटिव इमेज देखी जा सकती है।

• डिजिटल कैमरों में फिल्म की गति प्रत्येक चित्र में बदली जा सकती है, परन्तु एनालॉग कैमरों में जिस आई.एस.ओ. (गति) की फिल्म लगी होगी, पूरी रील पर उसी आई.एस.ओ की फ़ोटो बनेगी।

• डिजिटल कैमरों के मेमोरी कार्ड में हज़ारों की संख्या में फ़ोटोग्राफ खींचे जा सकते हैं और पसन्द न आने पर उसे हटाकर उसके स्थान पर नये फ़ोटोग्राफ खींचे जा सकते हैं परन्तु एनालॉग कैमरों में आमतौर पर छत्तीस फ़ोटो का रोल लगता है, जिसे बदलना पड़ता है।

• डिजिटल कैमरों में फ़ोटो खीचकर तत्काल कम्प्यूटर में स्थानान्तरित करके इण्टरनेट द्वारा चन्द मिनट के अन्दर पूरी दुनिया में कहीं भी भेजा जा सकता है। जबकि एनालॉग फ़ोटो को भेजने के लिए पहले उसको निगेटिव से पॉज़िटिव बनाना पड़ेगा फिर स्कैनर द्वारा स्कैन करके उसे भेजा जा सकता है। इसमें काफी समय लगता है।

• डिजिटल कैमरे द्वारा खींची गयी फ़ोटो को फ़ोटोशॉप इत्यादि सॉफ्टवेयर की सहायता से न सिर्फ़ इम्प्रूव किया जा सकता है बल्कि उसमें अपने मनचाहे परिवर्तन किये जा सकते हैं। एनालॉग कैमरों द्वारा खींचे गये फ़ोटो में परिवर्तन तो किये जा सकते हैं लेकिन डिजिटल कैमरों द्वारा खींचे गये फ़ोटो जितने नहीं।

फ़ोटोग्राफी तकनीक (Photographic Technique)-

व्यक्ति चित्र (Portrait Photography)-यह विधा फ़ोटोग्राफी की महत्त्वपूर्ण विधाओं में से एक है। पोर्ट्रेट बनाते समय बहुत ही सावधानी और दक्षता की आवश्यकता होती

व्यक्ति चित्र

है, जिस व्यक्ति का पोर्ट्रेट बनाना है उसको तनावमुक्त होना चाहिए जिससे उसके चेहरे पर वास्तविक ख़ूबसूरती दिखायी दे। पोर्ट्रेट बनाते समय कैमरे से व्यक्ति की दूरी 4-5 फुट तक होनी चाहिए। पोर्ट्रेट बनाते समय व्यक्ति को आरामदायक व प्रसन्नचित्त मुद्रा में बैठना चाहिए। पोर्ट्रेट में व्यक्ति के चारित्रिक गुणों की झलक आनी चाहिए। चेहरे के अतिरिक्त उसके हाथ, बालों की बनावट, वेशभूषा व बैठने की मुद्रा पर विशेष ध्यान देना चाहिए। एक अच्छा पोर्ट्रेट वही माना जाता है जिसमें व्यक्ति के स्वाभाविक रूप की झलक दिखायी देती हो। एक सशक्त पोर्ट्रेट बनाने के लिए स्टूडियो सबसे उचित स्थान होता है, क्योंकि स्टूडियो में पोट्रेट बनाने सम्बन्धी सभी सामग्रियाँ जैसे—विभिन्न प्रकार की लाइटें, बैकग्राउण्ड, एसेसरीज़ आदि होती हैं। चेहरे की बनावट, उसके आकार, मनोभाव व स्टाइल के अनुसार विभिन्न प्रकार की लाइटों का प्रयोग किया जाता है। अधिकांशतः पोर्ट्रेट बनाते समय तीन प्रकार की लाइटों का प्रयोग किया जाता है-

500 वाट के दो फ़ोटो फ्लड, जो कि स्टैण्ड पर लगे होते हैं और एक छोटी स्पॉट लाइट जिसका प्रयोग किसी एक भाग को ज्यादा उभार देने के लिए किया जाता है। पोर्ट्रेट को निम्नलिखित तीन तरह से बनाया जाता है-

- जिसमें पूरा चेहरा स्पष्ट दिखायी दे।
- चेहरे के दो-तिहाई भाग को दर्शाया जाता है।
- चेहरे के सिर्फ़ एक भाग को दर्शाया जाता है।

प्राकृतिक फ़ोटोग्राफी (Landscape Photography)-फ़ोटोग्राफी में प्राकृतिक चित्रण का स्थान भी बहुत महत्त्वपूर्ण होता है। प्राकृतिक दृश्यों की फ़ोटो खींचते समय उचित स्थान और प्रकाश का विशेष ध्यान रखना होता है। प्राकृतिक फ़ोटोग्राफी के लिए सुबह और शाम का समय सबसे उपयुक्त होता है। प्राकृतिक फ़ोटो खीचते समय कम अपरचर (एफ 16, एफ 22, एफ 32) का प्रयोग करने से फ़ोटो के दृश्यों में क्षेत्र की गहराई अधिक प्रतीत होती है। प्राकृतिक दृश्यों की फ़ोटो लेते समय अधिकांशतः नॉर्मल लेन्स का प्रयोग ही उचित माना जाता है। कभी-कभी ज्यादा बड़े क्षेत्र व अधिक गहराईवाले दृश्यों की फ़ोटो खींचने में वाइड ऐंगिल लेन्स का प्रयोग भी किया जाता है। प्राकृतिक दृश्यों में आकाश और बादलों में उभार देने के लिए पोलराइजिंग का प्रयोग किया जाता है।

प्राकृतिक फ़ोटो का उदाहरण

कलात्मक फ़ोटोग्राफी-समाचार-पत्रों के प्रति पाठकों की रोचकता बढ़ाने के लिए कलात्मक फ़ोटोग्राफी का प्रयोग किया जाता है। कलात्मक फ़ोटोग्राफी द्वारा चित्र को और भी अधिक आकर्षक व सजीव बनाया जाता है। कलात्मक फ़ोटोग्राफ सौन्दर्यात्मक होने के साथ-साथ सूचनात्मक भी होते हैं। कलात्मक फ़ोटोग्राफी द्वारा फ़ोटोग्राफर चित्र से सम्बन्धित अपनी निजी भावना को व्यक्त करता है। फ़ोटो में रोमांच व अतिरिक्त सौन्दर्य लाने के लिए कलात्मक फ़ोटोग्राफी की जाती है। कलात्मक फ़ोटोग्राफी में प्राकृतिक दृश्यों का बड़ा ही महत्त्व होता है। जैसे-उगते व ढलते सूरज का दृश्य, सावन में झूला झूलती युवतियों का दृश्य, तेज़ बरसात में छाता लेकर जाते बच्चों का दृश्य, पतझड़ में पेड़ से गिरते पत्तों का दृश्य इत्यादि। विशेष धार्मिक व राष्ट्रीय पर्वों की फ़ोटो को भी कलात्मक रूप देकर उसे अधिक आकर्षक व सजीव बनाया जाता है। जैसे-होली में उड़ते रंग-गुलाल का दृश्य, दुर्गा-पूजा में माँ दुर्गा-पूजा की विशाल मूर्तियों का चित्र, दशहरे में जलते रावण कां चित्र, दीपावली में जगमग रोशनी व आतिशबाजी का चित्र, ध्वजारोहण के समय फहराते झण्डे का चित्र इत्यादि कलात्मक फ़ोटोग्राफी में फ़ोटो में विशेष प्रभाव व सन्देश को दर्शाया जाता है।

कलात्मक फ़ोटो का उदाहरण

वस्तु चित्रण (Still Life) -स्थिर वस्तुओं की फ़ोटो खींचने को वस्तु चित्रण कहा जाता है। वस्तुचित्रण करते समय वस्तुओं का चुनाव और उनका सामंजस्य करना सबसे महत्त्वपूर्ण होता है। इसमें यह ध्यान रखा जाता है कि बैकग्राउण्ड इतनी प्रभावी न हो कि वस्तुओं का आकर्षण समाप्त हो जाये। सामान्यतः इसमें सफेद या हलके रंग बैकग्राउण्ड का प्रयोग करना उचित रहता है। यदि प्रकाश किसी एक दिशा से आ रहा हो तो छाया के प्रभाव को ख़त्म करने के लिए रिफ्लेक्टर का प्रयोग किया जाता है। स्टूडियों में स्थिर

चित्रण करते समय विभिन्न प्रकार की लाइटों का प्रयोग आवश्यकतानुसार किया जाता है। यदि वस्तु बहुत छोटी है तो इसमें मैक्रो या क्लोज़अप लेन्स का प्रयोग किया जाता है। चमकदार वस्तुओं की फ़ोटोग्राफी करते समय पोलेराइजिग फिल्टर के प्रयोग से अनावश्यक चमक को कम किया जा सकता है।

पैनोरमा (Panorama)-इस तकनीक का प्रयोग अधिक चौड़ाईवाली विषयवस्तु की फ़ोटोग्राफी करते समय किया जाता है। जैसे—यदि बनारस में गंगा के घाट की फ़ोटोग्राफी करनी है और पूरा घाट एक फ्रेम में नहीं आ पा रहा है तो कैमरे को घाट के बीच में रखकर बिना जगह बदले विषयवस्तु के अलग-अलग चित्र लिये जाते हैं जिन्हें जोड़कर पूर्ण घाट का एक फ़ोटो बनाया जा सकता है। वर्तमान में आ रहे डिजिटल कैमरों में पैनोरमा पद्धति होती है जिसका प्रयोग करके आसानी से ऐसे चित्र बनाये जा सकते हैं।

फिल इन फ्लैश (Fill in Flash)-फिल इन फ्लैश द्वारा प्राकृतिक प्रकाश में फ़ोटोग्राफी करते समय विषयवस्तु के कुछ भागों पर पड़नेवाली छाया के प्रभाव या जब मुख्य विषयवस्तु कम प्रकाश में हो और पृष्ठभूमि में पूर्ण प्रकाश होता है, उस समय मुख्य वस्तु पर छाया का प्रभाव बनता है। उस छाया के प्रभाव को फ्लैश के प्रयोग से हटाया जाता है। जिससे वस्तु का छायावाला भाग भी स्पष्ट एवं सुन्दर दिखायी देता है। इसका प्रयोग मुख्यतः व्यक्ति चित्रण में ही किया जाता है।

फ़ोटो पत्रकार के गुण (Qualities of Photo Journalist)-एक कुशल फ़ोटो पत्रकार बनने के लिए प्रत्येक घटना व परिस्थिति की फ़ोटो खींचने में दक्ष होना चाहिए। किसी भी प्रकार की प्राकृतिक आपदा हो, दंगा-फसाद, राजनैतिक सभाएँ हों खेल का मैदान हो या फिर कोई सामाजिक व धार्मिक समारोह फ़ोटो-पत्रकार को अपने आस-पास के वातावरण के प्रति सचेत व संवेदनशील होना चाहिए। उसे किसी भी फ़ोटो खींचने के लिए सदैव तैयार रहना चाहिए। इसके अतिरिक्त उसमें कलात्मक फ़ोटो खींचने की भी योग्यता होनी चाहिए। फ़ोटो पत्रकार में फ़ोटो खींचने सम्बन्धी निम्नलिखित गुण होना आवश्यक है-

- फ़ोटो-पत्रकार को कैमरे की नवीन तकनीकीयों के बारे में जानकारी होनी चाहिए।
- उसे दृश्यों को समझने एवं कलात्मक ढंग से अपने कैमरे में उतारना आना चाहिए।
- उसे व्यवहारी, संवेदनशील एवं सृजनशील होना चाहिए।
- उसे प्रतिपल घट रही घटना-दुर्घटना व कार्यक्रमों की जानकारी होनी चाहिए।
- फ़ोटो-पत्रकार में भी पत्रकारों की तरह समाचार का पता लगाने व खोजने की क्षमता होनी चाहिए।
- एक कुशल फ़ोटो-पत्रकार को विभिन्न कैमरों, लेन्सों, फिल्टर्स, शटर स्पीड, फोकस, फ्लैश-गन, लाइट-कण्ट्रोल की अच्छी जानकारी होनी चाहिए।
- उसे फिल्म प्रोसेसिंग डार्करूम तकनीक, फ़ोटो पेपर ग्रेड व फ़ोटोग्राफी रसायनों के उपयोग की सही जानकारी होनी चाहिए। कम्पोजीशन के नियम, रूल ऑफ थर्ड, सेण्टर ऑफ इण्टरेस्ट आदि का भी ज्ञान होना चाहिए।

- फ़ोटो-पत्रकार को जिज्ञासु, जुझारू व मेहनती होना चाहिए।
- फ़ोटो-पत्रकार में लोगों की पसन्द-नापसन्द की जानकारी भी होनी चाहिए।
- फ़ोटो-पत्रकार को सदैव सतर्क, सजग, तत्पर एवं प्रयत्नशील होना चाहिए।
- उसे पत्रकारिता की आचार-संहिता की जानकारी होनी चाहिए।

फ़ोटो फीचर (Photo Feature)-जब किसी कहानी का प्रस्तुतीकरण शब्दों के बजाय चित्रों से किया जाता है तो उसे फ़ोटो फीचर कहते हैं। फ़ोटो फीचर में एक फ़ोटो भी हो सकती है और किसी घटना का कई चित्रों के माध्यम से भी प्रस्तुतीकरण किया जा सकता है। 'एक फ़ोटोग्राफ हज़ार शब्दों की ताकत रखता है' की उक्ति को चरितार्थ करने का कार्य फ़ोटो फीचर में होता है। भाव और सौन्दर्य का प्रस्तुतीकरण इसके माध्यम से सफलतापूर्वक किया जाता है। बनारस की सुबह, कन्याकुमारी का सूर्यास्त, फूलों का सौन्दर्य, माँ का दुलार, भक्त की तन्मयता, एथलीट की एकाग्रता प्रदर्शित करने के लिए एक फ़ोटोग्राफ हज़ार शब्दों पर भारी पड़ता है।

वर्तमान में इस प्रकार के फ़ोटो फीचरों का प्रयोग लगभग सभी समाचार-पत्र पत्रिकाओं में हो रहा है। फीचर की अपेक्षा फोटो फीचर कम स्थान लेते हैं और इनका प्रभाव तुलनात्मक रूप से अधिक होता है।

इसके अलावा अन्य दूसरे प्रकार के फ़ोटो फीचर में किसी बडी घटना से सम्बन्धित विभिन्न चित्रों का क्रमबद्ध संयोजन किया जाता है। आवश्यकतानुसार प्रत्येक चित्र के नीचे लेखकों घटना का परिचय देना होता है। इस प्रकार के संयोजन से न केवल पाठकों को धटना का सजीव चित्र देखने को मिलता हैं, अपितु दुर्लभ चित्रों को भविष्य के लिए सुरक्षित रखने का अवसर भी मिल जाता है।

किसी महान् व्यक्ति के दिवंगत होने, भूकम्प अथवा बाढ़ जैसी विभीषिकाओं या फिर किसी अन्य बडी दुर्घटना के घटित होने पर उन पर इस प्रकार के चित्र-रूपक दिये जाने की पुरानी परम्परा है। आज भी इस प्रकार के फोटो फीचर और लोकप्रिय हैं।

प्रभाव चित्र-रूपको की प्रस्तुति के लिए निम्न तथ्यों का ध्यान रखना चाहिए-

1. फोटो फीचर के चित्र स्पष्ट और सजीव हो।
2. फोटो फीचर में चित्रो की गुणवत्ता पर विषेश ध्यान देना चाहिए।
3. फोटो फीचर में जीवन-वृत्त अथवा धटना से सम्बन्धित चित्रों का क्रमबद्ध संकलन एवं प्रकाशन किया जाना चाहिए।
4. फोटो फीचर के लिए जीवन-वत्त अथवा घटना आधारित चित्रों में केवल अत्यन्त महत्त्वपूर्ण चित्रों का ही चुनाव किया जाना चाहिए।
5. यदि चित्र किसी पत्र एवं पत्रिका से लिये गये हों, तो सम्बन्धित समाचार-प्रकाशन किया जाना चाहिए।
6. यदि चित्र किसी व्यक्ति-विशेष से प्राप्त किये गये हों तो उनके प्रकाशन के लिए उस व्यक्ति की अनुमति लेना आवश्यक है।
7. आवश्यकतानुसार चित्रों का आकार निश्चित करके उनका प्रकाशन किया जाना चाहिए।

8. मूल चित्रो का प्रकाशन हेतु चुनाव किया जाना चाहिए।
9. चित्र का छायांकन किसी दुर्भावनावश नहीं किया जाना चाहिए।

फ़ोटोग्राफरों के लिए कुछ सुझाव

- **फ़ोटोग्राफ**र को शूट पर जाने से पहले कैमरे की कार्यप्रणाली जैसे कि शटर, अपर**चर**, फोकस, आई. एस. ओ. इत्यादि जाँच लेना चाहिए।
- फ़ोटोग्राफर को बैटरी की चार्जिंग अवश्य चेक कर लेनी चाहिए और साथ ही दो जोड़ी अतिरिक्त बैटरी भी रखनी चाहिए।
- फ़ोटोग्राफर को मेमोरी कार्ड की स्थिति का भलीभाँति पता होना चाहिए तथा दो अतिरिक्त मेमोरी कार्ड भी रखने चाहिए।
- फ्लैश में लगनीवाली रिचार्जएबुल बैटरी को भी लगभग 6 की संख्या में रखना चाहिए।
- फ्रेम बनाते समय विषयवस्तु का चित्र किस उद्देश्य से खींचा जा रहा है इसका ध्यान अवश्य रखना चाहिए।
- फ्रेम बनाने के उपरान्त सही एक्सपोज़र की गणना अवश्य कर लेनी चाहिए, गलत एक्सपोज़र देने से फ़ोटो अण्डर या ओवर एक्सपोज़ हो जाती है। आउटडोर शूटिंग के दौरान प्रकाश की मात्रा में परिवर्तन होने पर पुनः एक्सपोज़र सेट करना चाहिए।
- एक्सपोज़र के चुनाव के उपरान्त विषयवस्तु के फोकस का विशेष ध्यान रखना चाहिए अर्थात् फ़ोटोग्राफर को जितने भाग का स्पष्ट एवं शार्प प्रतिबिम्ब बनाना है वह फोकस में होनी चाहिए।
- फ़ोटोग्राफी करते समय तापमान के अनुसार व्हाइट बैलेन्स कर लेना चाहिए जिससे कि फ़ोटो में प्राकृतिक रंग प्राप्त किये जा सकें।
- फ़ोटोग्राफर को विषयवस्तु के कम्पोजीशन का विशेष ध्यान रखना चाहिए, जहाँ तक हो सके रूल ऑफ थर्ड का प्रयोग करना चाहिए।
- जब सूर्य का प्रकाश सीधा विषयवस्तु पर पड़ रहा हो अर्थात् सूर्य फ़ोटोग्राफर के पीछे हो, ऐसी दशा में चित्र नहीं खींचने चाहिए। क्योंकि जब प्रकाश सामने से आता है तब चित्र में तीनों आयामों अर्थात् लम्बाई, चौड़ाई, ऊँचाई का प्रभाव समाप्त हो जाता है क्योंकि मुख्य विषयवस्तु और उसके आगे और पृष्ठभूमि पर समान प्रकाश की मात्रा मिलती है, जिससे तस्वीर एक आयामवाली या फ्लैट लगने लगती है। जब प्रकाश वस्तु के किसी एक ओर से आ रहा हो अर्थात् किसी कोण से आ रहा हो उस समय चित्र बनाना चाहिए।
- आउटडोर फ़ोटोग्राफी में सुबह साढ़े 9 बजे के बाद और शाम साढ़े 3 बजे से पहले चित्र नहीं बनाना चाहिए क्योंकि प्रातःकाल और सायंकाल सूर्य आकाश में नीचे होता है तब उससे बननेवाली परछाईं लम्बी और घनी होती है जिसके द्वारा तीनों आयामों का बोध होता है। प्रकाश भी इतना तेज़ नहीं होता है, जिससे तस्वीर के छायावाले भाग भी अच्छे प्रकाशित हो जाते हैं।
- कमर की ऊँचाई पर कैमरे को पकड़कर चित्र नहीं बनाना चाहिए क्योंकि परम्परागत तरीके से खींची गयी तस्वीर की अपेक्षा नये दृष्टिकोण से खींची गयी तस्वीर अधिक नाटकीय व आकर्षक होती है।

फ़ोटो सम्पादक के कर्त्तव्य-

फ़ोटो पत्रकारिता में फ़ोटो सम्पादक की महत्त्वपूर्ण भूमिका होती है। एक अच्छा फ़ोटो-सम्पादक अपनी फ़ोटो से सम्पूर्ण समाचार व्यक्त कर सकता है। फ़ोटो-सम्पादक का कर्त्तव्य है कि वह ऐसी फ़ोटो प्रकाशित करे जिसे देखकर पाठक समाचार पढ़ने के लिए बाध्य हो जाये। फ़ोटो-सम्पादक, फ़ोटो विभाग का प्रमुख होता है, उसके कुछ प्रमुख कर्त्तव्य निम्नलिखित हैं-

1. फ़ोटो-सम्पादक को सर्वप्रथम समाचार के महत्त्व के आधार पर फ़ोटो का चयन करना चाहिए। उसे इस बात का ध्यान रखना चाहिए कि चित्र का आकर्षण बिन्दु केन्द्र में हो।

2. फ़ोटो-सम्पादक को प्रतिदिन विभिन्न समाचार-पत्रों व पत्रिका में प्रकाशित फ़ोटो का अवलोकन करना चाहिए और यह देखना चाहिए कि उनकी तुलना में उसके द्वारा प्रकाशित फ़ोटोग्राफ में कोई कमी तो नहीं है।

3. फ़ोटो-सम्पादक को अपने सहयोगियों के साथ विचार-विमर्श करके ऐसे समाचारों को ध्यान में रखना चाहिए जिनके साथ आकर्षक फ़ोटो प्रकाशित की जा सके।

4. फ़ोटो-सम्पादक को अपने सहयोगी फ़ोटोग्राफरों को समाचार की प्रमुखता व उद्देश्य के आधार पर फ़ोटो खींचने का कार्य सौंपना चाहिए।

5. किसी बड़ी दुर्घटना व आपातकालीन परिस्थितियों में तत्काल फ़ोटोग्राफर को भेजकर फ़ोटो खिंचवानी चाहिए।

6. एक फ़ोटो-सम्पादक को पाठकों की रुचि के अनुसार ही फ़ोटो प्रकाशित करनी चाहिए और पाठकों की शिकायतों व फीडबैक को भी ध्यान में रखना चाहिए।

7. फ़ोटो-सम्पादक को चित्र की महत्ता को देखते हुए उसके लिए पृष्ठ व स्थान निर्धारित करना चाहिए। उसके लिए उसे अपने सहयोगियों से विचार भी करना चाहिए।

8. फ़ोटो-सम्पादक का कर्त्तव्य है कि वह समाचार-पत्र की प्रत्येक बीट के अनुसार फ़ोटो चयनित करे।

9. फ़ोटो-सम्पादक का यह कर्त्तव्य है कि प्रत्येक फ़ोटोग्राफ के विभिन्न पहलुओं की सूक्ष्मता से जाँच करने के पश्चात् ही प्रकाशन के लिए भेजे। वह यह सुनिश्चित कर ले कि सभी फ़ोटो के साथ उचित शीर्षक लिखे गये हों और उनमें कोई त्रुटि न हो।

10. फ़ोटो-सम्पादक का कर्त्तव्य है कि अपने सहयोगी फ़ोटोग्राफरों को उचित दिशा-निर्देश दे। कैमरे और अन्य उपकरणों की जाँच कर ले कि वह ठीक ढंग से कार्य कर रहे हैं या नहीं। आवश्यकतानुसार नयी तकनीक के कैमरे व अन्य उपकरण ख़रीदने के लिए प्रस्ताव भी तैयार करे।

11. विभिन्न राष्ट्रीय व अन्तरराष्ट्रीय समाचार एजेन्सियों के माध्यम से भेजी जानेवाली फ़ोटो को समाचार की प्रमुखता और पाठकों की रुचि के अनुसार चयनित करने की जिम्मेदारी भी फ़ोटो-सम्पादक की होती है। उसे अश्लील व आपत्तिजनक फ़ोटो से बचना चाहिए।

12. फ़ोटो-सम्पादक को यह तय करना होता है कि कौन-सी फ़ोटो प्रकाशन के योग्य है अथवा नहीं। उसे अपने सहयोगी फ़ोटोग्राफरों के साथ एक टीम की भावना से कार्य करना होता है।

13. फ़ोटो-सम्पादक को अपने समाचार विभाग की बैठक में हिस्सा लेना व अपने सुझाव देना भी आवश्यक होता है।

फ़ोटो-सम्पादन (Photo Editing)- चित्र शब्दों से अधिक आकर्षण पैदा करते हैं। समाचार में चित्र का अत्यधिक महत्त्व होता है, क्योंकि चित्र द्वारा समाचार का आँखों देखा हाल बयां होता है। एक चित्र समाचार, फीचर अथवा लेख के अर्थ को भलीभाँति स्पष्ट करता है, किसी घटना अथवा तथ्य का दृश्यात्मक आयाम प्रस्तुत करता है। फ़ोटो जितनी सजीव व सहज होगी पाठकों पर उसका प्रभाव उतना ही अधिक पड़ेगा। एक फ़ोटो पत्रकार को यह ज्ञात होना चाहिए कि किस घटना की फ़ोटो किस दृष्टिकोण से कैमरे में उतारनी चाहिए। फ़ोटोग्राफर द्वारा चित्र खींचकर लाने के पश्चात् फ़ोटो-सम्पादक उसे प्रकाशित करने के लिए उसकी साज-सज्जा करता है, जिसे फ़ोटो सम्पादन कहते हैं। फ़ोटो सम्पादन एक कला है, जिसके द्वारा प्रभावी सम्प्रेषण किया जाता है, इसके मुख्य तथ्य निम्नलिखित हैं-

1. फ़ोटो चयन (Photo Selection)-फ़ोटो चयन एक महत्त्वपूर्ण और कठिन कार्य है। फ़ोटो चयन करते समय यह ध्यान रखना होता है कि फ़ोटो समाचार तथ्य को बेहतर सम्प्रेषित करे। चित्र के चयन में उसकी शालीनता, वीभत्सता, अतिक्रमणता, कानून और सुरक्षा आदि बातों का ध्यान रखना होता है।

चित्र का आकर्षण बिन्दु केन्द्र में होना चाहिए। रूप की दृष्टि से चित्र धुँधला न हो, छाया प्रकाश का मूल स्पष्ट और सन्तुलित हो। विश्वसनीय समाचार समितियों एवं संवाददाताओं से ही चित्र लेना चाहिए। एक पृष्ठ पर एक ही व्यक्ति के दो चित्र किसी भी रूप में नहीं दिये जाने चाहिए। चित्रों को प्रकाशित करते समय इस बात का ध्यान रखना चाहिए कि उसके प्रकाशन से किसी व्यक्ति के जीवन पर अप्रत्याशित बुरा असर न पड़े।

2. फ़ोटो कतरना (Cropping)-फ़ोटोग्राफ के अवांछित भाग को कतरने की प्रक्रिया को क्रोपिंग कहा जाता है। पहले कोई भी फ़ोटो या तो पूरी ही चुनी जाती थी अथवा पूरी छोड़ दी जाती थी। किन्तु आजकल किसी भी फ़ोटो का प्रासंगिक हिस्सा चुन लिया जाता है, शेष को क्रोपिंग के जरिये छोड़ दिया जाता है।

3. दीर्घीकरण (Enlarging)-इसे 'ब्लोइंग-अप' करना भी कहते हैं। कई बार कुछ फ़ोटोग्राफ मूलतः बहुत छोटी होती हैं लेकिन वे बहुत प्रासंगिक होती हैं। इसलिए उन्हें मूलाकार से बड़ा करने की आवश्यकता पड़ती है।

4. लघुकरण (Reducing)-कई फ़ोटोग्राफ मूलतः बड़े होते हैं लेकिन उनकी प्रासंगिकता इतनी नहीं होती अथवा समाचार-पत्र में स्थान की कमी होती है इसलिए इन्हें छोटा करना होता है।

5. आकार देना (Sizing)-फ़ोटो के आकार का निर्णय उसके महत्त्व के अनुसार होना चाहिए न कि स्थान की उपलब्धता के अनुसार। प्रायः समाचार-पत्र सम्पादक उपलब्ध

स्थान के अनुसार ही फ़ोटो को छोटा करने की कोशिश करता है जिससे फ़ोटो का प्रभाव कम हो जाता है। यह सामान्य समझ की बात है कि एक बड़े ग्रूप की फ़ोटो तीन-चार कॉलम में होनी चाहिए, इसे दो कॉलम में करने पर चित्र स्पष्ट दिखायी नहीं देगा। कुशल फ़ोटो सम्पादक जानते हैं कि फ़ोटो को छोटा करने से उसका प्रभाव समाप्त हो जाता है। वैसे तो किसी भी फ़ोटो के आकार को तय करना बहुत महत्त्वपूर्ण कार्य है लेकिन जब एक ही समाचार में अनेक फ़ोटो लगानी होती है तब स्थान, अनुपात आदि का भी ध्यान रखना होता है।

फ़ोटो शीर्षक (Photo Caption)-फ़ोटोग्राफ के साथ जो परिचयात्मक विवरण होता है उसे कैप्शन कहते हैं। चयनित फ़ोटो का शीर्षक देना भी बहुत महत्त्वपूर्ण होता है। फ़ोटो शीर्षक लिखने से पूर्व चित्र का भलीभांति सूक्ष्म निरीक्षण करके उसमें निहित भावार्थ अथवा उद्देश्य को समझना चाहिए और उसके पश्चात् ही उपयुक्त शीर्षक लिखना चाहिए। फ़ोटो कैप्शन सटीक और संक्षिप्त होना चाहिए। फ़ोटो के प्रभाव की अभिव्यक्ति करता शीर्षक सर्वाधिक सफल माना जाता है। हर चित्र के साथ उसका कैप्शन होना ज़रूरी है। कैप्शन फ़ोटो के नीचे लगाना चाहिए क्योंकि ऊपर लगा कैप्शन फ़ोटो के महत्त्व को कम करता है।

चित्र के साथ उपयुक्त शीर्षक लिखने का कार्य फ़ोटो सम्पादक करता है। फ़ोटो शीर्षक चित्र को एक दिशा देता है। शीर्षक का प्राथमिक लक्ष्य है कि उसे पढ़ने के बाद पाठक पूरा समाचार पढ़ने के लिए बाध्य हो जाता है। शीर्षक में कौन, कब, कहाँ, क्या, क्यों और कैसे के उत्तर मिलने चाहिए। शीर्षक पढ़ने से पाठक के मन से भ्रम की स्थिति दूर होती है और उसे फ़ोटो के सही अर्थ का पता चलता है।

आदर्श शीर्षक स्पष्ट और संक्षिप्त होता है, उसमें पाठक की उत्सुकता को शान्त करने सम्बन्धी सूचना होनी चाहिए। सामान्यतः समाचाररहित फ़ोटो के शीर्षक दो-तीन पंक्तियों के होते हैं।

फ़ोटो शीर्षक के प्रकार **(Types of Photo Caption)**-

- **शीर्षक विहिप (Null Caption)**-जब फ़ोटो स्वयं सब-कुछ सम्प्रेषित कर देती है तब उस फ़ोटो में कोई शीर्षक अपेक्षित नहीं होता। जैसे कई बार सचिन तेन्दुलकर को ऐक्शन में दिखा दिया जाता है। उस फ़ोटो में यह बताने की आवश्यकता नहीं रह जाती कि यह कौन है और क्या कर रहा है।

- **परिचयात्मक शीर्षक**-जहाँ पाठक को फ़ोटो में किसी व्यक्ति या स्थान की पहचान या अभिज्ञान कराना ही लक्ष्य होता है। चित्र परिचय के वाक्य छोटे और सीधे संकेत देनेवाले होने चाहिए। सबसे विशिष्ट व्यक्ति का नाम पहले उसके बाद बायें से दायें अन्य व्यक्तियों के नाम देने चाहिए।

- **यान्त्रिक शीर्षक (Mechanical Caption)**-जब फ़ोटो केवल समाचार को ही विस्तार देती है। उदाहरणार्थ अटल बिहारी वाजपेयी की जार्ज बुश से मुलाकात को दर्शाती फ़ोटो।

- **विचारप्रधान शीर्षक (Commentary Caption)**-इस तरह के शीर्षकों में विचार शामिल होते हैं। इस तरह के शीर्षक फीचर, लेख सम्बन्धी फ़ोटो के होते हैं।

● **सृजनात्मक शीर्षक (Creative Caption)**-इस प्रकार का शीर्षक सृजनात्मक शैली में लिखा जाता है। ये शीर्षक फीचर और अन्य सृजनात्मक लेखन के साथ जुड़ी फ़ोटो के होते हैं।

● **संचयी शीर्षक (Cumulative Caption)**- इस तरह के शीर्षक फ़ोटोफीचर में होते हैं जहाँ फ़ोटो की श्रृंखला होती है। सब फ़ोटो की क्रम संख्या होती है जिनके अनुसार शीर्षक होते हैं।

● **व्याख्यात्मक शीर्षक (Explainatory Caption)**-जब फ़ोटो बिना किसी समाचार के होती है तब फ़ोटो की पृष्ठभूमि भी समझानी पड़ती है। इस तरह के शीर्षक अपेक्षाकृत लम्बे होते हैं।

● **व्यंग्य शीर्षक (Satirical caption)**-जब शीर्षक में व्यंग्य निहित होता है। इस तरह के शीर्षक फीचर, कॉलम अथवा कार्टून-जैसे फ़ोटो पर होता है।

● **संरचनात्मक शीर्षक (Structural Caption)**-जहाँ तक संरचनात्मक शीर्षक की बात है, यह दो प्रकार से लिखा जाता है-

क्षैतिज-क्षैतिज शीर्षक चित्र के नीचे लिखा जाता है। इस तरह का शीर्षक उतने ही कॉलम तक लिखा जाता है जितने कॉलम तक चित्र का विस्तार होता है। यह शीर्षक लेखन की परम्परागत शैली है।

ऊर्ध्वस्थ-फ़ोटो पत्रकारिता का नवीनतम शीर्षक लेखन शैली है। इस शैली के अन्तर्गत चित्र के दायीं ओर ऊपर से नीचे लिखा जाता है। प्रायः डेढ़ से ढाई कॉलम के चित्र में इसका प्रयोग किया जाता है। भारत में अंग्रेज़ी समाचार-पत्रों में यह ज्यादा प्रयुक्त होता है। हिन्दी तथा अन्य भाषायी पत्रों में यह ज्यादा सफल नहीं है।

फ़ोटो शीर्षक लिखते समय निम्नलिखित तथ्यों को ध्यान में रखना चाहिए-

● शीर्षक में वर्तमान काल का प्रयोग करना चाहिए जिससे समाचार की नवीनता एवं तात्कालिकता का पता चले।

● फ़ोटो की सही पहचान करनी चाहिए।

● शीर्षक के टाइप की शैली बॉडी के टाइप से भिन्न होनी चाहिए।

● शोक चित्र जैसे विधवा की विलाप मुद्रा, छोटे बच्चों के शव, व्यक्तिगत शोक इत्यादि के प्रकाशन से बचना चाहिए।

● फ़ोटो शीर्षक में समाचार-सम्बन्धी नवीनता होनी चाहिए।

● यदि फ़ोटो विशिष्ट है तो क्रेडिट लाइन में फ़ोटोग्राफर का नाम होना चाहिए।

● फ़ोटो का शीर्षक पूरी घटना को नहीं बल्कि फ़ोटो में दर्शित सूचना को ही अभिव्यक्त करे।

नक्शा-समाचार-पत्रों में देश-विदेश अथवा किसी विशिष्ट क्षेत्र का नक्शा देना भी उतना ही उपयोगी होता है जितना कि चित्र। किसी ऐसे स्थान नक्शा देना आवश्यक हो जाता है जिसकी जानकारी सामान्यतः पाठक को नहीं होती है। समाचार-पत्र में दिये जानेवाले नक्शे स्पष्ट, सांकेतिक और विषयानुकूल होने चाहिए। साहसिक यात्रा, युद्ध स्थल, प्राकृतिक विपदाओं से ग्रसित क्षेत्र आदि के नक्शे समाचार को और भी अधिक रोचक व आकर्षक बना देते हैं।

फ़ोटो पत्रकारिता का महत्त्व-समाचार को फ़ोटो के माध्यम से सच्चाई के साथ पाठकों तक पहुँचाना ही फ़ोटो पत्रकारिता है। वर्तमान समय में कोई भी अख़बार व पत्रिका बिना फ़ोटो के प्रकाशित नहीं हो सकती। गत वर्षों में फ़ोटो पत्रकारिता एक सशक्त और प्रभावी जनसंचार माध्यम बन गयी है।

जैसा कि सभी जानते हैं कि एक अच्छी फ़ोटो पाठक को कई हज़ार शब्दों के बराबर सन्देश देती है। आज फ़ोटो पत्रकारिता बहुत अधिक रोमांचक, कौशलपूर्ण एवं श्रमसाध्य हो गयी है। फ़ोटो पत्रकारिता मात्र व्यवसाय ही नहीं बल्कि एक कला है जिसमें परिश्रम और लगन से परिपक्वता आती है। समाचार के साथ उससे सम्बन्धित फ़ोटो प्रकाशित करने से समाचार की विश्वसनीयता और भी अधिक बढ़ जाती है। पत्रकारिता में फ़ोटो के समावेश से पाठकों को सूचना देना, उनका मार्गदर्शन करना व मनोरंजन करना और भी अधिक प्रभावी हो गया है। फ़ोटो पत्रकारिता का महत्त्व इसलिए भी अधिक हो जाता है क्योंकि फ़ोटो के माध्यम से दर्शाये गये तथ्यों को झुठलाया नहीं जा सकता।

फ़ोटो पत्रकारिता ने पत्रकारिता जगत् में क्रान्तिकारी परिवर्तन किये हैं। फ़ोटो के माध्यम से समाचारों व लेखों को कम शब्दों में प्रभावी ढंग से प्रस्तुत किया जाने लगा है। फ़ोटो के प्रकाशन से समाचार-पत्रों के प्रति पाठकों की रुचि भी बढ़ने लगी है। फ़ोटो पत्रकारिता में लोकरुचि, वृत्तचित्र एवं तात्कालिक समाचारों सहित सूचनात्मक प्रकरण एवं भावनात्मक प्रभाव के छायाचित्रों को अधिक महत्त्व दिया जाता है। यही कारण है कि इसकी विश्वसनीयता रिपोर्ट से भी ज्यादा मानी जाती है। इसलिए फ़ोटो पत्रकारों का यह दायित्व है कि वे पाठक को अच्छी फ़ोटो के साथ ख़बर को जोड़कर सामयिक समस्या पर जनमत तैयार करने में मदद करें।

फ़ोटो पत्रकारिता में समसामयिक घटनाओं का सचित्र विवरण प्रस्तुत किया जाता है। समसामयिक घटनाओं का सचित्र विवरण प्रस्तुत करना ही फ़ोटो पत्रकारिता है। समाचारों, घटनाओं और विचारों की रोचक व सत्यनिष्ठ व्याख्या करने में फ़ोटो पत्रकारिता का सर्वाधिक महत्त्व है। यह सामाजिक परिवर्तन लाने और जन-चेतना पैदा करने का शक्तिशाली माध्यम फ़ोटो पत्रकारिता में सत्यता, वास्तविकता, विश्वसनीयता और वस्तुनिष्ठता का समावेश होता है। सामान्य जनता के दृष्टिकोण को बदलने और अभिरुचि को प्रभावित करने की दिशा में फ़ोटो पत्रकारिता का विशेष महत्त्व होता है। फ़ोटो पत्रकारिता द्वारा सामाजिक कुरीतियों और अपराधों को उचित ढंग से दर्शाया जाता है।

वर्तमान युग में शब्दों से ज्यादा महत्त्व फ़ोटो पर दिया जाने लगा है। फ़ोटो के माध्यम से किसी भी घटना अथवा तथ्य को अधिक प्रभावी ढंग से दर्शाया जा सकता है। पाठक भी समाचार को पढ़ने व सुनने की अपेक्षा देखने के लिए अधिक उत्साहित व व्याकुल रहते हैं। फ़ोटो द्वारा उनकी ज्ञान पिपासा शान्त होती है। फ़ोटो पत्रकारिता अपने चित्रों के माध्यम से सम्पूर्ण समाचार को एक नयी दिशा व दशा प्रदान कर रही है।

डिजिटल प्रौद्योगिकी के विकास ने फ़ोटो पत्रकारिता में अभूतपूर्व परिवर्तन किया है। आज फ़ोटोग्राफी के लिए नयी तकनीकी के विभिन्न डिजिटल कैमरे बाज़ार में उपलब्ध है। आधुनिक तकनीकी के डीजिटल कैमरे द्वारा और भी सटीक व वास्तविक फ़ोटो खींची जाने लगी है, जिसने फ़ोटो पत्रकारिता को एक नया आयाम दिया है।

आज फ़ोटो पत्रकारिता समाचार-पत्रों व पत्रिका से निकलकर इण्टरनेट की दुनिया में अपना वर्चस्व फैला चुकी है। इण्टरनेट पर किसी भी नयी व पुरानी घटनाओं के दृश्य आसानी से देखे जा सकते हैं। विभिन्न सोशल नेटवर्किंग साइट्स पर सामाजिक, धार्मिक, राजनीतिक और सांस्कृतिक सम्बन्धित दृश्यों की फ़ोटो को देखा जा सकता है। फ़ोटो पत्रकारिता इण्टरनेट के माध्यम से और भी अधिक लोकप्रिय व प्रभावी हो रही है। आज हर छोटे-बड़े मोबाइल फोन में कैमरा लगा होता है जिससे हर आम आदमी किसी भी प्रकार की फ़ोटो खींच सकता है। कभी-कभी कुछ दुर्लभ दृश्यों की फ़ोटो जो कि पत्रकारिता जगत् के लिए ख़ास होती हैं इन्हीं मोबाइल कैमरों द्वारा प्राप्त हो जाती हैं।

वर्तमान युग में डिजिटल कैमरे और इण्टरनेट की सुविधा के कारण किसी भी दृश्य की फ़ोटो समाचार-पत्र प्रकाशन हेतु त्वरित गति से भेजा जा सकता है। नयी तकनीकीयों द्वारा, फ़ोटो-पत्रकार अपने डिजिटल कैमरे की फ़ोटो को, कम्प्यूटर, लैपटॉप अथवा मोबाइल फोन के द्वारा तत्काल ही प्रकाशन के लिए अपने कार्यालय को भेज सकते हैं। वैश्वीकरण ने फ़ोटो पत्रकारिता के महत्त्व को और भी अधिक बढ़ा दिया है। फ़ोटो पत्रकारिता आज जन-संचार का ऐसा प्रभावी एवं शक्तिशाली माध्यम है, जो किसी भी राष्ट्र की भौगोलिक सीमाओं से निकलकर विश्वव्यापी समाज के सभी वर्गों को किसी-न-किसी रूप में प्रभावित कर रही है।

फ़ोटो पत्रकारिता किसी भी समाचार अथवा घटना की प्रामाणिकता और विश्वसनीयता पर अधिक बल देती है। फ़ोटो की भाषा दुनिया की सबसे सरल और सहज भाषा है जो बिना कुछ लिखे ही सब-कुछ बयाँ कर देती हैं। चित्र द्वारा किसी बात व सूचना को दूसरों तक पहुँचाने में किसी लेख व भाषा की आवश्यकता नहीं होती। चित्र देखकर अपने-आप ही सूचना मिल जाती है।

फ़ोटो पत्रकारिता की महत्ता दिन-प्रतिदिन बढ़ती ही जा रही है। फ़ोटोग्राफी द्वारा विश्व के किसी भी दृश्य को कभी भी और कहीं भी यथावत् अंकित किया जा सकता है। फ़ोटो पत्रकारिता आज समाज के प्रत्येक क्षेत्र के लिए अनिवार्य अंग बनती जा रही है। फ़ोटो पत्रकारिता का क्षेत्र अत्यन्त व्यापक होता जा रहा है। पृथ्वी से लेकर अन्तरिक्ष तक सम्पूर्ण ब्रह्माण्ड उसका क्षेत्र हो गया है। फ़ोटो पत्रकारिता प्रमुख घटनाओं व महत्त्वपूर्ण दृश्यों को संचित करने का एक साधन है। फ़ोटो पत्रकारिता द्वारा महत्त्वपूर्ण घटनाओं का दृश्य कैमरे में कैद कर लिया जाता है, जिसे भविष्य में कभी भी देखा जा सकता है।

•

टेलीविज़न पत्रकारिता

टेलीविज़न का संक्षिप्त इतिहास

आधुनिक संचार क्रान्ति ने यहाँ पूरे विश्व को एक गाँव में तब्दील कर दिया और सूचना के प्रवाह के लिए दूरी का कोई विशेष अर्थ नहीं रह गया। ऐसे समय में इलेक्ट्रॉनिक आविष्कारों में टेलीविज़न का महत्त्व सबसे अधिक है। सूचना एवं मनोरंजन के सर्वाधिक लोकप्रिय साधन के रूप में यह अन्य इलेक्ट्रॉनिक माध्यमों से बहुत आगे है। टेलीविज़न के आविष्कार ने मानव सभ्यता की नयी इबारत लिखी है। टेलीविज़न के आविष्कार के समय शायद ही किसी ने कल्पना की होगी कि यह इतना विकसित हो जायेगा कि पूरे विश्व में हर क्षण घट रही घटनाओं का सजीव दृश्य के साथ ध्वनि प्राप्त किया जा सकेगा। केबिल टी.वी. के बाद से टेलीविज़न ने हर घर में ऐसी जगह बनायी है कि इसके बिना जीवन की कल्पना ही कठिन हो गयी है। रोटी कपड़े और मकान की तरह यह हमारे जीवन की परम आवश्यकताओं में शामिल हो चुका है। आश्चर्य की बात यह है कि समाज के हर वर्ग बच्चे, गृहिणियाँ, बुज़ुर्ग तथा युवाओं सभी को इसने समान रूप से प्रभावित किया है। टेलीविज़न ने न केवल लोगों के वैचारिक स्तर में परिवर्तन किया बल्कि बोल-चाल से लेकर रहन-सहन एवं ख़ान-पान को भी प्रभावित किया है।

टेलीविज़न-टेलीविज़न जनसंचार का सर्वाधिक प्रभावशाली माध्यम है। टेलीविज़न इन दो शब्दों के योग से बनता है—ग्रीक शब्द टेली का अर्थ है दूर और लैटिन शब्द विजन का अर्थ है देखना। टेलीविज़न की कुछ परिभाषाएँ निम्न हैं-

"Television brings entertainment, information and education to millions at a very nominal cost. It has changed buying habits, personal habits and tastes. It has educated younger faster than any teacher could have taught them in so short span of time."[1]

-Lorence Witty

"Journalism is the television picture broadcast by satelite direct from some war zone, showing men dying in agony in accurate colour. it is the television picture of a man stepping on to the surface of the moon, seen in millions of homes as it happens."

-Newton Minnow

विश्व में टेलीविज़न का उद्भव और विकास

टेलीविज़न का आविष्कारक ब्रिटेन के जॉन लोगी बेयर्ड (John Logie Baird) को माना जाता है। जॉन लोगी बेयर्ड ने अपने टेलीविज़न के प्रदर्शन के दौरान दूर के दृश्यों को तत्काल स्क्रीन पर प्रदर्शित किया था परन्तु टेलीविज़न का वर्तमान रूप बहुत-से वैज्ञानिकों की क्रमिक एवं निरन्तर खोजों का परिणाम है। जर्मन वैज्ञानिक पॉल निपकॉउ (Paul Nipkouc) ने 1884 में वायरलेस द्वारा चित्र प्रेषित करने के लिए टीवी के मैकेनिकल स्कैनिंग सिस्टम की खोज की। यह एकल डिस्क स्पाइरल लेन्सों की व्यवस्था थी जिसमें प्रत्येक लेन्स टीवी पिक्चर की लाइन प्रेषित करता था। एक चक्कर में एक टीवी फ्रेम प्राप्त होता था। इसे निपकॉउ डिस्क के नाम से पुकारा गया। यह टीवी की महत्त्वपूर्ण प्रारम्भिक अवस्था थी। पश्चिमी दशों के वैज्ञानिकों के समक्ष सर्वप्रथम 1920 में किसी दृश्य को आवाज़ के साथ देखने पर शोध शुरू हुआ। अमेरिका के वी. ज्वोरिकिन (V. Zworykin) ने सन् 1923 में इलेक्ट्रॉनिक प्रणाली विकसित की जिसने टी.वी. सन्देशों को सही रूप में प्रेषित करने में सफलता हासिल की। उसके बाद अमेरिका के जेकिन्स नीज ने यान्त्रिक दूरदर्शन उपकरण का प्रदर्शन किया। 1927 ई. में न्यूयॉर्क और वाशिंगटन के मध्य बेल टेलीफोन लेबोरटरीज द्वारा तार के माध्यम से टीवी कार्यक्रम भेजा गया। धीरे-धीरे इसमें अनेक सुधार किये गये। फइलों टेलर फर्न्सबर्थ ने प्रकाश-किरणों को 'इलेक्ट्रॉनिक सिग्नलों' में बदलने की बात कही जिसे विश्व के वैज्ञानिकों ने मान्यता दी। फर्न्सबर्थ के अनुसार वैक्युअम ट्यूब की सहायता से इमेज के प्रसारण और ग्रहण के कार्य सुविधाजनक ढंग से हो सकते हैं। ट्यूब को विद्युत्-शक्ति द्वारा शक्तिशाली बनाना होगा ताकि वह वायुमण्डल में प्रेषित चित्र जाल को कैद कर सके। 10 लाख डॉलर ख़र्च करने और 12 वर्षों के कठिन परिश्रम के बाद अमेरिका के इस वैज्ञानिक ने अपनी प्रयोगशाला से प्रथम प्रसारण के क्राकर बैंक में रखे एक डिब्बे पर डॉलर का चित्र सम्प्रेषित किया जो इस ही दुनिया का सर्वप्रथम टेलीविज़न प्रसारण माना जाता है। 1928 में विश्व के प्रथम प्रायोगिक टेलीविज़न स्टेशन की शुरुआत हुई। 26 जनवरी, सन् 1929 को लन्दन में बी.बी.सी. द्वारा नियमित दूरदर्शन सेवा प्रारम्भ की गयी। मारकोनी कम्पनी के इलेक्ट्रॉनिक कैमरा और रिसीविंग ट्यूब के विकास ने इसकी यान्त्रिक समस्याओं को तो दूर किया ही, तस्वीर और ध्वनि की गुणवत्ता में भी अपेक्षित सुधार किया। ध्वनिवाले दूरदर्शन का प्रथम सार्वजनिक प्रसारण ब्रिटेन में सन् 1930 में हुआ। धीरे-धीरे टेलीविज़न सारी दुनिया में तेज़ी से फैलने लगा। फ्रांस में नियमित प्रसारण 1938 में प्रारम्भ हुआ तथा 1941 में अमेरिका में प्रारम्भ हुआ लेकिन द्वितीय विश्वयुद्ध के दौरान यूरोप में दूरदर्शन प्रसारण आकस्मिक रूप से बन्द हो गया, फिर भी इस दिशा में प्रयोग चलते रहे। युद्धोपरान्त दूरदर्शन की सेवाएँ पुनः शुरू हुईं। सन् 1953 में संयुक्त राज्य अमेरिका ने सर्वप्रथम नियमित रंगीन दूरदर्शन प्रसारण प्रारम्भ किया। 1955 ई. में यूरोविज़न नेटवर्क विधिवत् देखा गया जिसमें ब्रिटेन, फ्रांस इटली, डेनमार्क, स्विट्ज़रलैण्ड, पश्चिम जर्मनी, बेल्जियम और नीदरलैण्ड को जोड़ा गया। सन् 1962 में उपग्रह के द्वारा पहले जीवन्त (स्पअम) कार्यक्रम का आदान-प्रदान यूरोप तथा अमेरिका के बीच हुआ। फिर तो यूरोविजन ने व्यापक स्तर पर पूर्वी यूरोपीय नेटवर्क 'ईटरविजन' के साथ कार्यक्रमों का आदान-प्रदान शुरू कर दिया। इसने स्कैण्डिनेवियन नेटवर्क 'नॉर्डविज़न' के साथ भी सहयोग किया।

टेलीविज़न का तकनीकी पक्ष

टी.वी. के कार्यक्रमों को प्रसारित करने के लिए ध्वनि और दृश्य दोनों को विद्युत् चुंबकीय तरंगों में परिवर्तित किया जाता है। ये तरंगे टी.वी. पर आकर फिर मूल ध्वनि और दृश्य में बदल जाती है। टी.वी. कैमरे में एक ऑर्थीकॉन ट्यूब (Orthicon Tube) होती है। दृश्य का प्रतिबिम्ब लेन्स द्वारा इस ट्यूब में लगी प्रकाश-संवेदनशील प्लेट (Photosensitive plate) पर पड़ता है। प्रकाश की तीव्रता के अनुसार प्लेट से इलेक्ट्रॉन निकलते हैं। इसके बाद इसको कैथोड रे ट्यूब (Cathode-ray Tube) के द्वारा स्कैन (scan) किया जाता है। स्कैनिंग से प्रतिबिम्ब विद्युत् धारा में परिवर्तित हो जाता है जिसे वीडियो सिगनल (Video signal) कहते हैं। इसे एम्प्लीट्यूड मॉडुलेटेड (Amplitude modulated) करके प्रसारित करते हैं। साथ ही आवाज़ को माइक्रोफोन द्वारा विद्युत् धारा में परिवर्तित करके तथा आवृत्ति मॉडूलेटेड करके प्रसारित किया जाता है। इसे ऑडियो सिगनल (Audio signal) कहते हैं। दृश्य और आवाज़ की ये विद्युत चुम्बकीय तरंगें एण्टीना से टकराकर हमारे टी.वी. सेट तक पहुँचती हैं और सेट द्वारा दृश्य तथा ध्वनि में परिवर्तित हो जाती हैं।

दूसरे शब्दों में कहें तो टेलीविज़न को क्रियाशील बनाने की प्रक्रिया में वीडियो कैमरा और ट्रान्समीटर का प्रयोग प्रमुख रूप से होता है क्योंकि ये वे साधन हैं जोकि किसी दृश्य को इलेक्ट्रॉनिक में रूपान्तरित कर देते हैं। सर्वप्रथम वीडियो कैमरा द्वारा किसी दृश्य विशेष को इलेक्ट्रॉनिक प्रतिबिम्बों से परावर्तित किया जाता है, तत्पश्चात् ट्रान्समीटर, उपग्रह आदि की सहायता से उसे सम्प्रेषित किया जाता है। दूरदर्शन एण्टीना इन प्रतिबिम्बों को संगृहीत करता है और उसके बाद पिक्चरट्यूब या काइनेस्कोप की सहायता से इन प्रतिबिम्बों के मूल दृश्य पर्दे पर उतर आते हैं। इस प्रक्रिया में प्रकाशीय अभिरचना को वैद्युत आवेगों में तथा वैद्युत आवेगों को पुनः प्रकाशीय अभिरचना में परिवर्तित कर दिया जाता है।

डॉ. जैम्स के अनुसार टेलीविज़न वास्तव में एक जटिल प्रक्रिया है जो प्रति सेकेण्ड 30 पूर्ण चित्रों को वैद्युत चुम्बकीय वाहक तरंगों की सहायता से रिकॉर्ड करने, स्पेस में प्रेषित करने और उनकी पुनर्रचना करने में सक्षम है। यह प्रक्रिया इतनी तीव्रता के साथ सम्पन्न होती है कि मीलों पर घट रही घटनाओं को हम करीब-करीब ठीक उसी समय टी.वी. के परदे पर देख सकते हैं। मात्र टी.वी. सेट का स्विच दबाकर सुदूरवर्ती घटनाओं को हम घर बैठे देख सकते हैं।

टी.वी. कैमरा जिसके साथ एक माइक्रोफोन जुड़ा रहता है, स्टूडियो के अन्दर या बाहर किसी दृश्य से विसर्जित होनेवाले चित्र एवं ध्वनि संकेतों को पिकअप करता है। पिकअप किये हुए इन संकेतों का टी.वी. कैमरा तो जीवन्त सम्प्रेषण करता है या बाद में रिकॉर्ड के रूप में।

टेलीविजन कैमरा तीन अलग-अलग रंगो के सिग्नल्स को एक सिग्नल में इनकोड कर देता हैं। जिसे कैमरे से वीडियो रिकार्डर या सीधे स्टेान को भेज दिया जाता हैं। टेलीविजन

स्टेशन में बडी-बडी छतरियों के माध्यम स ट्रांसमीटर द्वारा प्रसारण सिग्नल भेजा जाता हैं। टेलीविजन सेट के द्वारा एन्टीना द्वारा प्राप्त सिग्नल या वैधुत आवेग को रंगीन प्रतिबिम्ब के परिवर्तित कर देता हैं

स्कैनिगं तकनीक (Scanning Techinique)-टेलीविजन के चित्र समानान्तर रेखाओं से बनते हैं। टी.वी. पर जो चित्र दिखाई देते हैं उन्हें प्रसारित करने के लिए टेलीविजन कैमरे को प्रत्येक चित्र को 625 लाइनों से स्कैन किया जाता हैं। इसमें 1 सैकेण्ड में 25 बार स्कैनिंग होती हैं। कैमरे द्वारा टेलीविजन चित्र की एक लाइन को एक किनारे से दूसरे किनारे तक स्कैन करने में 1 सैकेण्ड का 64 मिलियन भाग का समय लगता हैं। यह स्कैनिंग ऊपर से नीचे की ओर समानान्तर तब तक चलती हैं जब तक कि 241 समानान्तर स्कैन पूर्ण नहीं हो जाते। उसे 1 फील्ड कहते हैं। इस प्रकार 1 चित्र में 2 फील्ड होते हैं।

इण्टरलेस्ड स्कैनिंग (Interlaced Scanning)-टेलीविजन द्वारा चित्र के निर्माण में सर्वप्रथम इलेक्ट्रॉन बीम द्वारा विषम रेखा (Odd line 1, 3 5, 7, 9, 11...... ,480) को बाएं से दाएं तथा ऊपर से नीचे की ओर स्कैन किया जाता हैं। इस प्रकार एक स्कैन के द्वारा सिर्फ आधे चित्र का निर्माण होता है। इसके पश्चात सम रेखा (Even line 2, 4, 6, 8, 10,...480) को स्कैन किया जाता हैं। जिससे पूर्ण चित्र प्राप्त होता हैं। पूर्ण चित्र के निर्माण में विषम एवं सम रेखा द्वारा 1/25 में हो रही स्कैनिंग मनुष्य की आँखे नहीं देख पाती। 1-2 चित्र जिसमें 262 लाइनें होती वह 1/50 सेकेण्ड में बनती हैं। उसे 1 फील्ड कहते हैं। इस प्रकार 1 पूर्ण चित्र में 2 फील्ड होते हैं। इण्टरलेस्ड स्कैनिंग को i से प्रदर्शित करते हैं।

प्रोग्रेसिव स्कैनिंग (Progressive Scanning)-इसमें इलेक्ट्रॉन बीम द्वारा स्कैनिंग करते समय क्रमबद्व तरीक से प्रत्येक लाइनों विषम एवं सम रेखा दोनों (Even and odd both 1, 2, 3, 4, 5, 6, 7......, 480) को स्कैन किया जाता हैं। जिसमें एक चित्र का निर्माण होता हैं। इसे सीक्वेण्टल या क्रमबद्व स्कैनिंग भी कहते हैं। प्रोग्रेसिव स्कैनिंग को च से प्रदर्शित करते हैं। प्रोग्रेसिव स्कैनिंग से बने चित्र में इण्टरलेस्ड चित्र की अपेक्षा कम फ्लिकर (flikar) और स्थायित्व अधिक होता हैं और चित्र अधिक स्पष्ट दिखाई देते हैं।

भारत के टेलीविजन क्षेत्रों में जो कि सामान्यतः 50-Hz TV के होते हैं उनमें एक स्कैन 1/50 सेकेण्ड का होता है। इसका अर्थ हैं यह सेट 1 सेकेण्ड में 25 पूरे चित्र बनाते हैं। इस प्रकार यह कहा जा सकता हैं कि 1 चित्र की पूरी स्कैनिंग में 1/25 सेकेण्ड का वक्त लगता हैं। यह एक तकनीक एसडी (SD) टेलीविजन सेटों में प्रयोग में लायी जाती है। जो सामान्यतः 480i (NTSC) या 576 i (PAL) के होते हैं।

टेलीविज़न का क्रमिक विकास

टेलीविज़न प्रसारण का वर्तमान रूप वास्तव में 1897 से लेकर आज तक के विभिन्न आविष्कारों का परिणाम है। टेलीविज़न की तकनीक दुनिया भर में हो रहे अलग-अलग आविष्कारों की मिली-जुली देन है। टी.वी. प्रसारण की तकनीकी प्रगति को नीचे दिया जा रहा है। जिससे यह समझने में मदद मिलेगी कि किन आविष्कारों एवं तकनीकी में टेलीविज़न को परिष्कृत एवं आधुनिक बनाने में मदद की है।

टीवी प्रसारण की तकनीकी प्रगति पर एक नज़र

1897 : फर्डिनाण्ड ब्रायन द्वारा कैथोड-रे ट्यूब आविष्कृत।

1906 : अमेरिकी वैज्ञानिक ली.डि. फॉरेस्ट ने शीशे की नली से बिजली निकालकर नया प्रयोग किया।

1906 : वायरलेस टेलीग्राफ का फ्लेमिंग द्वारा पेटेण्ट करवाया गया था।

1907 : टीवी चित्र हेतु कैथोड-रे ट्यूब का प्रयोग।

1908 : कैम्पवेल द्वारा टेलीविज़न के सिद्धान्त को प्रस्तुत किया गया था।

1923 : आइकोनोस्कोप का पंजीकरण (इसे आधुनिक टीवी पिक्चर ट्यूब का अग्रज कहा जाता है)

1923 : डॉ. ज्वारिकीन ने आइकोनोस्को इलेक्ट्रॉनिक कैमरे का पेटेण्ट करवाया।

1925-30 : अमेरिका में ब्लैक एण्ड ह्यइट प्रसारण का प्रयोग आरम्भ हुआ।

1926 : जॉन लोगी बेयर्ड ने 27 जनवरी के दिन आज के टेलीविज़न का आविष्कार कर ही दिया।

1929 : न्यूयार्क के एक थियेटर में रेडियो कॉरपोरेशन ऑफ अमेरिका ने पहली बार टेलीविज़न का प्रसारण शुरू किया।

1938 : व्यावसायिक प्रसारणों की शुरुआत हुई।

1938 : जार्ज वेलेन्सी ने रंगीन टीवी का प्रारूप प्रस्तुत किया।

1949 : क्रॉमिनेन्स व ल्यूमिनेन्स तकनीक का एक चैनल में प्रयोग किया गया।

1962 : 11 जुलाई से उपग्रह प्रसारण की शुरुआत हुई।

1962 : 23 जुलाई को टेलस्टार उपग्रह से टेलीविज़न का पहला सीधा प्रसारण किया गया।

1969 : 19 से 26 जुलाई तक मेलवोरल आस्ट्रेलिया के जी.टी.वी. 9 से 163 घण्टे 18 मिनट तक का लम्बा प्रसारण था।

1975 : सोनी कम्पनी ने बीरामैक्स वी.सी.आर. प्रस्तुत किया।

1976 : डॉल्बी ध्वनि व्यवस्था शुरू की गयी।

1978 : फिलिप्स ने पहला विडियो लेजर डिस्क पेश किया।

1984 : पहला उच्चीकृत वी.सी.आर. का आविष्कार हुआ।

1985 : स्टीरियो टीवी की शुरुआत हुई।

1996 : एच.डी.टी.वी. की शुरुआत हुई।

विश्व में एक सर्वेक्षण के आधार पर 85 करोड़ टेलीविज़न से ज्यादा उपलब्ध तथा कुल जनसंख्या का 75 प्रतिशत से ज्यादा भाग टेलीविज़न द्वारा कवर किया जाता है। लगभग 87 वर्षों की अपनी संक्षिप्त जीवन यात्रा में टीवी ने पूरे विश्व पर अपना प्रभुत्व जमा लिया है। आज यह मनुष्य के दैनिक जीवन का महत्त्वपूर्ण हिस्सा हो गया है। मनोरंजन

के साधन के रूप में इसकी विशिष्ट पहचान है। दुनिया भर में हज़ारों टीवी चैनल लोगों के लिए उच्चस्तरीय नियमित प्रसारण निरन्तर उपलब्ध करा रहे हैं।

रंगीन टेलीविज़न-रंगीन टेलीविज़न एवं ब्लैक एण्ड ह्वाइट टी.वी. की कार्यप्रणाली काफी हद तक एक समान है। इनके कैमर के अन्दर लगे दर्पणों से आनेवाले प्रकाश को तीन फिल्टरों द्वारा तीन रंगों में बाँट दिया जाता है। पहला फिल्टर केवल लाल रंग के प्रकाश को गुजरने देता है, दूसरा केवल नीले रंग के प्रकाश को तथा तीसरा केवल हरे रंग के प्रकाश को जाने देता है। प्रत्येक रंग का प्रकाश अलग-अलग कैमरा-ट्यूबों पर पड़ता है। हर ट्यूब में एक अलग ग्लास प्लेट और इलेक्ट्रॉन बीम होती है। ट्यूबों से तीन सिगनल ट्रान्समीटर में पहुँचते हैं। टी.वी. का ट्रान्समीटर इन तीनों सिगनलों को मिलाकर एक कर देता है। इन मिले हुए सिगनलों के साथ एक ब्लैक एण्ड ह्वाइट सिगनल हैं। ये सिग्नल हमारे टी.वी. सेट तक पहुँचते हैं। टी.वी. में तीन इलेक्ट्रॉन गनों (Electron guns) का इस्तेमाल किया जाता है। एक लाल रंग के लिए, दूसरे नीले रंग के लिए और तीसरा हरे रंग के लिए। टी.वी. के स्क्रीन पर तीन रंगों के लगभग 125 लाख प्रकाश संवेदी बिन्दुओं (Phosphor dots) की तह चढ़ी रहती है। ये बिन्दु तीन-तीन के समूहों में व्यवस्थित होते हैं और इलेक्ट्रॉन गन की बीम पड़ने पर प्रकाश उत्सर्जित करते हैं। इन बिन्दुओं में एक बिन्दु लाल, दूसरा हरा और तीसरा नीला प्रकाश उत्पन्न करता है। प्रत्येक बिन्दु के समूह से जो रंग पैदा होता है वह इलेक्ट्रॉन बीम की तीव्रता पर निर्भर करता है। इन तीन मूल रंगों के विभिन्न अनुपात में मिलने से टी.वी. स्क्रीन पर रंगीन चित्र उभरता है।

स्टैण्डर्ड डेफीनेशन टेलीविजन (Standard -Definition Television)-यह परम्परागत टेलीविजनों का रूप है जो 1984 से लेकर 1996 तक प्रमुखता से प्रयोग किए गये और आज भी यह लोगों द्वारा प्रयोग किया जा रहा है। स्टैण्डर्ड डेफीनेशन टेलीविजनों में सामान्यतः (aspect ratio) आकृति अनुपात 4:3 का होता है। इसमें 16:9 आकृति अनुपात का प्रसारण भी किया जा सकता है परन्तु इस प्रसारण में टी.वी. चित्र ऊपर और नीचे की और कट जाते हैं। स्टैण्डर्ड डेफीनेशन टेलीवीजन NTSC, PAL और SECAM तीन मानको में विश्वभर में प्रयोग किये जाते हैं।

NTSC स्टैण्डर्ड टेलीविजन : NTSC मानक का प्रयोग सन् 1940 में अमेरिका में शुरू किया गया । NTSC का अर्थ नेशनल टेलीविजन सिस्टम कमेटी है। इस टेलीविजन सेट में 29.9 फ्रेम प्रति सेकेण्ड तथा 525 लाइने होती हैं। नेशनल टेलीविजन सिस्टम कमेटी के द्वारा किया गया। इन एनालॉग टेलीविजन सेटों में 525 लाइनों और 60 फील्ड्स का प्रयोग किया जाता था। यह मानक अमेरिका के अलावा जापान, ताइवान, साउथ कोरिया इत्यादि में प्रमुखता से प्रयोग किया जाता है। इसमें पिक्चर का कन्ट्रॉस्ट पाल की अपेक्षा कम होता है।

पाल स्टैण्डर्ड टेलीविजन : विश्व में इस मानक का प्रारम्भ 1967 में जर्मनी के वाल्टर ब्रुक ने किया।

पाल का अर्थ फेस अल्टरनेटिंग लाइन (Phase Alternating Line) है यह एनालॉग टेलीविजन 625 लाइनों और 50 फील्ड के होते हैं। यह मानक पश्चिमी यूरोप, भारत,

चाइना, हांगकांग, आस्ट्रेलिया और अफ्रीका समेत कई अन्य देशों में प्रयोग किये जाते हैं। यह मानक एनटीएससी द्वारा उत्पन्न रंगों की सामंजस्यता को सुधारता हैं। पाल सेट में एनटीएससी की तरह ह्यू नियन्त्रित नहीं होता।

सेकेम स्टैण्डर्ड टेलीविजन (SECAM Standard Television) : यह प्रणाली फ्रांस में 1967 में शुरू हुई जिसका अर्थ Sequentiel Colour with Memoire है। इस टेलीविजन सेट में 625 लाइन और 50 फील्ड का प्रयोग होता है। यह फ्रांस पूर्वी यूरोप, अमेरिका के कुछ भाग इत्यादि स्थानों पर प्रयोग में लाया जाता है।

हाई डेफिनिशन टेलीविज़न (High -Definition Television)-1996 दिसम्बर में एफ. सी. सी. ने एच. डी. टी. वी. नियमों को स्वीकृत किया। हर एच. डी. टी. वी. चैनल को 6 एम. हट्र्ज की बैण्ड विड्थ दी गयी। इसने विभिन्न डिजिटल संकेतों के प्रसारण को आगे बढ़ाया 480 लाइन रिजोल्यूशन से 1080 तक। और 640 × 480 डी. पी. आई. (300,000 पिक्सल) 4 : 3 सामान्य स्क्रीन अनुपात से 1920 × 1080 डी. पी. आई. 2 मिलियन फिक्सेल) 16.9 चौड़े पर्दे अनुपात में और डिजिटल (Digital) टेलीविज़न द्वारा अब प्रसारण बेहतर हो गया है। हाई-डेफिनिशन टेलीविज़न में स्कैन (Scan) होनेवाले चित्रों की स्कैन-क्षमता बढ़ जाने के कारण टेलीविज़न-स्क्रीन बड़े होने लगे हैं और बाधा-मुक्त चित्र दिखने लगे हैं। इसी प्रकार डिजिटल टेक्नोलॉजी में माइक्रोप्रोसेसिंग द्वारा प्रसारित चित्रों की धुँधलाहट समाप्त हो गयी है। अब बिना 'घोस्ट' के चित्र दिखायी देते हैं। वर्तमान में दो तरह के एच डी (HD) टेलीविजन उपलब्ध हैं।

1 इंट्रलेस्ड स्कैन एच डी टेलीविजन

2 प्रोग्रेसिव स्कैन एच डी टेलीविजन

पी.आई.पी. (Picture in Picture)-अत्याधुनिक टेलीविज़न सेटों का वह फीचर जिससे आप एक ही टेलीविज़न स्क्रीन पर दो अलग-अलग कार्यक्रम देख सकते हैं जिसमें से एक बड़ी स्क्रीन पर चलता है और दूसरा मुख्य स्क्रीन के किसी कोने में छोटी स्क्रीन पर। इसका सफल प्रयोग तब किया जा सकता है, जब कोई टीवी सीरियल देख रहा हो और दूसरा व्यक्ति क्रिकेट मैच देखना चाहता हो।

आकृति अनुपात (Aspect Ratio)-किसी भी टेलीविज़न स्क्रीन या फ्रेम की चौड़ाई और ऊँचाई के अनुपात को अकृति अनुपात कहते हैं। एनॉलिंग या पुराने टेलीविज़न सेट में आस्पेक्ट रेशियो 4 यूनिट चौड़ा और 3 यूनिट ऊँचा होता है जिसका मानक अनुपात (1.33 : 1) है। लेकिन वर्तमान में हाई डेफिनेशन टेलीविज़न स्क्रीन का अकृति अनुपात 16 यूनिट चौड़ा एवं 9 यूनिट ऊँचा होता है जिसका मानक अनुपात 1.78 :1 होता है जो कि स्टैण्डर्ड टेलीविज़न की तुलना में अधिक चौड़ा है।

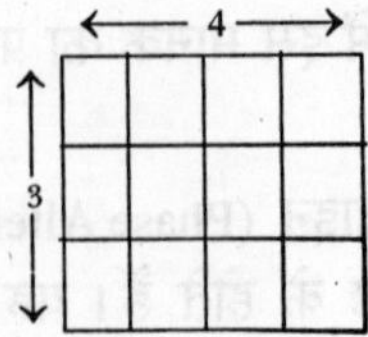

भारत में टेलीविज़न का विकास

भारत में टेलीविज़न की शुरुआत 15 सितम्बर, 1959 को 500 वाट शक्ति के ट्रान्समीटर के द्वारा शुरू हुई जिसका प्रसारण सिर्फ़ 25 किमी. तक देखा जा सकता था। भारत में सर्वप्रथम दिल्ली में आयोजित एक प्रदर्शनी में अमेरिका की मदद से फिलिप्स कम्पनी ने टेलीविज़न का प्रदर्शन किया तभी एक लघु **दूरदर्शन केन्द्र** की स्थापना की गयी और स्कूली बच्चों के लिए सप्ताह में दो दिन एक-एक घण्टे का प्रसारण किया गया। दिल्ली में विज्ञान के शिक्षकों को ट्रेनिंग देने के उद्देश्य से 1961 में एस.टी.वी. (स्कूल टेलीविज़न) की शुरुआत की गयी। बाद में लोगों की माँग एवं दबाव के कारण 15 अगस्त, 1965 को नियमित प्रसारण आरम्भ किया गया। हिन्दी का प्रथम समाचार बुलेटिन भी इसी दिन प्रसारित हुआ। दूरदर्शन की पहली उद्घोषिका प्रतिमापुरी बनीं। उस समय प्रसारण के लिए मात्र तीन कैमरों का प्रयोग होता था। इनमें से एक टेलर हाब्सन वेराटोल (4.1 जूम लेन्स) तथा दो ट्राइपॉड पर लगाये गये वीडियोकॉन (टरेण्ट लेन्स) कैमरे थे। 15 अगस्त, 1965 को आकाशवाणी का ऑडिटोरियम टेलीविज़न स्टूडियो में परिवर्तित हो गया। इस स्टूडियो के लिए कैमरे तथा अन्य उपकरण पश्चिमी जर्मनी से प्राप्त हुए थे। इसी दिन से शैक्षिक कार्यक्रमों के अलावा सामान्य प्रसारण सेवा नियमित कर दी गयी। 26 जनवरी, 1967 को प्रथम ग्रामीण कार्यक्रम 'कृषि दर्शन' शुरू किया गया जिसे दिल्ली, हरियाणा, उत्तर प्रदेश के लगभग 180 ग्रामीण टेली-क्लबों ने प्रसारित किया। 15 अगस्त, 1968 से प्रसारण का समय एक घण्टे से बढ़ाकर डेढ़ घण्टे प्रतिदिन कर दिया गया और रविवार को इसका समय दो घण्टे का कर दिया गया। 3 दिसम्बर, 1971 को टेलीविज़न पर पहला अंग्रेज़ी समाचार बुलेटिन का प्रसारण किया गया।

1959 से 1972 तक टेलीविज़न के विकास की गति बहुत धीमी थी। 1959 के 13 साल बाद 2 अक्टूबर, 1972 में बम्बई (अब मुम्बई) दूरदर्शन केन्द्र की स्थापना की गयी। वर्ली में स्थित रेडियो के ट्रान्समीटर-परिसर में टेलीविज़न स्टूडियो का निर्माण किया गया। इस केन्द्र से शाम के समय 7.15 से 9.30 तक कार्यक्रम प्रसारित किये जाते थे। 2 जनवरी, 1973 को दूरदर्शन का पूने में रिले केन्द्र खोला गया। यहाँ से ग्रामीण कार्यक्रमों का प्रसारण किया जाता था। 14 जनवरी, 1973 से मुम्बई दूरदर्शन से प्रतिदिन 2.30 घण्टे का प्रसारण प्रारम्भ हुआ। 1973 में अमृतसर और श्रीनगर दूरदर्शन केन्द्र स्थापित किये गये। इसके साथ ही भारत सरकार ने कश्मीर घाटी में 250 सामुदायिक टीवी सेट लगवाये। उस समय ज्यादातर तकनीक विदेशी थी। प्रसारण केन्द्रों में भी विदेशी मशीनें थीं। टीवी सेट तक विदेशी थे। नासा से अनुबन्ध समाप्त होने के बाद भारत सरकार ने 'साइट' की उपयोगिता को समझकर उसे फिर से ज़ारी करने की योजना बनायी। 1976 में राजस्थान, मध्य प्रदेश, कर्नाटक, उड़ीसा, आन्ध्र प्रदेश, बिहार आदि राज्यों में दूरदर्शन केन्द्र स्थापित किये गये। भारत में टीवी सेटों का निर्माण कार्य 1970 के दशक में हुआ। सन् 1974 तक देश में डेढ़ लाख टीवी सेट हो गये थे। दूरदर्शन कोलकाता केन्द्र की स्थापना 8 अगस्त, 1975 को की गयी। कोलकाता के कालीगंज इलाके में स्थित पुराने फिल्म स्टूडियो को टीवी स्टूडियो में परिवर्तित करके प्रसारण सेवा शुरू की। आरम्भिक दौर में इस केन्द्र से तीन घण्टे की

प्रसारण सेवा में हिन्दी, अंग्रेज़ी एवं बाँग्ला भाषा में कार्यक्रम होते थे। इन्हीं तीन भाषाओं में 10-10 मिनट अवधि के समाचार बुलेटिन भी प्रसारित होते थे।

15 अगस्त, 1975 को चेन्नई दूरदर्शन केन्द्र ने भी अपने प्रसारण प्रारम्भ कर दिये। दो घण्टे की अवधि के लिए शाम 7.00 से 9.00 बजे तक प्रसारण किये जाने लगे। ये कार्यक्रम तमिल व अंग्रेज़ी भाषा में होते थे। लखनऊ दूरदर्शन केन्द्र का उद्घाटन 27 नवम्बर, 1975 में किया गया। इस केन्द्र से दो घण्टे अवधि का नियमित प्रसारण किया जाता था, रविवार को प्रसारण चार घण्टे के लिए किया जाता था। लखनऊ दूरदर्शन ट्रान्समीटर का प्रसारण क्षेत्र 60 किलोमीटर था।

1976 में ही दूरदर्शन आकाशवाणी से अलग होकर स्वतन्त्र विभाग के रूप में कार्य करने लगा। श्री पी.वी. कृष्णामूर्ति दूरदर्शन के महानिदेशक (Director General) बनाया गया। दूरदर्शन का नया मोनोग्राम बनाया गया जिसमें 'सत्यं शिवं सुन्दरम्' लिखा गया। दूरदर्शन की संकेत ध्वनि (Signature tune) इकबाल के प्रसिद्ध गीत 'सारे जहाँ से अच्छा हिन्दोस्ताँ हमारा' को प्रसिद्ध सितारवादक पण्डित रविशंकर ने संगीतबद्ध किया। दूरदर्शन का महानिदेशालय मण्डी हाउस में स्थापित किया गया। दूरदर्शन ने अतिरिक्त धन जुटाने के लिए विज्ञापन सेवा की शुरुआत की। इसी मकसद को पूरा करने के लिए प्रायोजित कार्यक्रम भी शुरू किये गये। यह दूरदर्शन के ऐसे रूप की शुरुआत थी, जिसने उसके आगे जाने की दिशा तय की। 'दूरदर्शन विकास से बाज़ार की ओर बढ़ने लगा। सन् 1980 के बाद दूरदर्शन का तेज़ी से विकास और विस्तार शुरू हुआ। दूरदर्शन पर विज्ञापनों का प्रसारण 1 जनवरी, 1976 से प्रारम्भ हुआ। प्रारम्भ में 'स्थिर चित्र' वाले विज्ञापन ही प्रसारित होते थे। इसी दौरान दूरदर्शन पर फिल्मों और चित्रहारों का प्रसारण आरम्भ किया गया। जिससे विज्ञापन प्रसारण में और तेज़ी आयी।

साइट अभियान-सन् 1969 में यूनेस्को विशेषज्ञों ने भारत में टेलीविज़न की सम्भावनाओं पर अपनी रिपोर्ट में कहा कि टीवी के विकास को भारत के विकास के साथ जोड़ दिया जाना चाहिए। जिसे आधार बनाकर 1975 में भारत में 'साइट' (उपग्रह आधारित शैक्षिक टेलीविज़न प्रसारण) प्रायोगिक-तौर पर आरम्भ किया गया। 1 अप्रैल, 1975 को साइट (SITE- सेटेलाइट इन्स्ट्रक्शनल टेलीविज़न एक्सपेरीमेण्ट) अभियान शुरू किया गया जो कि 31 जुलाई, 1976 तक अमेरिका की संस्था 'नासा' के सहयोग से चला। इस कार्यक्रम के लिए 2,400 सामुदायिक टीवी सेट सरकार ने उपलब्ध कराये। साइट प्रयोग के तहत आन्ध्र प्रदेश, कर्नाटक, उड़ीसा, राजस्थान, बिहार और मध्यप्रदेश के 20 ज़िलों के 2329 गाँवों में कार्यक्रम प्रसारित होने लगे। दिल्ली केन्द्र से बिहार, मध्यप्रदेश और राजस्थान के लगभग 1200 गाँवों के लिए हिन्दी कार्यक्रमों का निर्माण किया जाता था। इसी तरह हैदराबाद में लगभग 380 तेलुगु और इतने ही कन्नड़भाषी गाँवों के लिए कार्यक्रम तैयार किये जाते थे तथा कटक केन्द्र से लगभग 370 उड़िया गाँवों के लिए कार्यक्रम बनाया जाता था। इन केन्द्रों पर प्रसारित होनेवाला राष्ट्रीय कार्यक्रम दिल्ली में बनाया जाता था।

'साइट' अभियान के ये कार्यक्रम सुबह और शाम को चार भाषाओं में कुल चार घण्टे प्रसारित किये जाते थे। हिन्दी, कन्नड़, उड़िया और तेलुगु-इन चारों भाषाओं में से हरेक

भाषा को सुबह साढ़े बाईस मिनट दिये जाते थे। डेढ़ घण्टे के इस प्रसारण खण्ड में 5 से 12 वर्ष के स्कूली बच्चों के लिए शैक्षणिक कार्यक्रम दिखाये जाते थे। शाम को इसी भाषाक्रम से ढाई घण्टे का कार्यक्रम प्रौढ़ों के लिए प्रसारित किया जाता था। इसके साथ ही, दिल्ली से आधे घण्टे का राष्ट्रीय कार्यक्रम भी प्रसारित किया जाता था।

साइट के उद्देश्य

- राष्ट्रीय विकास में उपग्रह टेलीविज़न की प्रणाली का परीक्षण करना।
- सीधे सिगनल ग्रहण करनेवाले टेलीविज़न सेटों के निर्माण, संचालन और मरम्मत करने के क्षेत्र में अनुभव प्राप्त करना।
- अधिकतम तकनीकी सुविधाओं की आवश्यकताओं का अनुमान लगाना।
- ग्रामीणों के लिए प्रसारित किये जानेवाले कार्यक्रमों जैसे परिवार नियोजन, कृषि, राष्ट्रीय एकता, प्रौढ़ शिक्षा, शिक्षक प्रशिक्षण, व्यावसायिक प्रशिक्षण, स्वास्थ्य, रक्षा इत्यादि के प्रभाव के बारे में जानकारी प्राप्त करना।

31 जुलाई, 1976 में अमेरिका (नासा) के साथ अनुबन्ध समाप्त हो गया और 'साइट' प्रयोग संमेट लिया गया। तत्कालीन प्रधानमन्त्री श्रीमती इन्दिरा गाँधी के विशेष निर्देश पर इस कार्यक्रम को ज़ारी रखने का फैसला किया गया। इसके लिए भारत सरकार द्वारा राजस्थान के जयपुर, मध्यप्रदेश के रायपुर, बिहार के मुजफ्फरपुर, उड़ीसा के सम्भल, कर्नाटक के गुलबर्गा, गुजरात के अहमदाबाद और खेड़ा तथा आन्ध्रप्रदेश के हैदराबाद जिले के केन्द्र में इसरो की सहायता से ट्रान्समीटर लगाये गये। इन ट्रान्समीटरों की सहायता से साइट के अन्तर्गत आनेवाले 2329 गाँवों में से 40 प्रतिशत से अधिक गाँवों के लिए कार्यक्रमों का प्रसारण ज़ारी रखा। इस दौरान भारत सरकार ने महत्त्वपूर्ण निर्णय लिया कि किसी अन्य देश के संचार उपग्रह के लिए किराये की बड़ी रकम चुकाने के बजाय स्वयं के संचार उपग्रह को प्रक्षेपित किया जाये।

इनसेट-1 ए-भारतीय अन्तरिक्ष अनुसन्धान संगठन ने फोर्ट एरोस्पेस एण्ड कम्युनिकेशन कॉरपोरेशन के सहयोग से एक उपग्रह विकसित किया गया जिसे 10 अपैल, 1982 को केप केनेडी केन्द्र से प्रक्षेपित किया गया। यह एक बहुआयामी उपग्रंह था जो कि दूरदर्शन के विकास और विस्तार के लिए अत्यन्त महत्त्वपूर्ण था। इस उपग्रह में दो टेलीविज़न ट्रान्सपोण्डर लगाये गये थे जिससे साईट अभियान के तहत चयनित ग्रामों के सामुदायिक टीवी सेट को सीधा प्रसारण दिया जा सके। यह उपग्रह रेडियो के अखिल भारतीय कार्यक्रमों के राष्ट्रीय प्रसारण के लिए भी उपयोगी था। 70 करोड़ रुपये की लागत से निर्मित इस उपग्रह का नाम **'इनसेट-1ए'** (**Indian National Satelite-1A**) रखा गया। दूरदर्शन के राष्ट्रीय कार्यक्रम 15 अगस्त, 1982 से प्रारम्भ किये गये। यह उपग्रह मात्र एक वर्ष ही कार्य कर पाया। 4 दिसम्बर, 1982 को उपग्रह- 1 ए खराब घोषित कर दिया गया।

इनसेट- 1बी -: 30 अगस्त, 1983 को केप केनेडी से इनसेट-1बी को प्रक्षेपित किया गया। 1 अक्टूबर, 1983 से इस उपग्रह ने कार्य करना आरम्भ किया।

इनसेट- 1सी -: 22 जुलाई, 1988 को इस उपग्रह का प्रक्षेपण किया गया लेकिन यह उपग्रह दुर्घटनाग्रस्त हो गया। इसी दौरान डाक एवं तार विभाग के उपग्रह ने 'एकता उपग्रह' से स्वयं को जोड़ लिया। इसका उद्‍घाटन तत्कालीन प्रधानमन्त्री श्रीमती इन्दिरा गाँधी ने नयी दिल्ली में किया। इस सुविधा से दूरदर्शन का प्रसारण दिल्ली, मुम्बई, चेन्नई तथा पूना तक होने लगा।

इनसेट-2 -: 1992 में इनसेट-2 का सफल प्रक्षेपण किया गया। इसके द्वारा प्रक्षेपित कार्यक्रमों को 'डिश ऐण्टीना' के द्वारा सीधे प्राप्त किया जाने लगा।

इनसेट-2 ए -: 10 अप्रैल, 1992 को फ्रेंच युगाना अन्तरिक्ष केन्द्र से इनसेट-2ए प्रक्षेपित किया गया।

इनसेट-2बी -: 1993 को इसका सफल प्रक्षेपण किया गया। इससे दूरदर्शन की प्रसारण सेवाओं का विस्तार हुआ। 1993 में दूरदर्शन के पाँच नये चैनल प्रारम्भ करने की घोषणा की गयी।

1982 से दूरदर्शन ने **'प्रायोजित कार्यक्रम'** प्रसारित करना प्रारम्भ किया। दूरदर्शन के विस्तार और उसकी बढ़ती लोकप्रियता ने व्यावसायिकों के बीच टेलीविज़न की उपादेयता में और बढ़ोत्तरी की।

1981-82 में मद्रास, मुम्बई, दिल्ली, जालन्धर और बंगलौर के बीच माइक्रोवेव लिंक की स्थापना हुई। इसी बीच 1 अप्रैल, 1982 को बहुउद्‍देशीय संचार उपग्रह इनसेट-1 छोड़ा गया। इसके बाद दूरदर्शन का तेज़ी से विकास हुआ। 15 अगस्त, 1982 को पहली बार प्रधानमन्त्री इन्दिरा गाँधी का भाषण देश के 21 टेलीविज़न केन्द्रों से एक साथ प्रसारित हुआ। इसी दिन टेलीविज़न रंगीन हुआ। रंगीन और बड़ी स्क्रीन आ जाने के बाद से दूरदर्शन की लोकप्रियता सिद्ध हुई। इस दौरान टेलीविज़न बनानेवाली कई कम्पनियाँ खुली और टेलीविज़न सेटों की बिक्री बढ़ी। टेलीविज़न की लोकप्रियता बनाये रखने के लिए इसी वर्ष लाइसेन्स की अनिवार्यता भी समाप्त कर दी गयी और मनोरंजक कायक्रमों की संख्या भी बढ़ाई गयी।

ट्रान्समिटरों में वृद्धि-

सन् 1984 से दूरदर्शन का अत्यन्त तीव्र गति से विकास हुआ और नये ट्रान्समीटर स्थापित किये जाने लगे, जिसके परिणामस्वरूप 1987 में देश में दूरदर्शन द्वारा 60 प्रतिशत से अधिक जनसंख्या तक सफलतापूर्वक प्रसारण 228 ट्रान्समीटरों की सहायता से होने लगा। सन् 1989 तक लगभग 500 ट्रान्समीटर लगाये जा चुके थे, जिससे देश की 80 प्रतिशत जनसंख्या तक सरलतापूर्वक प्रसारण होने लगा। एशियाई खेलों के दौरान दूरदर्शन रंगीन हो गया और 41 ट्रान्समीटरों की सहायता से उसका प्रसारण सुबह 10 से रात 8 बजे तक प्रतिदिन होने लगा। यह सीधा प्रसारण के क्षेत्र में बड़ा प्रयोग था।

मनोरंजक कार्यक्रमों का शुभारम्भ-1984 से भारत में टीवी पर मनोरंजक कार्यक्रमों की शुरुआत हुई और 7 जुलाई, 1984 को दूरदर्शन पर पहला धारावाहिक **'हम लोग'** आरम्भ हुआ। जिसके लेखक मनोहर श्याम जोशी थे। इस धारावाहिक को देखने के लिए न जाने कितने लोगों ने टेलीविज़न ख़रीदा। पहली बार दूरदर्शन पर ऐसा मनोरंजक

कार्यक्रम शुरू हुआ। जिसने घर-घर की कहानी को छुटकी, बड़की, लल्लू लाल के माध्यम से रोचक अन्दाज में पेश किया। इसी वर्ष भारत द्वारा क्रिकेट विश्व कप जीतने का प्रसारण भी दूरदर्शन ने किया था जिसे देखने के लिए लोगों ने धड़ाधड़ टीवी सेट ख़रीदने शुरू किये थे। आँकड़े बताते हैं कि 1989 तक आते-आते भारत में आवश्यकता से अधिक सफेद एवं रंगीन टेलीविज़न बनने लगे। इसी दौरान दूरदर्शन पर फिल्में भी नियमित रूप से दिखायी जाने लगीं। इसी समय दूरदर्शन पर अनेक धारावाहिकों का प्रसारण भी शुरू हो गया, जिनमें 'बुनियाद', 'जुनून', 'ज़िन्दगी', 'कक्का जी कहेन', 'यात्रा', 'नुक्कड़', 'कहाँ गये वो लोग', 'मनोरंजन', 'हम हिन्दुस्तानी', 'छोटी-बड़ी बातें', 'तेरह पन्ने', 'रागदरबारी', 'श्रीकान्त', 'मालगुड़ी डेज', 'बहादुरशाह ज़फर', 'टीपू सुल्तान', 'रानी लक्ष्मीबाई', 'रजनी', 'ये जो है ज़िन्दगी', 'ख़ानदान', 'रामायण', 'महाभारत' इत्यादि प्रमुख हैं। रविवार की सुबह पहले 'रामायण' और बाद में 'महाभारत' के प्रसारण से सड़कों पर कर्फ्यू-जैसा दृश्य नज़र आता था। क्रिकेट मैचों का सीधा प्रसारण भी इसी दौरान शुरू किया गया।

मेट्रो चैनल की शुरुआत-मनोरंजक कार्यक्रमों की सफलता को देखते हुए 17 दिसम्बर, 1984 को दिल्ली से मैट्रो चैनल की शुरुआत हुई। इस चैनल पर हिन्दी फिल्में और उन पर आधारित गीतों के कार्यक्रम प्रमुखता से दिखाये जाते थे। इस दौरान दूरदर्शन पर धारावाहिकों की बाढ़-सी आ गयी।

1987 में दूरदर्शन की प्रातःकालीन सभा और 1988 में दोपहर की सभा में दो-दो मिनट के हिन्दी व अंग्रेज़ी के दो-दो बुलेटिन शुरू हुए। रात साढ़े 11 बजे भी 2 मिनट के बुलेटिन शुरू हुए। इसके बाद चेन्नई और कलकत्ता में भी स्थानीय चैनल शुरू किये गये।

सन् 1988 में दूरदर्शन को अपने कार्यक्रम 'कल्चरल हेरिटेज ऑफ इण्डिया' पर साइप्रस में हुए गोल्डन अग्रीनों फेस्टिबल में रजत पुरस्कार मिला तथा 'जय देश भारत-भारती' को सोवियत संघ का अन्तरराष्ट्रीय पुरस्कार प्राप्त हुआ।

6 फरवरी, 1989 को सेंट्रल प्रोडक्शन सेंटर (सी.पी.सी.) का नयी दिल्ली में उद्घाटन हुआ। अनेक उपकरण जापान से ख़रीदे गये और दो बड़े स्टूडियो बनाये गये। 'पचपन खम्भे लाल दीवारें' आदि स्तरीय धारावाहिकों का यहाँ निर्माण हुआ। 1991 के खाड़ी युद्ध का सी.एन.एन. ने सीधा प्रसारण किया। उपग्रह के माध्यम से पूरे विश्व में युद्ध का सीधा प्रसारण लोगों ने अपने घरों में बैठकर देखा।

1993 में फिल्म आधारित मनोरंजन का नया दौर शुरू हुआ। सन् 1993 से ही प्रादेशिक भाषाओं में भी व्यापक प्रसारणों का सिलसिला आरम्भ हुआ। 1996-97 में भारतीय कला और संस्कृति को बढ़ावा देने के लिए विदेशों में भी इसके कार्यक्रमों का प्रसारण आरम्भ हुआ। इसके कवरेज इतने अच्छे थे कि 1996 में दूरदर्शन को 'एशिया विजन' पुरस्कार प्राप्त हुआ। दूरदर्शन लगातार भारतीय जीवन का अंग बनता जा रहा था। आकाशवाणी और दूरदर्शन का फिर से समन्वय करते हुए 15 सितम्बर, 1997 को प्रसार भारती अधिनियम को कार्यान्वयन के लिए आरम्भ किया गया जिसने इलेक्ट्रॉनिक संचार माध्यमों को स्वायत्त बनाया।

सरकारी माध्यमों दूरदर्शन और आकाशवाणी पर समाचार कण्टेण्ट को आचार-संहिता की पाबन्दी में रखने वाली केन्द्र सरकार ने इन उपग्रह चैनलों द्वारा प्रसारित किये जानेवाले समाचारों पर कोई नियन्त्रण अब तक लागू नहीं किया था। दूरदर्शन के विशाल संसाधनों के मुकाबले इन निजी चैनलों के पास बहुत कम संसाधन थे, परन्तु दूरदर्शन पर सरकारी नियन्त्रण के कारण इसके कार्यक्रम इतने लोकप्रिय न हो सके। दूरदर्शन की वेबसाइट के मुताबिक 30 अप्रैल, 2013 तक दूरदर्शन 30 से अधिक चैनलों का संचालन करता था। दूरदर्शन के व्यापक नेटवर्क में 66 दूरदर्शन केन्द्र और विभिन्न क्षमता के 1416 ट्रान्समीटर स्थापित हैं।

केबिल टीवी प्रसारण- वर्तमान समय में भारत में विभिन्न भाषाओं के देशी-विदेशी 1000 टेलीविज़न चैनल केबिल टीवी के माध्यम से उपलब्ध हैं। देश में उपग्रह के माध्यम से चैनलों की शुरुआत 1990 में हुई। इराक के कुवैत पर कब्ज़ और युद्ध की घटना को सी.एन.एन. और बी.बी.सी. पर दिखाने के लिए बम्बई के कुछ बड़े होटलों ने डिश-ऐण्टिना लगाये। इसी के साथ सूत्रपात हुआ केबल के ज़रिये एक से अधिक उपभोक्ताओं तक उपग्रह प्रसारण पहुँचाने के उपक्रम का। हालाँकि इस समय दूरदर्शन के राष्ट्रीय चैनल उपग्रह पर उपलब्ध थे, लेकिन केबिल प्रसारकों में उसके प्रति कोई दिलचस्पी नहीं थी। दूरदर्शन ने अपना नेटवर्क हाई-पॉवर, लो-पॉवर तथा वेरी लो-पॉवर टेरेस्ट्रियल ट्रान्समीटरों के जरिये काफी बढ़ा लिया था। चूँकि टेलीविज़न सेट अभी भी उच्च-मध्यम एवं उच्च वर्ग तक ही सीमित थे, इसलिए केबल प्रसारण भी सीमित था। पिछड़े इलाकों में केवल धनाढ्य लोगों ने अपने इस्तेमाल के लिए डिश-ऐण्टिना लगा रखे थे। बाद में पे-चैनलों के आने पर कुछ खुले अर्थात् 'देह दर्शना' पश्चिमी चैनलों ने केबिल प्रसारण के विस्तार में अपनी भूमिका निभायी। रंगीन टेलीविज़न के प्रसार, उपग्रह के सी-बैण्ड की उपलब्धता और टेलीविज़न सेट के लगातार सस्ते होते जाने से भी केबिल का प्रसार बढ़ा। जब टीवी सेटों की संख्या बढ़ी तो केबिल ऑपरेटारों के लिए एक नया और मुनाफा देनेवाला बाज़ार अचानक खुल गया। केबिल टीवी की शुरुआत में केबिल ऑपरेटर 16 फुट के डिश-ऐण्टिना द्वारा सी-बैण्ड एल.एन.बी. (C-Band LNB) के आउटपुट को रिसीवर में डालकर मिक्सर की सहायता से 5 चैनलों को प्रसारित करता था, जिसमें एक चैनल वी.सी.आर. द्वारा हिन्दी फिल्म दिखाने का होता था। यह उद्योग पिछले 24 वर्षों में काफी तेज़ी से बढ़ा है। वर्तमान में डिजिटल कण्ट्रोल रूम होने के कारण सेटअप बॉक्स की सहायता से 400 से अधिक टेलीविज़न चैनल और 25 से अधिक एफ एम चैनल का प्रसारण किया जा रहा है। कण्ट्रोल रूम डिजिटल होने से करोड़ों रुपये का निवेश करना पड़ा, जिससे कि छोटे केबिल ऑपरेटर बड़ी कम्पनियों जैसे-हैथवे, डेन, डिजी केबिल, स्काईनेट इत्यादि से फीड लेकर केबिल टीवी नेटवर्क का संचालन करने लगे। एचडी चैनलों के आने से सेटअप बॉक्स की सहायता से उच्च गुणवत्ता का एचडी चैनल भी देखा जा सकता है, इसके अलावा थ्री डी टेलीविज़न के बाज़ार में आने से नेशनल ज्योग्राफिक द्वारा प्रसारित चैनल थ्री डी में भी देखा जा सकता है।

1990 में बिना किसी सरकारी अनुमति के सीएनएन का आकाशीय आक्रमण भारत पर हुआ। खाड़ी युद्ध ने टेलीविज़न की दुनिया और सूचना के क्षेत्र में क्रान्तिकारी परिवर्तन

कर डाले जिसके कारण उपग्रह टीवी के क्षेत्र में बड़ी कम्पनियों का आविर्भाव हुआ। खाड़ी युद्ध में अमेरिकी कम्पनी सीएनएन के बढ़त लेने के बाद कुछ प्रवासी भारतीयों ने 1991 में अपना स्टार टीवी भारत में सीधे दिखाना शुरू कर दिया। स्टार ने 1991 से एशिया में 5 उपग्रह चैनलों की शुरुआत की। कुछ समय बाद ब्रिटेन की बहुराष्ट्रीय कम्पनी (स्काई न्यूज़) के प्रमुख रूपर्ट मर्डोक ने बावन हज़ार करोड़ में स्टार को ख़रीदे लिया, जिसके कार्यक्रम अब मर्डोक के 'एशिया सेट' उपग्रह से प्रसारित होने लगे।

1 अक्टूबर, 1992 में चावल व्यापारी सुभाषचन्द्र गोयल ने भारत में प्रथम हिन्दी उपग्रह चैनल जी टीवी शुरू किया। जी टीवी ने पहले-पहल भारत, पाकिस्तान और दक्षिण एशिया तथा खाड़ी के कुछ देशों को लक्ष्य करके हिन्दी का चैनल शुरू किया। शुरुआती चार घण्टों के प्रसारण में अधिकांश संगीत पर आधारित कार्यक्रम ही थे। अपनी बढ़ती लोकप्रियता के कारण यह चैनल चौबीस घण्टे का कर दिया गया जिस पर विभिन्न मनोरंजक कार्यक्रमों का प्रसारण किया जाने लगा। तेज़ी से मुनाफा कमाने से उत्साहित होकर इसने जल्दी ही कई अन्य चैनल भी शुरू किये जो विभिन्न दर्शक वर्ग को लक्षित थे। जी टीवी की बढ़ती लोकप्रियता के कारण 1995 में इंग्लैण्ड और यूरोप में भी इसका प्रसारण होने लगा। 1998 में अमेरिका में भी इसका प्रसारण शुरू हो गया जिसमें सब-टाइटिल (Sub-title) अंग्रेज़ी में रहते थे। दिसम्बर, 1994 में जी टीवी ने इएल टीवी (EL-T.V.) के नाम से मनोरंजक चैनल शुरू किया जो मार्च, 1999 में 24 घण्टे के चैनल जी न्यूज़ के नाम से शुरू हिन्दी का प्रथम चैनल रहा। इस चैनल को टेलीविज़न पर हिंग्लिश (अंग्रेज़ी शब्दों से युक्त हिन्दी) में समाचार शुरू करने का भी श्रेय है। इससे भाषाविदों में भी एक आतंक का माहौल पैदा हुआ। विश्व में केबिल प्रसारण के बादशाह कहे जाने वाले रूपर्ट मर्डोक ने एशिया के इस बड़े केबल बाज़ार की नब्ज पकड़ी और स्टार टीवी पर प्रसारित स्टार प्लस चैनल जिस पर सिर्फ़ अंग्रेज़ी के कार्यक्रम प्रसारित होते थे उसे क्रमशः पूर्ण हिन्दी का चैनल कर दिया। हिन्दी के दर्शकों को जी टीवी या फिर स्थानीय केबल ऑपरेटर द्वारा वीसीआर के माध्यम से दिखायी जानेवाली फिल्मों और संगीत के कार्यक्रमों का ही सहारा था। स्टार प्लस हिन्दी की सफलता से उत्साहित होकर स्टार समूह ने अपना 'बुके' पेश किया, जिसमें स्टार प्लस (हिन्दी), स्टार वर्ल्ड (अंग्रेज़ी), स्टार मूवीज़ (अंग्रेज़ी), नेशनल जियॉग्राफिक (अंग्रेज़ी) थे और स्टार न्यूज़ (हिन्दी/अंग्रेज़ी) शामिल थे। पहले प्रणय राय के एन.डी.टी.वी. से समाचारो के लिए स्टार ने समझौता किया था, जो वर्ष 2002 में समाप्त हो गया। इसके बाद स्टार ने अपनी समाचार टीम गठित की। उधर इण्डिया टुडे ग्रूप के अरुण पुरी ने 31 दिसम्बर, 1999 को आजतक नाम से अपना समाचार चैनल शुरू कर दिया, जिसकी शुरुआत 20 मिनट के बुलेटिन से 1995 में दिवंगत सुरेन्द्र प्रताप सिंह ने दूरदर्शन के मैट्रो चैनल पर की थी। इसके बाद एनडीटीवी, सहारा, दैनिक जागरण समूह का चैनल-7, क्षेत्रीय चैनलों में तमिलनाडु से सन टीवी और आन्ध्रप्रदेश से इनाडुटीवी इत्यादि 24 घण्टे के राष्ट्रीय एवं क्षेत्रीय न्यूज़ चैनल धड़ाधड़ आने लगे। इनाडु टीवी ने न केवल क्षेत्रीय दर्शकों बल्कि विभिन्न भारतीय भाषाओं जैसे ई टीवी बँगला, ई टीवी उर्दू, ई टीवी उत्तर प्रदेश, ई टीवी मध्यप्रदेश, ई टीवी राजस्थान, ई टीवी बिहार इत्यादि चैनल की शुरुआत की। इन दिनों टेलीविज़न में तकनीकी गुणवत्ता की दृष्टि

से सुधार होना शुरू हुआ और एम टीवी, एटीएन, डिस्कवरी चैनल, स्टार मूवीज़, जी सिनेमा, सोनी टीवी, सेट मैक्स, वी टीवी इत्यादि विभिन्न विषयों पर आधारित कई चैनल आ गये।

1993-94 तक समाचारों के दृष्टिकोण से दूरदर्शन ही एकमात्र चैनल था किन्तु सरकारी नियन्त्रण में होने के कारण वह जनता के बीच लोकप्रियता अर्जित नहीं कर पाया। खेल चैनलों-स्टार स्पोर्ट्र्स और ईएसपीएन के आगमन के बाद दूरदर्शन द्वारा प्रसारित मैच उस गुणवत्ता के नहीं हो सके। सन् 2000 में अमेरिकी शो 'हू वाण्ट टू बी मिलेनियर' की तर्ज़ पर स्टार समूह के स्टार प्लस चैनल पर 'कौन बनेगा करोड़पति' गेम शो आया, जिसने स्टार प्लस को हिन्दी चैनलों के शिखर पर बैठा दिया। अमिताभ बच्चन की मेज़बानी से यह गेम शो इतना आगे बढ़ा कि स्टार प्लस को पे चैनल कर दिया। इस गेम शो की अपार सफलता से प्रेरित होकर जी टीवी ने 'सवाल दस करोड़ का', 'नीलाम घर', 'बाज़ी किसकी', सोनी टीवी का 'छप्पर फाड़ के' इत्यादि शो शुरू हुए लेकिन किसी भी शो को कौन बनेगा करोड़पति के बराबर सफलता प्राप्त नहीं हुई। अध्यात्म एक लुभावना और लाभकारी विषय साबित हुआ और इससे सम्बन्धित आस्था, संस्कार, दिव्य, गॉड, जी जागरण इत्यादि चैनल शुरू हुए। वर्तमान में टीवी 18 का कलर्स चैनल, स्टार समूह का लाइफ ओके और स्टार प्लस, जी समूह का जी टीवी और सेट मैक्स का सोनी प्रमुख मनोरंजक चैनल हैं। इसी क्रम में आजतक, एबीपी न्यूज़ (पहले स्टार न्यूज़), एनडीटीवी, आईबीएन-7, जी न्यूज़, इण्डिया टीवी, इण्डिया न्यूज़, न्यूज़ एक्सप्रेस, न्यूज़ नेशन, लाइव इण्डिया, सहारा राष्ट्रीय एवं प्रादेशिक, ई टीवी, ई टीवी राष्ट्रीय एवं प्रादेशिक इत्यादि प्रमुख न्यूज़ चैनल हैं।

डायरेक्ट-टू-होम (डीटीएच) सेवा

डायरेक्ट-टू-होम सेवा यानी दर्शकों के घर तक सीधा प्रसारण अब उपग्रह के के.यू. बैण्ड के माध्यम से सम्भव हो गया है। अब तक के प्रसारण उपग्रह के सी. बैण्ड पर होते थे, जिनके लिए बड़े आकार के डिश ऐण्टीना की आवश्यकता होती थी। साथ ही पे-चैनलों और फ्री-टू-एअर चैनलों तथा अलग-अलग उपग्रहों पर उपलब्ध प्रसारणों के लिए अलग-अलग दिशाओं में डिश ऐण्टिना लगाने होते हैं, जिन्हें फिर केबिल ऑपरेटर मल्टीप्लेक्सिंग कर एक केबिल के माध्यम से उपभोक्ता के घर तक पहुँचाता है। डीटीएच में पृथ्वी पर स्थित डी.टी.एच. सेवा प्रदाता प्रसारित किये जानेवाले चैनलों को एक स्थान पर ग्रहण करेगा, उनकी मल्टीप्लेक्सिंग करेगा और फिर इन सभी दृश्य-श्रव्य प्रसारणों को उपग्रह के के.यू. बैण्ड पर प्रक्षेपित कर देगा। उपभोक्ता एक छोटे डिश ऐण्टिना, एक मीटर से कम होगा, और उसे दीवार यह छोटी जगहों पर भी लगाकर प्रसारण प्राप्त कर लेगा। इसके लिए एक सेट टॉप बॉक्स या डिकोडर भी लगाना होगा, जो सेवा प्रदाता कम्पनियाँ देंगी या फिर आप उपकरण कहीं से ख़रीदें, सेवा प्रदाता कम्पनियों के स्मार्ट-कार्ड आपको ख़रीदने होंगे, जिन्हें लगाकर आप अपनी पसन्द के चैनल देख सकेंगे। प्रक्षेपण और उन्हें प्राप्त करने की लागत दर अन्य प्रकार के प्रसारणों की तुलना में काफी सस्ती है। कुछ फ्री-टू-एअर चैनल भी इन पर होंगे। दूरदर्शन ने 16 सितम्बर, 2004 से डीटीएच सेवा शुरू कर दी है। शुरू में इस पर पन्द्रह प्रसार भारती के पन्द्रह निजी तथा कुछ रेडियो के (स्टीरियो) कार्यक्रम उपलब्ध रहेंगे। वर्तमान में जी समूह के 'डिश टी. वी.' टाटा समूह के टाटा स्काई, एयरटेल समूह के एयरटेल डिजिटल, वीडियोकॉन समूह के डीटूएच प्रमुख

डीटीएच सेवा प्रदाता कम्पनियाँ हैं, जो 220 से लेकर 600 रुपये प्रतिमाह लेकर अपनी सेवाएँ दर्शकों को उपलब्ध कराती हैं, जबकि केबिल ऑपरेटर अभी 100 से लेकर 200 रुपये प्रतिमाह में अपनी सेवाएँ उपलब्ध कराते हैं, जो कि डीटीएच से काफी सस्ता है।

स्टार प्लस पर प्रसारित मेगा सीरियल 'क्योंकि सास भी कभी बहू थी' का प्रोमो

वर्तमान में विभिन्न समूहों द्वारा प्रसारित चैनल

विशेषीकरण	चैनलों की सूची
दूरदर्शन के चैनल	डीडी नेशनल, ज्ञानदर्शन, डीडी भारती, डीडी इण्डिया, डीडी गिरनार, डीडी चन्दन, उदया मूवीज़, डीडी मलयालम, डीडी सह्याद्री, डीडी उड़िया, कालियांगिरी टीवी, कालियग्नार टीवी, डीडी पोधीगई, डीडी सप्तगिरी, डीडी उर्दू, डीडी काशिर।
सूचना मनोरंजन	स्टार प्लस, कलर्स, जी टीवी, लाइफ ओके, स्टार उत्सव, सोनी, जी, सहारा वन, उदय, एन ई टीवी, जूम, सब टीवी, जी स्माइल, बिन्दास, दबंग, 9एक्स, जी इंग्लिश, आल्मी सहारा, बिग मैजिक, बिग थ्रिल आदि
बच्चों के लिए	कार्टून नेटवर्क, हंगामा, पोगो, डिजनी, निक, डिजनी एक्सडी, सी.बी.बीज. निक, जूनियर, जी क्यु, बेबी टीवी, डिसकवरी किड्स आदि
फिल्म सम्बन्धी	जी सिनेमा, सेटमैक्स, स्टार गोल्ड, जी एम जी एम, स्टार मूवीज़, एच बी ओ, ऐक्शन, फिल्मी, जी क्लासिक, जी ऐक्शन, एक्सपिक्स, मूवीज़ ओके, इण्टरटेन, दंगल, मनोरंजन टीवी, यूटीवी मूवीज़, जी ऐक्शन, जी प्रीमियर, यूटीवी ऐक्शन, बी4यू मूवीज़, मूवीज़ ओके, मैक्स-2 आदि,

सूचना व ज्ञान	डिस्कवरी, नेशनल ज्योग्राफिक, फोक्स ट्रैवलर, एनिमल प्लैनेट, हिस्ट्री टीवी-18, ट्रैवलर ट्रैण्ड्ज, नेट जीओ वाइल्ड, डिस्कवरी टर्बो, आदि,
समाचारपरक	आज तक, एबीपी न्यूज़, आईबीएन-7, पी-7, टाइम्स नाव, बी बी सी, सी एन एन, डी डी न्यूज़, एन डी टीवी, सहारा समय, सी एन बी सी इण्डिया टीवी, इण्डिया न्यूज, न्यूज-24 आदि।
धर्म प्रधान	आस्था, जागरण, संस्कार, दिव्य, गॉड, साधना, दिशा, जी जागरण, क्यू, एमएच1 श्रद्धा आदि।
खेल	स्टार स्पोर्ट्स, डी डी स्पोर्ट्स, ई एस पी एन, टेन स्पोर्ट्स, नियो स्पोर्ट आदि।
संगीत	सोनी मिक्स, एमटीवी, 9एक्सएम म्यूजिक, इटीसी, एमट्यून्स, बी4यू म्यूजिक, म्यूजिक इण्डिया, 9एक्स जलवा, म्यूजिक एक्सप्रेस।
प्रादेशिक चैनल	इटीवी बाँग्ला, जी बाँग्ला, तारा म्यूजिक, जी बाँग्ला सिनेमा, कोलकाता टीवी, संगीत बाँग्ला, महुआ, सौभाग्य मिथिला, संगीत भोजपुरी, एसियानेट, एसियानेट प्लस, सूर्या, मी मराठी, साम टीवी, पीटीसी पंजाबी, टाइम टीवी, जेमिनी मूवीज़, अंजन टीवी, मा, इटीवी उर्दू।

टेलीविज़न स्क्रिप्ट लेखन

टेलीविज़न या रेडियो के लिए स्टोरी लिखते समय स्क्रिप्ट में सरल, छोटे और स्पष्ट वाक्यों का प्रयोग किया जाना चाहिए। 200-250 शब्दों की स्टोरी उपयुक्त है पर बड़ी स्टोरी में लगभग 400 शब्दों का प्रयोग किया जा सकता है। टेलीविज़न समाचारों में दृश्य ईंटों के समान होते है और शब्द सीमेण्ट के समान। ऐसे में टेलीविज़न के लिए स्क्रिप्ट लिखते समय दृश्यों को अपनी बात कहने दीजिये। उसे स्क्रिप्ट द्वारा बताने की ज़रूरत नहीं है। उदाहरण जैसे किसी ट्रेन दुर्घटना के दृश्य दिखाते समय उसकी भयावहता बताने की कोई आवश्यकता नहीं है, क्योंकि जो घटित हुआ है, उसे तो दर्शक स्क्रीन पर देख ही रहे हैं। स्क्रिप्ट में दुर्घटना का कारण, मरनेवालों एवं घायलों की संख्या, हेल्पलाइन नम्बर्स एवं घायल किस अस्पताल में भर्ती हैं इत्यादि जानकारियाँ देनी चाहिए।

टेलीविज़न स्क्रिप्ट को लिखते समय दृश्यों का ध्यान रखते हुए उस स्टोरी से सम्बन्धित अधिक-से-अधिक जानकारी हासिल करने का प्रयत्न करना चाहिए। ऐसे शब्दों का प्रयोग करना चाहिए जिससे कि स्टोरी में नीरसता न रहे। आजकल टेलीविज़न स्टोरी मनोरंजक होना अनिवार्य बनता जा रहा है। स्टोरी की शुरुआत ऐसी होनी चाहिए कि दर्शक समाचार देखने के लिए बाध्य हो जायें, किसी भी ख़बर को लिखने से पहले उसका ऐंगल ज़रूर निश्चित करना चाहिए क्योंकि आपस में विरोधाभासी तथ्यों को लिखने से स्टोरी की विश्वसनीयता ख़त्म हो जाती है। घटना में शामिल सभी व्यक्तियों को स्क्रिप्ट में अवश्य शामिल करना चाहिए। पुलिस प्रशासन, न्यायालय इत्यादि द्वारा मिली हुई

जानकारी में कोई परिवर्तन नहीं करना चाहिए। यदि किसी जानकारी का स्रोत विश्वसनीय न हो तो ऐसी ख़बरों को अपनी स्क्रिप्ट में शामिल नहीं करना चाहिए। स्टोरी का स्वरूप यदि मार्मिक हो तो उसे मार्मिक ढंग से ही प्रस्तुत करना चाहिए। स्क्रिप्ट का समापन पूरी जानकारी के साथ करना चाहिए और यदि कोई नयी जानकारी प्राप्त होती है तो उसे तत्काल अपडेट कर देना चाहिए।

सुर्ख़ियाँ या हेडलाइन-किसी भी बुलेटिन की शुरुआत सुर्ख़ियाँ या हेडलाइन से होती है। जिसमें मुख्य समाचारों की जानकारी दी जाती है। हेडलाइन किसी भी स्टोरी का वह सारांश है जिसे संक्षिप्त रूप में लिखा जाता है, इन्हीं कुछ शब्दों में दर्शक पूरी स्टोरी की थीम समझ जाता है। किसी भी न्यूज़ चैनल में हर आधे घण्टे पर ख़बरें शुरू होने से पहले मुख्य ख़बरों की **हेडलाइन** दिखायी जाती है, हेडलाइन से दर्शक इस बात का अन्दाजा भी लगा लेते हैं कि **देश दुनिया** की बड़ी ख़बरें क्या हैं। हेडलाइन में समय-सीमा को मद्देनज़र रखते हुए प्रमुख **ख़बर को** बेहद आकर्षक अन्दाज में लिखा जाता है। ताकि दर्शक समाचार जानने के लिए उत्सुक हों। बीसीसी के अनुसार "The Headline of a News story is the short summary which introduces the story at the begining of a TV or radio news broadcast or which appears above articles in a newspaper or on a website."

सुर्ख़ियाँ या हेडलाइन

हेडलाइन लिखते समय शॉट्स को ध्यान में रखा जाता है और शॉट्स के अनुरूप ही लिखा जाता है।

हेडलाइन लिखने के लिए कुछ सुझाव-

- हेडलाइन में शॉट्स के अनुरूप कम-से-कम शब्दों का प्रयोग करना चाहिए।
- हेडलाइन में बेहद सरल और आम बोलचाल भाषा के शब्दों का प्रयोग करना चाहिए।
- हेडलाइन ऐसी लिखें जिसमें दर्शकों को आगे स्टोरी देखने की उत्सुकता बनी रहे।
- हेडलाइन में वाक्य कभी पूर्णविराम पर ख़त्म नहीं होना चाहिए।
- हेडलाइन हमेशा वर्तमान काल में लिखी जानी चाहिए, जिससे लगे कि घटना अभी-अभी हुई है।
- हेडलाइन में अनावश्यक शब्दों का प्रयोग नहीं करना चाहिए।
- हेडलाइन में मुहावरों एवं लोकोक्तियों का इस्तेमाल नहीं करना चाहिए।
- हेडलाइन इस तरह से लिखें कि लोगों का ध्यान ख़बर की तरफ आकर्षित हो और हेडलाइन देखकर ही ख़बर को देखने को उत्सुक हो जायें। जैसे उत्तर प्रदेश में हत्या एवं बलात्कार की ख़बरें अधिक हो रही हों तो ऐसी स्थिति में यू.पी. में अपराधियों के हौसले बुलन्द, तीन दिन में चार हत्या और दो बलात्कार।
- हेडलाइन में शब्दों की पुनरावृत्ति नहीं होनी चाहिए। यदि पाँच हेडलाइन लिख रहे हैं तो कोशिश करें कि कोई भी शब्द रिपीट न हों।

टेक्स्ट हेडलाइन-न्यूज़ चैनलों में टेक्स्ट हेडलाइन बुलेटिन के ख़त्म होने के बाद ब्रेक के समय दिखायी जाती है। इसमें दर्शकों को मुख्य समाचार लिखकर बताया जाता है, इसमें विजुअल नहीं होते हैं। कभी-कभी ये ग्राफिक्स पर भी बनाये जाते हैं। इनकी संख्या 4-6 के बीच में होती है।

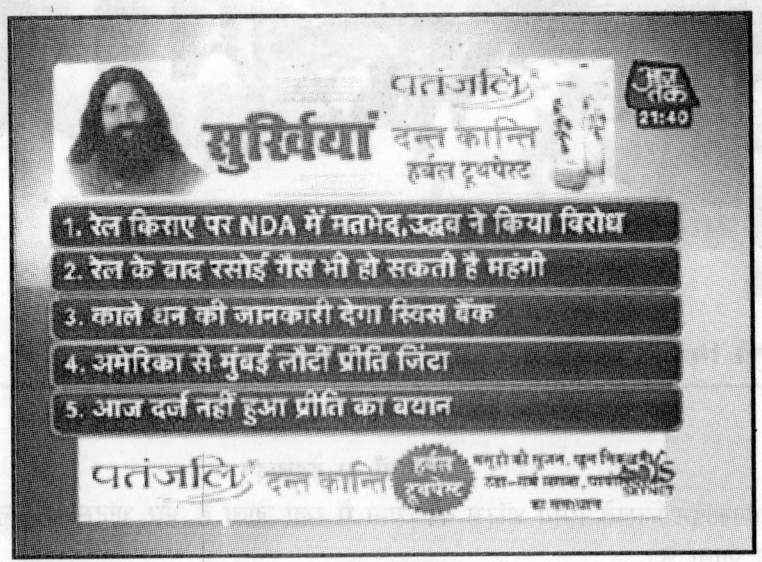

टेक्स्ट हेडलाइन

टेलीविज़न स्टोरी की संरचना-टेलीविज़न स्टोरी की संरचना मुख्य रूप से ऐंकर, वॉयसओवर, बाइट और पीटूसी को मिलाकर होती है, जिसे **पैकेज** कहते हैं। प्रत्येक स्टोरी में ऐंकर वॉयसओवर और बाइट स्टोरी के महत्त्व के अनुसार अलग-अलग हो सकते हैं परन्तु मूल संरचना यही होती है। जहाँ ऐंकर में पूरे समाचार के बारे में आकर्षक ढंग से संक्षिप्त विवरण दिया जाता है, वहीं वॉयसओवर एवं बाइट की सहायता से क्रमशः व्याख्यात्मक और वर्णनात्मक विवरण दिये जाते हैं। उसके बाद भी यदि कुछ बचा रह जाता है तो कनक्लूडिंग वॉयसओवर या पीटूसी के माध्यम से घटना के सार को बताया जाता है। किसी हादसे या लाठीचार्ज़ में नेट साउण्ड या कैमरे द्वारा रिकॉर्ड की गयी मूल आवाज़ को भी वॉयसओवर के साथ दिखाते हैं। वर्णनात्मक वॉयसओवर में दर्शक जो कुछ टीवी पर देख रहा है उसी का शब्दशः वर्णन नहीं होना चाहिए बल्कि वॉयसओवर में उससे हटकर कोई नयी बात कही जानी चाहिए। टेलीविज़न स्टोरी में वॉयसओवर और बाइट के माध्यम से पूरी ख़बर का विवरण जिसमें कब, कहाँ, कैसे, क्यों, किसे, कौन सम्बन्धित सारी जानकारी प्राप्त होनी चाहिए तभी वह समाचार पूर्ण माना जायेगा। टीवी समाचार लिखते समय घटना के बारे में सलीके से क्रमबद्ध जानकारी देना चाहिए, जिससे दर्शकों की जिज्ञासा बढ़ती रहे। घटना का विवरण इस तरह से देना चाहिए कि रिपोर्टर घटनास्थल से ही पूरी घटना का आँखों देखा हाल सुना रहा है। टेलीविज़न समाचारों में संक्षिप्तता एवं सरलता का महत्त्व जगज़ाहिर है इसलिए वीओ या बाइट बहुत बड़े नहीं होने चाहिए इससे स्टोरी में नीरसता उत्पन्न हो जाती है। स्टोरी को विस्तार देने के लिए अनावश्यक दृश्यों या बाइटों को नहीं जोड़ना चाहिए यह स्टोरी की रोचकता को ख़त्म कर देते हैं। पीटूसी में ऐंकर घटनास्थल से समाचार के बारे में निष्कर्षात्मक टिप्पणी की जाती है जिससे दर्शकों के मस्तिष्क में उठ रही जिज्ञासाओं का जवाब मिल सके। इसके अलावा पीटूसी में प्रेरणा या सलाह देनेवाले वाक्यों का प्रयोग भी किया जा सकता है।

ड्राई न्यूज़-जिस ख़बर में सिर्फ़ ऐंकर ख़बर पढ़ देता है और उसमें कोई शॉट, विज़ुअल इत्यादि नहीं होते तो उसे ड्राई न्यूज़ कहते हैं। यदि अचानक ही कोई बड़ी ख़बर आ जाये और विज़ुअल एडिट करने का समय न हो और ख़बर चलाना बहुत ज़रूरी हो तो ऐसे मौके पर ऐंकर तत्काल ख़बर पढ़कर सुना देता है। भारतीय जनता पार्टी के नेता गोपीनाथ मुण्डे की दिल्ली में कार दुर्घटना में निधन होने पर सभी चैनलों ने तत्काल ऐंकर के माध्यम से इसे दर्शकों तक प्रस्तुत कर दिया।

ऐंकर शॉट-आजकल टेलीविज़न चैनलों में फटाफट ख़बरें या स्पीड न्यूज़ के नाम से अलग तरह के बुलेटिन प्रसारित किये जाते हैं जिसमें ख़बरों की संख्या अत्यधिक होती है। इन बुलेटिनों में वॉयस ओवर, बाइट इत्यादि नहीं होती है। इसमें जब ऐंकर ख़बर पढ़ना शुरू करता है तो कुछ सेकेण्ड बाद स्क्रीन पर उसके बजाय स्क्रीन पर ख़बर के दृश्य दिखायी देने लगते हैं, ऐंकर की केवल आवाज़ सुनायी देती है, उसके बाद ख़बर ख़त्म होने पर फिर से ऐंकर दिखायी देने लगता है। आजकल सभी चैनल इस तरह के बुलेटिनों का प्रसारण कर रहे हैं।

ऐंकर बाइट-इस तरह की ख़बरों में ऐंकर घटना के बारे में बताता है उसके बाद सम्बन्धित व्यक्ति की बाइट आ जाती है। ऐंकर बाइट का इस्तेमाल ख़बरे जल्दी प्रकाशित करने या कम महत्त्व की ख़बरों में किया जाता है।

ऐंकर-विदेश मन्त्री सुषमा स्वराज ने इराक में अपहृत भारतीयों के परिजनों को भरोसा दिलाया है कि उन्हें सुरक्षित मुक्त कराने में कोई कसर नहीं छोड़ेगी। श्रीमती स्वराज ने कहा कि हालात में सुधार होते ही सरकार लौटने के इच्छुक लोगों को सुरक्षित स्वदेश वापसी का इन्तजाम करेगी।

बाइट-विदेश मन्त्री श्रीमती सुषमा स्वराज

"स्थिति सामान्य होते ही जो लोग भारत लौटना चाहेंगे उनके टिकट का पैसा उनका नया पासपोर्ट, उनका खाता सब-कुछ प्रबन्ध भारत सरकार करेगी और उनको यहाँ लेकर आयेगी। देखिये स्थिति सामान्य होने दीजिये आज स्थिति ऐसी नहीं है कि किसी को वहाँ से निकाला जा सके।"

उदाहरण के लिए,

Structure of A News Story

Anchor	Voice Over$_1$ + Byte$_1$	Voice Over$_2$ + Byte$_2$	Voice Over$_3$ + Byte$_3$	Voice Over$_4$ or PTC
Intro. (स्टोरी का संक्षिप्त विवरण)	Explanatory details (स्टोरी का व्याख्यात्मक विवरण)	Descriptive details (स्टोरी का वर्णनात्मक विवरण)	Additional Information (स्टोरी से सम्बन्धित अतिरिक्त सूचना)	Background Information (स्टोरी से सम्बन्धित पूर्व सूचना यदि कोई है तो)

स्लग या शीर्षक- किसी भी टेलीविज़न समाचार में शीर्षक सबसे महत्त्वपूर्ण होता है। प्रोमो से लेकर टेलीविज़न स्टोरी तक रोचक शीर्षक के माध्यम से दर्शकों को स्टोरी देखने के लिए आकर्षित किया जा सकता है। स्टोरी का स्लग या शीर्षक सटीक और पैना होना चाहिए जो रोचकता पैदा करे। उसे पढ़ते ही दर्शक स्टोरी देखने के लिए उत्सुक हो जाये। स्टोरी के अनुरूप होना चाहिए। एक अच्छा शीर्षक सरल, सजीव, रोचक, उत्सुकता जगानेवाला कहानी की विषयवस्तु को और उभारनेवाला होना चाहिए, जिसकी भाषा संक्षिप्त और स्पष्ट हो। यह सामान्यतः पेज के बायें तरफ सबसे पहले लिखा जाता है। राजनीतिक कहानी के सीधे और स्पष्ट शीर्षक लगाये जाने चाहिए। खेल, विज्ञान, कला और फिल्म आदि विषयों पर छूट ली जा सकती है। जैसे बनारस की सोनी चौरसिया द्वारा रोलर स्केट्टेस पहनकर कत्थक नृत्य करने को **कत्थक ऑन वील्स** शीर्षक लोगों को आकर्षित करता है।

ऐंकर-स्लग या शीर्षक के बाद टेलीविज़न समाचार का सबसे महत्त्वपूर्ण भाग ऐंकर या इण्ट्रो लिखा जाता है। ऐंकर में इतनी ख़ासियत होनी चाहिए कि उसे सुनकर दर्शक पूरे समाचार के बारे अवगत हो जाये। ऐंकर इतना सशक्त, जीवन्त और जिज्ञासा उत्पन्न करनेवाला होना चाहिए जो दर्शकों को पूरी स्टोरी देखने के लिए मज़बूर कर दे। ऐंकर संक्षिप्त और आकर्षक होना चाहिए। टेलीविज़न समाचारों में आदर्श पैकेज डेढ़ से दो मिनट का होता है इसलिए अच्छा पत्रकार वही माना जाता है जो कम शब्दों में अधिक-से-अधिक बात कह सके।

वॉयस ओवर या पार्श्व वाचन-पार्श्व वाचन को किसी दृश्य की मूल आवाज़ के ऊपर दूसरी भाषा या शब्दों को सफलतापूर्वक डालने की तकनीक कह सकते हैं। टेलीविज़न समाचारों में ऐंकर के बाद जब कैमरामैन द्वारा लिये गये दृश्य दिखाये जाते हैं तो उस घटना की व्याख्या करने के लिए उन दृश्यों की मूल आवाज़ को बन्द करके वॉयस ओवर का प्रयोग होता है। कभी-कभी विदेशों या साउथ इण्डिया से प्राप्त समाचारों को जिसकी मूल भाषा दर्शक नहीं समझ पाता है। तब इस तकनीक का प्रयोग किया जाता है।

बाइट-जब हम किसी समाचार को कवर करते हैं तो उन घटनाओं की विश्वसनीयता के लिए उससे सम्बन्धित लोगों की बातचीत के टुकड़े को बाइट या साउण्ड बाइट कहते हैं। जैसे कि यदि किसी परिवार के तीन लोगों का कत्ल हो गया है तो ऐसी स्थिति में टेलीविज़न के लिए रिपोर्ट करते समय घटना की विश्वसनीय जानकारी प्राप्त करने के लिए पीड़ित पक्ष के परिजनों, वहाँ उपस्थित लोगों, पुलिस इत्यादि की बाइट (बातचीत का अति आवश्यक अंश जिससे स्टोरी की विश्वसनीयता बढ़ती है) ली जाती है।

पी.टी.सी. या कनक्लूडिंग वॉयस ओवर- पीटीसी कें द्वारा रिपोर्टर घटनास्थल से रिपोर्ट का सारगर्भित ब्यौरा प्रस्तुत करता है। टेलीविज़न रिपोर्ट में प्रस्तुत सभी तथ्यों का विश्लेषण करके रिपोर्टर प्रभावशाली ढंग से उन्हें दर्शकों तक पहुँचाने का कार्य करता है। पीटीसी के दौरान पत्रकार का व्यक्तित्व सन्तुलित और सहज दिखायी देना चाहिए ताकि दर्शकों के मन में उसकी विश्वसनीय एवं सम्मानित छवि बन सके। कहानी के अनुरूप कभी-कभी रिपोर्टर प्रेरणा या सलाह देनेवाले वाक्यों का समावेश कर अपनी पीटीसी करता है।,

घटनास्थल से पी.टी.सी. करता रिपोर्टर

पी.टी.सी.-सरिता ने उन लाखों लोगों के लिए एक मिसाल कायम की जो ज़िन्दगी में कोई हादसा होने पर निराश होकर हीनभावना का शिकार हो जाते हैं। सरिता कहती हैं कि ज़िन्दगी में कभी हार नहीं माननी चाहिए और ज़िन्दादिली से ज़िन्दगी जीनी चाहिए। सरिता को देखकर बरबस यह मुख से निकल पड़ता है कि-

सपने उन्हीं के पूरे होते हैं, जिनके सपनों में जान होती हैं।
पंखों से कुछ नहीं होता, हौसलों से उड़ान होती है।।

डोपशीट-टेलीविज़न पत्रकारिता में डोपशीट का विशेष महत्त्व होता है। डोपशीट टेलीविज़न कैमरामैन द्वारा तैयार किये गये शॉट या बाइट के विवरण को कहते हैं। कैमरामैन किसी घटना का छायांकन करते समय उसका प्रौविधिक विवरण एक नोट बुक में करता जाता है। इस विवरण में प्रत्येक शॉट की क्रमसंख्या, शॉट की प्रकृति, (स्क्स्ट्रीम लांग शॉट, लांग शॉट, क्लोज़अप इत्यादि) की लम्बाई और सम्बन्धित घटना का संक्षिप्त परिचय इस प्रकार लिखा रहता है कि जिंसके आधार पर समाचार-सम्पादक को स्टोरी बनाने में कोई कठिनाई न हो, टेलीविज़न संवाददाता भी कैमरामैन को शॉट बनाने एवं बाइट लेने का निर्देश दे सकता है। ओरियाना फल्लाची के अनुसार,

"कैमरामैन ही टीवी का सही पत्रकार है जो बिम्बों की लिपि में लिखता है और जानता है कि कब, क्या, फोकस करना है। टीवी मूलतः बिम्बों की पोटली है। हम उसमें देखते ज्यादा, सुनते कम हैं, जो सुनते भी हैं-बिम्ब उसमें बाधा डालते हैं। फिर बिम्ब खुद भी स्थित नहीं रहते। उनमें गत्यात्मकता होती है-यह गत्यात्मकता जितनी ज्यादा हो, उतना ही अच्छा। अपने दृश्यों के द्वारा कैमरामैन दर्शकों को उद्वेलित कर देता है।" इसलिए आजकल कैमरामैन के लिए वीडियो जर्नलिस्ट का प्रयोग शुरू हो गया है।

टेलीविज़न न्यूज़ की संरचना स्टोरी के महत्त्व के अनुसार अलग-अलग प्रकार से होती है।

- ऐंकर
- ऐंकर विजुअल
- ऐंकर बाइट
- ऐंकर विजुअल बाइट
- ऐंकर विजुअल बाइट पीटीसी (सम्पूर्ण पैकेज)

ऐंकर- टेलीविज़न की दुनिया में सबसे पहले और तेज़ समाचार देने का प्रचलन है इसलिए टेलीविज़न समाचारों में कभी-कभी कोई विजुअल न होने के कारण सिर्फ़ ख़बर को पढ़कर सुना दिया जाता है। इन्हें रीड या टेल स्टोरी भी कहते हैं क्योंकि इसमें विजुअल नहीं रहता है। ब्रेकिंग न्यूज़ या तत्काल प्राप्त समाचारों को जिनका विजुअल तुरन्त प्राप्त नहीं हो पाता उन्हें बिना विजुअल के ही दर्शकों को बता दिया जाता है। बम विस्फोट दुर्घटना या अप्रत्याशित घटित घटनाओं में ऐंकर का प्रयोग सर्वाधिक होता है। इसे ऐंकर लिंक भी कहा जाता है।

ऐंकर विजुअल-ऐंकर विजुअल का प्रयोग दूरदर्शन समाचारों में अत्यधिक किया जाता है, जहाँ पर ऐंकर द्वारा समाचार का संक्षिप्त विवरण देने के बाद घटना से सम्बन्धित विजुअल दिखा देने से समाचार पूर्ण हो जाते हैं।

ऐंकर बाइट-इसका प्रयोग अधिकतर प्रेस कान्फ्रेन्स के समाचारों को प्रस्तुत करने में किया जाता है। जैसे कि कहा जाये कि भारतीय जनता पार्टी के राष्ट्रीय अध्यक्ष राजनाथ सिंह ने प्रेस कान्फ्रेन्स कर मन्त्रिमण्डल विस्तार की जानकारी दी। इसमें ऐंकर के संक्षिप्त विवरण देने के बाद सीधे राजनाथ सिंह की बाइट को प्ले कर दिया जाता है।

स्लग-गंगा नदी पर हाईकोर्ट का निर्णय

रिपोर्टर-अजय कुमार सिंह

स्थान-इलाहाबाद

इलाहाबाद उच्च न्यायालय ने राज्य सरकार को गंगा की मुख्य धारा से 50 प्रतिशत से अधिक पानी न दोहन करने तथा नरौरा बाँध से छोड़े जा रहे पानी का 50 फीसदी गंगा की मुख्य धारा में रहने देने का आदेश दिया है। न्यायालय ने कहा कि सिंचाई के लिए पानी ज़रूरी है लेकिन मुख्यधारा में भी प्रवाह बनाये रखना भी आवश्यक है इसलिए पानी को नहरों के माध्यम से अन्यत्र कहीं न भेजा जाये। न्यायालय ने यह भी कहा कि लोगों को पीने का पानी उपलब्ध कराना सरकार का कर्त्तव्य है इसके लिए न्यायालय के आदेश की आवश्यकता नहीं है। यह आदेश न्यायमूर्ति अशोक भूषण और न्यायमूर्ति अरुण टण्डन की खण्डपीठ ने दिया। सुनवाई के दौरान एमिकस क्यूरी अरुण कुमार गुप्ता ने कहा कि गंगा का पानी अत्यधिक मात्रा में दिल्ली, गाजियाबाद, नोएडा आदि शहरों में भेजा जा रहा है जिससे गंगा का जलस्तर काफी कम हो गया है इस कारण गंगा का जल भूरा हो गया है। न्यायालय ने कहा कि गंगा को प्रदूषणमुक्त रखने के लिए उसमें पर्याप्त जल प्रवाह व उसकी गुणवत्ता बनाये रखा जाये। न्यायालय ने केन्द्र, राज्य सरकार और केन्द्रीय व राज्य प्रदूषण नियन्त्रण बोर्ड को पूर्व के आदेशों के अनुपालन की रिपोर्ट के बाबत हलफनामा प्रस्तुत करने का आदेश देते हुए 19 जनवरी को मुख्य सचिव को न्यायालय में उपस्थित रहने का आदेश दिया है। अपर महाधिवक्ता एस. जी. हसनैन ने गंगा के जल- स्तर का चार्ट प्रस्तुत करते हुए न्यायालय को बताया कि आदेश के अनुपालन में नरौरा बाँध से 700 एवं नहरों से 400 क्यूसेक (कुल 1100 क्यूसेक) पानी गंगा में छोड़ा जा रहा है।

बाइट-अरुण कुमार गुप्ता। (एमिकस क्यूरी)

ऐंकर विजुअल बाइट-ऐंकर विजुअल बाइट का प्रयोग टेलीविज़न के अधिकतर समाचारों में प्रयोग किया जाता है। इस तरह के समाचारों में ऐंकर के विवरण के बाद दृश्यों एवं बाइटों की सहायता से स्टोरी को पूरा किया जाता है। ऐसे समाचारों में बाइट जुड़ी होने के कारण स्टोरी की विश्वसनीयता अधिक बढ़ जाती है।

स्लग-बाइक एक्सीडेण्ट एलर्ट डिवाइस

रिपोर्टर-अजय कुमार सिंह

स्थान-इलाहाबाद

ऐंकर-बच्चों के तेज़ बाइक चलाने की आदत से अभिभावकों को बेफिक्र रखने के लिए इलाहाबाद के चार छात्रों ने जीपीएस पर आधारित एक्सीडेण्ट एलर्ट डिवाइस बनायी है, दुर्घटना होने पर यह उपकरण पहले से फीड मोबाइल नम्बरों पर एसएमएस भेजता है।

इस सिस्टम से ग्लोबल पोजीशनिंग सिस्टम के द्वारा दुर्घटना के स्थान का भी पता लगाया जा सकता है।

वॉयस ओवर-1. इलाहाबाद में बीटेक के चार छात्रों ने मिलकर ऐंगुलर सेन्सिम डिस्क तैयार की है, जिसे जीपीएस से जोड़ा गया है। इस उपकरण में दाये व बायें दो चुम्बक लगे हैं तथा बीच में इलेक्ट्रो मैगनेटिक सेन्सर लगा हुआ है जिसे सर्किट से जोड़ा गया है। गाड़ी का झुकाव जैसे ही 70-90 डिग्री पर होता है चुम्बकीय सेन्सर के सामने आ जाते हैं और सर्किट पूरी हो जाती है। मैगनेटिक रीड सेन्सर जीपीएस को ऐक्टिव कर देता है जिससे इसमें फीड मोबाइल नम्बरों पर प्री रिकार्डेड मैसेज चला जाता है। यह डिवाइस बनाने वाले विवेक कुमार सिंह ने बताया कि यह उपकरण उन्होंने अपने निर्देशक एस. दत्ता के निर्देशन में तैयार किया है और उसे पेटेण्ट कराने का प्रयास कर रहे हैं।

बाइट-विवेक कुमार सिंह (डिवाइस बनानेवाला छात्र)

''हमने यह इलेक्ट्रो मैगनेटिक रीड सेन्सर डिवाइस दो चुम्बकों और सेन्सर की मदद से बनाया है। ऐंगुलर डिस्क तैयार करने में मात्र 200 रुपये लगे हैं जबकि जीपीएस सिस्टम 1200 रुपये का है।''

ऐंकर विजुअल बाइट पीटीसी या पैकेज-पैकेज का प्रयोग महत्त्वपूर्ण ख़बरों में अधिक किया जाता है। इसमें एक टेलीविज़न स्टोरी में मिलनेवाले सभी तत्व (ऐंकर विजुअल बाइट पीटीसी) पाये जाते हैं। अच्छा पैकेज बनाने में रिपोर्टर की कुशलता एवं अनुभव का बहुत बड़ा हाथ होता है, साथ ही, भाषा पर पकड़ उस पैकेज में चार चाँद लगा देती है। उदाहरण के लिए, बनारस शहर में गुड़िया संस्था ने तवायफों के लिए एक कार्यक्रम आयोजित किया था और उसके पहले उन्हें एश्वर्या राय अभिनीत उमराव जान फिल्म दिखायी गयी। साधारण शब्दों में यदि इसकी रिपोर्ट बनायी जाये तो कहा जायेगा कि गुड़िया संस्था ने बनारस शहर में तवायफों के सम्मान के लिए एक कार्यक्रम आयोजित किया और उससे पहले उन्हें उमराव जान फिल्म भी दिखायी गयी। इस कार्यक्रम में अमुक-अमुक व्यक्ति उपस्थित थे और उन्होंने समाज में उचित स्थान दिलाने के लिए प्रतिबद्धता जतायी। इसी स्टोरी को अपने शब्दों कुशलता और अनुभव के द्वारा एनडी टीवी के अजय सिंह ने इस रूप में बदल दिया। प्रस्तुत एक रिपोर्ट-

स्लग-आज की उमराव

रिपोर्टर-अजय सिंह,

लोकेशन-वाराणसी

ऐंकर- शहर बनारस है तो पवित्र गंगा याद आती हैं, बाबा विश्वनाथ याद आते हैं, बिस्मिल्ला ख़ान आते हैं, पर इसी बनारस में वो गलियाँ भी हैं जहाँ आज भी देह के बाज़ार सजते हैं, आज भी उमराव नाचती हैं। ऐसे ही कुछ आज की उमराव गुज़रे ज़माने की उमरावों से रूबरू होने के लिए उमराव जान फिल्म देखने गयी जहाँ न केवल इन्हें अपना अतीत याद आया बल्कि अमीरन से उमराव बनने की ये दास्ताँ इन्हें रुला भी गयी...।

वॉयस ओवर-1 बड़े सलीके से अपने हुस्न को सँवारती ये मशहूर तवायफ नीतू हैं नीतू आज अपने हुस्न को किसी मुजरे के लिए नहीं सँवार रही हैं...ये तो गुज़रे ज़माने की उमराव जान अदा की फिल्म देखने के लिए सज रही हैं जो मिर्जा हाजी रुस्वा के उपन्यास के पन्नों से निकलकर इन दिनों रुपहले पर्दे पर लोगों को दिवाना बना रही हैं नीतू ने बड़ी शिद्दत के साथ इस फिल्म को देखा। कई बार कहानी उसकी ज़िन्दगी को छूकर निकल गयी तो कई बार उसे अन्दर तक हिला गयी। बाहर निकालने के बाद नीतू बस इतना चाहती है कि अब किसी अमीरन को कोई दिलावर न मिले।

बाइट-1 नीतू (तवायफ)-"किसी लड़की को ऐसी जगह भेज देना और उसके बाद शुरू से अन्त तक मुसीबत ही झेलनी पड़ती है। वह भी इन्सान हैं। यही चाहते हैं कि आगे किसी को ऐसी मुसीबत न झेलनी पड़े जो हँसते हुए भी रहे तो उसके आँख से आँसू निकले ऐसा न हो।"

वॉयस ओवर-2-नीतू बिहार के बेतियाँ से यहाँ एक संस्था गुड़िया के उमराव बचाओ कार्यक्रम में भाग लेने आयी है। उसके साथ बनारस की वे तवायफें भी रेखा की उमराव जान से ऐश्वर्या की उमराव जान तक की तब्दीलियों को देखती अपनी किस्मत पर रो रही हैं जो वक्त के थपेड़ों की मार खाकर एक बार उमराव बनी तो फिर कभी औरत नहीं बन पायी। पूरी फिल्म में भीगी पलकों से वो सोच रही थी कि औरत बनने की हसरत फिल्मी पर्दा पूरा नहीं कर सका तो हकीकत ज़िन्दगी की बात ही क्या की जाये फिर भी इन्हें इस बात से सन्तोष है कि अमीरन किसी वेश्या के कोठे पर नहीं पहुँची, क्योंकि तवायपफों की परम्परा ने उसके जिस्म को नोचने से बचा लिया।

बाइट-2-अरुणा (तवायफ)-"जब मैं फिल्म देख रही थी तो अन्दर से बहुत रो रही थी कि दूसरी कोई लड़की उमराव जान बनकर कोठे पर न जाये। यह तो अच्छा था कि वह तवायफों के यहाँ आयी नहीं तो वेश्याओं के यहाँ गयी होती तो न जाने कितने लोग उसके साथ बलात्कार करते। यह तो कहिये कि तवायफों के यहाँ परम्परा बनी हुई है कि उसे कोठे पर बैठा दिया।"

वॉयस ओवर-3-जिस उमराव जान की कहानियों से यह रूबरू हुई उसकी मज़ार बनारस में है या नहीं यह तो नहीं पता लेकिन जब इन्हें पता चला कि यहाँ भी एक उमराव जान दफन है तो यह अपनी हसरत न रोक सकी वहाँ पहुँचकर उसकी मज़ार पर फातिहा पढ़ा और चल दी उस मंच के लिए जहाँ उमराव बचाओ के बैनर तले यह अपना सम्मान ढूँढने आयी हैं। गुड़िया संस्था के लोगों का कहना है कि तवायफें हमारे तथाकथित सभ्य समाज के ढोंग और दोगलेपन की पोल खोलती हैं इसलिए समाज दिन के उजाले में इनसे सामना करने से बचता है।

बाइट-3 अजीत सिंह (अध्यक्ष गुड़िया संस्था)-"कोई भी सामाजिक कुरीति इस समाज से पैदा होती है और उसका समाधान भी इसी समाज में है लेकिन दुर्भाग्य तो यह है कि समाज एक वेश्या तो बनाता है लेकिन उसे निकालने के लिए बाहर नहीं आता और बहुत हिम्मत जुटाता है तो नैतिकता के आड़ में उन्हें भगाने की सोचता है। समाधान कटकर भागने में नहीं है और न उसे भगाने में है समाधान है जो बन चुकी हैं उनको बचाना और नयी लड़कियों को इसमें आने से रोकना।"

वॉयस ओवर-4-फिल्म देखने आयी इन सभी तवायफों की सूनी आँखों में यही झलक रहा कि इनके अन्दर भी एक दिल धड़कता है जो प्यार चाहता है सम्मान चाहता है। इनकी आँखें आज भी वही सपने देखती हैं जो उमराव ने देखे। एक इन्सान को ज़िन्दगी बसर करने का हक मिले, प्यार मिले तो क्यों ये इन बदनाम गलियों में उतरे। ये सवाल आज की उमरावें भी पूछती हैं हम सबसे इस सभ्य समाज से कि मेरी ज़िन्दगी में अँधेरा क्यों भर दिया, मेरी ज़िन्दगी के उजाले क्यों चुरा लिया और क्यों बना दिया मुझे उमराव जान

पी.टी.सी.-रुपहले पर्दे की चकाचौंध और हाल के अँधेरे की ज़िन्दगी जीने की आदी हो चुकी ये तवायफें जब फिल्म देखकर बाहर आयीं तो इनके मन में यही सवाल उठ रहा था कि आखिर जिस समाज ने अमीरन को उमराव बनाया वही समाज क्यों नहीं किसी उमराव को औरत बनने देता और शायद ताउम्र इनकी आँखें इस सवाल का जवाब ढूँढती रहेंगी

वाराणसी से अजय सिंह की रिपोर्ट
स्लग-माया और मुलायम
रिपोर्टर-अजय सिंह
लोकेशन-वाराणसी

ऐंकर-एक माया और मुलायम वे हैं जिनके इशारे के बिना सूबे का पत्ता हिलने की हिम्मत नहीं कर सकता और एक माया और मुलायम वे बच्चे हैं जो भूख, बेबसी और उपेक्षा से इतने लाचार हैं कि चाहकर भी कुछ नहीं कर पाते। 2007 के चुनाव के वक्त इन बच्चों की हकीकत एनडीटीवी ने दिखायी थी और पाँच साल बाद जब फिर उनका हाल लेने पहुँची तो पता चला कि इन पाँच सालों में कुछ नहीं बदला न हाशिये पर मौजूद भूख से बिलखते माया और मुलायम-जैसे बच्चों के हालात और न ही सत्ता के शीर्ष पर बैठे माया और मुलायम-जैसे तमाम नेताओं की सोच और यह कहानी सिर्फ़ दो बच्चों की नहीं है बलिक पूरे सूबे में समाज के आख़िरी पायदान पर बैठे लोगों की है।...

ओपनिंग पीटूसी-आज सूबे का सियासी पारा चरम पर है। एक बार फिर विकास के बड़े-बड़े दावे हो रहे हैं, जनता को सपने बेचे जा रहे हैं। सपनों के इन्हीं जादूगरों की हकीकत जानने के लिए हम उन दो बच्चों से मिलने जा रहे हैं जिनसे हम पाँच साल पहले मिले थे।

वॉयस ओवर-1 (स्प्लिट विण्डो)-ये दो तस्वीरे हैं। पहली पाँच साल पुरानी और दूसरी आज की पाँच साल पहले माया और मुलायम कुपोषण के तीसरे और चौथे पायदान पर थे, तब बनारस से महज 20 किलोमीटर दूर विण्डारा गाँव के रैतारा टोले में जाकर इनकी बेबसी दुनिया के सामने रखी थी। इस उम्मीद में कि दलितों और पिछड़ों के पैरोकार नेताओं की नज़रे इन पर पड़ेंगी और इनका भविष्य सँवर जायेगा लेकिन ऐसा कुछ न हुआ।

बाइट-1 चन्दरा (मुलायम की दादी)

"हमहन के पेट जरत ह हमार बच्चा मारत ह कहाँ तक हमहन के सपरी के इनके उठा के मैदान कराई बाबू।"

वॉयस ओवर-2 (स्प्लिट विण्डो)-मुलायम तब तीन साल का था और उसका वजन महज़ पाँच किलो था लेकिन तब भी उसके पैर बेजान नहीं थे, आज वह आठ साल का है मगर चल-फिर नहीं सकता। अपाहिज हो गया है लेकिन दूसरी तरफ सूबे में लम्बे समय तक राज करनेवाले मुलायम सत्ता के ताकतवर दावेदार के तौर पर उभरे हैं माया तब दो साल की थी आज सात की हो गयी है। इस उम्र में बच्चे दूसरी या तीसरी क्लास में होते हैं लेकिन माया ने अभी तक स्कूल का मुँह नहीं देखा है छोटी-सी झोंपड़ी में बुझा चूल्हा इनकी गरीबी बयाँ कर रहा है तो दूसरी तरफ इन्हीं पाँच सालों में मायावती सत्ता के शीर्ष पर रही और इनकी माली हैसियत 52 करोड़ से बढ़कर 87 करोड़ हो गयी। यह गवाह है इस बात का कि सियासत के शीर्ष पर बैठे लोगों और समाज के अन्तिम पायदान पर बैठे लोगों के बीच फासला कितना बढ़ गया है।

बाइट-कुमारी (माया की रिश्तेदार)

"सरकार लूट ले ला सरकार पावे त गरीबन के लूटके सब रख ले चाहे मायावती रहे चाहे कांग्रेस रहे हमहन के त भुखमरी बा।"

वॉयस ओवर-3-इन दोनों बच्चों के परिवार बेहद गरीब हैं लेकिन इन्होंने बड़ी हिम्मत के साथ अपने बच्चों का नाम माया और मुलायम रखा है। इसमें इनके अपने सपने थे और सिर्फ़ यही बच्चे नहीं बल्कि इन जैसे सूबे के लाखों-करोड़ों बच्चों के माँ-बाप कुछ ऐसे ही सपने भूख और गरीबी से लड़ते हुए अपने बच्चों के लिए पाले होंगे लेकिन विडम्बना देखिये एक तरफ जहाँ हुक्मरानों के बच्चे विदेशों से पढ़कर सत्ता पर अपनी दावेदारी ठोंक रहे हैं, तो वहीं इनके सपने अपाहिज और बेसहारा हो रहे हैं।

पीटूसी-भूख और गरीबी से लाचार माया और मुलायम जैसे बच्चों की बेबसी देखकर हाल ही में रिलीज हुई डर्टी पिक्चर की यह लाइन बिलकुल सटीक बैठती है कि ज़िन्दगी जब मायूस होती है तभी महसूस होता है। सत्ता के शीर्ष पर बैठे माया और मुलायम की ज़िन्दगी कभी भूख और गरीबी से इतनी मायूस नहीं हुई होगी कि इन बच्चों की बेबसी महसूस कर सकें अगर वे महसूस कर सकते तो माया और मुलायम-जैसे लाखों-करोड़ों बच्चों की निगाहें व्यवस्था के खिलाफ हम सबसे सवाल पूछते नज़र नहीं आते।

वाराणसी से अजय सिंह की रिपोर्ट

स्लग-ज़िन्दा हूँ मैं

रिपोर्टर-अजय सिंह,

लोकेशन-वाराणसी

ऐंकर-भोजपुरी के शेक्सपीयर कहे जानेवाले भिखारी ठाकुर का आज जन्मदिन है। बिहार में लोग उन्हें अपने तरीके से याद कर रहे हैं। उनके सम्मान में सरकार ने भी छपरा ज़िले के भिखारी चौक पर उनकी और उनके सहयोगी रहे परमेश्वर दास की मूर्ति लगायी गयी है, पर जिस परमेश्वर की मूर्ति लगायी गयी है, वह ज़िन्दा हैं और वह भी बदहाली में, जिनकी सुध न तो सरकार और न ही उनके नाम पर जलसा करनेवाले ले रहे हैं। हालत यह है कि आज 95 साल के उसी परमेश्वर को अपने ज़िन्दा रहते मूर्ति लगने की ख़बर रुला गयी है क्योंकि जिस सरकार ने मूर्ति लगाने में हज़ारों रुपये ख़र्च किये वही सरकार

अगर एक नज़र भर इनको तरफ फेर देती तो शायद बुढ़ापे में तंगहाली के आँसू न बहाने पड़ते।

वॉयस ओवर-1-इस बुत को गौर से देखिये नहीं, बल्कि ध्यान से सुनिये

एम्बीऐन्स ब्रेक-हम 96 साल के हो गये हमको देखनेवाला कोई नहीं, हम ऐसे ही हैं।

जी हाँ बिहार में बुत भी बोलते हैं क्योंकि भोजपुरी के शेक्सपीयर कहे जानेवाले भिखारी ठाकुर के जिस सहयोगी परमेश्वर दास की यह मूर्ति है, वो आज भी ज़िन्दा हैं और अपनी ही मूर्ति के नीचे अपनी बदहाली की दास्ताँ सुना रहे हैं।

बाइट-परमेश्वर दास (भिखारी ठाकुर के सहयोगी)

''हम ज़िन्दा हैं हमारी मूर्ति बना दी हमको पता ही नहीं था लोग बताये हम देखे भी नहीं हैं।''...

वॉयस ओवर-2-भिखारी ठाकुर के साथ बिताये दिनों की याद इस उम्र में भी ज़िन्दा है...सालों बाद गुरु की मूर्ति के पास बैठने पर उनके एहसास भर-से आँखों से साथियों के बिछुड़ जाने का गम बह रहा है तो लबों से विदेशिया का बटोही, भाई विरोध में कुटनी बुढ़िया/बेटी बेचवा के हजाम का पात्र जीवित हो रहा है जिसे सुनकर आज भी लोग दाँतों तले उँगली दबा रहे हैं।

एम्बीऐन्स ब्रेक-नाटक के पात्र के बोल

वॉयस ओवर-3-पर विडम्बना देखिये दर्शकों तक परमेश्वर समाज की जिन बुराइयों पर हथौड़ा चलाते रहे आज उसी के चोट से बेजार हो गये हैं। बेटों का सहारा नहीं मिला कई साल भटकने के बाद पिछले पाँच साल से बेटी के यहाँ रह रहे पर यहाँ भी गरीबी की मार ऐसी है कि मरने के बाद अपने अन्तिम क्रिया-कर्म की चिन्ता खाये जा रही है।

नाइट-परमेश्वर दास (भिखारी ठाकुर के साथी)

वॉयस ओवर-4-इन बुतों में सीना ताने खड़े भिखारी ठाकुर के लबों से निकले बोल साठ के दशक में समाज के आख़िरी हाशिये पर पड़े लोगों की आवाज़ बुलन्द करती थी. ..पर आज उसी के साथी के ज़िन्दा बुत में तब्दील कर दिये जाने और उसकी बदहाल ज़िन्दगी पर प्रशासन बगले झाँकता नज़र आ रहा है।

बाइट-प्रभात कुमार सिंह (जिलाधिकारी छपरा)

''हमें पता चला है हम इसके लिए अपने अधिकारियों से कहे हैं उन्हें अगर इलाज की ज़रूरत होगी तो सरकार की तरफ से मदद करेंगे।''

ऐंकर-इलाहाबाद में इंजीनियरिंग की पढ़ाई कर रही उस लड़की की दुनिया सिर्फ़ दो लोगों तक ही सिमटी हुई थी। पहला उसके सपनों का वह राजकुमार जो सात जन्मों तक साथ निभाने का वायदा कर सालों-साल उसके जज्बात से खेलता रहा और दूसरी उसकी बचपन की वह सहेली जो उसकी हर साँस की राज़दार हुआ करती थी लेकिन पहले आशिक ने बेवफाई की फिर बचपन की दोस्त ने दगाबाजी पहले प्यार पर भरोसा टूटा फिर आस्तीन के सांप की असलियत सामने आयी रुसवाई और तनहाई में ज़िन्दगी बोझ

लगने लगी तो यह इंजीनियर इन्तकाम पर उतर आयी और बन बैठी कातिल बेवफा आशिक को उसने मौत की सजा दे दी और दगाबाज सहेली को समाज में बेपर्दा कर दिया।

वॉयस आवर-1. इलाहाबाद के खुल्दाबाद इलाके में रेलवे स्टेशन के सामने मुगल बादशाह खुसरो के मकबरे के बाहरी हिस्से में दो दिन पहले यानी इक्कीस फरवरी की दोपहर को उस वक्त सनसनी फैल गयी जब अपने आशिक की गोद में सर रखकर बैठी लड़की के पास अचानक कुछ लोग आये और उन्होंने आशिक पर तमंचे से गोलियाँ बरसाते हुए उसे मौत के घाट उतार दिया लड़की न तो चीखी-चिल्लायी और न ही उसने अपनी मोहब्बत का मातम मनाया, बल्कि वह कातिलों की मोटर साइकिल पर बैठकर उनके साथ फरार हो गयी जिस जगह यह वारदात हुई उसे खुसरोबाग कहा जाता है और वहाँ हमेशा लोगों की चहल-पहल बनी रहती है। कत्ल के इस वाकये को भी तमाम लोगों ने देखा, लेकिन लोगों को कत्ल से ज्यादा हैरत उस लड़की के किरदार पर हुई, जिसका इस कत्ल में सबसे अहम् रोल रहा बहरहाल पुलिस ने तफ्तीश शुरू की तो उसे पहले नाकामयाबी ही हाथ लगी जिस आशिक का कत्ल हुआ उसके पास से मिले आई कार्ड व दूसरे सभी कागज़ात फर्जी निकले इस बीच कहीं से उसका मोबाइल नम्बर मिलने से पुलिस ने काल डिटेल्स निकलवायी तो कड़ियाँ जुड़ने में जरा भी देर नहीं लगी और कुछ ही घण्टों में इस मर्डर मिस्ट्री के हर राज से पर्दा उठ गया। कत्ल में अहम रोल निभानेवाले भाई-बहन पुलिस के शिंकजे में आ गये और उन्होंने हमदर्दी पाने की कुछ बातों के साथ पूर सच सबके सामने बयाँ कर दिया।...

बाइट्स-1. अलका रियात, गिरफ्तार आरोपी (फाइल 2 एवं 3)
2. अरशद उर्फ बाबू, गिरफ्तार आरोपी

वॉयस आवर-2. दरअसल इलाहाबाद के प्रीतमनगर इलाके की रहनेवाली अलका रियात शहर के नामी डीम्ड यूनिवर्सिटी से इंजीनियरिंग की पढ़ाई कर रही थी। पिछले साल यहीं उसकी मुलाकात बिहार के जहानाबाद से पढ़ाई के लिए आये निर्गम प्रकाश नारायण उर्फ संजीव से हुई। संजीव भी इसी कैम्पस में चलनेवली एक ओपन यूनिवर्सिटी के सेंटर से इंजीनियरिंग की पढ़ाई कर रहा था। पहली ही मुलाकात में संजीव और अलका एक-दूसरे से अपना दिल हार बैठे और साथ जीने-मरने की कसमें खाने लगे। अलका यहाँ अपनी बचपन की दोस्त और पड़ोसन गुंजा के साथ ही आती थी। गुंजा भी यहीं अलका के साथ ही पढ़ाई कर रही थी। अलका पहले तो चोरी-छिपे संजीव से मिलती पर बाद में उसने गुंजा को भी संजीव के बारे में सब-कुछ बताते हुए उससे मुलाकात करवा दी। रिश्तों की मर्यादा पार करते हुए करीब डेढ़ साल तक अलका के जिस्म और उसके जज्बातों से खेलने के बाद संजीव ने अलका की सहेली गुंजा को भी अपने प्यार के जाल में फँसा लिया। संजीव का साथ गुंजा को इस कदर रास आने लगा कि वह अपनी बचपन की दोस्त अलका से भी दूरी बनाने लगी। कुछ दिनों बाद अलका को शक हुआ तो उसने इन दोनों के रिश्तों पर एतराज जताया। संजीव तो दोनों को बेवकूफ बनाकर उनसे रिश्ता बनाये रखना चाहता था। लिहाज़ा वह हंसी में बात को टाल देता था लेकिन गुंजा पर संजीव के प्यार का जादू कुछ इस कदर चढ़ा कि उसने सरेआम बगावत कर दी। गुंजा ने अलका

को इस बात के लिए चैलेंज भी कर दिया कि वह इक्कीस फरवरी को संजीव को ख़ुसरोंबाग में बुलवाकर संजीव की जबान से सिर्फ़ ख़ुद को चाहने की बात भी कबुलवा देगी। इक्कीस फरवरी को पहले संजीव ख़सरोबाग पहुँचा, फिर अलका, लेकिन गुँजा किसी वजह से नहीं आयी ख़ुसरोबाग न पहुँचने से गुंजा की ज़िन्दगी तो बच गयी लेकिन अब न तो उसका फरेबी आशिक उसके साथ है और न ही बचपन की सहेली अलका। पुलिस ने पूछताछ के लिए गुंजा को भी हिरासत में ले रखा है साथ ही क़त्ल के इस सनसनीखेज़ मामले में दुनिया में उसकी रुसवाई अलग हो रही है। अलका और गुंजा दोनों ने ही जिस संजीव के लिए अपनी बचपन की दोस्त को मिट्टी में मिला दिया था, उसके क़त्ल के बाद उन्हें पता चला कि उनके आशिक का असली नाम संजीव नहीं था, न ही वह पटना का रहनेवाला था, न तो वह आरबीआई में ऑफिसर था और न ही स्पेशल लीव पर उनकी ही यूनिवर्सिटी से पढ़ाई कर रहा था। इतना ही नहीं वह किसी रईस घराने का नहीं था और उसके पिता गज़टेड ऑफिसर भी नहीं थे, संजीव उर्फ निर्गम प्रकाश नारायण ने अलग-अलग नामों से कई फेस बुक एकाउण्ट भी बना रखे थे और वह अपने घरवालों को भी बेवकूफ बनाकर उनसे पैसे वसूलता रहता था।

बाइट्स-1. अलका रियात, गिरफ्तार आरोपी

2. गुंजा यादव, हिरासत में ली गयी अलका की सहेली

वॉयस आवर-3. दरअसल अलका को इस बात का एहसास हो गया था कि इक्कीस फरवरी को ख़ुसरोबाग में आमना-सामना होने पर संजीव अब गुंजा के साथ ही रहने की बात कहेगा, इसलिए उसने एक दिन पहले ही अपने भाई और उसके दोस्तों को साथ चलने के लिए राज़ी कर लिया था। ख़ुद अलका के मुताबिक उसे यह बात पता थी उसका भाई अरशद उर्फ बाबू और उसके दोस्त हमेशा अपने साथ अवैध असलहे लेकर चलते हैं, इसलिए वह सबको साथ लेकर गयी थी। हालाँकि अलका और उसके भाई ने यह दलील दी कि ख़ुसरोबाग पहुँचने पर गुस्से में तमतमायी अलका ने जब संजीव को कुछ थप्पड़ जड़ दिये तो वह भी अलका के साथ मार-पीट करने लगा। भाई अरशद और उसके दोस्तों से जब अलका की पिटाई बर्दाश्त नहीं हुई तो उन्होंने पहले संजीव को जमकर पीटा फिर गोली मारकर उसे मौत के घाट उतार दिया। पुलिस ने संजीव उर्फ निर्गम नारायण के क़त्ल के इल्ज़ाम में अलका रियात और उसके भाई अरशद को गिरफ्तार कर लिया है लेकिन अभी अरशद के दो दोस्तों को नहीं पकड़ सकी है। पुलिस का दावा है कि उसने क़त्ल में इस्तेमाल की गयी दोनों मोटर साइकिल और तमंचा भी अलका व अरशद के पास से बरामद कर लिया है।

बाइट-अरुण कुमार पाण्डेय, एसपी क्राइम

साइन ऑफ-इस मामले की जाँच कर रही इलाहाबाद की ख़ुल्दाबाद कोतवाली की पुलिस अलका की दोस्त गुंजा को हिरासत में लेकर पूछताछ तो कर रही है लेकिन उसे अभी गिरफ्तार नहीं किया है। पुलिस का कहना है कि संजीव को कई बार फोन कर गुंजा ने ही ख़ुसरोबाग बुलाया था, हालाँकि उसे अलका व उसके भाई की साज़िश की जानकारी नहीं थी।

स्लग-अजब प्रेम की गज़ब कहानी

ऐंकर-कहते हैं प्यार अन्धा होता है, कब किस पर दिल आ जाये और दीवानगी में कदम कितने बहक जायें, इसका कोई ठिकाना नहीं। संगम नगरी इलाहाबाद की यह लव स्टोरी भी कुछ इसी तरह है। यहाँ बीस साल का एक लड़का अपने पड़ोसी किन्नर से दिल लगा बैठा। रीति रिवाजों और परम्पराओं के मुताबिक शादी मुमकिन नहीं हुई। दोनों ने साथ जीने मरने की कसमें खाई-शादी के अंजाम तक पहुँची। तो दोनों ने अदालत का दरवाजा खटखटाकर कोर्ट मैरज कर ली अजब प्रेम की इस गज़ब कहानी की इलाहाबाद में ख़ूब चर्चा है।

वॉयस आवर-1. सलमान ख़ान की फिल्म दबंग की मुन्नी अकेली नहीं जो अपने प्यार की ख़ातिर बदनाम हुई हो। रियल लाइफ में भी किसी के सामने दिल हारकर कई दीवाने अपने प्यार की ख़ातिर सब-कुछ कुर्बान कर देते हैं। अब ज़रा इन्हीं महाशय को देखिये इलाहाबाद के रहने वाले बीस साल के यूसुफ अच्छे घर से ताल्लुक रखते हैं ग्रेजुएशन के बाद एम.बी.ए. करने की तैयारी थी। बिजनेस मैनेजमेण्ट की बारीकियां सीखते, इससे पहले ही पड़ोस में इश्क का कनेक्शन जोड़ बैठे। जनाब की पसन्द देखिये, दिल आया भी तो एक किन्नर पर। मोहब्बत की यह आग यूसुफ के साथ ही किन्नर तारा के दिल में भी शोले बनकर भड़की, सो मामला शादी के सेटेलमेण्ट तक जा पहुँचा। यूसुफ के घरवालों ने। लेकिन ख़ूब विरोध किया। इश्क का भूत सिर से उतरने को राजी नहीं हुआ और प्रेम दीवाने ने घर-बार और परिवार सब-कुछ छोड़ दिया। रीति-रिवाजों और परम्पराओं के मुताबिक न तो निकाह हो सकता था और न ही मंदिर व आर्य समाज में फेरे पड़ सकते थे कोई राह न सूझी तो अपने रिश्तों को अंजाम तक पहुँचाने के लिए दोनों अदालत पहुँच गये और कोर्ट मैरिज कर ली। शादी बेमेल थी। फिर भी अदालत ने कानून के मुताबिक इनकी शादी पर मुहर लगाते हुए पति-पत्नी की तरह साथ रहने की इजाजत दे दी यूसुफ अब कानूनी तोर पर किन्नर तारा का पति बन चुका है।

बाइट-ए., शादी करानेवाले वकील

वॉयस आवर-2. इस बेमेल शादी के वक्त अदालत में ख़ासी गहमा-गहमी रही यूसुफ की तरफ से उसके कुछ करीबी दोस्त शामिल हुए तो दुल्हन तारा के संग किन्नरों का पूरा हुजूम मौजद था। किन्नर हो और शादी का मौका हो तो भला ठुमके न लगें, ऐसा तो मुमकिन नहीं। शादी में शामिल लोगों ने कोर्ट कैम्पस में ही जश्न मनाया गाना हुआ-जमकर धमाल और नाच हुआ। मिठाइयाँ बाँटी गयी दुल्हन की बलाएँ ली गयीं दूल्हा-दुल्हन कचहरी आये तमाम लोग चुपचाप हंसते-मुस्कुराते ये तमाशा देखते रहे।

बाइट्स-1. चाँदनी, किन्नर

2. रेनू, किन्नर

वॉयस आवर-3. इस बेमेल शादी से यूसुफ को अपना घर बार छोड़ना पड़ा, पढ़ाई और सारे रिश्ते नाते टूट गये। समाज की रुसवाई झेलनी पड़ी। कैरियर दांव पर लग चुका है। लेकिन मोहब्बत की मंज़िल पाकर जनाब की खुशी का कोई ठिकाना नहीं। शादी बेमेल है तो क्या हुआ नयी-नवेली दुल्हन को रिझाने के लिए गाने गा रहे हैं और तो और दो

दिन बाद शिमला की बर्फीली वादियों में हनीमून पर जाने का भी प्रोग्राम है। यूसुफ के मुताबिक उसे न तो घरवालों से बिछुड़ने का गम है और न ही समाज की मुख्यधारा से कटने का। दुल्हन बनी किन्नर तारा किसी बच्चे को गोद लेकर जल्द ही यूसुफ के घर उधार की किलकारियाँ गुँजवाने की तैयार में है।

बाइट्स- 1. यूसुफ, कोर्ट मैरिज करनेवाला दूल्हा

2. किन्नर तारा, कोर्ट मैरिज करनेवाली दुल्हन

वॉयस आवर-4. समाज भले ही यूसुफ और तारा की मोहब्बत और उनकी शादी को मानने से इनकार करते हुए इन्हें लफंगे परिन्दे करार दे रहा हो लेकिन कानून ने इनके रिश्तों को जायज़ ठहराते हुए उस पर अपनी मुहर लगा दी है। अपने अन्जाम तक पहुँची अजब प्रेम की इस गज़ब के चर्चे इलाहाबाद में लोगों के ज़ुबान पर हैं। इतना ही नहीं इस बेमेल शादी से रिश्तों की परिभाषा और मर्यादा पर एक बार फिर से बहस छिड़ सकती है।

स्लग-लूट फार डाटर्स मैरिज

ऐंकर-इलाहाबाद में बेटी के ब्याह की ख़ातिर एक बाप बन बैठा लुटेरा। पैसों के अभाव में बेटी का रिश्ता न टूट जाये। इसके लिए इस बाप ने दोस्तों के साथ मिलकर एक बाइक एजेन्सी से दिन-दहाड़े आठ लाख रुपये की लूट कर डाली। हालाँकि बेटी को बिदा करने से पहले ही पुलिस ने उसे गिरफ्तार कर जेल भेज दिया। बदनसीब बाप के जेल जाने के बाद उसकी बेटी की शादी पर फिर से खतरा मँडराने लगा है।

वॉयस आवर-1. सफेद शर्ट और सफेद गमछे से मुँह ढककर इलाहाबाद पुलिस की गिरफ़्त में खड़े राजकुमार नाम के इस शख्स पर शहर के झूँसी इलाके की एक बाइक एजेन्सी से करीब साढ़े आठ लाख रुपये की लूट करने की साज़िश रचने का आरोप है। दो अप्रैल की दोपहर को लूट की यह वारदात जिस शिवानी बाइक एजेन्सी के बाहर हुई थी। राजकुमार उसमें बतौर कर्मचारी काम करता था। नौ मई को उसने बेटी का ब्याह तय कर रखा था। रिश्तेदारों ने वायदे के बावजूद उसे उधार नहीं दिया तो साथ बेटी के ससुरालवालो ने और दहेज की डिमाण्ड कर दी। राजकुमार को लगा कि पैसे के अभाव में रिश्ता टूट जायेगा और बेटी की डोली नहीं उठ सकेगी, लिहाजा उसने पैसे कमाने के लिए अपने ही मालिक को निशाना बनाने की ख़तरनाक साज़िश रच डाली।

बाइट-राजकुमार, गिरफ्तार आरोपी

वॉयस आवर-2. इस सनसनीखेज साजिश के मुताबिक राजकुमार ने अपने एक रिश्तेदार और दो पेशेवर क्रिमिनल्स के साथ ही एजेन्सी के एक अन्य कर्मचारी के साथ मिलकर साढ़े आठ लाख रुपये की लूट की वारदात को अन्जाम दे दिया। लूट के वक्त कैशियर के बैंक के लिए निकलने की मुख़बिरी राजकुमार ने ही की थी। वारदात के बाद पुलिस ने कर्मचारियों के फोन सर्विलांस पर लगाये तो पूरे मामले का खुलासा हो गया। पुलिस ने लूट की इस वारदात के मास्टर माइण्ड राजकुमार और तीन दूसरे लोगों को गिरफ्तार कर लिया है। जबकि एक आरोपी अभी फरार है। पुलिस ने इन लुटेरों के पास से साढ़े पाँच लाख रुपये की रकम भी बरामद कर ली है।

बाइट-मंजिल सैनी, एसएसपी इलाहाबाद

वॉयस आवर-3. बेटी की डोली की ख़ातिर लूट करनेवाला राजकुमार अब जेल पहुँच गया है। जुर्म कबूल कर लेने के बाद उसे नौ मई से पहले ज़मानत मिलना मुश्किल नज़र आ रहा है। ऐसे में अब नौ मई को तय वक्त पर उसकी बेटी की डोली उठ पायेगी या नहीं, यह फिलहाल तय नहीं है।

अच्छी टेलीविज़न स्क्रिप्ट लिखने के कुछ सुझाव -

- टेलीविज़न स्टोरी लिखते समय यह ध्यान में रखना चाहिए कि इसमें दृश्यों का महत्त्व अधिक होता है। इसलिए दृश्यों को प्राथमिकता देनी चाहिए।
- टेलीविज़न स्टोरी में दृश्यों को अपनी बात कहने देना चाहिए शब्दों का प्रयोग उनके पूरक की तरह करना चाहिए। इसलिए पहले दृश्यों के बारे में सोचना चाहिए उसके बाद शब्दों के बारे में सोचना चाहिए।
- दृश्यों को स्टोरी की संरचना में फिट होने दीजिये, बाइट का प्रयोग स्टोरी में तार्किक और अनुकूल तरीके से करना चाहिए।
- जो भी घटना घटित हुई है दर्शक उसे टीवी स्क्रीन पर देख रहा है और वह यह जानना चाहता है कि क्यों और कैसे घटित हुआ अतः टीवी स्क्रीन पर जो दृश्य दिखाये जा रहे हैं, उसको शब्दशः कहने की बजाय अतिरिक्त सूचना दीजिये।
- जब दृश्य बहुत प्रभावशाली और आकर्षक हो तो ख़ास महत्त्वपूर्ण और रोचक बाइट्स का प्रयोग करना चाहिए। बाइट स्पष्ट होनी चाहिए और स्टोरी से सम्बन्धित आवश्यक बातों का समावेश होना चाहिये। बाइट के बीच में जो दूसरा विजुअल आता है उसे पिलर कहते हैं। सुपर में उसका नाम और परिचय अवश्य देना चाहिए।
- स्क्रिप्ट लिखने के बाद उसे दोबारा अवश्य पढ़ना चाहिए। इस बात का ध्यान रखना चाहिए कि कोई महत्त्वपूर्ण बात छूट तो नहीं रही है। अनावश्यक बातों को स्क्रिप्ट से निकाल देना चाहिए।
- टेलीविज़न स्क्रिप्ट में आम बोलचाल भाषा का प्रयोग करना चाहिए। वाक्य छोटे, सीधे और सरल भाषा के हों। जहाँ तक हो सके कम शब्दों में अपनी बात को लिखना चाहिए। टेलीविज़न स्क्रिप्ट में शब्दों का अत्यधिक प्रयोग करने से कभी-कभी ऐसा होता है कि दृश्य दबने लगते हैं। ऐसा नहीं होना चाहिए।

टेलीविज़न संवाददाता-

1. स्ट्रिंगर या अंशकालिक संवाददाता-किसी भी टेलीविज़न चैनल के लिए देश के सभी शहरों में पूर्णकालिक संवाददाता रखना सम्भव नहीं है। इसलिए टीवी चैनलों में छोटे ज़िलों और कम महत्त्ववाले क्षेत्रों में अंशकालिक संवाददाताओं की नियुक्ति की जाती है। इन्हें प्रति स्टोरी भुगतान किया जाता है, जिससे चैनल की लागत कम आती है। पिछले कुछ दिनों में इनकी उपयोगिता को देखते हुए स्ट्रिंगर शब्द की जगह न्यूज़ कण्ट्रीब्यूटर का प्रयोग करना शुरू कर दिया। स्ट्रिंगर अंग्रेज़ी के स्ट्रिंग शब्द से बना हुआ है जिसका अर्थ धागा होता है।

2. रिटेनर-रिटेनर उस संवाददाता को कहते हैं, जिनका मानदेय फिक्स रहता है, अर्थात् अलग-अलग न्यूज़ चैनलों में महीने में 20-30 स्टोरी करने पर पन्द्रह या बीस हज़ार

फिक्स वेतन मिलता है। उसी में इन्हें कैमरामैन रखना और ब्रॉडबैण्ड इत्यादि का ख़र्च वहन करना पड़ता है।

3. पूर्णकालिक संवाददाता-जैसा कि नाम से ही ज़ाहिर है यह संवाददाता पूर्ण रूप से चैनल के लिए कार्य करते हैं और इन्हें वेतन फण्ड वगैरह सारी सुविधाएँ प्राप्त होती हैं। टेलीविज़न चैनल के मुख्यालय में अधिकतर रिपोर्टर पूर्णकालिक होते हैं, जो अपनी बीट के अनुसार कार्य करते हैं। मुख्यालय के अलावा अन्य प्रदेशों की राजधानी में ब्यूरो प्रमुख के साथ कुछ पूर्णकालिक संवाददाता भी रखे जाते हैं जो बड़ी ख़बरों की रिपोर्टिंग आवश्यकतानुसार प्रदेश भर में करते हैं। इन पत्रकारों को केन्द्र व राज्य की सरकारी योजनाओं का लाभ भी मिलता है। पूर्णकालिक संवाददाताओं को ब्यूरो प्रमुख विशेष संवाददाता, प्रमुख संवाददाता, नगर संवाददाता इत्यादि श्रेणियों में बाँटा जा सकता है।

टेलीविज़न संवाददाता के गुण (Qualities of Television Reporter)

एक टेलीविज़न संवाददाता में समाचार लिखने की कला के साथ-साथ भाषा पर अच्छी पकड़ अनिवार्य है।

- टेलीविज़न संवाददाता में समाचार सूँघने की क्षमता (A Nose for News) होनी चाहिए अर्थात् उसे अपने आँख व कान खुले रखनें चाहिए क्योंकि क्षेत्र में काम करते हुए कई ख़बर उसके सामने निकल जाती है और वह उसे भाँप नहीं पाता। उसे उस बात का ज्ञान होना चाहिए कि कौन-सी सूचना समाचार बन सकती है। दूसरे शब्दों में कहा जाये तो उसे समाचारों के महत्त्व का ज्ञान होना चाहिए।
- टेलीविज़न संवाददाता के अन्दर ख़बरों को ढूँढ़ने का जज्बा एवं जुनून होना चाहिए।
- टेलीविज़न संवाददाता को यह ध्यान रखना चाहिए कि रिपोर्टिंग का काम अन्य 10-5 बजे वाली नौकरियों की तरह नहीं है अर्थात् किसी भी समय कोई उपयोगी सूचना प्राप्त होने पर उसे तत्काल वहाँ जाना पड़ेगा। मिसाल के तौर पर यदि ख़बर मिलती है कि जयपुर के चौड़ा रास्ता इलाके में बम विस्फोट हो गया है तो अपने सूत्रों से ख़बर की पुष्टि करके उसे तत्काल वहाँ जाना होगा, रास्ते में सम्बन्धित पुलिस अधिकारियों से सम्पर्क करके घटना की अधिक-से-अधिक जानकारी एवं अपडेट लेते रहना होगा। इसके अलावा घटनास्थल से जितनी भी बाइट्स ली जायें उनके सही नाम और पद मालूम होने चाहिए, साथ ही कैमरामैन को भी यह ध्यान रखना होगा कि हर शॉट घटना की नजदीक से व्याख्या करता हो और ख़बर की महत्ता को बढ़ाता हो।
- एक टेलीविज़न संवाददाता में भावनाओं, व्यक्तिगत, जातिगत, साम्प्रदायिक दुराग्रहों को दूर रखकर रिपोर्टिंग करने की क्षमता होनी चाहिए। जैसे यदि कहीं पर दंगा हो गया है तो उसमें मरनेवाले व्यक्ति या समुदाय-विशेष का नाम नहीं लेना चाहिए। सनसनी फैलाने के लिए ऐसी कोई जानकारी नहीं देनी चाहिए जिसका किसी समुदाय पर गलत प्रभाव पड़े।
- टेलीविज़न संवाददाता को क्षेत्र में प्राप्त हो रही समस्त सूचनाओं की जो ख़बर बन सकते हैं की विश्लेषण की क्षमता होनी चाहिए। इन सूचनाओं को तत्काल प्राप्त करने

के लिए हर संवाददाता को अपने संवाद सूत्र विकसित करने चाहिए क्योंकि टेलीविज़न में समय का बहुत महत्त्व है। संवाद सूत्र बनाने के लिए एक संवाददाता को अपने शहर में काफी घूमना पड़ेगा और अपने शहर के उन समस्त स्थानों की जानकारी प्राप्त करनी होगी जहाँ से ख़बरे प्राप्त हो सकती हों तथा उन लोगों से मेल-जोल बढ़ाना पड़ेगा जिनसे खबरें पता चल सकती हैं।

- एक अच्छे टेलीविज़न संवाददाता को समसामयिक घटनाओं की अद्यतन जानकारी होनी चाहिए साथ-ही-साथ हर हाल में देश के विशिष्ट व्यक्तियों, महत्त्वपूर्ण विभागों और घटनाओं की मूलभूत जानकारी होनी चाहिए।
- टेलीविज़न संवाददाता यदि किसी ख़ास बीट से जुड़ा है तो उसे उस क्षेत्र की तकनीकी भाषा भी आनी चाहिए। उदाहरण के लिए क्रिकेट जुड़े संवाददाता को नो बाल, स्क्वायर लेग, फाइन लेग, पॉवर प्ले इत्यादि तकनीकी शब्दों के बारे में पता होना चाहिए।
- टेलीविज़न संवाददाता में दिन-प्रतिदिन घटनेवाली घटनाओं के अलावा विशेष ख़बरों को करने की क्षमता होनी चाहिए, साथ ही उस समाचार के दर्शकों पर पड़नेवाले प्रभाव की जानकारी हो। सॉफ्ट स्टोरी करते समय उसे दर्शकों की रुचियों के अनुरूप विकसित करने की क्षमता भी होनी चाहिए। किसी समुदाय-विशेष पर स्टोरी करते समय उस समुदाय-विशेष की प्रथाओं एवं रुचियों की जानकारी होनी चाहिए। उदाहरण के लिए, यदि किसी आदिवासी समुदाय पर स्टोरी की जा रही हो तो उस समुदाय के नियम, प्रथाओं एवं वेशभूषा इत्यादि की जानकारी भी होनी चाहिए।
- तनाव व उत्तेज़ना के क्षणों में अपने धैर्य को बरकरार रखकर कार्य करने की क्षमता टेलीविज़न संवाददाता में होनी चाहिए। कई बार रिपोर्टिंग करते समय कुछ वीभत्स दृश्य देखकर संवाददाता अपना धैर्य कायम नहीं रख पाते।
- टेलीविज़न संवाददाता को दबाव में न आकर शुद्धता व तीव्रता के साथ कार्य करने की मानसिक एवं शारीरिक योग्यता होनी चाहिए। न्यूज़ या स्टोरी लिखते समय संवाददाता को निष्पक्षता का विशेष ध्यान रखना चाहिए। उसको स्टोरी या न्यूज़ के किसी भी पक्ष से प्रभावित हुए बिना निष्पक्षता से अपनी स्क्रिप्ट लिखनी चाहिए। जैसे कि यदि किसी नवविवाहिता की ससुराल में आग से जलकर मृत्यु हो जाती है तो ऐसे में लड़की के परिजनों के साथ-साथ उसके पति एवं ससुरालवालों की भी बाइट लगाकर या राय जानकर घटना के सभी पक्षों के विचार दर्शको के समक्ष प्रस्तुत करने चाहिए। किसी भी राय अथवा मत को अलग से दिखाया जना चाहिए। संवाददाता का विश्लेषण भी अलग साफ नज़र आना चाहिए। अगर सभी सूत्रों की जानकारी हम नहीं दे सकते, तो सरकार, पुलिस एवं प्रशासन के कथन और प्रभावित होनेवाले पक्ष के कथन को भी शामिल करने का प्रयास करना चाहिए।
- टेलीविज़न संवाददाता को कानून का भी विशेषकर प्रेस कानूनों का ज्ञान होना चाहिए। रिपोर्टिंग करते समय उसे टेलीविज़न संवाददाता को देश और स्थानीय शासन के कानून मालूम हों, संविधान द्वारा प्रदत्त अधिकारों का भी ज्ञान हो और प्रेस की तय की गयी आचार-संहिताओं और नियमों की भी जानकारी हो। इसके साथ-साथ मूलभूत

कानूनों जैसे सरकारी गोपनीयता अधिनियम, मानहानि, विशेषाधिकार के बारे भी अवश्य मालूम होना चाहिए। जिस बीट में वह कार्य कर रहा यदि उस बीट से सम्बन्धित कुछ कानून हैं तो उसके बारे में भी उसे अवश्य जानकारी रखनी चाहिए। जैसे कि क्राइम रिपोर्टिंग करते समय बलात्कार पीड़ित महिला का सही नाम व पता कभी नहीं लेना चाहिए।

- न्यायालय में विचाराधीन मामलों में टेलीविज़न संवाददाता को विशेष सावधानी बरतनी है। मामले की जानकारी तो दी जा सकती है पर कोई टिप्पणी करने से बचना चाहिए। न्यायालय के किसी भी फैसले को ज्यों-का-त्यों प्रस्तुत करना चाहिए। जैसे इलाहाबाद उच्च न्यायालय के न्यायमूर्ति सुनील अम्बवानी एवं न्यायमूर्ति ए.एन. मित्तल की खण्डपीड ने सूरजपुर गाँव में हुए सत्रह हेक्टेयर भूमि अधिग्रहण को रद किया।

- टेलीविज़न संवाददाता के लिए समाचार स्थल से ही लाइव या रिकार्डेड अर्थात् पीस टू कैमरा करने की योग्यता बहुत आवश्यक है। वर्तमान में टेलीविज़न संवाददाता समाचार-स्थल से ही समाचारों का सजीव प्रसारण करते हैं। साथ-ही-साथ सौम्यता एवं आत्मविश्वास के साथ समाचारों के प्रस्तुतीकरण का गुण भी होना चाहिए। ओबी या पीटीसी करते समय हर शब्द इतना नपा-तुला एवं सटीक होना चाहिए कि वह स्टोरी की संक्षिप्त समीक्षा कर सके। इसके अलावा अपने भाषायी ज्ञान एवं शब्द-भण्डार को बढ़ाने का निरन्तर प्रयास करना चाहिए। अच्छे प्रस्तुतीकरण के लिए रिपोर्टर को अपना अन्दाज एवं बॉडी लैंग्वेज को भी समय-समय पर विकसित करते रहना चाहिए। उदाहरण के लिए एनडी टीवी के पत्रकार कमाल ख़ान की पीटीसी नये रिपोर्टर के लिए प्रेरणा का स्रोत है।

- टेलीविज़न रिपोर्टर को अत्याधुनिक तकनीकी की भी समझ होनी चाहिए, जिससे कि वह अपनी स्टोरी कम्प्यूटर खुद टाइप कर सके उसे ई-मेल द्वारा अपने न्यूज़ चैनल में तत्काल भेज सके। इसके अतिरिक्त प्राप्त किये गये वीडियो फुटेज को डब्ल्यू. एम. बी. या एम.पी.ई.जी. फार्मेट में परिवर्तित करके ब्राडबैण्ड के द्वारा शीघ्रता से अपने चैनल में अपलोड करने की क्षमता भी होनी चाहिए। टेलीविज़न संवाददाता को कैमरे का प्रारम्भिक ज्ञान अवश्य प्राप्त करना चाहिए जिससे कि कैमरामैन की अनुपस्थिति में वह ख़ुद भी समाचारों का विज़ुअल बना सके।

- टेलीविज़न संवाददाता को अपने शुरुआती दिनों में अपने क्षेत्र में घट रही छोटी-बड़ी घटना का मैसेज टाइप करके अपने न्यूज़ चैनल में अवश्य भेजना चाहिए, जिससे कि यदि घटना की आवश्यकता चैनल को तो वह फोन करके रिपोर्टर को बता सके। साथ-ही-साथ चैनल में उस रिपोर्टर की क्रियाशीलता एवं कर्मठता भी बढ़ेगी।

टिकर (Ticker)- देशभर में फैले हुए टेलीविज़न संवाददाता निरन्तर असाइनमेण्ट डेस्क में फोन या एम.एम.एस द्वारा अपने क्षेत्र में घट रही घटनाओं की जानकारी देते रहते हैं। उनमें से सभी ख़बरें इतनी महत्त्वपूर्ण नहीं होतीं कि उसे विज़ुअल के साथ दिखाया जाये इसलिए ऐसी ख़बरों को न्यूज़ चैनल की स्कीन के नीचे गतिशील पट्टियों पर चला दिया जाता है, जिसे स्क्रोल या टिकर कहते हैं। स्क्रीन पर टिकर के द्वारा अन्य जानकारियाँ और विज्ञापन इत्यादि भी दिखाये जाते हैं। टिकर में दो या तीन पट्टियाँ चलती हैं, जिनका प्रयोग न्यूज़ चैनल अलग-अलग जानकारियाँ देने के लिए करते हैं।

फोनो (Phono)-ख़बरों को सबसे तेज़ दिखाने एवं जल्दी बताने के लिए फोनो का उपयोग किया जाता है। अप्रत्याशित घटनाओं, जैसे बम विस्फोट, रेल दुर्घटना इत्यादि में इसका प्रयोग प्रमुखतः से होता है। फोनो के माध्यम से इन घटनाओं की ताजा जानकारी दर्शकों को प्राप्त होती रहती है क्योंकि घटना का वीडियो बनाने में और उसे चैनलों को भेजने में समय लगता है। इसके अलावा कोई भी चैनल देश-विदेश के सभी हिस्सों में लाइव कनेक्टविटी नहीं रखता है, साथ ही यदि किसी दूरदराज़ के ग्रामीण इलाके कोई दुर्घटना हुई है तो वहाँ भी वीडियो भेजने के लिए कोई व्यवस्था नहीं होती है। ऐसे में फोनो बहुत कारगर सिद्ध होते हैं जिसमें ऐंकर संवाददाता से सीधे बात करके घटना का ब्यौरा ले सकते हैं।

सिमसेट (Simset)-फोनो की तरह सिमसेट ख़बरों को जल्दी प्रस्तुत करने का एक तरीका है। इसका इस्तेमाल तब किया जाता है जब एक-दो लाइन की ख़बर होती है और इसमें दृश्यों के प्रयोग की कोई गुंजाइश नहीं होती है। उदाहरण के रूप में किसी संवाददाता को उसके सूत्र से ख़बर मिली है कि उत्तर प्रदेश के राज्यपाल बी.एल. जोशी का इस्तीफा होनेवाला है। ऐसी ख़बरों की कोई आधिकारिक सूचना तो नहीं मिलती मगर ख़बर बड़ी है। इस स्थिति में संवाददाता सिमसेट के माध्यम से सारी जानकारी दे देता है। इस तरह चैनल उस वक्त की सबसे बड़ी ख़बर बताने का श्रेय ले लेता है, जिससे कि दर्शक उस चैनल से जुड़े रहते हैं। सिमसेट में फोनो की तरह ही संवाददाता ऐंकर के पूछे गये प्रश्नों के जवाब देता है और इस तरह पूरी ख़बर लोगों तक पहुँच जाती है। फोनो और सिमसेट में बस इतना फर्क है कि इसमें संवाददाता स्क्रीन पर बोलता हुआ नज़र आता है, लेकिन इसमें विश्वसनीयता अधिक होती है क्योंकि दर्शकों को लगता है कि संवाददाता स्वयं घटनास्थल पर मौजूद है, जबकि फोनो के मामले में ऐसा नहीं होता, क्योंकि रिपोर्टर कई बार घटनास्थल पर पहुँचने से पहले ही विभिन्न स्रोतों से जानकारी लेकर फोनो कर देता है, जिनकी विश्वसनीयता सन्दिग्ध होती है।

टिकटेक (Tic-Tac)-टेलीविज़न संवाददाता जब फील्ड में किसी व्यक्ति का संक्षिप्त इण्टरव्यू लेता है तो उसे टिकटेक कहते हैं। सामान्यतः इस तरह के इण्टरव्यू या टिकटेक का इस्तेमाल तभी किया जाता है जबकि किसी ख़ास व्यक्ति से किसी विषय पर विशेष बात की जाती है, जो ख़बरों के लिहाज़ से महत्त्वपूर्ण होती है। उदाहरण के लिए, किसी कार्यक्रम की रिकॉर्डिंग करते समय ऊर्जा मन्त्री से मुलाकात हो जाये और दिल्ली में हो रही बिजली कटौती का कारण और बढ़ी दरों पर छोटा-सा इण्टरव्यू रिकॉर्ड हो जाये तो वह ख़बर बन जाती है।

वॉक थ्रू (Walk Through)-संवाददाता घटनास्थल पर घूमते हुए और कुछ लोगों से बात करते हुए घटना का ब्यौरा देता है। मसलन अप्रैल, 2014 में भारत के प्रधानमन्त्री नरेन्द्र मोदी के राष्ट्रपति भवन के प्रांगण में शपथग्रहण के समय उसकी तैयारियों का विवरण, किन देशों के राष्ट्राध्यक्ष इसमें शामिल होंगे, कौन-कौन से मन्त्री शपथ लेंगे, सुरक्षाव्यवस्था इत्यादि की व्यापक सूचना वाक थ्रू के माध्यम से सभी चैनलों ने प्रमुखतः दी। वॉक थ्रू में यह विशेष बात है कि इसमें किसी सम्पादन (एडिटिंग) की ज़रूरत नहीं होती है।

वाक्सपॉप (Vox-pop)-वाक्सपॉप भी एक प्रकार की बाइट होती है, जिसे किसी घटना के प्रतिक्रिया स्वरूप आम लोगों से लिया जाता है। उदाहरण के लिए 2014 में 14.6 प्रतिशत रेल किराया बढ़ने पर ट्रेन में सफर करनेवाले व्यक्तियों से प्रतिक्रिया ली गयी। इसे ही वाक्सपॉप कहते हैं। वॉक्सपॉप एक ही शहर में हो सकते हैं और देश के विभिन्न हिस्सों में भी लिये जा सकते हैं। इसमें प्रतिक्रिया देनेवाले व्यक्ति का नाम या कोई परिचय नहीं बताया जाता है। इसका उद्‌देश्य किसी भी निर्णय या ख़बर के बारे में लोगों की राय जानना है। उदाहरण के लिए रेल किराया बढ़ने पर वाक्सपॉप के कुछ उदाहरण-

उदाहरण 1. मुझे हर हफ्ते अपने कारोबार के सिलसिले में रेल यात्रा करनी पड़ती है। रेल टिकट महँगा होने से मुझे हर महीने 800 रुपये ज्यादा देने पड़ेंगे, जो कि मेरे लिये काफी मुश्किल होगा।

उदाहरण 2. रेल किराया तो बढ़ा दिया पर यात्रियों को कोई सुविधाएँ नहीं मिल रही हैं। सीट, चादर इत्यादि गन्दे रहते है। पेण्ट्रीकार का खाना भी खाने लायक नहीं है। यदि किराया बढ़ाया है तो सरकार को सुविधाएँ भी बढ़ानी चाहिए।

वाक्सपॉप करते समय घूम-घूमकर जनता की राय लेनी चाहिए जिससे दर्शकों यह लगेगा कि एक बड़े समूह की राय ली गयी है। साथ ही एक बैकग्राउण्ड का वाक्सपॉप देखकर दर्शकों को ऊब नहीं होगी।

ब्रेक (Break)-सभी टेलीविज़न चैनल का खर्च विज्ञापन से चलता है। ऐसे में यह कहा जा सकता है कि विज्ञापन के बिना टेलीविज़न चैनल चलाना बहुत मुश्किल है। प्रत्येक टेलीविज़न चैनल अपनी लोकप्रियता एवं टाइम स्लॉट के अनुसार विज्ञापन दिखाते हैं सामान्यतः जो कार्यक्रम जितना लोकप्रिय होता है उस पर उतने ही ज्यादा विज्ञापन दिखाये जाते हैं। कार्यक्रमों के बीच में दिखाये जानेवाले विज्ञापन से इन कार्यक्रमों की निरन्तरता को टूटने को ऐंकर ब्रेंक से सम्बोधित करता है कि कहीं जाइयेगा नहीं मिलते हैं एक छोटे-से ब्रेक के बाद।

टीजर (Teaser)-ब्रेक में दर्शक दूसरा चैनल न बदल ले इसलिए ब्रेक पर जाने से पहले ऐंकर दर्शकों को आगे प्रसारित होनेवाले कार्यक्रमों के सबसे रोचक स्टोरी के अंश बताता है, जिससे कि दर्शक उस स्टोरी से बँधा रहता है। उदाहरण के लिए-ब्रेक के बाद देखिये एक लड़की ने क्यों किया अपने बाप का कत्ल? आजकल टीजर में ऐंकर के अलावा उस स्टोरी के कुछ दृश्य भी दिखाये जाते हैं, जिसे बम्प टीजर कहते हैं।

मोण्टाज (Montage)-टेलीविज़न चैनल कोई भी कार्यक्रम या बुलेटिन प्रसारित होने से पहले विजुअल एवं संगीत से सजा एक छोटा पैकेज दिखाते हैं, जिसे सुनकर दर्शक यह जान लेते हैं कि यह कौन-सा चैनल है। कुछ चैनल इसके अन्त में अपने स्लोगन को भी शामिल करते हैं। जैसे आप देख रहें आजतक सबसे तेज़।

सुपर या एस्टन (Super)-टेलीविज़न समाचारों में व्यक्तियों का परिचय देने के लिए जो नामांकन किया जाता है, उसे ही सुपर या एस्टन कहते हैं। यह एस्टन कैरेक्टर जनरेटर, एडिटिंग साफ्टवेयर, ग्राफिक्स इत्यादि की सहायता से व्यक्ति के चित्र के ऊपर इम्पोज कर दिया जाता है। सुपर की सहायता से ही बाइट देनेवाले व्यक्ति को दिखाते समय लोगों को उसका पद और नाम इत्यादि पता चलता है। उदाहरण के लिए यदि कहीं रेल दुर्घटना हो

जाती है तो विभिन्न व्यक्तियों की बाइट ली जाती है। ऐसे में दर्शक यह जानना चाहेंगे जो व्यक्ति दुर्घटना के बारे में कह रहा है उसका नाम और पद क्या है।

इण्टरव्यू (Interview)-टेलीविज़न चैनलों पर इण्टरव्यू या साक्षात्कार का विशेष महत्त्व है। आजकल न्यूज़ चैनलों में से बहुत रोचक एवं नाटकीय तरीके से प्रस्तुत किया जाता है, साथ ही इसमें विश्वसनीयता होती है। आज तक का सीधी बात, थर्ड डिग्री, न्यूज़ 24 का आमने-सामने, इण्डिया टीवी का आपकी अदालत इत्यादि ऐसे बहुत से लोकप्रिय कार्यक्रम हैं, जिनमें बड़ी हस्तियों का इण्टरव्यू मनोरंजक एवं विश्वसनीय तरीके से लिया जाता है।

इसके अलावा सेलिब्रेटी नेताओं आदि के घर जाकर भी इण्टरव्यू लिये जाते हैं जो कि एक कला है। अभी हाल ही में जी न्यूज़ के रिपोर्टर सुमित अवस्थी ने बीजेपी के प्रमुख नेता मुरली मनोहर जोशी के इण्टरव्यू दौरान कुछ ऐसी बातें उगलवा लीं, जिसे बाद में जोशी जी द्वारा पसन्द नहीं किया गया, उन्होंने सुमित अवस्थी से कहा कि इण्टरव्यू को डिलीट करके फिर से लिया जाये परन्तु सुमित अवस्थी के अनुभव के कारण उन्होंने अपने कैमरामैन को कैमरा रोल करने के लिए कहा जिसके कारण जोशी जी का टेप डिलीट कराने सम्बन्धी वक्तव्य भी रिकॉर्ड हो गया, जिसे जी टीवी ने कई बार दिखाया और उस रिपोर्ट को इण्टरव्यू से भी अधिक लोकप्रियता मिली।

इण्टरव्यू टेलीविज़न पत्रकारिता का एक महत्त्वपूर्ण अंग है। इण्टरव्यू के ज़रिये रिपोर्टर अपने न्यूज़ चैनल की आवश्यकताओं के अनुरूप समाचार प्राप्त कर सकता है। इण्टरव्यू किसी भी व्यक्ति से, किसी भी स्थान पर, किसी भी विषय पर लिया जा सकता है। कुशल रिपोर्टर वही होता है जो इण्टरव्यू के दौरान इण्टरव्यू देनेवाले व्यक्ति से अपने मतलब की बातें निकलवा ले। इण्टरव्यू, टेलीविज़न रिपोर्टर के लिए समाचार प्राप्त करने का माध्यम है। एक अच्छा टेलीविज़न रिपोर्टर इण्टरव्यू देनेवाले से अपने चैनल की नीतियों, विचारों के अनुकूल समाचार प्राप्त कर लेता है। लेकिन ऐसे में तथ्यपरता का ध्यान रखना आवश्यक है। अर्थात् निष्पक्ष और बेलाग ढंग से प्रश्न पूछना और जिस रूप में उन प्रश्नों के उत्तर दिये गये हैं, उन्हें उन्हीं रूप में प्रस्तुत किया जाना चाहिए।

प्रेस कान्फ्रेन्स में जहाँ विभिन्न मीडिया संगठनों के रिपोर्टर रहते हैं और वे अपनी-अपनी आवश्यकताओं के अनुरूप प्रश्न पूछते हैं, वहीं इण्टरव्यू में रिपोर्टर को अकेले प्रश्न पूछने की सुविधा होती है, इससे वह अपनी योजना या आवश्यकता के अनुसार प्रश्न पूछता है। जिस तरह के समाचार उसके टेलीविज़न चैनल में प्रसारित हो सकते हैं, उन्हें पूछने और उनके उत्तर प्राप्त करने की आज़ादी प्राप्त होती है। प्रेस कॉन्फ्रेन्स में दूसरे पत्रकारों द्वारा पूछे गये प्रश्नों और उनके उत्तर नोट करके समाचार तो बनाया जा सकता है, लेकिन उसमें एक रिपोर्टर का व्यक्तिगत प्रयास शामिल नहीं होता। इसके अलावा संवाददाता सम्मेलनों में बहुत-सारे पत्रकार मौजूद होते हैं, ऐसे में हो सकता है कि आपको प्रश्न पूछने का कम अवसर मिले या बिलकुल ही न मिले।

टेलीविज़न के लिए इण्टरव्यू में रिपोर्टर न सिर्फ़ अपने मनचाहे प्रश्न पूछ सकता है, बल्कि इण्टरव्यू देनेवाले के चेहरे पर प्रश्न पूछे जाते समय आनेवाले हाव-भावों यथा क्षोभ, क्रोध, शर्म, अचकचाहट, उत्साह आदि को देखकर उसके अनुसार अपने प्रश्नों को

संशोधित या परिवर्तित कर सकता है इण्टरव्यू देनेवाले की बॉडी लैंग्वेज देखकर कई बार दर्शक बिना कहे ही बहुत-कुछ समझ जाते हैं। एक टेलीविज़न रिपोर्टर के लिए इण्टरव्यू लेने के पहले एवं इण्टरव्यू लेते समय निम्नलिखित बातों का ध्यान रखना आवश्यक है-

- इण्टरव्यू लेते समय अपने माइक, कैमरे इत्यादि की बैटरी की जाँच कर लेनी चाहिए, साथ ही इण्टरव्यू देनेवाले व्यक्ति के पीछे बैकग्राउण्ड बहुत चमकदार नहीं होना चाहिए।
- इण्टरव्यू लेते समय कैमरामैन को हेडफोन का प्रयोग अवश्य करना चाहिए, क्योंकि कई बार आवाज़ नहीं आती है या आवाज़ में व्यवधान खड़खड़ाहट या पंखा चलने इत्यादि की आवाज़ भी रिकॉर्ड हो जाती है, जो बिना हेडफोन के पता नहीं चल पाती।
- कैमरामैन को अपना कैमरा पूरे इण्टरव्यू के दौरान रोल अर्थात् रिकॉर्डिंग चालू रखना चाहिए क्योंकि पूरा इण्टरव्यू का प्रसारण नहीं किया जा सकता बल्कि उससे सम्बन्धित मुख्य बातें या ख़बरें ही प्रसारित की जाती हैं।
- कैमरामैन को फ्रेम और एक्सपोज़र की जाँच कर लेनी चाहिए, लाइट कम होने पर या तो अतिरिक्त लाइट का प्रयोग करना चाहिए या फिर इण्टरव्यू लेने के स्थान परिवर्तन कर देना चाहिए।
- इण्टरव्यू लेने के पूर्व इण्टरव्यू जिस विषय पर है, उस विषय पर सन्दर्भ सामग्री इकट्ठी कर लेनी चाहिए तथा उस विषय की अद्यतन जानकारी प्राप्त कर लेनी चाहिए।
- इण्टरव्यू जिस व्यक्ति से लिया जाना है उसके व्यक्तित्व के विभिन्न पहलुओं और उसके कार्यकलापों के सम्बन्ध में यथासम्भव जानकारी प्राप्त कर लेनी चाहिए।
- सन्दर्भ-सामग्री और समाचार की तात्कालिक प्रासंगिकता को ध्यान में रखते हुए प्रश्नों की एक सूची तैयार कर लेनी चाहिए। प्रश्न ऐसे तैयार किये जाने चाहिए जो चैनल की आवश्यकताओं को पूरा करते हों।
- इण्टरव्यू देनेवाले व्यक्ति को उसके सामान्य रूप में, जिस रूप में वह आराम महसूस करे, बोलने का अवसर दे। कुछ इण्टरव्यू देनेवाले व्यक्ति कैमरा देखते ही या फिर माइक्रोफोन के सामने आते ही चुप हो जाते हैं, या खुलकर बोल नहीं पाते ऐसे में उनसे हलकी-फुलकी बातें करके उनको संयत करने का प्रयत्न करना चाहिए।
- इन तैयार प्रश्नों के उत्तर से कई पूरक प्रश्न भी बनते हैं, उन्हें भी आवश्यकता एवं प्रासंगिकता के अनुसार पूछा जाना चाहिए।
- एक पत्रकार को किसी सक्षम व्यक्ति से इण्टरव्यू लेते समय जिज्ञासु होना चाहिए और विषय का जानकार होते हुए भी उसे अपने-आपको ऐसा प्रस्तुत करना चाहिए, जैसे वह उस विषय में कुछ न जानता हो। ऐसा इसलिए आवश्यक है कि दर्शक उतनी विशेषज्ञता या योग्यता न रखते हों इसलिए जो प्रश्न पूछे जायें वह आम आदमी को ध्यान में रखकर पूछे जायें।
- इण्टरव्यू लेनेवाले को कम बोलना और उत्तर देनेवाले को अधिक-से-अधिक बोलने का अवसर देना चाहिए। धाराप्रवाह बोलनेवाले व्यक्ति को बीच में नहीं टोकना चाहिए, उसे तभी टोंके जब आपको यह लगे कि जो कुछ वह बोल रहा है, वह बिलकुल अनावश्यक या अनर्गल प्रलाप है।

• इण्टरव्यू देनेवाले से बातचीत के समय उसके मूड, चेहरे के हाव-भाव व आस-पास के वात।वरण का भी ध्यान रखना चाहिए। प्रश्नों के उत्तर में चेहरे पर आनेवाले भाव भी काफी-कुछ कह जाते हैं। जैसे किसी व्यक्ति या घटना का सन्दर्भ आने से क्रोध का भाव। किसी बात को टाल जाना या छिपा लेने पर शर्म का भाव आदि।

• कई बार लोग क्रोध में आ जाने पर बहुत-सारी बातें बोल जाते हैं, जबकि कुछ शान्त और सहज वातावरण में आसानी से बात करते हैं, रिपोर्टर को इण्टरव्यू देनेवाले व्यक्ति के मूड को पढ़कर उसी के अनुसार उससे प्रश्न करने चाहिए।

• यदि आपको प्रश्नों का सीधे-सीधे उत्तर न मिल रहा हो तो घुमा-फिराकर सवाल पूछे जाने चाहिए। लेकिन ऐसा करते समय आप उन्हीं बातों को प्रकाशित करें, जिनके उत्तर सही या स्पष्ट निकलते हों। बहुअर्थी उत्तर की स्थिति में रिपोर्टर को इण्टरव्यू देनेवाले व्यक्ति से यह कहना चाहिए कि कृपया आप अपने उत्तर को स्पष्ट करें।

• अक्सर स्थिति स्पष्ट करने या अन्य किसी कारण से कुछ 'ऑफ द रिकॉर्ड' बातें भी इण्टरव्यू देनेवाला बता देता है, ऐसी बातें प्रसारण के लिए नहीं होतीं। अगर टेलीविज़न चैनल उन्हे प्रसारित भी करते हैं तो उसे स्वतन्त्र या अ-उद्धृत वक्तव्य (Non-attributable Statement) के रूप में प्रसारित करें, सम्बन्धित व्यक्ति के मुँह से कही गयी बातों के रूप में नहीं। इन बातों को ''ऐसी चर्चा है कि वे नया दल बनायेंगे'' या फिर ''आजकल राजनीतिक हलकों में यह ख़बर गर्म है कि मैंने एक अलग पार्टी बनाने का मन बना लिया है और वे सही समय का इन्तजार कर रहे हैं।'' इस वक्तव्य में कहीं प्रसारित नहीं किया जायेगा कि अमुक व्यक्ति ने यह बातें बतायी हैं। ऐसा करने से आप पर तथा आपके संगठन पर भेंटवार्त्ताकार का विश्वास बना रहेगा। इस विश्वास को कभी तोड़ना नहीं चाहिए।

• पत्रकार को अपनी कैसेट, जिसमें इण्टरव्यू का रिकॉर्ड है, कम-से-कम तीन माह तक सुरक्षित रखनी चाहिए। किसी भ्रम की स्थिति में या इण्टरव्यू देनेवाले व्यक्ति द्वारा अपने वक्तव्य का खण्डन किये जाने की स्थिति में इसे प्रस्तुत किया जा सकता है।

• इण्टरव्यू के दौरान नामों की वर्तनी और वैज्ञानिक तथा तकनीकी शब्दावली के मामलों में विशेष सावधानी बरती जानी चाहिए। नामों की वर्तनी को उसी रूप में दिया जाना चाहिए, जिस रूप में यह व्यक्ति इस्तेमाल करता है। इसी प्रकार गूढ़ और कठिन वैज्ञानिक तथा तकनीकी शब्दों को आसान भाषा में लिखना चाहिए, जहाँ न समझ में आये वहाँ उसे सम्बन्धित व्यक्ति से स्पष्टीकरण प्राप्त कर लेना चाहिए।

क्रैश आउट-टेलीविज़न पर यदि रूटीन ख़बरें चल रही हैं अचानक कहीं से कोई बड़ी ख़बर आ जाने पर चल रही स्टोरी को बीच में ही काटकर बड़ी ख़बर के बारे में बताना शुरू कर देते हैं। इसे क्रैश आउट कहते हैं जैसे कि कहीं पर बम विस्फोट की सूचना मिलती है तो चल रही ख़बर को काटकर तत्काल इसे बताना शुरू कर देते हैं।

नाटय रूपान्तरण-टेलीविज़न में मनोरंजन का पक्ष बढ़ता जा रहा है, टेलीविज़न ख़बरों में रोचकता उत्पन्न करने के लिए पुलिस पीड़ित एवं आरोपी की बाइटें लेकर आवश्यकतानुसार ख़बरों का नाट्य रूपान्तरण भी किया जाता है। कभी-कभी इसमें ग्राफिक्स एनीमेशन का भी प्रयोग किया जाता है। नाट्य रूपान्तरण उन ख़बरों के किये जाते हैं जिनके बारे में

दर्शक जानना तो चाहते हैं लेकिन टेलीविज़न चैनल के पास उसके पर्याप्त विज़ुअल नहीं होते। ऐसे में स्टोरी को दमदार तरीके से प्रस्तुत करने के लिए नाट्य रूपान्तरण का सहारा लिया जाता है। बहुचर्चित आरुषि मर्डर केस में पुलिस एवं अन्य बाइटों का सहारा लेकर कई चैनलों ने नाट्य रूपान्तरण के द्वारा यह बताने की कोशिश की कि उस दिन रात में आरुषि का मर्डर कैसे और क्यों हुआ।

मेरी राय में नाट्य रूपान्तरण प्रस्तुत करते समय टेलीविज़न चैनलों को ध्यान रखना चाहिए, कि किसी की भावनाओं को चोट न पहुँचे तथा नाट्य रूपान्तरण वास्तविकता लिये होने चाहिए न कि काल्पनिकता। न्यूज़ चैनल नाट्य रूपान्तरण के लिए विशेष प्रबन्ध करते हैं।

टेली प्रॉम्पटर (Tele Prompter)-टेलीविज़न समाचारों की प्रस्तुति में टेली प्रॉम्पटर का प्रयोग किया जाता है। टेलीप्रॉम्पटर एक ऐसा इलेक्ट्रॉनिक उपकरण होता है, जिसमें प्लास्टिक या लेन्स की बनी पारदर्शक पट्टी के नीचे एक विशेष प्रकार के कागज़ में टाइप की हुई स्क्रिप्ट लगा दी जाती है, जो रिमोट कण्ट्रोल के द्वारा नियन्त्रित की गयी गति के साथ न्यूज़ ऐंकर के सामने चलती रहती है।

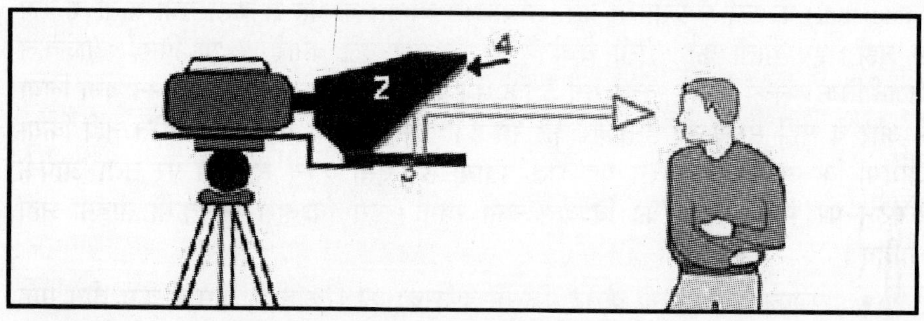

स्टूडियो में ऐंकर इसी को देखकर ख़बरें पढ़ता है और लोगों को लगता है कि वह सामने देखकर बोल रहा है। टेलीप्राम्पटर को कैमरे में आई लेवल पर फिट कर दिया जाता है जिसे देखकर पढ़ते समय ऐंकर की आँखें लेन्स के सामने रहती हैं। न्यूज़ डाइरेक्टर ऐंकर को कोई आवश्यक निर्देश या सूचना देने के लिए भी इसे प्रयोग करते हैं।

टेली प्रॉम्पटर

ऐंकर (Anchor)-

- ऐंकर की भाषा सरल और उसका उच्चारण शुद्ध होना चाहिए।
- एक अच्छे ऐंकर को हिन्दी के अलावा अन्य भाषाओं के शब्दों जैसे अंग्रेज़ी और उर्दू का भी ज्ञान होना चाहिए क्योंकि लाइव करते समय कई बार सिर्फ़ अंग्रेज़ी समझनेवाले व्यक्तियों से बातचीत करना पड़ सकता है।
- ऐंकर के हाव-भाव स्टोरी के अनुरूप होने चाहिए क्योंकि ये दर्शकों के मन को प्रभावित करते हैं। इसलिए ऐंकर के चेहरे का भाव कहानी के अनुसार होना चाहिए, जैसे कि यदि उत्तराखण्ड में आयी बाढ़ की ख़बर बता रहे हैं जिसमें हज़ारों लोग मर गये तो ऐंकर का भाव शांत होना चाहिए।
- ऐंकर को छोटे-छोटे वाक्यों का प्रयोग करना चाहिए, लेकिन कभी-कभी आत्मविश्वास दर्शाने के लिए लम्बे वाक्य बोले जा सकते हैं क्योंकि उनके सामने टेली प्रॉम्पटर पर सारी चीजें लिखी होती हैं।
- यदि ऐंकर को ख़बरों की जानकारी रखनी चाहिए तभी वह सहजता से ख़बर पढ़ सकेगा और आवश्यकता पड़ने पर प्रश्न पूछ सकेगा।
- ऐंकर को विशेषज्ञों या अतिथियों के कहे वाक्यों को दोहराना नहीं चाहिए बल्कि नये तरह से अपनी बात कहने की आदत डालनी चाहिए।

न्यूज़ चैनल की संरचना (Structure of News Channel)-सामान्यतः चैनल का मालिक चैनल का चेयरमैन या प्रमुख होता है और उसके निर्देश पर मुख्य कार्यकारी अधिकारी या मुख्य मैनेजिंग एडिटर चैनल का सम्पूर्ण कार्य संचालित करते हैं।

सामान्यतः टेलीविज़न चैनलों में समाचार संकलन के लिए इनपुट और समाचार प्रसारित करने के लिए आउटपुट विभाग होते हैं। विभिन्न चैनलों के इनपुट एवं आउटपुट का ढाँचा अलग-अलग हो सकता है, परन्तु कार्य लगभग समान होते हैं।

इनपुट विभाग (Input Department) इसे समाचार संकलन तन्त्र भी कहते हैं। 24 घण्टे चलनेवाले टेलीविज़न न्यूज़ चैनल में हर घण्टे नयी ख़बरों को प्रसारित करना, दिखायी जा रही ख़बरों को अपडेट करना, अप्रत्याशित ख़बरों को प्राप्त करने के लिए एक सिस्टम बनाया गया है, जिसे समाचार संकलन तन्त्र कहते हैं। समाचार संकलन करने की मुख्य जिम्मेदारी इनपुट प्रमुख की होती है। इनपुट प्रमुख चैनल प्रमुख के दिशानिर्देशों के अनुसार कार्य करते हैं, साथ ही, आउटपुट प्रमुख के परामर्श एवं सुझाव के अनुसार टेलीविज़न कार्यक्रम निर्माण की योजनाएँ बनाता है। आमतौर पर इनपुट प्रमुख का कार्यभार वरिष्ठ कार्यकारी निर्माता को सौंपा जाता है, जिसे ख़बरों के सम्बन्ध में पर्याप्त अनुभव होते हैं।

इनपुट प्रमुख मुख्य रूप से राष्ट्रीय ब्यूरो, दिल्ली ब्यूरो एवं इनपुट डेस्क की सहायता से ख़बरों के संकलन का कार्य करता है। राष्ट्रीय ब्यूरो मुख्य रूप से राष्ट्रीय ख़बरों का संकलन करते हैं जिसमें केन्द्र सरकार की योजनाएँ प्रमुख राजनीतिक दल, केन्द्रीय मन्त्रालय, संसद सदस्य इत्यादि होते हैं। राष्ट्रीय ब्यूरो के अन्तर्गत राजनीति के अलावा खेल, अपराध, मनोरंजन, व्यापार इत्यादि के विभिन्न श्रेणी के संवाददाता होते हैं जो राष्ट्रीय स्तर की ख़बरों को कवर करते हैं। वहीं दिल्ली ब्यूरो देश की राजधानी दिल्ली के आस-पास

की ख़बरों का संकलन करता है। देश की राजधानी होने के कारण दिल्ली पर सारे देश की नज़रें टिकी होती हैं इसलिए दिल्ली के मुख्यमन्त्री और विभिन्न मन्त्रालय, राजनीतिक दल इत्यादि की ख़बरों को दिल्ली ब्यूरो संकलित करता है।

इनपुट डेस्क का प्रमुख कोई सीनियर प्रोड्यूसर होता है, जिसे शिफ्ट इन्चार्ज कहते हैं। देश भर की सूचनाएँ उसके पास आती रहती हैं और किस घटना को कैसे कवर करना है। इसका निर्देश शिफ्ट इन्चार्ज ही देता है। दूसरे शब्दों में उसकी समयावधि में घटनेवाली समस्त गतिविधियों की वही जिम्मेदार होता है। आउटपुट इन्चार्ज ख़बर सम्बन्धी आवश्यकताओं के बारे में शिफ्ट इन्चार्ज को ही अवगत कराता है। इनपुट शिफ्ट इन्चार्ज और आउटपुट शिफ्ट इन्चार्ज आपस में परामर्श के द्वारा दैनिक समाचार, अप्रत्याशित समाचार एवं पूर्वानुमानित समाचार सम्बन्धी योजनाएँ बनाते हैं, जिससे कि चैनल में चौबीस घण्टे ताजा एवं मनोरंजक ख़बरों को दिखाया जा सके। पूर्वानुमानित ख़बरें जैसे रक्षाबन्धन, गुरुपूर्णिमा, क्रिसमस, न्यू ईयर, दीवाली इत्यादि पर विशेष ख़बरों के अलावा चुनाव की तारीख, बजट की तारीख इत्यादि, बहुत से विश्वस्तरीय खेल टूर्नामेण्ट जैसे विश्वकप फुटबाल पर विशेष कार्यक्रमों का निर्माण भी इनपुट और आउटपुट के सामंजस्य से ही बनाया जाता है। इनपुट डेस्क के माध्यम से सीनियर प्रोड्यूसर, प्रोड्यूसर, और सहायक प्रोड्यूसर देश भर में फैले हुए विभिन्न राज्यों के ब्यूरो प्रमुख, संवाददाताओं, स्ट्रिंगर इत्यादि से सम्पर्क में रहते हैं। अचानक कोई घटना घटित होने पर यह संवाददाता इन्हीं सहायक प्रोड्यूसर या प्रोड्यूसर को फोन द्वारा सम्पर्क कर घटना की जानकारी देते हैं। कभी-कभी प्रोड्यूसर स्वयं फोन करके संवाददाताओं को विशेष प्रकार की ख़बरें या बाइट बनाने के निर्देश देते हैं। उदाहरण के लिए रेल किराया बढ़ने पर विभिन्न राज्यों में हो रहे विरोध प्रदर्शन को कवर करने के लिए संवाददाता को कहा जा सकता है।

आउटपुट विभाग (Output Department) इसे समाचार निर्माण तन्त्र भी कहते हैं। आउटपुट विभाग का कार्य इनपुट विभाग से 24 घण्टे प्राप्त हो रही ख़बरों का विश्लेषण कर उनकी न्यूज़ वैल्यू के अनुसार उसे प्रसारित करना है। चैनल प्रमुख की ओर से आउटपुट विभाग को भी समय-समय पर निर्देश मिलते रहते हैं। आउटपुट विभाग द्वारा इनपुट विभाग से मिल रही ख़बरों को डेस्क शिफ्ट इन्चार्ज, बुलेटिन प्रोड्यूसर, पैनल प्रोड्यूसर, कॉपी एडिटर, पैकेज प्रोड्यूसर, असिस्टेण्ट प्रोड्यूसर इत्यादि की सहायता से प्रसारण को अन्तिम रूप दिया जाता है। डेस्क की सहायता से इनपुट विभाग द्वारा मिल रहे विजुअल और ख़बरों को प्रसारण योग्य बनाया जाता है। आउटपुट शिफ्ट इन्चार्ज बुलेटिन प्रोड्यूसर की मदद से हर बुलेटिन को अन्तिम रूप देता है। बुलेटिन प्रोड्यूसर का मुख्य कार्य प्रसारित होनेवाली खबरों का रनडाउन पर क्रमवार ढंग से रखना होता है। रनडाउन वास्तव में कम्प्यूटर की वह लिस्ट होती है जिसके आधार पर बुलेटिनों का प्रसारण किया जाता है। कई चैनलों में बुलेटिन प्रोड्यूसर को रनडाउन प्रोड्यूसर भी कहा जाता है। ब्रेकिंग न्यूज़, टिकर, फोनो और सेमसेट के जरिये प्रसारण होनेवाली ख़बरों पर भी बुलेटिन प्रोड्यूसर नज़र रखता है। यह पैनल प्रोड्यूसर को ख़बरों का क्रम बदलने, समय बदलने और ख़बरे बदलने का भी निर्देश देता है। पीसीआर में बैठा हुआ पैनल प्रोड्यूसर स्टूडियो की तमाम गतिविधियों को नियन्त्रित करता है। अपने कम्प्यूटर की सहायता से

रनडाउन देखकर ख़बरे चलाता है, न्यूज़ ऐंकर भी पूरी तरह से पैनल प्रोड्यूसर के निर्देश पर चलता है। पैनल प्रोड्यूसर ही न्यूज़ ऐंकर को बताता है कि कहाँ से कौन-सा संवाददाता लाइव है और कौन सी ख़बर दे रहा है। वह ऐंकर को सम्भावित प्रश्न तथा ब्रेक इत्यादि से सम्बन्धित निर्देश भी देता है। ऐंकर द्वारा पढ़ी जा रही ख़बरों की स्क्रिप्ट कॉपी एडिटर लिखता है। कुछ न्यूज़ चैनलों में कॉपी एडिटर और पैकेज प्रोड्यूसर एक ही डेस्क पर काम करते हैं और नयी-नयी टेलीविज़न पैकेजों का निर्माण करते हैं। स्क्रीन के नीचे चलनेवाले टिकर, ब्रेकिंग न्यूज़ इत्यादि के लिए असिस्टेण्ट प्रोड्यूसर रखे जाते हैं।

स्क्रिप्ट लिख जाने के बाद वीडियो एडिटिंग मशीन पर ख़बरों का सम्पादन होता है जिसके द्वारा प्राप्त विजुअल और ऑडियो को मिलाकर पैकेज बनाये जाते हैं। पैकेज बन जाने के बाद अन्य चैनलों पर चल रही ख़बरों के अनुसार मुख्य ख़बरों का क्रम निर्धारित किया जाता है। आजकल न्यूज़ चैनलों में हेडलाइन्स, फटाफट ख़बरें, टेक्स्ट हेडलाइन्स, मैट्रो की ख़बरें, देश-दुनिया की ख़बरें इत्यादि फार्मेट बना हुआ है, जिसके आधार पर ये ख़बरें दिखायी जाती हैं। रनडाउन पर पैनल प्रोड्यूसर का प्रमुख कार्य यह होता है कि उपलब्ध ख़बरों में से पाँच-छह बड़ी ख़बरों को चुनना और उन ख़बरों का क्रम निर्धारित करना। उसके बाद विस्तार से ख़बरें दिखाया जाना शुरू कर दिया जाता है।

महत्त्वपूर्ण ख़बर या ब्रेकिंग न्यूज़ आने पर इन्हें रोक दिया जाता है और चैनलों को उस ख़बर को काफी देर चलाना पड़ता है।

ब्रेकिंग न्यूज़ (Breaking News)-वर्तमान में प्रत्येक चैनल सबसे पहले ख़बर देने का दावा करता है, जिसके द्वारा उसकी साख निर्मित होती है। यह बात टेलीविज़न चैनलों के स्लोगन में भी देखने को मिलती है। जैसे- स्टार न्यूज़ आपको रखे आगे, आजतक सबसे तेज़ इत्यादि। टेलीविज़न चैनलों पर पूर्व निर्धारित योजना के अनुसार ख़बरें चलती रहती हैं तभी कोई बड़ी घटना घट जाये और घटना से जुड़ी सूचना प्राप्त हो जाये तो उसे ब्रेकिंग न्यूज़ कहते हैं। ब्रेकिंग न्यूज़ आने के बाद पूर्व निर्धारित कार्यक्रम को वहीं क्रैश आउट कर दिया जाता है। टेलीविज़न संवाददाताओं में ख़बर को सबसे पहले चैनल में ब्रेक कराने की होड़ लगी रहती है।

वीडियो या विजुअल स्थानान्तरण तकनीक (Technique of Video Transfer)-

न्यूज़ चैनलों को पूरी दुनिया से विजुअल प्राप्त करने के लिए विभिन्न तकनीकों का सहारा लेना पड़ता है। देशभर में फैले संवाददाता कैमरे द्वारा घटनास्थल का विजुअल बना तो लेंगे लेकिन वह विजुअल दिल्ली या अन्य जगहों पर स्थित टेलीविज़न चैनल के मुख्यालय में पहुँचेगा कैसे? इसके लिए चैनल और संवाददाता दोनों को कुछ तकनीकों का सहारा लेना पड़ता है।

एफटीपी तकनीक (File Transfer Protocol Technique)-इसके द्वारा रिपोर्टर अपने लैपटॉप या कम्प्यूटर से कैमरामैन द्वारा प्राप्त इमेज या विजुअल को छोटी फाइलों में परिवर्तित कर ब्रॉडबैण्ड की सहायता से चैनल के एफटीपी सर्वर में तीव्र गति से भेज (अपलोड कर) सकता है। जहाँ से चैनल आसानी से उसे डाउनलोड कर तत्काल दिखा सकता है। कैमरामैन डीवी कैमरों पर एवीआई (ऑडियो, वीडियो इण्टरलीव) फार्मेट में विजुअल बनाता है, जिसकी फाइलें काफी अधिक स्थान लेती हैं। उदाहरण के लिए एक

घण्टे एवीआई रिकॉर्डिंग को कम्प्यूटर में कैप्चर करने पर वह लगभग 13 जीबी की जगह ले लेती है। विण्डो मूवी मेकर या अन्य एडिटिंग सॉफ्टवेयर की सहायता से इसे शीघ्रता से डब्ल्यू एम.वी. (विण्डोज मीडिया वीडियो) या एमपीईजी की छोटी-छोटी फाइलों में परिवर्तित कर लिया जाता है, उसके बाद ब्रॉडबैण्ड या डेटा कॉर्ड द्वारा टेलीविज़न न्यूज़ चैनल के एफटीवी सर्वर पर अपलोड कर दिया जाता है। अपलोड करने के लिए हर संवाददाता को उस एफटीवी सर्वर के एड्रेस और पासवर्ड से सम्बन्धित जानकारी दे दी जाती है। यद्यपि इस तकनीक में विजुअल की गुणवत्ता प्रभावित हो जाती है, फिर भी इस तकनीक का प्रयोग प्रत्येक न्यूज़ चैनल में सबसे अधिक किया जाता है क्योंकि यह ऐसी तकनीक है जो लगभग हर जगह उपलब्ध है और सबसे सस्ती है।

ओबी वैन (OB Van) -यह एक ऐसी बस होती है, जिस पर एडिटिंग, प्रसारण तथा अपलिंक करने के बहुत-सारे उपकरण लगे होते हैं यह एक तरह से चलता-फिरता सम्पादन विभाग होता है। इसमें कैमरा एडिटिंग का उपकरण, ट्रान्समीटर, माइक्रोफोन तथा अन्य तकनीक उपकरण लगे होते हैं। इसके ऊपर एक छतरी लगी होती है जिसकी सहायता से सेटेलाइट द्वारा न्यूज़ चैनल में विजुअल भेजे जाते हैं। इसमें ओबी वैन को घटनास्थल या दूरदराज़ के क्षेत्रों में भेजा जाता है, जहाँ से लाइव रिकॉर्डिंग टेप द्वारा प्राप्त विजुअल या अन्य किसी भी स्रोत से प्राप्त विजुअल तकनीक की सहायता से तत्काल न्यूज़ रूम में भेजा जा सकता है। ओबी वैन का एक अन्य उपयोग चैनल की लोकप्रियता बढ़ाने में भी है। विज्ञापन के इस युग में ओबी वैन देखकर भी दर्शकों में चैनल की साख बनती है। इलाहाबाद के कुम्भ मेले में जहाँ करोड़ो लोग आते हैं वहाँ हर चैनल की ओबी वैन लगी रहती है। यह सजीव प्रसारण के साथ-साथ लोगों में कौतूहल का केन्द्र बनी रहती हैं। ओबी वैन के अन्दर एडिटिंग के सारे उपकरण लगे होते हैं, जिससे यदि चैनल चाहे तो ओबी वैन के अन्दर प्रोग्राम का सम्पादन कर सीधे ऑन एयर भी कर सकता है।

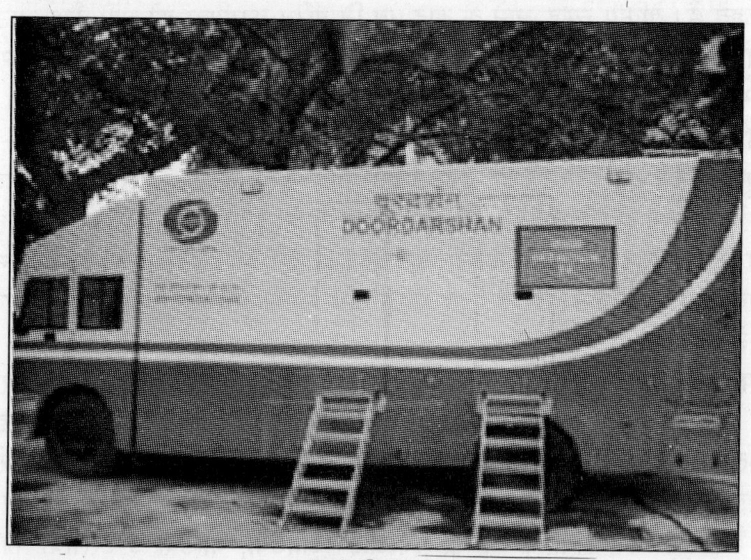

ओबी वैन (OB Van)

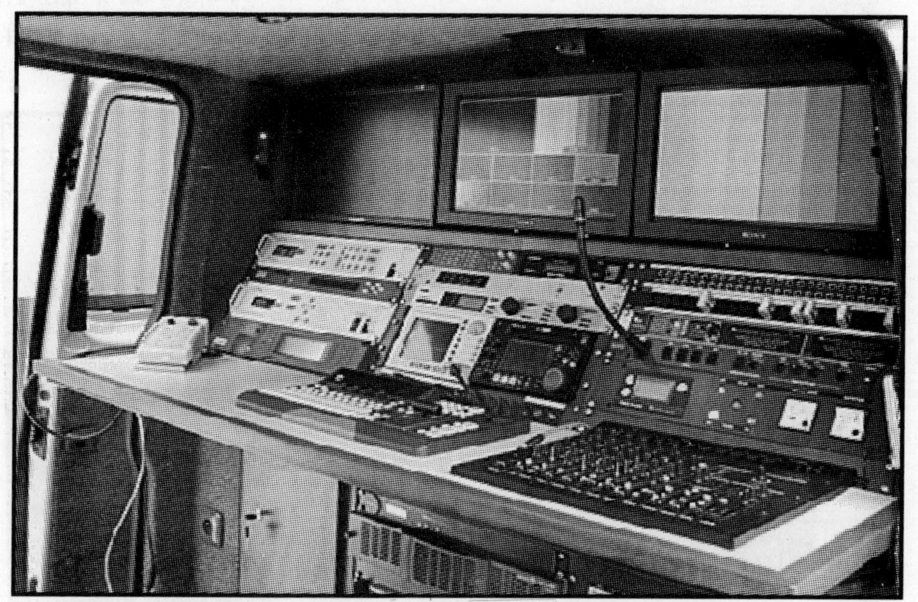

ओबी वैन के अन्दर का दृश्य

डीएसएनजी (Direct Satellite News Gathering) वैन-यह ओबी वैन का ही एक सस्ता और कम सुविधाओंवाला विकल्प होता है। हमेशा जल्दी में रहनेवाले न्यूज़ चैनलों के लिए ये ज्यादा उपयोगी होती हैं, क्योंकि ओबी के मुकाबले छोटी होती हैं।

वी सैट (V SAT) इसे वेरी स्मॉल एपरचर टर्मिनल कहते हैं। इस पद्धति से निर्माण, टर्मिनल मॉनीटरिंग, चैनल निर्धारित करने और प्रबन्धन के लिये हब स्थलीय केन्द्र उत्तरदायी होता है। इसमें छोटे-बड़े कई प्रकार के डिश एंटिना के द्वारा वीडियो स्थानान्तरित किया जा सकता है। वी सैट मुख्य रूप से टेलीविज़न चैनल के प्रादेशिक ब्यूरो में होता है जिसकी सहायता से ब्यूरो में आमन्त्रित किये गये अतिथियों का लाइव टेलीकास्ट किया जाता है। इसका दूसरा उपयोग उस ब्यूरो द्वारा दिनभर में संकलित की गयी ख़बरों को टेलीविज़न में भेजना है। इस तकनीकी से वीडियो अपनी पूरी गुणवत्ता के साथ स्थानान्तरित हो जाता है। सहारा ईटीवी इत्यादि प्रादेशिक चैनल अपने स्थानीय ब्यूरो में भी इसका प्रयोग प्रमुखता से करते हैं।

बैग पैक (Bag Pack)-टेलीविज़न चैनलों में ओबी वैन व्यवस्था बहुत महँगी पड़ती है और इसके हर जगह पहुँचने में कठिनाई भी होती है। इसके लिए चैनल आजकल अत्याधुनिक तकनीक से बना उपकरण बैक पैक प्रयोग करते हैं। इस उपकरण में 7.2 या 9.2 एमबीपीएस/सेकेण्ड के 10 से 15 थ्री जी सिम लगे रहते हैं, जो कि मिलकर एक बड़ी बैण्डविथ का निर्माण करते हैं, जिसके द्वारा विजुअल की बड़ी फाइलों को उसकी गुणवत्ता के साथ न्यूज़ चैनल में भेजा जा सकता है। इस उपकरण को कैमरे से सीधे जोड़कर लाइव

टेलीकॉस्ट भी किया जा सकता है। छोटा होने के कारण कैमरामैन इसे अपनी पीठ पर बाँध लेता है। 10 से 20 लाख रुपये में आनेवाला यह उपकरण ओबी की अपेक्षा काफी सस्ता है और आसानी से घटनास्थल पर पहुँचाया जा सकता है।

कैमरे के साथ कनेक्ट बैग पैक जोड़कर लाइव प्रसारण

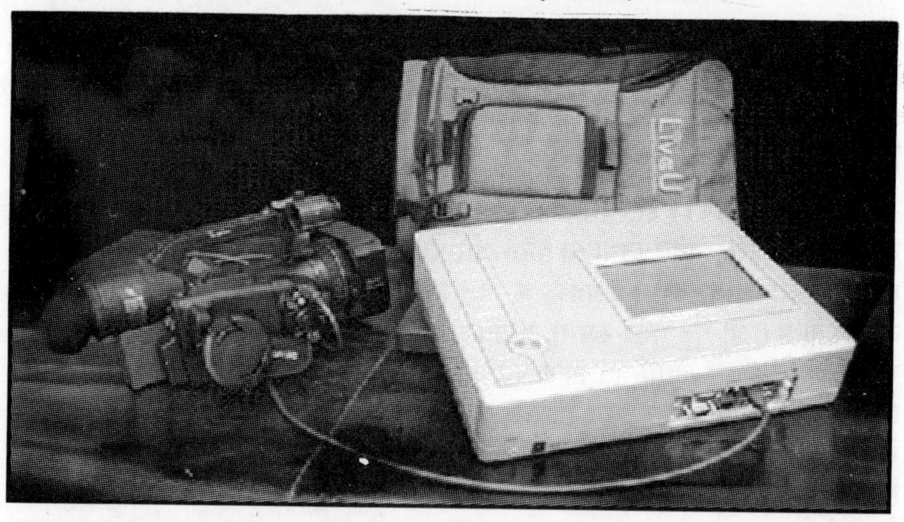

कैमरे के साथ कनेक्ट बैग पैक (Bag Pack)

हाथोंहाथ या कूरियर द्वारा-दिल्ली के आसपास के क्षेत्रों के संवाददाता अपनी रूटीन ख़बरों को आसानी से अपने चैनल में जाकर दे सकते हैं। अन्य राज्यों की सॉफ्ट ख़बरों के टेप भी कूरियर द्वारा मँगाये जाते हैं लेकिन इसमें विशेष बात यह है कि इसमें वही ख़बरें मँगायी जा सकती हैं, जिनका तुरन्त दिखाना ज़रूरी न हो।

●

4 टेलीविज़न प्रोडक्शन तकनीक

किसी भी फिल्म या टेलीविज़न कार्यक्रम निर्माण की सम्पूर्ण प्रक्रिया में लेखन, निर्माण तथा निर्देशन का महत्त्व सबसे अधिक है। यह तीनों कार्य किसी एक व्यक्ति द्वारा किये जा सकते हैं, अलग-अलग व्यक्तियों द्वारा भी किये जा सकते हैं या फिर एक ही कार्य कई व्यक्तियों द्वारा किये जा सकते हैं। फिल्म की कहानी, पटकथा एवं संवाद अलग-अलग व्यक्तियों द्वारा लिखा जाना भी सामान्य परन्तु फिल्म का निर्देशन कई व्यक्ति मिलकर करें ऐसा बहुत कम देखा जा सकता है। फिल्म 'दस कहानियाँ' में अलग-अलग लेखकों की कहानियों को अलग-अलग व्यक्तियों ने निर्देशित किया था। फिल्म निर्माण के इस कार्य में इन तीनों पदों के अलग-अलग संयोजन देखे जा सकते हैं।

निर्देशक, निर्माता, निर्माता-निर्देशक, लेखक-निर्देशक, लेखक-निर्माता, लेखक-निर्माता-निर्देशक इसके अलावा लेखक-निर्माता-निर्देशक-अभिनेता

कुछ फिल्मों में ऐसा भी होता है कि निर्माता पटकथा लिखने की पूरी जिम्मेदारी खुद उठाता है। निर्देशक का काम मात्र शूटिंग करना होता है। एडिटिंग के समय निर्देशक का काम सिर्फ़ रफ-कट तक ही सीमित होता है। इसे डाइरेक्टर-कट भी कहते हैं। इसके बाद निर्माता स्वयं वीडियो एडीटर द्वारा फिल्म का फाइनल कट करवाकर फिल्म बना लेता है।

किसी फिल्म के निर्माण में फिल्म निर्देशक का महत्त्व, निर्माण में उसकी भागीदारी अथवा सहयोग का प्रतिशत अलग-अलग हो सकता है। विद्वानों का कहना है कि किसी भी दृश्य श्रव्य माध्यम में मूल तकनीकीयाँ समान होती हैं। लेकिन विषयवस्तु जैसे रिकॉर्डिंग के माध्यम, प्रस्तुतीकरण, प्रदर्शन की विभिन्न परिस्थितियाँ तथा दर्शकों की संख्या का अन्तर होता है।

कहते हैं कि फिल्म सिनेमा मूल रूप से मूक था इसमें ध्वनि जोड़ी गयी परन्तु टेलीविज़न मूलरूप से ध्वनि प्रसारण था उसमें दृश्य जोड़े गये। इसका एक कारण यह भी हो सकता है कि टेलीविज़न से पहले ध्वनि प्रसारण रेडियो के रूप में मौजूद था परन्तु फिल्मों का उदय मूक फिल्मों से हुआ था।

वर्तमान में दोनों माध्यमों में हो रहे तकनीकी विकास का प्रभाव एक-दूसरे पर पड़ता रहा है और दोनों माध्यमों के प्रस्तुतीकरण में तकनीकी दूरियाँ भी कम हुई हैं। फिल्म को

टेलीविज़न से तकनीकी रूप से श्रेष्ठ साबित करने के लिए कुछ बड़े फिल्म निर्माताओं ने सिनेमास्कोप, पेनविजन, 70एम.एम., स्टोरियो फोनिक या डॉल्बी ध्वनि तकनीकों का विकास किया। जहाँ एक ओर टेलीविज़न की बढ़ती हुई लोकप्रियता को देखते हुए फिल्मों के बड़े निर्माता-निर्देशकों ने टेलीविज़न कार्यक्रम बनाने शुरू कर दिये, वहीं दूसरी ओर फिल्मों के बड़े कलाकार जैसे अमिताभ बच्चन, शाहरुख ख़ान, सलमान ख़ान, माधुरी दीक्षित इत्यादि ने भी टेलीविज़न कार्यक्रमों में काम करना शुरू कर दिया। अभी हाल ही में सोनी चैनल पर युद्ध नाम का धारावाहिक प्रसारित हो रहा है जिसमें अमिताभ बच्चन, राजीव बोस, तिगमांशु धूलिया समेत कई कलाकार काम कर रहे हैं।

टेलीविज़न माध्यम में आये तकनीकी तथा रचनात्मक परिवर्तन में इसके मूलभूत स्वरूप को बहुत परिवर्तित कर दिया। आज टेलीविज़न कार्यक्रमों की रिकॉर्डिंग उच्चस्तरीय डीजी वीटा कैमरों से होती है, साथ ही प्रकाश व्यवस्था, एडिटिंग इत्यादि भी उच्चस्तरीय उपकरणों से होती है। टेलीविज़न कार्यक्रम में भी फिल्मों की तरह करोड़ों रुपये के सेट लगाये जाते हैं, जो दर्शकों के लिए एक सुखद अनुभव होता है।

फिल्म निर्माण तकनीक में भी टेलीविज़न का प्रभाव देखा जा सकता है। शुरू दिनों में फिल्म की शूटिंग मात्र एक कैमरे से की जाती थी और उसका परिणाम तथा गुणवत्ता जानने के लिए रशेज आने तक इन्तजार करना पड़ता था। वर्तमान में फिल्म शूटिंग के लिए मल्टीकैमरा सेटअप का प्रयोग किया जाता है तथा रिफ्लेक्स व्यू फाइण्डर इमेज को एक मॉनीटर पर देखा जा सकता है और छायांकन सही न होने पर उसकी शूटिंग उसी समय दोबारा कर ली जाती है। कई कैमरों के प्रयोग से समानान्तर रूप सम्पादन भी की जा सकती है। विज़न मिक्सर की सहायता से कई कैमरों के दृश्यों को एक साथ एडिट किया जा सकता है। विकास की राह में आगे बढ़ते हुए 1903 में एडविन एस. पोर्टर ने एक ऐक्शन दृश्य की परिकल्पना करके 'द ग्रेट ट्रेन रॉबरी' फिल्म का निर्माण किया और फिल्मों के पर्दे पर सोची-समझी कथावस्तु को प्रस्तुत करके दृश्य के अलग-अलग शॉट का छायांकन करके उन्हें समय तथा क्रम के अनुसार जोड़कर फिल्म एडिटिंग की एक नयी तकनीक का आरम्भ किया। मिस्टर पोर्टर ने शार्ट में छायांकित चित्रों में निहित स्थान तथा उसके तथ्यों की गहनता का विश्लेषण करके उन्हें अ़न्य शॉट के चित्रों से सम्बन्धित करने का प्रयास किया। इसी प्रकार एक शॉट से दूसरे शॉट को जोड़ने की प्रक्रिया में निरन्तरता, स्थान, समय तथा वांछित प्रभाव और भावनाओं पर मुख्य ध्यान दिया गया। इस प्रकार यह कहा जा सकता है कि मि. पोर्टर ने सर्वप्रथम फिल्म माध्यम के द्वारा किसी निश्चित कथावस्तु को प्रभावपूर्ण तरीके से कहने की विधा (Narrative Form) का आविष्कार किया जो वर्तमान में भी फिल्म की कथावस्तु कहने की एक प्रचलित विधा है।

टेलीविज़न के कार्यक्रम निर्माण की मुख्य रूप से तीन प्रक्रियाएँ हैं।

- **प्री-प्रोडक्शन (Pre Production)**
- **प्रोडक्शन (Production)**
- **पोस्ट-प्रोडक्शन (Post-Production)**

वीडियों कैमरा (Video Camera) : वर्तमान वीडियो कैमरा से पहले बहुत से अलग-अलग फार्मेटों एवं आकार के वीडियो कैमरे बाजार में आये जो समय के साथ परिष्कृत होते गये। दूसरे शब्दों में कहा जा सकता है कि वर्तमान में आ रहे एच डी कैमरे निरन्तर हो रही खोजों और आविष्कारों के परिणाम हैं। इनमें से कुछ कैमरे निम्न हैं :

कैमरों के प्रकार (Types of Camera)

1. यू-मैटिक लो बैण्ड कैमरा (U-Matic Low Band Camera)
2. यू-मैटिक हाई बैण्ड कैमरा (U-Matic High Band Camera)
3. वी.एच.एस. कैमरा (V.H.S Camera)
4. सुपर वी.एच.एस. कैमरा (S) V.H.S.(Super V.H.S)
5. बीटा कैम (Beta Cam)
6. बीटा कैम 'एस.पी. (Beta Cam 'S.P')
7. बीटा कैम 'डिजिटल' या 'डिजिबीटा' (Beta Cam 'Digital' or Digital Beta)
8. हाई-8 कैमरा (HI-8 Camera)
9. मिनी डी.वी. कैमरा (Mini DV Camera)
10. एच.डी. कैमरा (HD Camera)
11. स्टेडी कैम (Steadicam)

कैमकॉर्डर-वह कैमरे जिनमें कैमरे में ही रिकॉर्ड करने की व्यवस्था रहती है, कैमकॉर्डर कहलाते हैं। स्टूडियो कैमरों की तुलना में यह हलके होते हैं और रिकॉर्डिंग इसमें लगे टेप या ममोरी कार्ड इत्यादि से होते हैं। ये कैमरे मुख्य रूप से दो प्रकार के होते हैं-

1. ईएनजी कैमकॉर्डर्स (Electronic News Gathering Camcorders)-इन कैमरों का प्रयोग टेलीविज़न चैनलों में प्रमुखता से किया जाता है। वीडियो जर्नलिस्ट या टेलीविज़न कैमरामैन ख़बरों का विजुअल बनाने के लिए इन्हीं कैमरों का प्रयोग करते हैं। इन कैमरों में एक माइक्रोफोन लगा होता है, साथ ही, अलग से गनमाइक लगाने की व्यवस्था होती है। कुछ कैमरों में हलकी लाइटें लगी रहती हैं। ये कैमरे इण्टरव्यू, बाइट तथा दुर्घटना इत्यादि का विजुअल बनाने में बहुत कारगर सिद्ध होते हैं। हलके होने के कारण कैमरामैन घटनास्थल पर इन्हें लेकर आसानी से दौड़ सकता है। इन कैमरों में एक व्यू फाइण्डर लगा होता है, जिसमें कैमरामैन अपने दृश्य को देखकर फ्रेम बनाता है। फ्रेम में सही वाइट बैलेन्स फोकस इत्यादि देखने के लिए इसमें छोटी-सी एलसीडी स्क्रीन भी लगी होती है। फोकस, अपरचर और ह्वाइट बैलेन्स, ब्लैक बैलेन्स, गेन इत्यादि नियन्त्रित करने के लिए इसमें विभिन्न बटन होते हैं, जिसकी सहायता से कैमरामैन इन्हें अच्छी तरह से नियन्त्रित कर सकता है। दूर की तस्वीरों का सही विजुअल बनाने के लिए इसमें जूम बटन भी लगा होता है, जिससे दूर की तस्वीरों को जूम से नज़दीक लाकर उसकी स्पष्ट रिकॉर्डिंग की जा सकती है।

ईएनजी कैमकॉर्डर्स (ENG Camcorders)

वीडियो कैमरे के प्रमुख भाग-

- माइक्रोफोन (Mircrophone)
- लेन्स हुड (Lens hood)
- अपरचर रिंग्स (आइरिस) [Aperture rings (iris)]
- फोकस रिंग (Focus ring)
- जूम रिंग (Zoom ring)
- ह्वाइट बैलेन्स, (White balance)
- गेन कण्ट्रोल (Gain control)
- कलर कम्पेन्सेशन फिल्टर (Colour compensation filter)
- व्यू फाइण्डर (View finder)
- टेली लाइट [Tally light (indicates if the camera is recording)]
- कैमरा बैक वीटीआर कनेक्टर (Camera back VTR connector, video output, camera cable, monitor video output, genlock connection)
- बैटरी पैक (Battery pack)

- ऑडियो इनपुट कण्ट्रोल्स (Audio input controls)
- एलसीडी मॉनीटर और व्यू फाइण्डर (LCD Monitor View finder)
- ऑटो मैनुअल ऑन/ऑफ (Auto Manual On/off)

माइक्रोफोन (Microphone)-ईएनजी कैमरों में कैमरे के ऊपर एक माइक्रोफोन लगा रहता है, जो कि घटनास्थल की ध्वनि को रिकॉर्ड करता है, परन्तु बाइट, इण्टरव्यू इत्यादि लेने के लिए इसमें गनमाइक या लेपल माइक जोड़ा जाता है, जिससे कि इण्टरव्यू देनेवाले व्यक्ति की स्पष्ट आवाज़ रिकॉर्ड की जा सके।

एलसीडी मॉनीटर/ व्यू फाइण्डर (LCD Monitor/View finder)-यह कैमरे में लगी छोटी-सी खिड़की होती है, जिससे देखकर विज़ुअल बनाये जाते हैं। व्यू फाइण्डर में देखने से हमें यह पता चल जाता है कि फ्रेम में कितना भाग आ रहा है और उसका कम्पोजीशन कैसा है। व्यू फाइण्डर के अलावा कैमरे में एलसीडी स्क्रीन भी होती है इसके द्वारा भी कैमरे द्वारा शूट किये जानेवाले दृश्यों को देखा जा सकता है।

लेन्स हुड (Lens Hood)-लेन्स को सूर्य की सीधी रोशनी तथा अन्य दिशाओं से आ रही रोशनी से बचाने के लिए लेन्स हुड का प्रयोग किया जाता है। इसके प्रयोग से व्यू फाइण्डर और एलसीडी स्क्रीन पर बननेवाली इमेज अधिक स्पष्ट और सुन्दर दिखायी देती है। अलग-अलग लेन्सों और कैमरों के लिए गोल, चौकोर और आयताकार आकार में बनाये जाते हैं।

अपरचर (Aperture)-अपरचर बटन के द्वारा एक्सपोज़र सेट किया जाता है। देखें फ़ोटोग्राफी अध्याय।

फोकस रिंग (Focus Ring)-ईएनजी कैमरों में विषयवस्तु को फोकस में करने के लिए ऑटो फोकस की व्यवस्था होती है, परन्तु भीड़ में या ख़ास अवसरों पर किसी विशेष व्यक्ति को फोकस में लेने के लिए मैनुअल फोकस की व्यवस्था होती है, जिसे फोकस रिंग के द्वारा घुमाकर सेट किया जाता है।

जूम रिंग (Zoom Ring)-जूम रिंग मुख्य रूप से दूर की वस्तुओं की स्पष्ट रिकॉर्डिंग करने के लिए प्रयोग में लायी जाती है। यदि कैमरामैन घटनास्थल से काफी दूर है तो वह जूम करके उसकी रिकॉर्डिंग करके कर सकता है।

टेली लाइट (Tally light)-ईएनजी कैमरों में रिकॉर्डिंग ऑन होते ही सामने की छोटी लाइट जल जाती है, इसे टेली लाइट कहते हैं। टेली लाइट ऑन होने का अर्थ है कि कैमरा रिकॉर्डिंग कर रहा है।

ह्वाइट बैलेन्स (White Balance)-वातावरण के अलग-अलग तापमान में रिकॉर्डिंग करते समय अन्य लाइटों का प्रभाव भी विज़ुअल पर पड़ता है, उसी को नियन्त्रित करने के लिए कैमरामैन ऑटो ह्वाइट बैलेन्स एवं वनपुश बटन द्वारा ह्वाइट शीट के माध्यम से ह्वाइट बैलेन्स करता है। उदाहरण के लिए यदि हैलोजन के प्रकाश में शूट किया जा रहा है तो विषयवस्तु पर पीले रंग का प्रकाश दिखायी देगा, परन्तु सही ह्वाइट बैलेन्स विधि का प्रयोग करके पीले रंग के प्रभाव को हटाया जा सकता है।

गेन कण्ट्रोल (Gain Control)-इस बटन का प्रयोग रात के समय या बहुत कम प्रकाश में विज़ुअल बनाने के लिए किया जाता है। अपरचर और शटर स्पीड के द्वारा पूरा एक्सपोज़र बढ़ाये जाने के बाद भीं यदि एक्सपोज़र बहुत कम है तब गेन कण्ट्रोल बटन से गेन को बढ़ाया जाता है, परन्तु इसका प्रयोग करने से विज़ुअल की गुणवत्ता पर प्रभाव पड़ता है। इसका प्रयोग आपातूकालीन स्थिति में ही किया जा सकता है।

बैटरी पैक (Battery pack)-ईएनजी कैमरे चार्जेबल लीथियम बैटरी से चलते हैं, जो कि अलग-अलग mah एवं वोल्ट की होती हैं। कैमरामैन रिकॉर्डिंग करते समय इनके कई सेट रखता है, क्योंकि यदि एक बैटरी डिस्चार्ज हो जाये तो तुरन्त दूसरी लगायी जा सके।

ईएफपी कैमकॉर्डर्स (Electronic Field Production Camcorders)-यह कैमरे ईएनजी कैमरों से भारी एवं स्टूडियो कैमरों से हलके होते हैं। इनका प्रयोग डाक्यूमेण्ट्री, फीचर, विज्ञापन इत्यादि बनाने में किया जाता है। क्रिकेट मैच के दौरान मल्टीकैमरा सेटअप में इनका प्रयोग प्रमुखता से किया जाता है। इन कैमरों की गुणवत्ता ईएनजी कैमरों से अधिक होती है।

स्टूडियो कैमरा (Studio Camera)-यह कैमरे ईएफपी कैमरों से भारी होते हैं और इन्हें लेकर चलना सम्भव नहीं है। इन कैमरों में रिकॉर्डिंग न होकर बल्कि पीसीआर या एमसीआर में इसकी रिकॉर्डिंग होती है। इन कैमरों में व्यू फाइण्डर लेन्स रिकॉर्डर इत्यादि अलग-अलग स्थानों पर हो सकता है। दूरदर्शन में इस तरह के भारी कैमरों का प्रयोग प्रमुखता से किया जाता है।

स्टूडियो कैमरा (Studio Camera)

स्टैडीकैम (Steadicam)-गतिमान् विषयों के शूटिंग या गति के प्रभाव को उत्पन्न करने के लिए विशेष कैमरा उपकरण जिसकी मदद से कैमरामैन आसानी से चलते-फिरते हुए शॉट ले सकता है। लेकिन विशेष उपकरण कैमरे को किसी तरह का झटका नहीं लगने देते हैं। इस तकनीक में कैमरे को बेल्ट आदि की सहायता से कैमरामैन के शरीर में बाँध दिया जाता है।

टेली लाइट (Tally Light)-स्टूडियो कैमरे के ऊपरी सिरे पर लगी छोटी लाइट, जिसका ऑन होना यह बताता है कि कैमरा शॉट ऑन एयर है।

स्टोरेज सिस्टम (Storage System)

दृश्यों एवं ध्वनियों को रिकॉर्ड करनेवाली चुम्बकीय टेपयुक्त विशेष कैसेट जो मूवी कैमरे में लगती है उसके कई फार्मेट मार्केट में उपलब्ध हैं जैसे-VHS, S-VHS, U-Matic Low Band, U-Matic Hi-Band, Betacam Hi-8 DV, बीच में कुछ हार्डडिस्कवाले कैमरे भी आये थे जो उतने सफल नहीं हो सके। वर्तमान में इन टेपों की जगह एस डी एवं माइक्रो एस डी कार्ड का प्रयोग हो रहा है।

यू मैटिक टेप (U-Matic) -यू मैटिक टेप की चौड़ाई 3/4 इंच होती है (घरेलू वीडियो कैसेट वीएचएस के रिबन की चौड़ाई से 1/4 इंच अधिक)। इस टेप (रिबन) पर विभिन्न ट्रैक (Track) होते हैं, जिन पर सिगनल रिकॉर्ड किये जाते हैं।

वी.एच.एस. (Vertical Halical Scan)-1970 के उत्तरार्द्ध में रिकॉर्डिंग और छायांकन के लिए विकसित तकनीक जो उन दिनों काफी लोकप्रिय रही। VHS आम कैसेट है जो साधारण मूवी कैमरों में प्रयुक्त होती है। पहले यू मैटिक कैसेट का प्रयोग टीवी कार्यक्रम तैयार करने में होता था। वर्तमान में **बीटाकैम फार्मेट** का चलन है। श्रेष्ठ परिणामों के लिए बीटाकैम कैसेट का प्रयोग किया जाता है। कैसेट विभिन्न आकारों में मिलते हैं। छोटा साइज प्रायः शूटिंग के लिए होता है और बड़ा साइज़ सम्पादन में उपयोग में लाया जाता है। छोटे साइज़ की अवधि 20 मिनट और बड़े साइज़ की अवधि 10, 20, 30, 60 मिनट तक की होती है। मिनट अवधि का आशय है कि कैसेट के भीतर जो टेप या रिबन है उस पर कितनी अवधि की शूटिंग की जा सकती है। कैसेट के अन्दर टेप या रिबन होता है उस पर चुम्बकीय पर्त होती है। जिस पर दृश्य या ध्वनि रिकॉर्ड किये जाते हैं। इस टेप पर विभिन्न ट्रैक होते हैं जिन पर सिगनल रिकॉर्ड होते हैं।

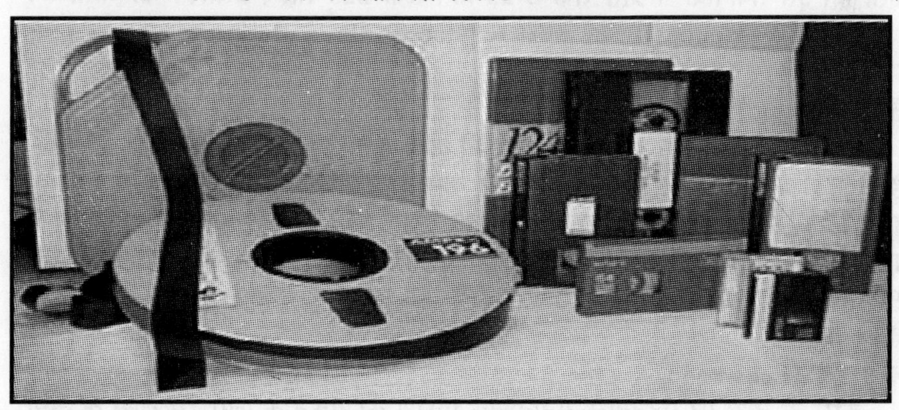

विभिन्न प्रकार के टेप एवं रील

डिजिटल-8 (Digital-8)-सोनी कम्पनी द्वारा जानी विशेष उन्नत कैम्पकॉर्डर जो हाई-8 या 8 एम. एस. रिकॉर्डर से अच्छा माना जाता है। इसकी ख़ूबी यह है कि इसमें हाई-8 या 8 एम. एस. में इस्तेमाल किये जानेवाले टेप भी आसानी से चलाये जा सकते हैं।

मिनीडीवी-इस डिजिटल वीडियो फार्मेट के टेप छोटे होने के साथ-साथ गुणवत्ता में काफी अच्छे माने जाते हैं। 30, 63 और 90 मिनट के टेप में एवीआई फार्मेट (ऑडियो, वीडियो इण्टरलीव) पर रिकॉर्डिंग की जाती है।

हार्डडिस्क-मिनी डिवी कैमरों के बाद सोनी, पैनासोनिक तथा सैमसंग इत्यादि कम्पनियों ने हार्डडिस्क पर आधारित कैमरे बनाये, जिसमें टेप की जगह हार्डडिस्क प्रयोग होता था और रिकॉर्डिंग के बाद हार्डडिस्क से विजुअल कम्प्यूटर में कॉपी कर लिया जाता था, लेकिन ऐसे कैमरे अधिक सफल नहीं हो सके क्योंकि हार्डडिस्क करप्ट हो जाने पर सारा डेटा बेकार हो जाता था।

मेमोरी कार्ड-वर्तमान में कैमरों में एसडी कार्ड एवं माइक्रो एसडी कार्ड का प्रयोग किया जा रहा है। 8, 16, 32 जीबी के ये कार्ड आसानी से कैमरे में लगाये जा सकते हैं और इन्हीं कार्डों के माध्यम से डेटा आसानी से कम्प्यूटर में कॉपी कर लिया जाता है। वर्तमान में ईएनजी कैमकॉडर में इसका प्रयोग प्रमुखता से हो रहा है।

वीडियो स्टैण्डर्ड (Video Standard)

पाल (PAL-Phase Alternating Line)-यह टेलीविज़न ब्राडकास्ट स्टैण्डर्ड सिस्टम की यूरोपियन टेलीविज़न ट्रान्समीशन पद्धति है जिसका प्रयोग भारत में प्रमुखता से होता है। इसमें 625 लाइन 25 फ्रेम प्रति सेकेण्ड चलते हैं।

एनटीएससी (National Television System Committee)-यह टेलीविज़न ट्रान्समीशन पद्धति उत्तरी अमेरिका तथा जापान आदि में प्रचलित है। इसमें 525 लाइन 30 फ्रेम तथा 60 हट्र्ज होते हैं।

सेकेम (System Electronique Couleur Avec Memorie)-(फ्रेंच भाषा में) यह टेलीविज़न प्रसारण पद्धति है जो फ्रांस आदि देशों में प्रसारण के लिए उपयोग में लाया जाता है। इस तकनीक में प्रति सेकेण्ड 25 फ्रेम तथा 625 लाइनें प्रसारित की जाती हैं।

मोनोपॉड (Monopod)-वह कैमरा स्टैण्ड जिसमें तीन के बजाय केवल एक पैर होता है।

तिपाई (Tripod)

साधारण बोलचाल में इसे कैमरा स्टैंड भी कहा जाता है। इसका मुख्य कार्य कैमरे को हिलने से बचाना है। टैली, लेन्स, सूपर, जूम, कम, शटर स्पीड, सेल्फ टाइमर और रात्रि के समय ट्रिक फ़ोटोग्राफी करते समय कैमरों को स्थिर रखने के लिए ट्राइपोड भी विभिन्न धातुओं, विभिन्न आकारों और अलग-अलग कार्यक्षमताओं वाले होते हैं, जिनका आवश्यकता एवं सुविधानुसार प्रयोग किया जाता है। अब एक पायेवाले (Monopod) का प्रयोग ही किया जाता है।

लेन्स हूड (Lens-hood)

कैमरे के लेन्स पर पड़नेवाले अनावश्यक प्रकाश को रोकने के लिए इसे लेन्स के आगे लगाया जाता है। यह भी विभिन्न प्रकार (गोल एवं चौकोर) में अलग-अलग धातुओं का होता है। सुपरवाइड लेन्स का प्रयोग करते समय इसका प्रयोग करने से फ़ोटो में कोने कटने की सम्भावना रहती है इसलिए सुपरवाइड लेन्स का प्रयोग करते समय लेन्स हूड नहीं लगाया जाता है।

फ्रेम-कैमरे के लेन्स से देखकर दृश्य या इच्छित विषयों को केन्द्र में लाना ताकि कोई पात्र या विषय पर्दे से बाहर न जाये और उसमें सौन्दर्य व सन्तुलन रहे, निर्देशक कैमरे से

देखकर तय करता है जिसे फ्रेम कहते हैं। फ्रेम एक चौखटा है। मूवी कैमरे में एक फ्रेम के बाद सूक्ष्म अन्तराल पर दूसरा फ्रेम आता है। लेकिन बीच का अन्तराल हमारी आँखें देख नहीं पातीं और दूसरा फ्रेम आने तक पहले फ्रेम की याद बनी रहती है। इस तरह हम क्रमिक गति और निरन्तरता का एहसास करते जाते हैं। इस सिद्धान्त के अनुसार यदि प्रति सेकेण्ड 18 फ्रेम आँख से गुज़रे तो तस्वीर गतिमान् नज़र आयेगी। फिल्म कैमरे में प्रति सेकेण्ड 24 फ्रेम होते हैं जबकि भारत में प्रचलित PAL (Phase Alternative Lines) वीडियो में 25 फ्रेम प्रति सेकेण्ड होते हैं जबकि अमेरिका में प्रचलित एनटीएससी फार्मेट में 30 फ्रेम प्रति सेकेण्ड होते हैं।

शॉट संरचना (Shot Structure)

शॉट कई स्थिर चित्रों (Frames) की एक श्रृंखला होती है ठीक उसी प्रकार कोई भी दृश्य कई शॉट की एक श्रृंखला होती है तथा अनुक्रम या सीक्वेन्स कई दृश्यों की श्रृंखला होती है। प्रत्येक फिल्म में शॉट, दृश्य एवं अनुक्रम उसी प्रकार होते हैं जैसे किताब में वाक्य (Shot), पैराग्राफ (Scene) तथा अध्याय (Sequence) होते हैं। सम्पूर्ण दृश्य में कही जानेवाली बातों को शॉट में बाँटकर टुकड़ों में लिया जाता है और बाद में इन्हीं शॉट को मिलाकर दृश्य में हो रही क्रिया तथा घटनाओं का विवरण सम्मिलित रूप से दिया जाता है। यह कहा जा सकता है कि जिस तरह शब्द वाक्य बनाते हैं उसी प्रकार शॉट दृश्य बनाते हैं। शॉट एक दृश्य की इकाई (Unit) होती है। एक शॉट की संरचना में छायाकार की मुख्य भूमिका होती है जो कैमरे की स्थिति, कैमरे का कोण, विषयवस्तु से कैमरे की दूरी, कैमरे की गति, लेन्स एवं कैमरे का घुमाव, पात्रों की भूमिका तथा अभिनय आदि निश्चित करते हैं। एक चित्र जहाँ हज़ार शब्दों के बराबर होता है वहीं एक चलता-फिरता चित्र दस हज़ार शब्दों से भी अधिक प्रभावशाली होता है। प्रभावशाली ढंग से लिया गया शॉट सिर्फ़ बोलता ही नहीं बल्कि भावनात्मक रूप से दर्शकों को प्रभावित करता है।

शॉट के प्रकार (Types of Shots)-कैमरे से विषयवस्तु के बीच की दूरी के आधार पर शॉट्स का वर्गीकरण किया गया है। कैमरे से विषयवस्तु की दूरी विभिन्न प्रकार के प्रभाव एवं अनुभूतियों की रचना करने में सक्षम होती है। दृश्य की आवश्यकता के अनुसार कैमरामैन दृश्य को कई शॉट में आवश्यकतानुसार विभाजित कर सकता है। इस शॉट विभाजन में निरन्तरता का विशेष ध्यान रखा जाता है।

एक्सट्रीम लांग शॉट (Extreme Long Shot) (ELS)-इस शॉट का उद्देश्य सामान्यतः किसी स्थान को स्थापित करना होता है, जहाँ पर किसी दृश्य का ऐक्शन घटित होता है। कहानी की पृष्ठभूमि जिस स्थान पर होती है उसे स्थापना शॉट (Establishing Shot) भी कहते हैं। फिल्मों में इस तरह के शॉट का भरपूर इस्तेमाल किया जाता है, क्योंकि किसी लोकेशन की ख़ूबसूरती दिखाने में वे काफी प्रभावशाली होते हैं लेकिन ऐसे शॉट का आनन्द बड़े पर्दे पर अधिक मिलता है। इसलिए टीवी पर ऐसे शॉट्स दृश्यों को स्पष्ट नहीं दिखा पाते। यही कारण है कि टीवी पर फिल्मों की अपेक्षा ऐसे शॉट कम दिखाये जाते हैं। जैसे यदि कैमरामैन यह दिखाना चाहता है कि यह कोई ठण्डा प्रदेश है तो वह बर्फ से ढँके पर्वत तथा उसके आस-पास के क्षेत्र को सम्पूर्णता से दर्शाता है ठीक उसी प्रकार यदि स्थापित करना हो कि यह दृश्य आगरे का है तो ताजमहल का शॉट दिखाने से दर्शक यह समझ जाता है कि यह आगरे का दृश्य है। यह कहानी की पृष्ठभूमि आगरे की है। किसी भी

दृश्य की घटनास्थल के दूर-दूर तक फैले क्षेत्र को दर्शाने के लिए भी इस शॉट का प्रयोग किया जाता है। फिल्म चेन्नई एक्सप्रेस में ट्रेन का शॉट हेलीकॉप्टर में बैठकर लिया गया था ताकि ट्रेन के अगल-बगल के अधिक-से-अधिक क्षेत्र को दिखाया जा सके। जोधा-अकबर फिल्म में युद्धभूमि का शॉट भी इस शॉट का अच्छा उदाहरण है। किसी व्यक्ति के अकेलेपन को दिखाने के लिए एक्सट्रीम लांग शॉट का प्रयोग किया जाता है। इस प्रकार हम कह सकते हैं कि एक्सट्रीम लांग शॉट का प्रयोग घटनास्थल के विस्तृत क्षेत्र को स्थापित करने के लिए किया जा सकता है। कैमरे से विषयवस्तु की अधिक दूरी होने के कारण इसमें ऐक्शन का अभाव होता है।

एक्सट्रीम लांग शॉट (Extreme Long Shot)

लांग शॉट (Long Shot) -लांग शॉट किसी दृश्य या स्थान के ऐक्शन को अधिक स्पष्ट रूप से व्यक्त करता है। एक्सट्रीम लांग शॉट के विपरीत इसमें व्यक्तियों का ऐक्शन स्पष्ट देखा जा सकता है। यह इस तरह का स्थापना शॉट है जिसमें व्यक्तियों की अपेक्षा वातावरण तथा क्षेत्र पर कम ध्यान रहता है। अतः ऐसे शॉट तभी बनाने चाहिए जब प्रत्येक ऐक्शन या चरित्र का महत्त्व हो। दृश्य के मुख्य पात्रों के अलावा अनावश्यक लोगों को लांग शॉट में नहीं दिखाना चाहिए।

लांग शॉट (Long Shot)

मिड लांग शॉट (Mid Long Shot) -यह शॉट ऐक्शन को अधिक स्पष्ट रूप से स्थापित करता है। इस शॉट में आसपास की वस्तुएँ तथा क्षेत्र दिखायी नहीं देता। मिड लांग शॉट में मूलरूप से शरीर को केन्द्रित करके व्यक्ति विशेष पर ध्यान देने का प्रयास किया जाता है। यह टेलीविज़न का सबसे प्रचलित शॉट है क्योंकि इसमें विभिन्न व्यक्तियों तथा चरित्रों के बीच सम्बन्धों को दर्शाया जाता है। यद्यपि इस शॉट में दर्शकों को घटना या विषयवस्तु को करीब से देखने का अवसर मिलता है परन्तु क्लोज़अप शॉट में दिखायी जानेवाली सूक्ष्म भावनाओं का अभाव रहता है।

मिड लांग शॉट (Mid Long Shot)

क्लोज-अपशॉट (Closeup Shot) -क्लोज अप शॉट दर्शकों को किसी व्यक्ति या वस्तु के बिलकुल करीब ले आता है। इसमें आस-पास की अधिकांश वस्तुओं तथा पृष्ठभूमि को बाहर कर दिया जाता है। यह शॉट किसी दृश्य में भावनाओं की अभिव्यक्ति क्लाइमेक्स, विल्डअप तथा नाटकीयता उत्पन्न करने के लिए किया जाता है। इसमें चरित्रों की सूक्ष्म भावनाएँ तथा अनुभूतियाँ चेहरे पर दिखायी देती हैं। फिल्मों तथा टेलीविज़न कार्यक्रमों में दृश्यों में भावनात्मक प्रभाव देने के लिए क्लोज़अप शॉट का विशेष महत्त्व है। एडिटिंग के समय क्लोज-अप शॉट किसी भी शॉट के बीच में लगाये जा सकते हैं। फिल्म की अपेक्षा टेलीविज़न का पर्दा छोटा होने के कारण यह शॉट टेलीविज़न पर ज्यादा अच्छा लगता है। क्लोज़अप के प्रयोग की खोज विश्व प्रसिद्ध फिल्मकार डी. डब्ल्यू. ग्रेफेड ने की थी, जिन्होंने 'बर्थ ऑफ नेशन' फिल्म बनाया।

क्लोज-अपशॉट (Close up Shot)

मीडियम क्लोज़अप (Medium Close up Shot) -यह शॉट सामान्यतः बातचीत के लिए प्रयोग किये जाते हैं जिसका आधार सिर से सीने तक होता है। मिड क्लोज़अप शॉट से क्लोज़अप या लांग शॉट को जोड़ने से दृश्य के प्रभाव में परिवर्तन किया जा सकता है। टेलीविज़न में समाचार वाचिका एवं इण्टरव्यू एवं बाइट में इस शॉट का अत्यधिक प्रयोग किया जाता है। बातचीत के समय यह शॉट कन्धों के पीछे से भी लिये जा सकते हैं।

मीडियम क्लोज़अप (MCU)

एक्सट्रीम क्लोज़अप (Extreme Close up Shot) -इस शॉट में कैमरा विषयवस्तु के काफी करीब से शॉट बनाता है। इस शॉट के जरिये सूक्ष्म भावनाओं तथा अनुभूतियों को बारीकी से समझा जा सकता है। इस तरह के शॉट से विशेष नाटकीय प्रभाव एवं सस्पेन्स भी उत्पन्न किया जा सकता है। इस तरह के शॉट में शरीर के किसी विशेष हिस्से जैसे-आँख, होठ इत्यादि को बड़ा करके दिखाया जा सकता है। क्लोज़अप शॉट पर्दे पर दर्शकों के बीच गहरा प्रभाव उत्पन्न करते हैं इसलिए ऐसे शॉट का प्रयोग बहुत सावधानी से करना होता है। लांग शॉट, मिड शॉट और क्लोज़अप परस्पर मिलकर किसी स्टोरी या कार्यक्रम का निर्माण करते हैं।

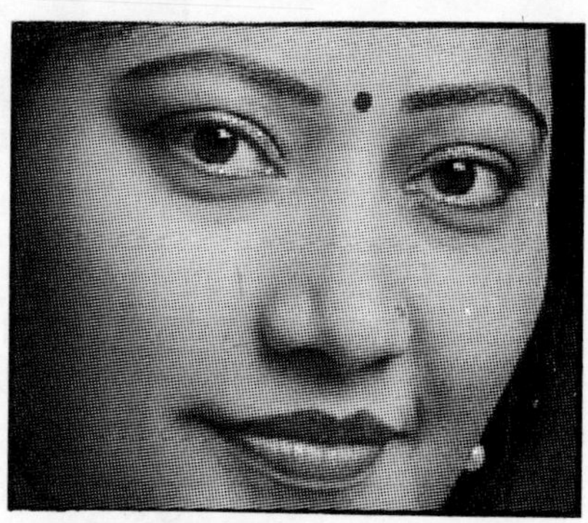

एक्सट्रीम क्लोज़अप शॉट (ECU)

टू शॉट (Two Shot) -इस शॉट में स्क्रीन पर दो लोगों को वार्त्तालाप करते हुए दिखाया जाता है। फिल्म दीवार में अमिताभ बच्चन और शशि कपूर का पुल के नीचे हुआ शॉट काफी प्रचलित है।

लो ऐंगल शॉट (Low Angle Shot) -इस शॉट में कैमरा विषय की आई लाइन या दृश्य सतह से नीचे की ओर रखा जाता है। इसमें कैमरों को नीचे रखकर ऊपर की ओर उठा दिया जाता है। इससे दर्शक को ऊपर दिखने का आभास होता है। इस कोण में चरित्र का महत्त्व, प्रभाव व बढ़ी हुई शक्ति, प्रभुता इत्यादि प्रकट होती है। फिल्म मि. इण्डिया में मोगैम्बो का शॉट लेने में इसका उपयोग किया गया है। यह शॉट यदि वाइड ऐंगल लेन्स से लिया जाये तो दर्शकों में भय एवं रोमांच की भावना उत्पन्न की जा सकती है।

टॉप ऐंगल शॉट (Top Angle Shot) -किसी चरित्र के टॉप ऐंगल से लिया गया शॉट उसके महत्त्व को कम करते हुए उस चरित्र को कमज़ोर और शक्तिहीन प्रदर्शित करता है। फिल्मों में पहली मंजिल पर चढ़ा ज़मींदार जब किसी गरीब किसान से बात करता है तो ऐसे में इस शॉट का प्रयोग अत्यधिक होता है। यदि वाइड ऐंगल लेन्स से यह शॉट लिया जाये तो प्राकृतिक दृश्य का अति नाटकीय प्रभाव उत्पन्न किया जा सकता है। यदि शॉट में ऐक्शन हो, जैसे-क्रिकेट या फुटबाल का मैच तो ऐसे शॉट काफी प्रभावशाली साबित होते हैं। अधिक टॉप ऐंगल से दृश्य वी-आयामी प्रतीत होते हैं।

शॉट	माध्यम	अर्थ
एक्सट्रीम लांग शॉट	घटनास्थल के विस्तृत क्षेत्र का विवरण	स्टैब्लिशिंग शॉट के रूप में प्रयोग, जिससे पृष्ठभूमि की पहचान होती है।
लांग-शॉट	(पात्र और परिवेश)	प्रसंग, ऐक्शन एवं चरित्र का महत्त्व दिखाने के लिए
मिड लांग शॉट	सिर से घुटने तक	विभिन्न व्यक्तियों तथा चरित्रों के बीच सम्बन्ध स्थापित करने में
क्लोज़-अप	(मुखाकृति)	निकटता, शॉट किसी दृश्य में भावनाओं की अभिव्यक्ति क्लाइमेक्स, विल्डअप तथा नाटकीयता उत्पन्न करने के लिए किया जाता है। इसमें चरित्रों की सूक्ष्म भावनाएँ तथा अनुभूतियाँ चेहरे पर दिखायी देती हैं।
मीडियम क्लोज अप	(सिर से सीने तक)	वार्त्तालाप के लिए प्रयुक्त होता है। टेलीविज़न में अत्यधिक प्रयुक्त
मीडियम-शॉट	(शरीर का अधिकांश भाग)	व्यक्तिगत-सम्बन्ध
फुट-शॉट	(पूरा शरीर)	सामाजिक-सम्बन्ध
लो ऐंगल शॉट	(कैमरा ऊपर की वस्तु दिखाता है)	प्रभुत्व, चरित्र की प्रधानता, शक्ति एवं प्रभाव तथा भय एवं रोमांच उत्पन्न करने के लिए इसका प्रयोग होता है।
टॉप ऐंगल शॉट	(कैमरा नीचे की वस्तु दिखाता है)	चरित्र को महत्त्वहीन, शक्तिहीन इत्यादि प्रदर्शित करने के लिए इसका प्रयोग होता है।
कट	(एक चित्र से दूसरे पर जाना)	उत्सुकता उभारना
फेड	(खाली स्क्रीन पर चित्र उभरने लगता है)	आरम्भ

कैमरा मूवमेण्ट (Camera Movement)-फ़ोटो खींचते वक्त अथवा वीडियो फिल्म बनाते समय कई बार कैमरों को एक स्थान से दूसरे स्थान पर ले जाना पड़ता है जिससे अपनी इच्छानुसार तस्वीरें व वीडियो फिल्म बनायी जा सके। किसी फिल्म या टीवी कार्यक्रम में कैमरे को ऊपर-नीचे, दायें-बायें व आगे-पीछे किया जाता है जिससे प्रत्येक घटनाक्रम देखने को मिले। कैमरे को घुमाने से ऐसा आभास होता है कि जीता-जागता पात्र स्वयं उसकी ओर बढ़ रहा है। मूवी कैमरों को मुख्य रूप से निम्न प्रकार से चलाया जाता है—

पैन (Pan)-इसमें कैमरा दायें से बायें व बायें से दायें घूमता है। इसके बिना दृश्य अधूरे रह जाते हैं। कैमरे को पैन इसलिए किया जाता है जिससे हो रहे ऐक्शन के साथ चला जा सके, प्रतिक्रिया दिखायी जा सके, दृश्य रचना का समायोजन किया जा सके, एक वस्तु या विषय को क्रमवार दिखाया जा सके, दो व्यक्तियों या वस्तुओं में भौतिक सम्बन्ध स्थापित कराया जा सके, दृश्य को सम्पूर्ण विवरण के साथ दिखाया जा सके।

टिल्ट (Tilt)-इसमें कैमरे को स्टैण्ड पर रखे हुए ही नीचे से ऊपर व ऊपर से नीचे किया जाता है। ऐसा करने के तीन उद्देश्य हैं-1. सीन में नाटकीय प्रभाव लाना, 2. हो रहे ऐक्शन को पूरा दिखाना, 3. किसी वस्तुविषय या पात्र का प्राथमिक परिचय अथवा सूक्ष्म वर्णन देना।

ट्रैकिंग पैन (Tracking Pan)-इस शॉट में कैमरा बायें-दायें घूमते हुए किसी एक चलायमान् वस्तु या ऐक्शन पर केन्द्रित हो जाता है। जैसे पैन करते कैमरा, चलती हुई कार, घुड़दौड़, सड़क पर चलते हुए व्यक्ति पर केन्द्रित हो जाये। यह चरित्र वस्तु या एंक्शन आनेवाले दृश्य के केन्द्रबिन्दु होते हैं क्योंकि इन्हीं के द्वारा दृश्य का आगामी विकास होगा। ट्रैकिंग शॉट की गति बाद में परिचित होने, वस्तु, चरित्र तथा ऐक्शन की गति के अनुरूप होनी चाहिए अन्यथा दर्शक में झुंझलाहट पैदा हो जायेगी। इसी प्रकार ट्रैकिंग शॉट की अन्तिम सीमा अगले शॉट के कम्पोजीशन तथा गति के अनुसार ही होनी चाहिए। टैली फ़ोटो लेन्स के द्वारा पैन शॉट लेने में कम्पन तथा अस्पष्टता उत्पन्न होती है। अतः ऐसी स्थितियों से बचना चाहिए।

स्लो पैन (Slow Pan)-पैन शॉट की गति क्या हो इसका निश्चय सम्पूर्ण दृश्य की गति तथा उसके उद्देश्य के आधार पर की जाती है। धीमा पैन किसी दृश्य के आरम्भ में प्रयोग किये जाने पर दर्शक में आनेवाले दृश्य की पूर्व कल्पना तथा उत्सुकता उत्पन्न करता है। अतः इसका ध्यान इस पैन शॉट पर अधिक केन्द्रित होगा।

स्विस पैन (Swiss Pan)-तेज़ पैन का प्रयोग विशेषकर धुंधलेपन के लिए प्रयुक्त होता है। सामान्यतः स्विस पैन तेज़ गतिवाले ऐक्शन दृश्य या परिवर्तन सूचक के रूप में प्रयुक्त होता है।

डॉली (Dolly)-इसमें कैमरे को स्टैण्ड के साथ जमीन पर ट्रैक बिछाकर उन पर डॉली आगे-पीछे चलायी जाती है। डॉली एक ऐसा उपकरण है जिस पर कैमरे को रखा जाता

है। शॉट को शूट करते वक्त डॉली को धक्का देकर विषयवस्तु के पास या दूर लाया जा सकता है। ऐसा करने से दृश्य का क्षेत्र बदलता है, किसी वस्तु या विषय को अधिक बेहतर दिखाने के लिए उसके पास कैमरा ले जाया जा सकता है, किसी पात्र या विषय को विशेष प्राथमिकता देने के लिए डॉली को पीछे करके उसका सम्बन्ध आस-पास के वातावरण से स्थापित किया जा सकता है।

ट्रक/क्रैब (Truck/Crab)-यह कैमरा मूवमेण्ट डॉली के ऊपर कैमरा रखकर किया जाता है। इसमें कैमरे को आगे-पीछे न ले जाकर दायें-बायें या गोलाई में ले जाते हैं। इस कैमरा गति का उद्देश्य होता है कि शॉट के विषय या वस्तु के पीछे की चीजें दिखाकर गहराई का स्पष्ट प्राप्त करना, वस्तु या पात्र को एक पंक्ति में पीछे से आगे अथवा आगे से पीछे दिखाना, दौड़ती हुई वस्तुओं रेल या घोड़े आदि के साथ कैमरा भी उसी गति से दौड़ाया जाता है, स्क्रीन के आर-पार जाते विषय के साथ चलने के लिए।

पैडेस्टल (Pedestal)-यह कैमरा गति प्रायः बड़ी फिल्मों में प्रयुक्त होती है। इसमें कैमरा ऊपर से बहुत नीचे अथवा नीचे से बहुत ऊपर की ओर अचानक ले जाया जाता है। इस काम के लिए क्रेन की आवश्यकता होती है। कैमरामैन और कैमरा दोनों क्रेन पर रहते हैं। पैडेस्टल करने का उद्देश्य होता है ऊँचाई का **स्पर्श** देना, दृश्य को विराटता, व्यापकता अथवा गहनता देना।

जूम (Zoom)-जूम एक प्रकार लेन्स है जो कैमरे में लगा होता है। आधुनिक कैमरों में विभिन्न शक्तियों के जूम लेन्स लगे होते हैं। जब इस लेन्स को आगे किया जाता है तो इसे जूम इन कहा जाता है। इसके विपरीत जब क्लोज़अप से शॉट शुरू करके लांग शॉट में ले जाया जाता है तो उसे जूम आउट कहते हैं। इसका उद्देश्य एक दृश्य का क्षेत्र बदलना, कैमरे में दृश्य का क्षेत्र घटाना-बढ़ाना, दृश्य में नाटकीय एवं सौन्दर्यात्मक प्रभाव लाना।

आर्क (Arch)-ट्रक में कैमरा ट्राली से ऊपर रखकर दायें से बायें या बायें से दायें सीधी दिशा में ले जाया जाता है जबकि आर्क में उसे अर्द्ध गोलाकार या पूर्ण गोलाकार घुमाया जाता है। इससे मूल विषय तो वहीं स्थिर रहता है किन्तु उसके पीछे की वस्तुएँ घूमती हुई प्रतीत होती हैं। आर्क का उद्देश्य दृश्य को प्रभावशाली बनाना, बैकग्राउण्ड या आगे की वस्तुएँ हटाना या उन्हें शामिल करना, जब विषय चले तो उसे कम्पोज़ करना, किसी नयी सूचना या नये विषय का उद्घाटन, यदि कोई विषय गलत जगह खड़ा है तो आर्क शॉट द्वारा उसकी स्थिति में सुधार लाना, विषय को दूसरे ऐंगल में देखना।

फिल्मांकन (Shooting)

फिल्मांकन के लिए कैमरामैन को 180^0 नियम ध्यान रखना अनिवार्य है।

कैमरे का 180^0 नियम-मल्टी कैमरा सेटअप के साथ स्टूडियो में छायांकन करते समय इस तकनीकी नियम का पालन अवश्य होना चाहिए। इसलिए इसे भली प्रकार से समझना परम आवश्यक है अन्यथा सम्पादन के समय कठिनाइयाँ आयेंगी और यदि लाइव प्रसारण

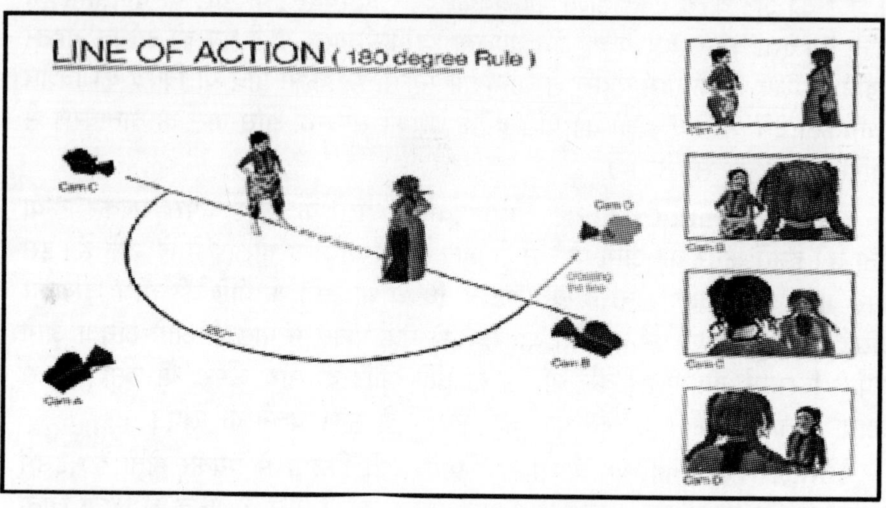

180^0 नियम के तहत हमेशा सभी कैमरे लाइन ऑफ ऐक्शन (Line of Action) के एक ही ओर की दिशा में रहेंगे और किसी भी स्थिति में लाइन ऑफ ऐक्शन की सीमा पार नहीं करेंगे, नहीं तो उलटा चित्र बनेगा, जिससे कि एडिट करते समय समस्या खड़ी हो जायेगी। लाइन ऑफ ऐक्शन को नीचे दिये चित्र की पहला व्यक्ति = M_1

दूसरा व्यक्ति = M_2
पहला कैमरामैन = C_1
दूसरा कैमरामैन = C_2
तीसरा कैमरामैन = C_3
चौथा कैमरामैन = C_4
काल्पनिक रेखा = X

दो व्यक्तियों जो आमने-सामने खड़े हैं के मध्य सदैव एक काल्पनिक रेखा (Imaginary Line) बनती है अथवा उपस्थित रहती है, जो उनके बीच के संवादों को स्थापित करते हुए रेखांकित करती है। चित्र में यह रेखा X है। पहला व्यक्ति M_1 और दूसरा व्यक्ति M_2 चित्र के अनुसार पहला कैमरामैन (C_1) दोनों व्यक्तियों M_1 और M_2 का 2 शॉट ले रहा है। दूसरा कैमरामैन (C_2) प्रथम व्यक्ति M_1 का क्लोज़-अप दूसरे व्यक्ति M_2 के कन्धे के माध्यम से (OSS) ओवर द शोल्डर शॉट बना रहा है तथा तीसरा कैमरामैन C_3 दूसरे व्यक्ति M_2 का क्लोज़अप M_1 के कन्धे के माध्यम से (OSS) शॉट ले रहा है ये तीनों ही शॉट एक-दूसरे से मिलते-जुलते (Matching) हैं और एक दूसरे के पूरक भी, लेकिन कैमरा-4 काल्पनिक रेखा को पार कर गया है। अतः उसका शॉट (M_2 का क्लोज़-अप) पूरक शॉट नहीं हो सकता। क्योंकि यह शॉट M_2 के देखने की दिशा के विपरीत यानि उलटी दिखायी देगा। अतः कैमरा-4 का शॉट लेने पर भ्रम की स्थिति उत्पन्न होगी तथा दिशा और ऐंगिल बदल जायेंगे।

इस नियम को स्पष्ट तरीके से नीचे दिये दूसरे चित्र से समझा जा सकता है। काल्पनिक रेखा X को पार करके चौथे कैमरामैन Cam D ने जो शॉट लिया, उससे दिशा भ्रम की स्थिति

उत्पन्न हो गयी क्योंकि इस स्थिति में दूसरे कैमरामैन Cam C और चौथे कैमरामैन Cam D दोनों के शॉट में दोनों लड़कियाँ एक ही दिशा की ओर देख रहीं हैं, जबकि संवाद के दौरान उन्हें एक-दूसरे की ओर देखना है।

राउण्ड टेबल बैठने की व्यवस्था में, पैनल डिस्कशन में 360^0 के शॉट लिये जाते हैं अथवा विशेष प्रभाव पैदा करने के उद्‌देश्य से 180^0 शॉट लिये जाते हैं। लेकिन कैमरा व्याकरण के नियम अनुसार 180^0 नियम का पालन आवश्यक है, नहीं तो भ्रम की स्थिति बनने की सम्भावना बनी रहेगी।

360^0 RULE टेलीविज़न प्रोडक्शन में कुछ स्टूडियो कार्यक्रम ऐसे भी होते हैं, जिनमें कार्यक्रम में भाग लेनेवाले अतिथि विशेषज्ञ एवं ऐंकर सेट के बीच में बैठते हैं और मल्टीकैमरा सेटअप की सहायता से इनकी शूटिंग होती है। ख़ासतौर पर टाक शो, बहस और गेम शो आदि में इसका प्रयोग प्रमुखता से किया जाता है। इस तरह के कार्यक्रमों में निरन्तरता बनाये रखने के लिए और दर्शकों के बीच सामंजस्य बनाये रखने के लिए कैमरों को लगभग चारों ओर स्थापित कर दिया जाता है।

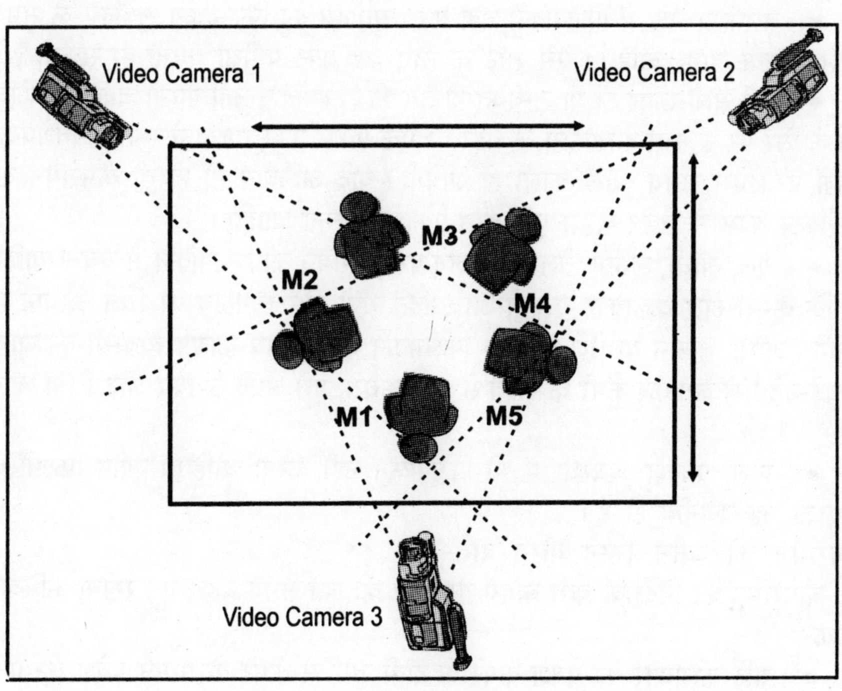

इन विशेष परिस्थितियों में संवादशीलता का प्रभाव पैदा करने के लिए डाइरेक्टर को 180^0 RULE की उपेक्षा करनी पड़ती है और कैमरे फ्लोर पर आवश्यकतानुसार इधर-उधर घूमते हैं। इस स्थिति को नीचे दिये गये रेखांकन की मदद से अच्छी तरह समझा जा सकता है। चित्र में कैमरा-2 मुख्य मेहमान का क्लोज-अप दिखा रहा है। कैमरा-1 सीट 4 और 5 पर बैठे मेहमानों के टू शॉट या सिंगिल शॉट ले सकता है। इसी प्रकार से कैमरा-3 सीट 1 और 2 पर बैठे मेहमानों के मिलते-जुलते शॉट ले सकता है। इस परिस्थिति में समूची बातचीत में एक निरन्तरता और संवाद की स्थिति का प्रभाव बना रहता है। इसलिए टॉक शो आदि में अक्सर हमें इस तरह का कैमरा वर्क देखने को मिल जाता है। वास्तव में फिल्मांकन का कार्य रचनात्मक से इतना ज्यादा परिपूर्ण होता है कि कभी-कभी नियमों को तोड़ने से विशेष प्रभाव हासिल होते हैं। अतः यह तो पूरी तरह से निर्देशक और कैमरामैन की कल्पनाशीलता और प्रयोगधर्मिता पर पूरी तरह से निर्भर करता है कि वह कैमरा के ग्रामर को किस सीमा तक और किसी उद्देश्य से तोड़ता है। फिर भी मूलभूत सिद्धान्तों को जाने बगैर आप उन्हें तोड़ भी नहीं सकते। दूसरी वजह यह है कि आजकल टॉक-शो वगैरह में अक्सर आठ से 10 कैमरों का उपयोग किया लेकिन इससे भी गतिशीलता के विशेष प्रभाव प्राप्त होते ही हैं। क्योंकि आँखों की निरन्तरता निर्देशक के लिए अधिक महत्त्वपूर्ण हैं।

फिल्मांकन के लिए कुछ सुझाव-

- हलके प्रकाश में फिल्मांकन नहीं करें। सूर्योदय का फिल्मांकन सूर्योदय के समय ही शूट किया जाना चाहिए। ऐसे शॉट के लिए कई घण्टे प्रतीक्षा करनी हो सकती है।
- सूर्य सीधे ऊपर हो या लम्बवत् हो तब भी फिल्मांकन नहीं करना चाहिए, क्योंकि सूर्य के सिर पर रहने से कलाकारों के चेहरे पर एक प्रकार की छाया बनी रहती है-विशेषकर आँखों पर। ऐसे समय आँखें काली हो जायेंगी। यदि अनिवार्य ही हो तो कैमरामैन को रिफ्लैक्टर काम में लेकर चेहरा पूरी तरह प्रकाश में लेना चाहिए।
- धूल, आँधी, तूफान, तेज़ हवा चलने पर कैमरामैन को फिल्मांकन से बचना चाहिए क्योंकि कैमरा और कलाकार धूल से आच्छादित रहेंगे और निगेटिव पर चित्र अस्पष्ट हो जायेंगे। आँधी, तूफान या तेज़ हवा का फिल्मांकन करते समय कृत्रिम व्यवस्था की जाती है, बड़े-बड़े पंखे लगाकर कैमरे के पार्श्व से धूल, कचरा, पत्ते आदि उड़ाकर शॉट लिया जाता है।
- पीली प्रकाश व्यवस्था में भी फिल्मांकन नहीं करना चाहिए। रंगीन फिल्मों के लिए तो यह वर्जनीय ही है।

कैमरामैन को ध्यान रखने योग्य बातें-

कैमरामैन को निर्देशक द्वारा बताये गये शॉट को लेते समय यह ध्यान रखना अनिवार्य है कि-

- यदि कलाकार का प्रवेश कैमरे के दायीं ओर से कैमरे के सामने प्रवेश करता है तो अगले शॉट में वह बायीं ओर जाता हुआ दिखना चाहिए। प्रवेश-मार्ग या दिशा से उसका बहिर्गमन नहीं होना चाहिए। यदि दो शॉट के बीच में कोई क्लोज़अप शॉट या दूसरा दृश्य आ जाता है तो किसी भी दिशा से आना-जाना सम्भव हो सकता है।

• कैमरामैन को क्लोज़अप लेते समय कलाकारों के आई लेवल का ध्यान रखना है। क्लोज़अप लेते समय बैठे पात्र या खड़े पात्र द्वारा सजेशन से शॉट लिया जा रहा है तो कैमरा थोड़ा ऊँचाई पर होना चाहिए और उसमें थोड़ा टिल्ट (झुकाव) होना चाहिए। पर दोनों का कम्पोजिट शॉट हो तो कैमरा लो-ऐंगल पर रखना चाहिए। यदि दोनों पात्र बैठे हैं तो कैमरे का लेवल सी ऐंगल पर रखना चाहिए।

• जिस कोण पर कैमरा रखकर किसी शॉट को लिया गया हो उसी ऐंगल पर दूसरा शॉट नहीं लेना चाहिए क्योंकि ऐसे शॉट सम्पादित करते समय कठिनाई पैदा करते हैं क्योंकि दोनों में हाव-भाव मेल नहीं खाते। सेम ऐंगल शॉट तभी सम्भव है जब दोनों शॉट्स में कलाकारों के हाव-भाव समान हो अन्यथा दर्शक श्रोता को 'जर्क' (झटका) लगता है।

• फिल्मांकन करते समय सेम ऐंगल शॉट से बचने के लिए कैमरे के दो शॉटों के ऐंगल में कुछ भिन्नता रखनी चाहिए। यह भिन्नता से डिग्री तक रखी जा सकती है। यदि इससे कम अन्तर रहा तो शॉट सेम ऐंगल ही नज़र आयेगा।

• कर्टेन क्रॉसिंग शॉट से कैमरामैन को बचना चाहिए क्योंकि कैमरा एक स्थिति से दूसरी स्थिति में ठीक उलटा चला जाता है और वह 180 डिग्री का कोण बनाता है। इस स्थिति में शॉट में बैठे हुए या खड़े हुए पात्र उलटे नज़र आयेंगे यानी दायें वाला बायीं ओर या बायीं ओरवाला दायीं ओर। सम्पादन में ऐसा शॉट काट दिया जाता है।

• शॉट का कम्पोजीशन अच्छा होना चाहिए। सैट पर शॉट का कम्पोजीशन बनाये रखना कुछ कठिन होता है, आउटडोर फिल्मांकन में बैकग्राउण्ड मिलती है और कैमरा कहीं भी रखा जा सकता है। इनडोर फिल्मांकन में विविधता के अभाव के कारण शॉट कम्पोजीशन सही और अच्छी नहीं रहती है क्योंकि कैमरामैन को शॉट फ्रेमिंग करते समय जितनी अच्छी पृष्ठभूमि (बैकग्राउण्ड) मिलेगी, शॉट कम्पोज़ीशन उतना ही अच्छा होगा।

कम्पोज़िट वीडियो-इलेक्ट्रॉनिक रूप से 'वीडियो' और 'सिंक' से मिल -जुल कर बने संकेतों को 'कम्पोज़िट वीडियो' (सामान्य शब्दों में वीडियो भी) कहा जाता है। मॉड्यूलेटर की मदद से 'कम्पोज़िट वीडियो' को 'ऑडियो' के साथ मिलाया जाता है। मॉड्यूलेटर उन संकेतों को रेडियो तरंगों में बदल देता है। रेडियो तरंगें आकाश में प्रसारित होकर घर-घर की छतों पर लगे ऐण्टीना से टकराती हैं जिनमें लगे तारों के जरिये वे टेलीविज़न सेटों तक पहुँचाती हैं। टेलीविज़न सेटों में लगा ट्यूनर सर्किट रेडियो तरंगों को वीडियो, सिंक और ऑडियो में अलग-अलग कर देता है। वीडियो टीवी स्क्रीन पर चलता है। ऑडियो स्पीकर में जाता है और सिंक एक विशेष ऑडियो में पहुँचता है जो तस्वीरों को स्क्रीन पर स्थिर रखता है।

लाइटिंग (प्रकाश व्यवस्था)-प्रकाश के बिना फ़ोटोग्राफी या वीडियोग्राफी की कल्पना भी नहीं की जा सकती। कोई भी चीज हमें इसीलिए दिखायी देता है क्योंकि प्रकाश की किरणें विषयवस्तु से टकराकर हमारी आँखों पर प्रतिबिम्ब बनाती हैं। स्टूडियो में फिल्मांकन के समय तीन तरह की लाइटों का प्रयोग प्रमुख रूप से किया जाता है-

की लाइट या मेन लाइट (Key Light or Main Light)-की लाइट का प्रयोग विषयवस्तु को भली प्रकार से देखने के लिए किया जाता है अर्थात् की लाइट की रोशनी में विषयवस्तु एकदम स्पष्ट नज़र आती है।

बैक लाइट (Back Light)-की लाइट लगाने के बाद विषयवस्तु का जो स्पष्ट प्रतिबिम्ब प्राप्त होता है, वह द्विआयामी दिखायी देता है। विषयवस्तु का त्रिआयामी प्रतिबिम्ब बनाने के लिए उसके पीछे से जिस लाइट का प्रयोग किया जाता है उसे बैक लाइट कहते हैं।

फिल लाइट (Fill Light)-की लाइट और बैक लाइट लगाने के बाद विषयवस्तु की छाया या परछाईं बनने लगती है। इसी छाया को ख़त्म करने के लिए फिल लाइट का प्रयोग होता है, जिससे कि विषयवस्तु की छाया ख़त्म हो जाती है। स्टूडियो में पहले की लाइट फिर बैक लाइट और बाद में फिल लाइट लगाते हैं। लाइट जब जल रही हो तो उसे सावधानीपूर्वक उठाना चाहिए।

स्टूडियो की प्रकाश व्यवस्था

प्रकाश की सम्पूर्ण व्यवस्था स्टूडियो में ही सम्भव है जहाँ उपकरणों और उनकी तीव्रता पर प्रकाश निर्देशक का पूरा नियन्त्रण होता है। टेलीविज़न (और फिल्म) रिकॉर्डिंग के लिए स्टूडियो की प्रकाश-व्यवस्था के चार प्रमुख भाग होते हैं-की लाइट, फिल लाइट, बैक लाइट और सेट लाइट।

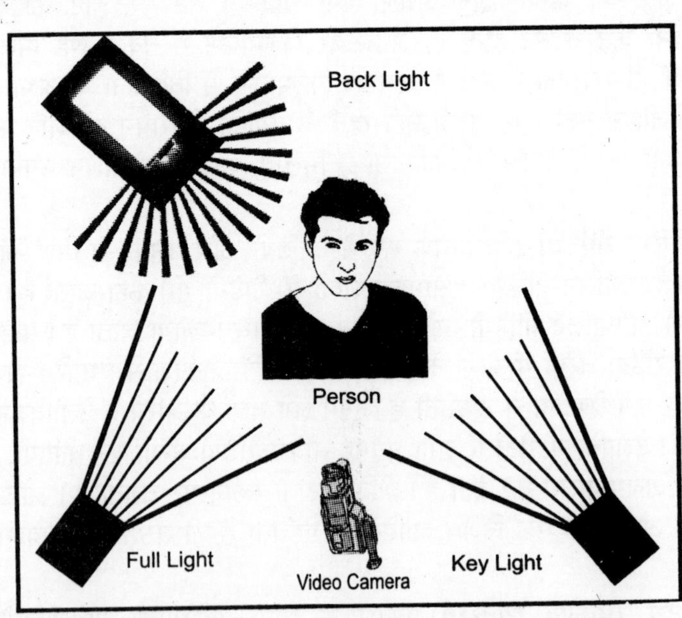

एक्सपोज़र मीटर-एक्सपोज़र मीटर विषयवस्तु पर पड़नेवाली प्रकाश की मात्रा और कैमरे के लेन्स में आनेवाली प्रकाश की किरणों को नापने के लिए प्रयोग किया जाता है। इस यन्त्र में फिल्म की शटर स्पीड लगा देने के बाद यह प्रकाश की मात्रा के अनुसार

अपरचर और शटर स्पीड की रीडिंग बता देता है, जिसे कैमरे में सेट करके आसानी से एक्सपोज़र सेट कर लिया जाता है।

किसी भी माध्यम का फिल्मांकन करने के लिए सूर्य के अलावा अलग-अलग प्रकार की कृत्रिम लाइटों की व्यवस्था की गयी है।

प्रकाश का तापमान (Colour Temperature)-

फिल्मों और टेलीविज़न में अलग-अलग स्रोतों से प्राप्त प्रकाश का उपयोग किया जाता है। विभिन्न स्रोतों से प्राप्त प्रकाश का तापमान अलग-अलग होने के कारण अलग-अलग लाइटों का प्रयोग किया जाता है। कलर टम्परेचर मीटर द्वारा प्रकाश के विभिन्न स्रोतों का तापमान नापा जा सकता है, जिससे कि फिल्मांकन करना आसान हो गया। प्रकाश के तापमान को मापने का पैमाना केल्विन माना गया है। प्रकाश के विभिन्न रंगों का तापमान नीचे दिये गये चार्ट की सहायता से समझा जा सकता है।

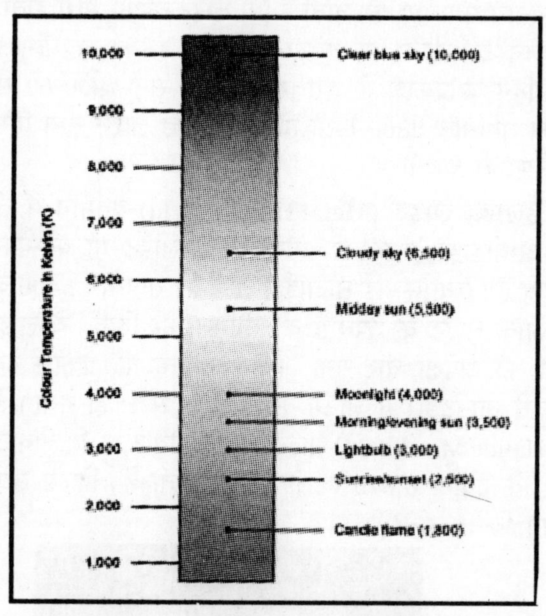

कलर टम्परेचर मीटर का चार्ट

लाइट मुख्य रूप से दो प्रकार की होती हैं-1. प्राकृतिक लाइट-जिसका एकमात्र स्रोत सूर्य है।

2. कृत्रिम लाइट (इलेक्ट्रोमैगनेटिक वेव)

. **1. प्राकृतिक लाइट या सन लाइट (Sun Light)**-सूर्य का प्रकाश का तापमान 5400 से 5600 केल्विन होता है। आउटडोर फिल्मांकन में सूर्य प्रकाश का सबसे प्रमुख स्रोत है। सूर्य के प्रकाश को नियन्त्रित करने के लिए रिफ्लेक्टर, स्क्रीमर, लाइट कटर इत्यादि का प्रयोग किया जाता है।

2. कृत्रिम लाइट-ये लाइटें कई प्रकार की होती हैं।

1. टंगस्टन लाइट, 2. कार्बन आर्क लाइट, 3 मेटेल हैलाइड लाइट।

1. टंगस्टन लाइट (Tungston Light)-इस प्रकार के कृत्रिम प्रकाश में बल्बों का प्रयोग किया जाता है, जो कि टंगस्टन फिलामेण्ट के कारण प्रकाशित होता है। ये लाइटें प्रकाश और गर्मी दोनों पैदा करती हैं। पेशेवर टंगस्टन लाइट का कलर टम्परेचर 3200 केल्विन होता है। टंगस्टन हैलोजन क्वाट्र्ज बल्ब को क्वाट्र्ज लाइट भी कहते हैं जो इनडोर फिल्मांकन में काफी महत्त्व रखता है। क्वाट्र्ज लाइट मुख्य रूप से 650 और 1000 वाट की होती है। टंगस्टन लाइट 10 किलोवाट, 5 किलोवाट, 2 किलोवाट तथा 1 किलोवाट की होती है। 10 किलोवाट की टंगस्टन लाइट का प्रयोग बहुत कम होता है। अधिकतर 5, 2 और 1 किलोवाट की टंगस्टन लाइटों को प्रयोग में लाया जाता है।

2. कार्बन आर्क लाइट (Carbon Arc Light)-इस लाइट में दो कार्बन पोलों के बीच स्पार्क कराने से प्रकाश उत्पन्न होता है। इस लाइट की तीव्रता और तापमान काफी अधिक होती है और यह काफी ऊष्मा निकालती हैं। ये लाइटें मुख्य रूप से सन लाइट के साथ सामंजस्य बनाने में प्रयोग की जाती हैं। ये लाइटे काफी भारी होती हैं और इन्हें चलाने के लिए विशेष जनरेटरों का प्रबन्ध करना पड़ता है। इसका तापमान 5600 डिग्री केल्विन होता है जो कि दिन के प्रकाश के बराबर होता है। सन् 1950-60 में आर्क लैम्प लाइट होती थी जिसका तापमान 2800 डिग्री होता था। यह लाइट तीन हिस्सों में बँटी होती है और डी.सी. करेण्ट से चलती है।

3. मेटल हैलाइड लाइट (Metal Halide Light)-वर्तमान में तीन तरह की लाइटें हैलोजन मेटेल आयोडाइड, काम्पैक्ट आयोडीन डे लाइट या काम्पैक्ट सोर्स आयोडाइड प्रयोग की जा रही हैं। एचएमआई सीआईडी लैम्प का तापमान 5400 केल्विन होता है और इन्होंने कार्बन आर्क लाइट के उपयोग को सीमित कर दिया। ये लाइटें कम विद्युत् धारा में अन्य लाइटों की अपेक्षा चार गुना अधिक तीव्रता का प्रकाश देती हैं। **एचएमआई लाइट** के आने से आउटडोर में शूटिंग करना बहुत सरल हो गया। **डे लाइट-(एच.एम. आई. लाइट)**-Halide Metal- HMI लाइट 10 किलोवाट, 6 किलोवाट, 4 किलोवाट, 2.4 किलोवाट, 1.2 किलोवाट, 0.575 किलोवाट की होती हैं। फिल्म उद्योग में अमूमन इसी लाइट का प्रयोग किया जाता है।

एचएमआई लाइट

अन्य लाइटें-

(ii) स्पॉट लाइट-किसी एक व्यक्ति को हाईलाइट करने के लिए स्पॉट लाइट का प्रयोग किया जाता है।

सन गन (Sun Gun)-छायांकन में प्रयुक्त होनेवाली विशेष प्रकार की लाइट जो कैमरे के ऊपर फिट हो सकती है और जिसे हाथ में लेकर कार्य किया जा सकता है।

डिंकी लाइट-0.5 किलोवाट की होती हैं। छोटी जगहों में किसी वस्तु या व्यक्ति को हाईलाइट करना हो तो इसका प्रयोग किया जाता है। यह लाइट इतनी छोटी होती है कि इसे हम किसी वस्तु या अन्य चीज से छिपा सकते हैं।

इण्टेलीजेण्ट लाइट या डिस्को लाइट-इसे हम प्रोग्राम कर सकते हैं। यह अक्सर बड़े स्टेज प्रोग्रामों में प्रयोग की जाती है।

किनोफ्लो लाइट (Kinoflow Light)-इसका तापमान 5600 से 3200 डिग्री तक होता है। यह लगभग चार फीट लम्बी होती है।

डिनो लाइट-इस लाइट का तापमान 5600 से 3200 डिग्री तक होता है।

डेन्सिटी ग्लास-इस ग्लास से देखने से पता चलता है कि चेहरे पर लाइट हार्ड तो नहीं हो रही है क्योंकि नंगी आँखों से इसे नहीं देखा जा सकता। आउटडोर शूटिंग में इसकी अत्यधिक आवश्यकता पड़ती है। यह दो प्रकार का होता है—हाई डेन्सिटी ग्लास और लो डेन्सिटी ग्लास। इनडोर शूटिंग कन्स्ट्रास्ट लेवल को जानने के लिए इसकी ज़रूरत पड़ती है।

किसी भी लाइट के फिलामेण्ट एरिया को कभी नहीं छूते हैं। अगर इमरजेन्सी में छूना पड़े तो रूमाल आदि लगाकर पकड़ते हैं।

लाइट के स्टैण्ड में दो एक्सटेन्शन होते हैं अगर लाइट को ऊपर उठाना है तो पहले एक्सटेन्सन को ऊपर उठाते हैं फिर दूसरे को।

3200°K को अगर 5600°K बनाना है तो नीले रंग के फिल्टर का प्रयोग करते हैं। हार्ड साफ्ट या मल्टी 10 एक किलोवाट का होता है। मल्टी 20 लाइट दो किलोवाट की होती है।

रिफ्लेक्टर-यह विभिन्न आकार का सफेद बोर्ड होता हैं, जिसकी सहायता से लाइट को परावर्तित कर नियन्त्रित किया जाता है। आउटडोर तथा स्टूडियो हर जगह प्रकाश को नियन्त्रित करने के लिए इनका उपयोग होता है। रिफ्लेक्टर के अलावा लाइट को नियन्त्रित करने के लिए लाइट कटर बोर्ड का प्रयोग किया जाता है।

ऑडियो (Audio)

किसी भी कार्यक्रम का आधा हिस्सा ऑडियो होते हैं इसलिए इस पर विशेष ध्यान दिया जाता है। आवाज़ तस्वीरों के बिना भी घटनाओं की अच्छी व्याख्या कर सकती है, लेकिन बिना आवाज़ के चलती-फिरती तस्वीरें भी नीरस हो सकती हैं। टेलीविज़न में ऑडियो के उन्हीं उपकरणों और तकनीकों का इस्तेमाल होता है जिसका इस्तेमाल रेडियो में होता है। अन्तर यही है कि टेलीविज़न ऑडियो थोड़ा जटिल होता है। कार्यक्रम के

प्रतिभागियों/कलाकारों को वह सब याद करना पड़ता है जो उन्हें कैमरे के सामने छिपे माइक्रोफोन में बोलना होता है।

वीडियो और फिल्म में ध्वनि दो तरह से रिकॉर्ड की जा सकती है-

1. सिंक ध्वनि (Synch Sound)-सिंक ध्वनि का मतलब पर्दे पर दिखाये जा रहे व्यक्ति, मशीनों, उपकरणों, पशु-पक्षियों आदि की वास्तविकता ध्वनि से है यानी जिस समय छायांकन किया जा रहा है उनकी आवाज़ को भी रिकॉर्ड कर लिया जाये और फिर चित्रों के ठीक-ठीक तालमेल के साथ पर्दे पर चित्र और ध्वनि दिखायी-सुनायी जाये तो इसे सिंक साउण्ड कहते हैं। जैसा कि तालमेल शब्द ही से मालूम हो जाता है कि जिसकी जो ध्वनि सुनायी जा रही है वह वास्तविक तथा सम्बन्धित व्यक्ति, उपकरण, मशीन, पशु-पक्षी की ही है।

समाचार, कवरेज या रिपोर्टिंग में सिंक साउण्ड का प्रयोग और उपयोगिता बहुत अधिक है जिसके लिए काफी समय और संसाधन व्यय करना पड़ता है। समाचार/कवरेज या रिपोर्टिंग में तालमेल सहित ध्वनि (Synch Sound) का प्रभाव और उपयोगिता बहुत अधिक है, लेकिन इसके लिए काफी समय और संसाधन व्यय करना पड़ता है। इसलिए आमतौर पर समाचार कवरेज में सिंक साउण्ड विशिष्ट अवसरों या अतिविशिष्ट व्यक्तियों (VIPs) के कार्यक्रमों या मामलों में ही इस्तेमाल करते हैं। इसकी एक वजह तो यह है कि कोई कार्यक्रम या समारोह एक घण्टे से कई घण्टे तक का हो सकता है। मुख्य अतिथि या अतिविशिष्ट व्यक्ति समारोह का उद्घाटन भी करता है और सम्बोधन भी, लेकिन यह सम्बोधन या भाषण आमतौर पर कार्यक्रम के अन्त में होता है। इसका मतलब यह हुआ कि रिपोर्टर और कैमरा टीम को कार्यक्रम शुरू होने से पहले ही सभास्थल पर पहुँचकर उचित स्थान पर कब्जा जमाना होगा और अन्त तक वहीं रुके रहना पड़ेगा। फिर यह नहीं मालूम होता कि अतिविशिष्ट व्यक्ति का सम्बोधन कितनी अवधि का हो सकता है। और उसमें भी समाचारमूलक तथ्य (News Worthy Points) कहाँ पर होंगे। इसलिए उसके पूरे भाषण को आवाज़ सहित रिकॉर्ड पड़ेगा तथा बीच-बीच में श्रोता प्रतिक्रिया (Reaction) जैसे तालियों की आवाज़ की भी शूटिंग (Shooting) होनी चाहिए। ज़ाहिर है कि इस सबमें से समाचार बुलेटिन के लिए 30 सेकेण्ड से डेढ़-दो मिनट की दृश्यात्मक कथा (Visual Story) बनाने के लिए सम्पादन टेबुल पर काफी अधिक समय लगेगा इसलिए सुविधा इसी में है कि ध्वनिरहित (Mute) दृश्य ही दिखाते हुए वाचक या रिपोर्टर द्वारा विवरण दे दिया जाये।

आमतौर पर कैमकॉर्डर (कैमरा रिकॉर्डर) में माइक्रोफोन लगे होते हैं और जैसे ही आप रिकॉर्डिंग शुरू करते हैं, वे आवाज़ को पकड़ने लगते हैं। हालाँकि ये माइक्रोफोन इस्तेमाल करने में आसान होते हैं पर उनमें एक खामी भी होती है। अगर कैमरा कलाकार से 2-3 मीटर दूर हो तो उसमें लगा माइक्रोफोन भी 2-3 मीटर दूर होगा। इसका परिणाम यह होता है कि माइक्रोफोन कलाकार की आवाज़ के साथ उसकी प्रतिध्वनि और स्टूडियो की दूसरी खट-पट को भी पकड़ लेता है। इसलिए कैमरे से अलग माइक्रोफोन अक्सर एक बेहतर विकल्प साबित होता है।

प्रतिभागी/कलाकार के मुँह के पास लगा माइक्रोफोन उसकी आवाज़ को स्पष्टता के साथ पकड़ता है और शॉट की विविधता के लिए कैमरामैन कैमरे को आवाज़ की चिन्ता किये बगैर बेफिक्र होकर आगे-पीछे दायें-बायें कर सकता है। हालाँकि कोई भी माइक्रोफोन किसी भी स्थिति में काम कर सकता है, पर कार्य के मुताबिक सही माइक्रोफोन का चुनाव ऑडियो की गुणवत्ता बढ़ा देता है।

माइक्रोफोन (Microphone)- माइक्रोफोन में एक छोटा डायफ्राम होता है। कलाकार की आवाज़ या संगीत की तरगें जब डायफ्राम से टकराती है तो उसमें कम्पन होता है। इस कम्पन से विद्युतीय संकेत पैदा होते हैं जो माइक्रोफोन से जुड़े तार के ज़रिये रिकॉर्डर तक पहुँचते हैं और वहाँ दर्ज हो जाते हैं। माइक्रोफोन का वर्गीकरण उनके निर्माण में प्रयुक्त तत्व की किस्म कें अनुसार किया जाता है। तीन प्रकार के माइक्रोफोन प्रयोग में लाए जाते हैं।

माइक्रोफोन के प्रकार (Types of Microphone)

1. डाइनामिक माइक्रोफोन, 2. कन्डेन्सर माइक्रोफोन 3. रिबन माइक्रोफोन

1. डाइनामिक माइक्रोफोन (Dynamic Microphone)-इसे मूविंग क्वायल माइक्रोफोन भी कहते हैं। डाइनामिक माइक्रोफोन में तार की क्वायल के साथ जुड़े डायफ्राम के साथ ध्वनि तरंगें टकराती हैं। जिससे क्वायल चुम्बकीय क्षेत्र में आगे-पीछे घूमता है। जिससे विद्युत धारा उत्पन्न होती है। इस विद्युत धारा को कई गुना बढ़ाकर तार द्वारा आगे प्रेषित किया जाता है। डाइनमिक माइक को इलेक्ट्रॉनिक न्यूज गैदरिंग एवं आउटडोर शूटिंग के लिए अधिक प्रयोग किया जाता है। डाइनमिक माइक्रोफोन उच्च शोर में गुणवत्ता के साथ ध्वनि रिकार्ड करते हैं। इसलिए इन्हें आउटडोर रिकॉर्डिंग में प्रमुखता से प्रयोग किया जाता है। सामान्य रूप से इसकी फ्रीक्वेन्सी 40-16000 Hz होती है।

2. कन्डेन्सर माइक्रोफोन (Condenser Microphone)-कन्डेन्सर माइक्रोफोन को इलेक्ट्रोस्टैटिक या कैपेसिटर माइक्रोफोन भी कहते हैं। इस माइक के अन्दर एक पतले धातु के डाइफ्राम को एक हल्की धातु या सेरेमिक के एक टुकड़े पर फिट कर दिया जाता है। जब ध्वनि तरंगें डायफ्राम से टकराती हैं तो विद्युत धारा का प्रवाह प्रभावित होता है। एक प्री-एम्पलीफायर का प्रयोग कर इस परिवर्ती विद्युत धारा की शक्ति बढ़ायी जाती है। उच्च संवेदनशीलता इस माइक्रोफोन में बस इतनी कमी है कि इसे अलग से बैटरी या विद्युत माध्यम की आवश्यकता होती है।

फैण्टम पावर (Phantom Power)-कण्डेन्सर माइक की विद्युत धारा मिक्सर रिकार्डिंग उपकरण इत्यादि से प्राप्त होती है। जिसे फैण्टम पावर सप्लाई कहा जाता है। कण्डेन्सर माइक्रोफोन का प्लग रिकार्डिंग के लिए जैसे ही आडियो मिक्सर में लगाया जाता है मिक्सर उसे पर्याप्त विद्युत धारा उपलब्ध कर देता है। कण्डेसर माइक की फ्रीक्वेन्सी 20-18000 Hz होती है।

रिबन माइक्रोफोन (Ribbon Microphone) रिबन माइक्रोफोन गुणवत्ता और संवेदनशीलता में कण्डेसर माइक के समान होते हैं। अपनी उत्कृष्ट गुणवत्ता के कारण यह गायकों के बीच काफी लोकप्रिय होते हैं। इन्हें विलॉशटी माइक्रोफोन भी कहा जाता है।

स्टूडियों में ध्वनि रिकार्ड करने में इनका प्रयोग प्रमुखता से होता है। परन्तु कुछ विशेष परिस्थितियों में आउटडोर ध्वनि रिकार्डिंग में भी इसका प्रयोग होता है।

ध्वनि तरंगों को पकड़ने की दिशा के आधार पर माइक्रोफोन मूल रूप से चार प्रकार के होते हैं–

ओम्नि-डाइरेक्शनल या नान-डायरेक्शनल (Omni-Directional)-यह माइक्रोफोन किसी भी दिशा से आनेवाली ध्वनि तरंगों को ग्रहण करके उसे रिकार्ड कर सकता है। यह मुख्य रूप से वास्तविक ध्वनि के लिये या किसी लाइव कार्यक्रम के लिये उपयोग में लाये जाते हैं। जैसे किसी कार्यक्रम के शुरू होने से पहले लोगों की हलचल इत्यादि की रिकार्डिंग करने के लिये इस माइक का इस्तेमाल किया जाता है। इस माइक का प्रयोग संगोष्ठियों में प्रमुखता से किया जाता है।

कार्डिऑयड माइक्रोफोन (Cardioid Microphone)-यह माइक्रोफोन सामने से आ रही तरंगों को अच्छी तरह पकड़ता है। वैसे तो यह अलग-अलग दिशाओं से आनेवाली आवाज़ों को भी सुन लेता है पर पीछे से आ रही आवाज़ों को वह बिल्कुल नहीं सुन पाता। कॅर्डिऑयड माइक्रोफोन सामने से आ रही ध्वनियों को कहीं अच्छे से दर्ज या रिकॉर्ड कर सकता है जबकि अगल-बगल की ध्वनियों के प्रति यह कम संवेदनशील होता है।

सुपर कार्डिऑयड (Super Cardioid)-सुपर कार्डियोड की दिशात्मक क्षमता कार्डियोड की अपेक्षा ज्यादा है। इस माइक की संवेदनशीलता प्रक्रिया मनुष्य के कानों की तरह पोलर है। माइक को ध्वनि स्त्रोत की तरफ स्थापित करने पर अन्य दिशाओ से आने वाली ध्वनियाँ परिवर्तन हो जाती हैं। शॉटगन माइक्रोफोन सुपर कार्डियोड का एक स्वरूप है। इन माइको का व्यापक तौर पर उपयोग, आन लोकेशन वीडियो निर्माण के लिए किया जाता हैं। 8-15 फीट की दूरी पर इस प्रक्रिया का प्रभाव अधिक होता है।

पैराबोलिक माइक (Parabolic Mike)-इसके तहत पोलर पैटर्न का निर्माण करने हेतु 1 फुट से 3 फीट के व्यास का एक पैराबोलिक रिफ्लेक्टर का इस्तेमाल होता है। एकदिशीय माइक पैराबोलिक रिफ्लेक्टर के केन्द्र बिन्दु पर लगाया जाता है। क्योंकि यह रिफ्लेक्टर पैराबोलिक आकार का है। सभी ध्वनियाँ रिफ्लेक्टर का संयोग एक उच्च दिशात्मक माइक प्रदान करता है। इस प्रकार के माइक की ध्वनि ग्रहण क्षमता 200 फीट से भी अधिक है। सामान्य कार्यक्रम निर्माण के लिए ये माइक व्यावहारिक तौर पर पसन्द नही किए जाते हैं।

हाइपर कार्डिऑयड (Hyper Cardioid)-हाइपर कार्डिऑयड प्रकार के माइक की संवेदनशीलता भी एक ही दिशा में होती हैं। कुछ उच्च दिशात्मक शॉटगन माइकों हाइपर कार्डिऑयड श्रेणी में रखा जाता हैं। यह सिर्फ एक सीमित कोण के तहत आने वाली आवाजों को ही ग्रहण करता है। अतः इन माइकों को सही तौर पर ध्वनि स्रोतों की दिशा की ओर लगाया जाता है। कलाकारों के एक स्थान पर स्थिर न होने पर माइक्रोफोन को लगातार समायोजित करना होता है।

बाइ-डाइरेक्शनल माइक्रोफोन (Bi-directional Microphone)-यह दो दिशाओं-आगे और पीछे से आनेवाली ध्वनि-तरंगों का पकड़कर उन्हें विद्युत्तीय संकेतों में बदल देता है।

शेष दो दिशाओं की ध्वनियों को यह ग्रहण नहीं कर पाता इसका प्रयोग इण्टरव्यू में आमने-सामने बैठे व्यक्तियों के साथ किया जाता है। इस माइक उपयोग टेलीवीजन में कम होता है। क्योंकि इसमें कलाकारों के अलावा कैमरे इत्यादि की अन्य ध्वनियाँ भी रिकार्ड हो जाती हैं।

यूनि-डाइरेक्शनल माइक्रोफोन (Uni-directional Microphone)-यह केवल सामने से आनेवाली तरंगों को ही बढ़िया से पकड़ सकता है। इसे बोलनेवाले व्यक्ति के मुख की ओर रखा जाता है। यह एक विशेष कोण पर काफी दूर तक ध्वनि को पकड़ सकता है। इस तरह इसकी विविधता बहुत बढ़ जाती है। संगीत प्रस्तुतियों में संगीत उपकरणों और गायकों के बीच इसका प्रयोग प्रमुखता से होता है। क्योंकि यह जिस उपकरण पर लगाया जाता है उसी की आवाज को ग्रहण कर रिकार्ड करता है। इस माइक का उपयोग आउटडोर इण्टरव्यू और स्टूडियो के पैनल डिस्कशन में प्रमुखता से होता है।

माइक्रोफोन के कुछ और प्रकार भी; जैसे- हाइपर (या सुपर-) कार्डिऑयड माइक्रोफोन, शॉटगन माइक्रोफोन भी होते हैं। माइक्रोफोन अलग-अलग आकारों और संयोजनों के साथ उपलब्ध हैं। उदाहरण के लिए डायनमिक यूनि-डाइरेक्शनल माइक्रोफोन, कण्डेसर ओमनी डाइरेक्शनल माइक्रोफोन और सबसे अधिक प्रयोग होने वाला हैण्ड हेल्ड माइक्रोफोन डायनमिक और कण्डेन्सर दोनों प्रकार के हो सकते हैं।

बाजार में विभिन्न प्रकार के माइक्रोफोन उपलब्ध हैं।

जब माइक्रोफोन के सामने आवाज होती हैं। तो ध्वनि तरंगें माइक्रोफोन में प्रवेा कर एक दबाब उत्पन्न करती हैं।

उद्देश्य (Purpose)-माइक्रोफोन खरीदने से पहले यह ध्यान रखा जाना चाहिए कि उसका प्रयोग किस कार्य में होगा। उसी के अनुसार बाजार में उपलब्ध माइक्रोफोन में से अपने उद्देश्य की पूर्ति करने वाला माइक्रोफोन खरीदना चाहिए।

आवाज की गुणवत्ता (Audio Quality)-माइक्रोफोन खरीदने से पहले उसकी ध्वनि की गुणवत्ता की परख अवश्य कर लेनी चाहिए। साथ ही उसका न्वॉइस लेवल (Noise Level) भी जॉच लेना चाहिए।

संवेदनशीलता-(Sensitivity)-नाम माइक्रोफोन खरीदने से कार्य के अनुरूप उसकी संवेदनशीलता का ध्यान अवश्य रखना चाहिए। किन दिशाओ के प्रति कितना संवेदनशील हैं। इसका ध्यान अवश्य रखना चाहिए।

आकार एवं मॉडल (Size And Model)-टेलीविजन लाइट लेने के लिए गनमाइक, स्टूडियो में लाइव टॉक शो के लिए लैपल माइक, स्टेज शो के लिए हेडसेट माइक, रैली इत्यादि को सम्बोधित करने के लिये स्टैण्डअप माइक का प्रयोग किया जाता है जो कि अलग-अलग आकारों के होते हैं। अतः अपने उद्देश्य को ध्यान में रखते हुए सही आकार और उचित मॉडल के माइक ही खरीदने चाहिए।

इम्पीडेंस (Impedance)-माइक्रोफोन के चुनाव में इम्पीडेंस एक महत्वपूर्ण घटक होता है, सामान्य रूप में इम्पीडेंस का अर्थ माइक्रोफोन के तार में ध्वनि के प्रवाह में प्रतिरोध की मात्रा से है। उच्च इम्पीडेंस के माइक्रोफोन छोटी केबल के साथ अच्छा काम करते हैं।

यदि इसमें लम्बी केबिल का प्रयोग किया जायेगा तो निम्न स्तरीय रिकॉर्डिंग होगी। टेलीवीजन प्रोडक्शन में ऐसे माइक्रोफोन का प्रयोग नही होता हैं। निम्न इम्पीडेंस वाले माइक्रोफोन का प्रयोग कर लम्बी केबिल के साथ भी उच्च स्तरीय रिकॉर्डिंग की जा सकती हैं। प्रोफेशनल माइक्रोफोन निम्न इम्पीडेंस के होते हैं इसलिए थोडा मंहगे होते हैं।

फ्रीक्वेंसी रिसपॉन्स (Frequency Response)-फ्रीक्वेंसी रिसपॉन्स का अर्थ है कि माइक्रोफोन की क्षमता कितनी न्यूनतम और अधिकतम ध्वनि ग्रहण करने की है। एक अच्छा प्रोफेशनल माइक्रोफोन 20-25000Hz को ग्रहण कर सकता है।

शॉट गन माइक्रोफोन (Shot Gun Microphone)-यह माइक्रोफोन यूनी-डाइरेक्शनल माइक्रोफोन का विकसित रूप है जो सामने से आ रही तरंगों के द्वारा सारी तरंगों को नकार देता है। यह टेलीविज़न में सम्भवतः सबसे अधिक उपयोग किया जानेवाला माइक्रोफोन है। इसे रिपोर्टर हाथ में लेकर आसानी से कार्य कर सकता है तथा यह आसानी से कैमरे अथवा रिकॉर्डर में जुड़ जाता है। एक ही माइक्रोफोन से रिपार्टर अपनी और साक्षात्कार दे रहे व्यक्ति की आवाज़ को आसानी से रिकॉर्ड कर सकता है। साक्षात्कार की रिकॉर्डिंग करते समय इसका रुख दोनों ही व्यक्तियों के मुख से समान दूरी पर रखा जाता है, जिससे ध्वनि रिकॉर्डकर्त्ता दोनों की आवाज़ें समान स्तर पर रख सके। रिपोर्टर अपना प्रश्न पूछने के बाद सहजता के साथ माइक्रोफोनवाले व्यक्ति के मुख की ओर ले जा सकता है। इसी माइक्रोफोन में टेलीविज़न समाचार का लोगो या आईडी भी लगी रहती है। आजकल बैटरी से चलनेवाले कॉर्डलेस माइक्रोफोन भी आ गये हैं जिनका एक सेन्सर टेलीविज़न या रिकॉर्डर से जुड़ा रहता है जबकि दूसरा सेन्सर माइक्रोफोन से जुड़ा रहता है। इसलिए टेलीविजन पर बाइट लेते समय इसका प्रयोग सर्वाधिक होता है।

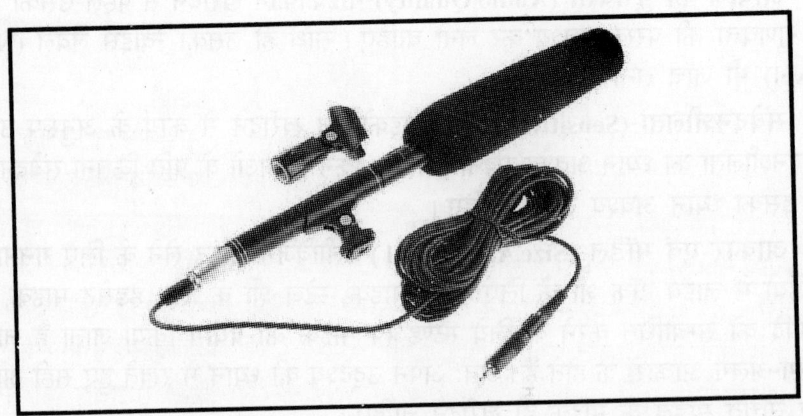

गन माइक

हैडसेट माइक्रोफोन (Headset Microphone)-हैडसेट माइक गैर-दिशात्मक डाइनामिक माइक हैं। इस माइक में पॉप फिल्टर लगा होता है प्रत्यक्ष देखी घटनाओं के प्रस्तुतीकरण

में इनका प्रयोग अधिक होता हैं। चूँकी माइक को हेडसेट के साथ संयोजित किया गया है, माइक मुँह से निरन्तर बराबरी दूरी बनाए रखता है। आँखो देखा हाल बताने वाले का हाथ खाली रहता है और उनके हिलने-डुलने या स्थान परिवर्तन से, आवाज में भी बदलाव नहीं होता है। डबल ईयर फोन कार्यक्रम ऑडियो तथा निर्देशक के संकेत दोनों को वहन करता है।

लैवेलियर और लैपेल क्लिप माइक्रोफोन (Lavaliar and Lapel Clip Microphone)-लैवेलियर छोटा ओम्नी-डाइरेक्शनल माइक्रोफोन होता है जिसे ख़ास तौर पर टेलीविज़न कार्यक्रम के कलाकारों/प्रतिभागियों के लिए बनाया गया है। साक्षात्कार की रिकॉर्डिंग के लिए इस माइक्रोफोन का प्रयोग सर्वाधिक होता है। इन्हें व्यक्तिगत माइक्रोफोन भी कहा जाता है। यह छोटा, हलका और क्लिपयुक्त होता है, जो कॉलर या ब्लाउज इत्यादि में आसानी से लगाया जा सकता है।

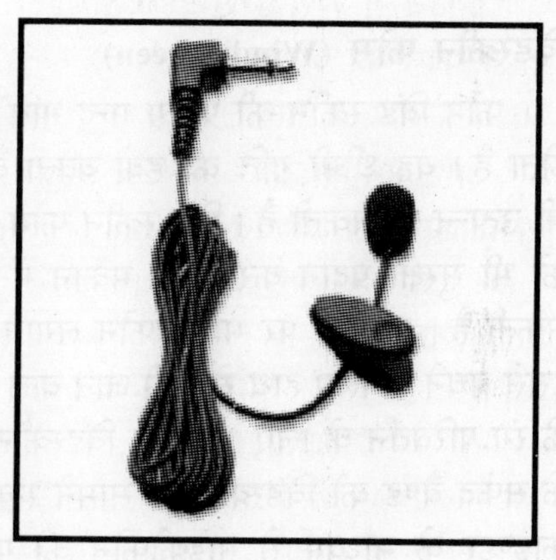

लैपेल माइक

यह कैमरे के साथ एक पतले तार से जुड़ा रहता है, जिसे कोट के अन्दर या साड़ी के पल्लू के नीचे से गुज़र कर कैमरे में जोड़ देते हैं, जिससे इसका तार साक्षात्कार लेते समय नहीं दिखायी देता। यह साक्षात्कार देनेवाले व्यक्ति के मुँह के नज़दीक होने के कारण उसकी आवाज़ को तो स्पष्टता के साथ ग्रहण करता है पर स्टूडियो की दूसरी आवाज़ों और प्रतिध्वनियों को नहीं पकड़ता। यह इतना संवेदनशील होता है कि हवा चलने की आवाज़ और कपड़ों-टाई इत्यादि हिलने-डुलने की आवाज़ या सरसराहट को भी बहुत स्पष्ट दर्ज कर लेता है।

रेडियो माइक (Radio Mike)-यह एक अलग किस्म का माइक्रोफोन होता है। इसके दो भाग होते हैं– एक तो नेक टाई माइक्रोफोन, जिसे सामनेवाले व्यक्ति के गले या कालर में क्लिप कर दिया जाता है और दूसरा अंग या भाग एक ट्रान्समीटर होता है, जो रिपोर्टर की जेब में रखा जा सकता है। इसके माध्यम से काफी दूर से भी बातचीत की जा सकती है और ध्वनि को मानक स्तर पर रिकॉर्ड करना सम्भव है। यद्यपि इसका प्रचलन आम नहीं हुआ है लेकिन यह बहुत प्रभावी और उपयोगी भी है। लेकिन इनकी कुछ किस्में ऐसी भी हैं जिनके उपयोग में विशेष सावधानी बरतनी होती है और किसी समाचार की रिकॉर्डिंग में इनकी शत-प्रतिशत सफलता की गारण्टी नहीं दी जा सकती और न ही इस तरह का जोखिम उठाया जा सकता है।

इसके अलावा स्टैण्ड माइक और हैंगिंग माइक्रोफोन स्टेज शो, नाटक इत्यादि में प्रयुक्त किये जाते हैं।

वायरलेस माइक्रोफोन-यह तार से विद्युतीय संकेत भेजने के बजाय रिसीवर तक रेडियो तरंगें भेजता है। रिसीवर उन रेडियो तरंगों को फिर विद्युतीय संकेतों में बदल देता है। इस माइक्रोफोन का इस्तेमाल वे कलाकार करते हैं जो कार्यक्रम की रिकॉर्डिंग के दौरान चलने-फिरने की आजादी चाहते हैं।

विंडस्क्रीन फोम (Wind Screen)

फोम विंड स्क्रीन की प्रयोग मन्द गति से चलने वाली हवा से उष्णता प्रदान करने हेतु होता है। यह धीमी गति की हवा वक्ता के माइक पर बोलते वक्त श्वास छोड़े जाने से भी उत्पन्न हो सकती है। विंड स्क्रीन फोम, कमरे की हवा की गति से संवेदनशील माइकों को भी सुरक्षा प्रदान करती है। मकान में रोशनदान तथा एयरकण्डीशन की हवा भी हो सकती है। बूमपोल पर माइक्रोफोन लगाने के दौरान भी माइक पर हवा टकरा सकती है इससे बचने के लिए हाथ से थामे जाने वाले माइक, बिल्ट-इन विंडस्क्रीन लगे होते हैं। माइक के रंग परिवर्तन के लिए भी फोम विंडस्क्रीन का प्रयोग होता है। कार्यक्रम बनाने वाले, टेप के सफेद बैण्ड को विंडस्क्रीन के सामने रखते हैं। यह कैमरा ऑपरेटर को, कम प्रकाश व्यू फाइण्डर के माध्यम से माइक्रोफोन की पहचान करने में मदद भी करता है। इसे तेज चमकीली रोशनी के लिये भी प्रयोग किया जाता है।

उत्कृष्ट ध्वनि परिणाम के लिए स्टूडियो सेट-अप

- स्टूडियो एकदम शान्त होना चाहिए। मोटी दीवारों और वायुरुद्ध दरवाज़ों की मदद से बाहरी कोलाहल रोका जा सकता है।
- स्टूडियो को शान्त रखने के लिए रिकॉर्डिंग के दौरान पंखों, वातानुकूलित संयन्त्रों और दूसरी मशीनों को बन्द कर देना चाहिए।
- वी/आर को माइक्रोफोन से जितना दूर सम्भव हो, उतना दूर रखना चाहिए। अच्छा यह हो कि इसे दूसरे कमरे में रखा जाय।
- स्टूडियो की दीवारों से ध्वनि प्रतिध्वनित नहीं होनी चाहिए। दीवारों पर मोटे कम्बल चिपकाकर, खिड़कियों व दरवाज़ों पर पर्दे टाँग कर फर्श पर कालीन बिछाकर आवाज़ की गूँज कम किया जा सकता है।

वीडियो एडिटिंग (Video Editing)-फिल्म या कार्यक्रम निर्माण में वीडियो एडिटिंग का विशेष महत्त्व है। किसी फिल्म या कार्यक्रम की शूटिंग क्रमवार करना सम्भव नहीं हो सकता क्योंकि अभिनेता/अभिनेत्री, निर्देशक, कैमरामैन, प्रकाश निर्देशक इत्यादि का समय एक साथ मिलना सम्भव नहीं हो पाता। एडिटिंग के द्वारा फिल्म के शूट किये गये अलग-अलग हिस्सों को कहानी के अनुसार कलात्मक ढंग से जोड़कर सम्पादित किया जाता है। एडिटिंग के बिना किसी भी फिल्म को अन्तिम रूप देना सम्भव नहीं है। फिल्म में बैकग्राउण्ड संगीत, गाने तथा ध्वनि प्रभाव भी एडिटिंग में ही जोड़े जाते हैं। अच्छे सम्पादन के द्वारा खराब शॉट या फिल्म को भी ठीक किया जा सकता है। एडिटिंग के दौरान विशेष

प्रभाव का इस्तेमाल करके शॉट्स को और अधिक रोचक और आकर्षक बनाया जाता है जिससे दर्शकों को देखने में अधिक रुचि पैदा हो। एडिटिंग का प्रयोग अतिरिक्त या अनावश्यक शॉट्स को हटाने के लिए भी होता है। इसमें कहानी को निरन्तरता देने के लिए एक निश्चित अवधि में फुटेज को व्यवस्थित किया जा सकता है। वीडियो एडिटिंग मशीन और एफ.सी.पी., एविड, एडोब प्रीमियर, जैसे सॉफ्टवेयरों के द्वारा विशेष प्रभाव भी उत्पन्न किये जा सकते हैं।

लीनियर एडिटिंग (Linear Editing) -लीनियर वीडियो एडिटिंग एक ऐसी विधि है जिसमें वीडियो टेप प्लेयर (VTP) या वीडियो कैसेट प्लेयर (VCP) की सहायता से वीडियो चलाया जाता है और दूसरे वीडियो टेप रिकॉर्डर (VTR) या वीडियो कैसेट रिकॉर्डर (VCR) की सहायता से इसे रिकॉर्ड किया जाता है। यह वीटीआर आपस में केबल के द्वारा जुड़े होते हैं। इसमें वीडियो टेप प्लेयर में कैमरे द्वारा रिकॉर्ड की गयी टेप चलायी जाती है तथा वीडियो टेप रिकॉर्डर में खाली टेप डालकर उस पर रिकॉर्डिंग की जाती है। इसमें समस्या यह होती है कि यदि कई कैसेटों में प्रोग्राम रिकॉर्ड है तो बार-बार कैसेटें निकालनी पड़ती है, साथ ही, इच्छित क्रम में व्यवस्थित करने के लिए बार-बार टेप आगे-पीछे करनी पड़ती है। इसे टेप टू टेप एडिटिंग भी कहा जाता है।

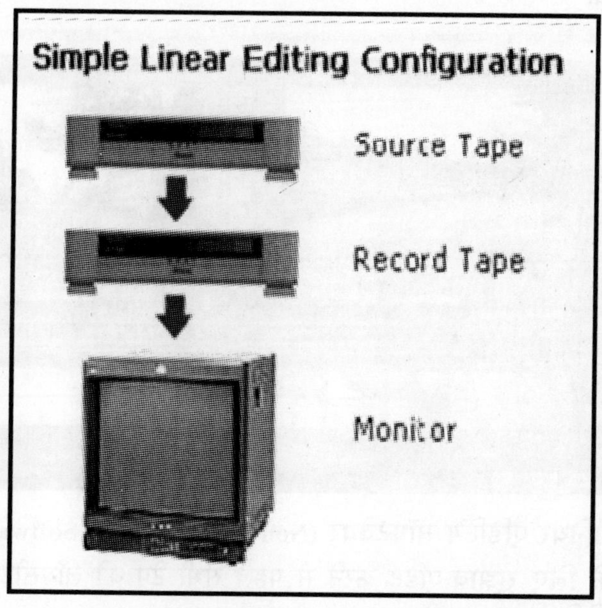

लीनियर एडिटिंग (Linear Editing)

ए बी रोल एडिटिंग (A B Roll Editing) -यह वीडियो एडिटिंग की ऐसी विधि है जिसमें एक समय में दो स्रोतों से वीडियो लिया जा सकता है और उन्हें विशेष प्रभाव पैदा करने के लिए मिलाया जाता है। आम तौर पर डिजाल्व के लिए इसका प्रयोग किया जाता है। यह विधि अपेक्षाकृत महँगी होती है। यदि एक साथ तीन स्रोतों से वीडियो लिया जाता है तो उसे एबीसी रोल एडिटिंग कहते हैं।

नॉन-लीनियर एडिटिंग (Non-Linear Editing) -1990 के दशक में नॉन-लीनियर एडिटिंग का विकास हुआ। इस विधि में कम्प्यूटर में कैप्चर कार्ड के द्वारा एडिटिंग सॉफ्टवेयर की सहायता से रिकॉर्ड किये गये सभी टेपों की सामग्री हार्डडिक्स में कैप्चर या डीजिटाइज कर लिया जाता है। उसके बाद साफ्टवेयर की मदद से इन वीडियो शॉट को मनचाहे क्रम में व्यवस्थित कर लिया जाता है। इस वीडियो साफ्टवेयर में बहुत-सारे ट्रान्जिशन जैसे वाइड डिजाल्व फेड, कट इत्यादि के साथ-साथ ऑडियो, वीडियो और नामांकन (टाइटल) भी सेव रहते हैं। इस सॉफ्टवेयर की सहायता से तीव्र गति से कोई भी आडियो या वीडियो प्रभाव लगाया जा सकता है। डिजिटल होने के कारण कई बार एडिटिंग करने से भी इसकी गुणवत्ता में कोई कमी नहीं आती है। नॉन-लीनियर एडिटिंग के मुख्य साफ्टवेयर निम्नलिखित हैं-

1. एडोब प्रीमियर,
2. फाइनल कट प्रो (मैक ऑपरेटिंग सिस्टम पर काम करता है)
3. एविड
4. इडियश प्रो
5. डीपीएस वेलॉसिटी
6. सोनी वेगास प्रो
7. आई मूवी

नॉन-लीनियर एडिटिंग सॉफ्टवेयर (Non-Linear Editing Software)

एडिटिंग के लिए सुझाव-एडिट करने से पहले सभी टेप को लॉगसीट के अनुसार नम्बर डालकर डिजिटाइज कर लें।

स्टोर फुटेज या आर्काइव का प्रयोग करने से पहले उसके बारे में जानकारी प्राप्त कर लें। ऐसा भी हो सकता है कि गलती से किसी ऐसे व्यक्ति का शॉट गलत जगह लग जाये जो मर चुका हो।

एडिटिंग चूँकि कलात्मक विधा है इसलिए इसमें जल्दबाजी न करें, एडिट करने के उपरान्त एक बार स्टोरी को देख अवश्य लें।

आर्काइव शॉट का प्रयोग करने पर फाइल शॉट अवश्य मेन्शन कर दें।

शॉट ट्रांजिशन (Shot Tronsition)-फिल्म या टेलीविज़न में एक दृश्य से दूसरे दृश्य में शूट करने को या यूँ कहें कि एक शॉट से दूसरे शॉट में जाने को शॉट ट्रान्जिशन कहते हैं। शॉट ट्रान्जिशन के समय इस बात का विशेष ध्यान रखना होता है कि निरन्तरता (कण्टीन्यूइटी) और लयबद्धता बनी रहे। जैसे कि किसी नेता का इण्टरव्यू लेते समय यदि उसकी मुद्राओं में परिवर्तन दिखाना हो तो शॉट ट्रान्जिशन की विधियों का प्रयोग किया जाता है। पुरानी फिल्मों में दृश्य परिवर्तन को दिखाने के लिए स्विश पैन का उपयोग किया जाता है जिससे कि दृश्य की निरन्तरता बनी रहे।

स्विश पैन (Swish Pan)-स्विश पैन में कैमरे को दायें से बायें या बायें से दायें तीव्र गति से पैन किया जाता है कि तस्वीर स्पष्ट दिखायी न दे। पुरानी फिल्मों में पात्र को एक स्थान से दूसरे स्थान पर ले जाने के लिए स्विश पैन विधि का प्रयोग किया जाता था।

विशेष प्रभाव (Special Effect)-टेलीविज़न कार्यक्रमों अथवा फिल्मों में मल्टीमीडिया और वीडियो एडिटिंग का उपयोग कर अनोखे दृश्यों एवं ध्वनियों आदि से विशेष प्रभाव उत्पन्न किये जाते हैं जो कि आश्चर्यजनक प्रतीत होतें हैं। इन्हीं विशेष प्रभाव की सहायता से नार्निया फिल्म में बर्फ तथा जंगली जीवों की गति तथा ध्वनि रिकॉर्ड की गयी। विदेशों में जुरासिक पार्क, गॉडज़िला, एनाकॉण्डा इत्यादि लोकप्रिय फिल्में बिना विशेष प्रभाव के नहीं बनायी जा सकती थीं। भारतीय फिल्मों में भी कार का उड़ना, आग के दृश्य, पानी में धमाके इत्यादि प्रमुखता से प्रयोग किये जा रहे हैं।

क्रॉसफेड (Crossfade)-वीडियो एडिटिंग के समय ध्वनि मिश्रण के दौरान एक ध्वनि स्रोत को कम करना तथा दूसरे को धीरे-धीरे बढ़ाना क्रॉसफेड कहलाता है। उदाहरण के लिए बैकग्राउण्ड म्यूजिक के बाद कमेण्ट्री का उभरना।

फिल्म सम्पादन-फिल्म सम्पादन में ध्वनि तथा दृश्यों का सम्पादन किया जाता है, साथ ही विशेष दृश्य प्रभाव (Special Visual Effect) विशेष ध्वनि प्रभाव (Special Sound Effect) , टाइटल या कास्टिंग, बैकग्राउण्ड म्यूज़िक, गाने इत्यादि डाले जाते हैं।

शूटिंग के बाद कैमरे द्वारा शूट की गयी एक्सपोज़ फिल्म को लैब में पेण्टिंग और डेवलपिंग के लिए भेजा जाता है। इस लैब में पिक्चर निगेटिव को डेवलप करके पिक्चर पाज़ीटिव प्रिण्ट तैयार किया जाता है जिसे रश प्रिण्ट कहते हैं। इस प्रिण्ट के एक ओर हर फीट पर छपते हुए नम्बर की सहायता से निगेटिव काटी जाती है। निगेटिव कटर प्रिण्ट में छपे हुए नम्बरों को निगेटिव के समानान्तर रखकर सम्पादित रश प्रिण्ट के अनुसार निगेटिव काटता है। फिल्म सम्पादक सर्वप्रथम रश प्रिण्ट के दृश्य क्रमांक के अनुसार शॉट्स को अलग-अलग करता है। उसके बाद हर शॉट के शुरुआत में लिए क्लैप को 35 एम. एम. मैगनेटिक टेप या उसी चौड़ाई के अन्य माध्यम जैसे आप्टिकल साउण्ड ट्रैक में उपस्थित क्लैप ध्वनि को समानान्तर रूप से मिलाकर (Parallel Synchronisation) सम्पूर्ण शॉट के दृश्य एवं ध्वनि को मिला दिया जाता है। दृश्य एवं ध्वनि का मिलान करने के लिए शूटिंग के समय 1/4" के टेप पर रिकॉर्ड की गयी ध्वनियों को फिल्म की चौड़ाई के समान उसी चौड़ाई के टेप (Gauge) तथा गति में परिवर्तित किया जाता है। फिल्म की सामान्य प्रदर्शन गति 24 फ्रेम प्रति सेकेण्ड होती है।

प्रतिदिन शूटिंग ख़त्म होने के बाद छायाकार अपने सहयोगियों के साथ रश प्रिण्ट देखते हैं ताकि शूटिंग के दौरान किसी शॉट में हुई गलती को अगले दिन शूटिंग में ठीक किया जा सके।

फिल्म सम्पादक पटकथा में लिखे गये दृश्यों के अनुसार सभी शॉट को छाँटकर अलग रखता है। इस प्रक्रिया में निर्देशक तथा छायाकार के अनुसार शॉट के कई टेक में से बेस्ट टेक का चयन करके दृश्य की निरन्तरता के अनुसार संयोजित किया जाता है। दृश्य का सम्पादन करते समय पात्रों का अभिनय, कैमरे के कोण की स्थिति, प्रकाश व्यवस्था, ताल एवं लय तथा ध्वनि और दृश्य के बीच सम्बन्ध इत्यादि का विशेष ध्यान रखा जाता है।

रशेज का सम्पादन जैसे-दृश्य या ध्वनि में फेरबदल करने, दृश्य में विशेष प्रभाव उत्पन्न करने तथा कम्प्यूटर द्वारा नामांकन या टाइटलिंग तथा बैकग्राउण्ड म्यूज़िक इत्यादि जिन्हें कैमरे पर कर पाना सम्भव नहीं है, उन्हें प्रयोगशाला में किया जाता है।

निरन्तरता (Continuity)-किसी भी कहानी में निरन्तरता, श्रृंखला या अटूट क्रम का विशेष ध्यान रखा जाता है अन्यथा क्रम टूटने की सम्भावना रहती है। इसलिए हर फिल्म और टेलीविज़न कार्यक्रम में निदेशक के साथ सहायक होते हैं, जिन्हें कण्टीन्युइटी बॉय कहा जाता है। किसी फिल्म की शूटिंग के समय पात्रों की वेशभूषा, मेकअप, वातावरण, शूटिंग का स्थान आदि फिल्म या टेलीविज़न कार्यक्रम की कहानी के अनुरूप समान बने रहने चाहिए। कण्टीन्यूइटी बॉय इस बात का विशेष ध्यान रखते हैं। एक शॉट से दूसरे शॉट में जाने पर पात्रों के मेकअप, वेशभूषा एवं लाइटें इत्यादि बिलकुल वैसे ही दिखायी देने चाहिए जैसे कि पहले शॉट में थे अन्यथा क्रम टूट जाने का भय बना रहता है। एक फिल्म या कार्यक्रम निर्माण के दौरान निम्न बिन्दुओं पर ध्यान देना आवश्यक है-

तकनीकी निरन्तरता (Technical Continuity)-एक शॉट से दूसरे शॉट के बीच में तकनीकी रूप से जैसे प्रकाश व्यवस्था, शॉट का कोण, प्रकाश की दिशा तथा रंगों में कोई परिवर्तन नहीं होना चाहिए जिससे कि निरन्तरता बनी रहे।

दृश्य निरन्तरता (Shot Continuity)-एक शॉट में जैसा दृश्यात्मक वातावरण है वही वातावरण दूसरे शॉट में होना चाहिए। उदाहरण के लिए यदि किसी शॉट में बादल घिरे मौसम या बारिश का वातावरण है तो उसके बाद के दूसरे शॉट में भी ऐसा ही होना चाहिए नहीं तो दृश्य निरन्तरता नहीं रह जायेगी और दर्शकों को अटपटा लगेगा।

दिशामूलक निरन्तरता (Directional Continuity)-जिस दिशा और दूरी पर पात्र और विषयवस्तुएँ हैं वही दिशा और दूरी उस दृश्य के प्रत्येक शॉट में रहनी चाहिए।

भौतिक निरन्तरता (Physical Continuity)-एक साथ आनेवाले शॉट में पात्रों की वेशभूषा तथा दृश्य में आनेवाली भौतिक वस्तुएँ वही रहनी चाहिए, जिससे कि उसकी भौतिक निरन्तरता बनी रहे। फिल्मों में इस कार्य के लिए सहायक निर्देशक होते हैं जो कि उसका विशेष ध्यान रखते हैं। जैसे कि किसी गाने या दृश्य की शूटिंग के दौरान अभिनेत्री ने कानों में जो आभूषण पहने हैं उसी तरह के कई सेट सहायक निर्देशक के पास होते हैं कि भूलवश यदि पहला सेट खो जाये तो दूसरा तुरन्त तैयार रहे जिसके कारण शूटिंग में देरी न हो और भौतिक निरन्तरता भी बनी रहे।

समय और घटना की निरन्तरता (Time and Event Continuity)-शूटिंग में समय की निरन्तरता का भी विशेष ध्यान रखा जाता है। जैसे कि यदि किसी फिल्म में नायिका

रात में नायक का इन्तज़ार कर रही है तो अमूमन बार-बार घड़ी दिखाकर समय की निरन्तरता को प्रकट किया जा सकता है जिससे समय के स्थान के दृश्य में कोई जम्प कट नहीं आता है। परन्तु यदि कहीं शॉट में निरन्तरता का अभाव दिखायी दे तो एडिटिंग के समय कोई कट अवे शॉट जोड़ सकते हैं जिससे कि निरन्तरता बनी रहे।

ध्वनि निरन्तरता (Audio Continuity)-ध्वनि निरन्तरता तकनीकी और कलात्मक दो प्रकार की होती हैं। तकनीकी निरन्तरता का तात्पर्य है कि तकनीकी दृश्य से ध्वनि का स्तर टोन, ब्रास इत्यादि का स्तर शॉट में समान रहना चाहिए। इसी तरह कलात्मक ध्वनि निरन्तरता में सम्पादित दृश्य में ध्वनि वातावरण अर्थात् ध्वनि के प्रभाव समान रहना चाहिए।

ट्रॉली (Trolly)-पहियोंवाली एक छोटी-सी गाड़ी जिस पर कैमरा रखकर शूटिंग किया जाता है, आवश्यकतानुसार इसे खींचकर आगे-पीछे किया जा सकता है।

डॉली (Dolly)-एक प्रकार की गाड़ी जिस पर कैमरा तथा कैमरामैन टेक लेते समय आगे-पीछे हो सकते हैं।

टेलीविज़न के सभी प्रोडक्शन एक प्रशिक्षित टीम के द्वारा किये जाते है जिसमें अलग-अलग प्रतिभा एवं तकनीक से धनी लोगों का योगदान होता है। टीम के सभी सदस्यों के अलग-अलग कार्य होते हैं। जैसेः- प्रोड्यूसर धन की व्यवस्था करता है। लेखक स्क्रिप्ट लिखता है। निर्देशक टीम के अन्य सदस्यों जैसे फ्लोर मैनेजर, लाइटिंग डाइरेक्टर, कैमरामैन, वीडियो एडिटर इत्यादि को उनके काम और जिम्मेदारियों से अवगत कराता है।

टेलीविज़न स्टूडियो-टेलीविज़न स्टूडियो एक ऐसा कक्ष होता है, जो मुख्य रूप से दो भागों में एक शीशे के ग्लास द्वारा बँटा रहता है। पहला भाग फ्लोर (Floor) जिसमें कि कलाकारों, अतिथि, मेहमानों और ऐंकर के बैठने के लिए स्टेज या मेज़, कुर्सी होती है, साथ ही बैकग्राउण्ड में क्रोमा के लिए हरे या नीले रंग के पर्दे या कुछ वास्तविक बैकग्राउण्ड भी हो सकता है। स्टेज के ऊपर एक लाइटिंग ग्रिड लगा होता है जिस पर छोटी-बड़ी अनेक लाइटें लगी होती हैं। लाइटिंग ग्रिड लोहे या प्लास्टिक इत्यादि का बना होता है, जो कि स्टूडियो की छत पर फिक्स रहता है। जैसा कि चित्र में दिखाया गया है प्रकाश को व्यवस्थित करने के लिए कलाकारों के सामने की ओर कुछ लाइटें, लाइट कटर बोर्ड और रिफ्लेक्टर होते हैं, जिनकी सहायता से वांछित प्रकाश को सेट किया जाता है। ग्रिड पर लगी लाइटों को भी आवश्यकतानुसार रिफ्लेक्टर इत्यादि से नियन्त्रित किया जाता है। कलाकारों के सामने कैमरे लगाये जाते हैं। कैमरे के पीछे काँच की दीवारवाला रूम होता है, जिसे पीसीआर (Production Control Room) कहते हैं। इसी पीसीआर में वीडियो स्विचर (Vision Mixer), आडियो स्विचर, मल्टी कैमरा मॉनीटर, वीटीआर, कैरेक्टर जनरेटर तथा लैपटॉप इत्यादि आपस में केबिलों द्वारा जुड़े रहते हैं। जहाँ पर फ्लोर मैनेजर (Floor Manager) टॉकबैक के द्वारा कलाकारों तथा पीसीआर (Production Control Room) से बात करके आवश्यक निर्देश देता है। यहाँ हम चित्र के अनुसार तीन कैमरों के सेटअप के द्वारा तैयार लाइव परिचर्चा कैसे होती है इसके बारे में बतायेंगे।

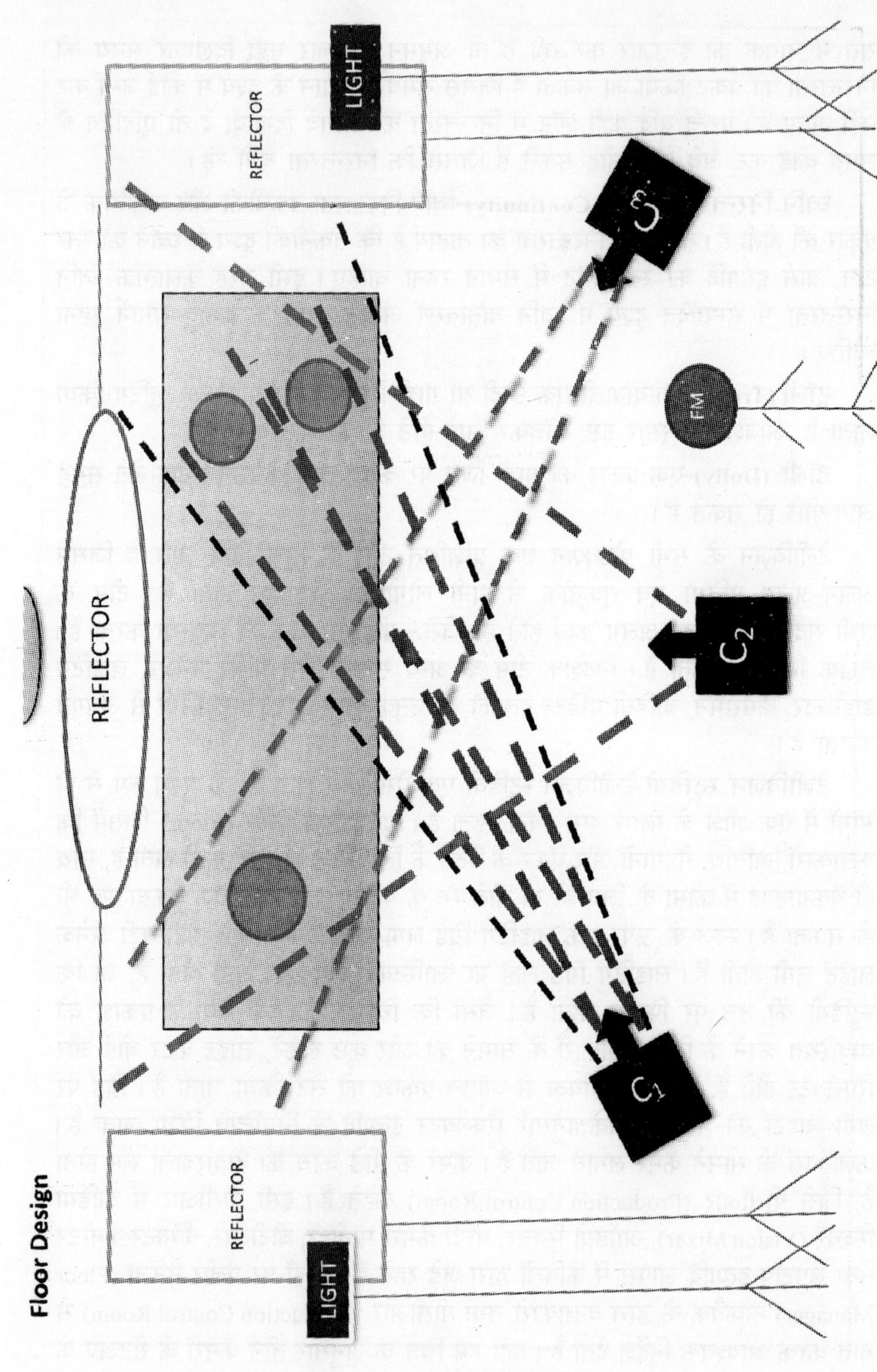
Floor Design
REFLECTOR
LIGHT
REFLECTOR
LIGHT
REFLECTOR
FM
C1
C2
C3

चित्र-फ्लोर प्लान

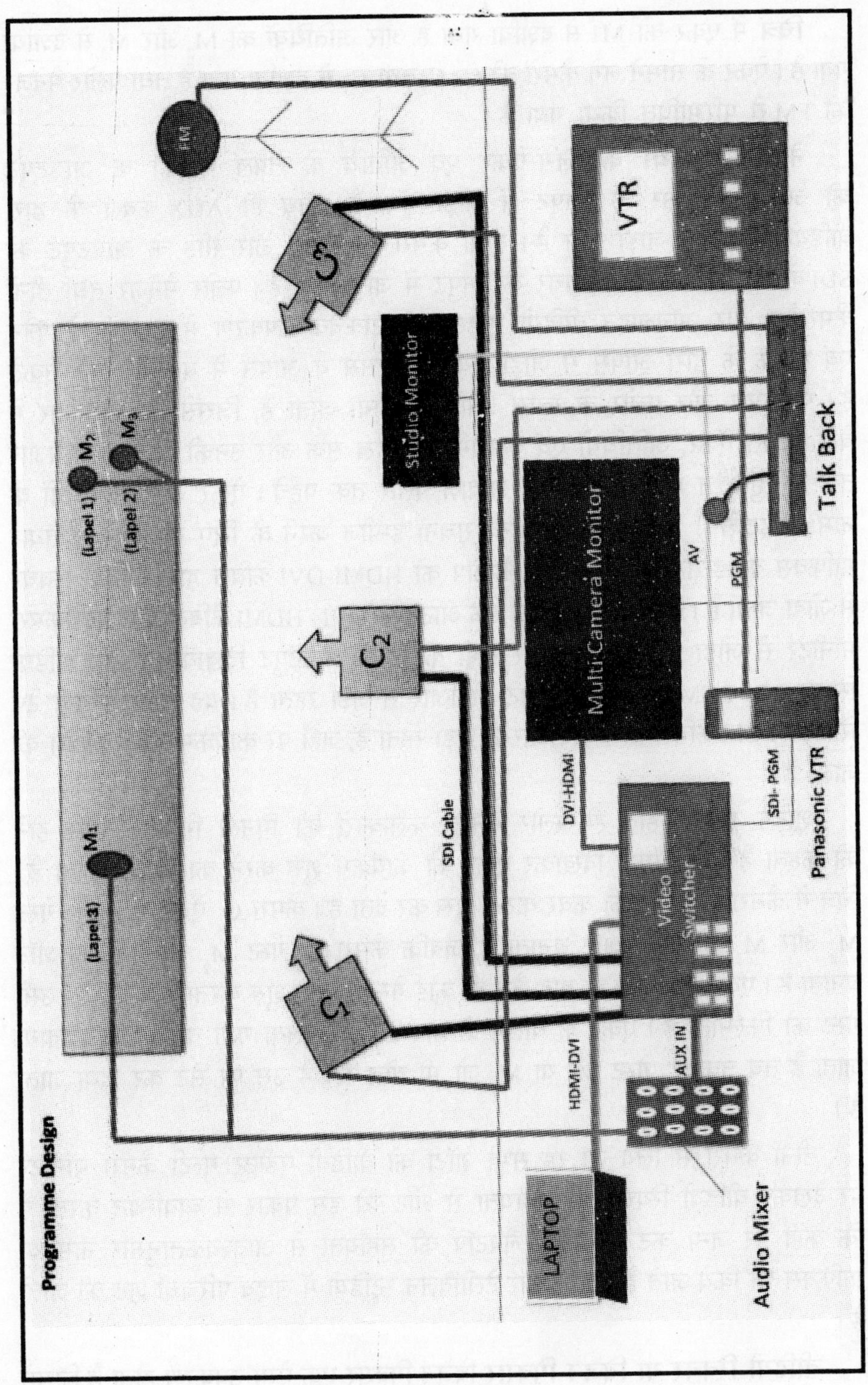

चित्र प्रोडक्शन कण्ट्रोल रूम

चित्र में ऐंकर को M1 से दर्शाया गया है और अतिथियों को M_2 और M_3 से दर्शाया गया है। ऐंकर के सामने लगे कैमरों को C_1, C_2 तथा C_3 से दर्शाया गया है तथा फ्लोर मैनेजर को FM से परिभाषित किया गया है।

नेटवर्किंग तथा केबलिंग-ऐंकर एवं अतिथि के लेपल माइको के आउटपुट को ऑडियो मिक्सर के इनपुट में जोड़ा गया है, साथ ही AUX केबल के द्वारा वीडियो स्विचर से जोड़ा गया है। तीनों कैमरों सी$_1$, सी2 और सी3 के आउटपुट को SDI केबिल द्वारा वीडियो स्विचर के इनपुट में जोड़ा गया है। फ्लोर मैनेजर तथा तीनों कैमरामैन और ऑनलाइन वीडियो एडिटर को टॉकबैक उपकरण में उपलब्ध हेडफोन एवं माइक के द्वारा आपस में जोड़ा गया है, जिससे वे आपस में बातचीत कर सकते हैं। पीसीआर और फ्लोर के ग्लास इसलिए लगाया जाता है, जिससे कि पीसीआर में बैठा व्यक्ति ऐंकर, अतिथियों एवं कैमरामैन को देख सके और उनकी आवाज़ पीसीआर तक न पहुँचे, न ही पीसीआर की आवाज़ फ्लोर तक पहुँचे। ऐंकर और अतिथियों के नाम (टाइटलिंग) के अतिरिक्त अन्य सूचना इम्पोज करने के लिए या पहले से तैयार ग्राफिक्स को इन्सर्ट करने के लिए लैपटॉप को HDMI-DVI केबिल द्वारा वीडियो स्विचर से जोड़ा जाता है। वीडियो स्विचर का एक आउटपुट DVI - HDMI केबिल द्वारा मल्टीकैमरा मॉनीटर से जोड़ा गया है, जिस पर सभी कैमरों के आउटपुट दिखायी देते हैं। वीडियो स्विचर SDI-PGM केबिल द्वारा छोटे वीटीआर से जुड़ा रहता है। यह छोटा वीडियो टेप रिकॉर्डर PGM केबिल द्वारा वीटीआर से जुड़ा रहता है, जहाँ पर कार्यक्रम की रिकॉर्डिंग की जाती है।

शूटिंग आरम्भ होते ही फ्लोर मैनेजर कलाकारों को गिनती गिनकर तैयार होने को कहता है और अँगूठा दिखाकर ऐंकर को कार्यक्रम शुरू करने का निर्देश करता है। चित्र में कैमरा C_3 ऐंकर को कवर करना शुरू कर देता है। कैमरा C_2 ऐंकर M1 और गेस्ट M_2 और M_3 का वाइड शॉट बनाता है, जबकि कैमरा C_1 गेस्ट M_2 और M_3 का शॉट बनाता है। ऐंकर के बोलने के बाद जैसे ही कोई गेस्ट बोलना शुरू करता है कैमरा C_1 उसी गेस्ट को फिल्माता है। ऐंकर के बोलने के बाद C_2 द्वारा लिया गया वाइड शॉट दिखाया जाता है तब तक C_1 गेस्ट M_2 या M_3 जो भी बोल रहा है उस पर सेट कर दिया जाता है।

तीनों कैमरों से लिये जा रहे सभी शॉटों को वीडियो एडीटर मल्टी कैमरा मॉनीटर पर देखकर वीडियो स्विचर की सहायता से शॉट को इस प्रकार से व्यवस्थित करता है कि कहीं पर जम्प कट न आये। लैपटॉप की सहायता से आवश्यकतानुसार नाम या ग्राफिक्स प्ले किये जाते हैं। इस प्रकार टेलीविज़न स्टूडियो में लाइव परिचर्चा शूट की जाती है।

वीडियो स्विचर या विजन मिक्सर-विजन मिक्सर एक ऐसा उपकरण होता है जिसमें कई कैमरों के आउटपुट को जोड़ा जाता है और मॉनीटर की सहायता से उन कैमरों द्वारा

छायांकन किये जा रहे दृश्यों को देखा जाता है। मानीटर पर दृश्यों को देखकर एडिटर विज़न मिक्सर में लगे हुए बटनों की सहायता से एडिट करता है एवं विशेष प्रभाव इत्यादि डालता है। डाइरेक्टर या पैनल प्रोड्यूसर के निर्देश पर प्राप्त हो रहे अलग-अलग इनपुटों को ऑनलाइन भी एडिट कर सकता है।

वीडियो स्विचर या विजन मिक्सर

ऑडियो मिक्सर-विजन मिक्सर के बगल में साउण्ड मिक्सर होता है, जो कि विभिन्न कैमरे द्वारा प्राप्त हो रही आवाज़ को नियन्त्रित करने के काम आता है। साउण्ड मिक्सर की सहायता से आवाज़ में वृद्धि, कमी या मोटी-पतली कर सन्तुलित किया जा सकता है।

ऑडियो मिक्सर

कमाण्ड और क्यू (Command and Cue)

कैमरा तकनीक और दृश्य संयोजन सुनने से ऐसा लगता है कि ये पूरी तरह से कैमरामैन के कार्य हैं और ध्वनि प्रभाव से यह आभास होता है कि इसके लिए ऑडियोमैन ही पूरी तरह जिम्मेदार है, पर टेलीविज़न प्रोडक्शन के लगभग सभी पहलुओं के लिए निर्देशक ही जिम्मेदारी होता है। रिकॉर्डिंग/जीवन्त प्रसारण के दौरान नियन्त्रण कक्ष में बैठा निर्देशक वहाँ लगे कैमरा मॉनीटर पर निगाह रखते हुए टीम के सभी सदस्यों को निर्देश देता रहता है ताकि कार्यक्रम सुगमता से बढ़ता रहे। रिकॉर्डिंग से पहले वह टॉकबैक सिस्टम (जिसमें नियन्त्रण कक्ष में माइक्रोफोन और स्टूडियो में स्पीकर लगा होता है) के जरिये टीम के सदस्यों को निर्देश दे सकता है और उन्हें रिकॉर्डिंग शुरू करने के लिए सतर्क कर सकता है।

निर्देशक को कार्यक्रम के स्क्रिप्ट से अच्छी तरह से परिचित होना चाहिए और टीम के सभी सदस्य भी उससे वाकिफ रहें, इसकी कोशिश करनी चाहिए। अगर प्रोडक्शन टीम के सभी सदस्य अपनी स्क्रिप्ट पढ़ लें और उन पर अपने मुताबिक निर्देश लिख लें तो रिकॉर्डिंग/जीवन्त प्रसारण के समय चीजें आसान हो जाती हैं। सभी को मालूम रहता है कि आगे क्या होनेवाला है और वे खुद उसकी तैयारी कर लेते हैं। 'निर्देश' देना पड़ता है। उसे बस यह ध्यान रखना पड़ता है कि ख़ास निर्देश को पूरा करने के लिए सभी सदस्य एक ही समय सक्रिय हों यानी समय के मामले में प्रोडक्शन टीम के सदस्यों में तालमेल रहे।

वह कैमरामैन को तैयार रहने, मीडियम शॉट या क्लोज अप शॉट या क्यू शॉट लेने, कैमरा को टिल्ट अप या डाउन करने, जूम इन या आउट करने, पैन लेफ्ट या राइट करने या फोकस करने का निर्देश देता है। वह ऑडियोमैन को रिकॉर्डिंग शुरू करने, संगीत बजाने, रोक देने या धीमा करने, किसी ख़ास माइक को चालू करने या उसे बन्द करने का निर्देश देता है। तकनीकी निर्देशक को वह कैमरा-एक या कैमरा-दो यो कैमरा-तीन का शॉट लेने या एक से धीरे-धीरे दूसरे में जाने का निर्देश देता है। फ्लोर मैनेजर/मंच प्रबन्धक को वह प्रतिभागियों/कलाकारों/पात्रों को 'क्यू' देने का निर्देश देता है।

स्टूडियो में मंच प्रबन्धक निर्देशक का प्रतिनिधि होता है। रिकॉर्डिंग के दौरान वह प्रतिभागियों/कलाकारों/पात्रों को निर्देशक के निर्देश देता है। रिकॉर्डिंग के दौरान निर्देशक टॉकबैक सिस्टम या पब्लिक अनाउन्समेण्ट सिस्टम के ज़रिये निर्देश नहीं दे सकता क्योंकि माइक्रोफोन उस आवाज़ को भी पकड़ लेंगे। इसलिए प्रतिभागी/कलाकार 'क्यू' के लिए मंच प्रबन्धक पर निर्भर होते हैं। मंच प्रबन्धक अपने सिर पर हेडसेट पहने रहता है जिससे वह निर्देशक के निर्देशों को सुन सकता है। कुछ अत्याधुनिक स्टूडियो में इंटरप्टेड फीड बैक सिस्टम भी लगाये गये हैं जिनमें कलाकारों के कान के पीछे एक सूक्ष्म स्पीकर लगाया जाता है। इससे कार्यक्रम के दौरान भी निर्देशक उन्हें सीधे 'क्यू' दे सकता है। फिर भी नये कलाकारों/प्रतिभागियों के लिए तालमेल बिठाना आसान नहीं होता है।

हालाँकि सभी निर्देशक/मंच प्रबन्धक खुद अपने 'क्यू' विकसित करते हैं जिनसे वे कार्यक्रम में प्रतिभागियों/पात्रों को निर्देश देते हैं, पर वर्षों से इस्तेमाल होते-होते कुछ 'क्यू' मानक हो गये हैं। नीचे कुछ 'क्यू' दिये गये हैं-

फ्लोर मैनेजर (मंच प्रबन्धक के क्यू)

क्यू	हाथों के संकेत	अर्थ
स्टैण्ड बाई	तर्जनी को छत की ओर रखते हुए हाथ को सिर से ऊपर उठाना	रिकार्डिंग/कार्यक्रम शुरू होने वाला है।
स्टार्ट	तर्जनी को प्रतिभागियों/कलाकारों की ओर करना	प्रदर्शन/कार्यक्रम शुरू करें।
स्पीड अप	तर्जनी को घड़ी की सुई की दिशा में घुमाना	तेजी लायें। आप धीमे चल रहे हैं।
स्ट्रेच/प्ले डाउन	हाथों को एक साथ लाकर उन्हें एक-दूसरे से दूर खींचना मानों रबर की डोरी खींच रहे हों	धीमे चलें। बहुत समय बाकी है।
टाइम क्यू	मंच प्रबन्धक बाकी बचे मिनटों की संख्या बताने के लिए उँगली दिखाता है। जैसे-एक मिनट के लिए एक उँगली, दो मिनट के लिए दो उँगली	कार्यक्रम/रिकार्डिंग खत्म होने वाली जल्द समाप्त करें।
कट	तर्जनी को गर्दन के सामने धीरे-धीरे ले जाना मानों गर्दन काटने के संकेत दे रहे हों।	रिकार्डिंग खत्म हो रही है। तत्काल रुक जाइये।
वाक	तर्जनी और मध्यमा से पैदल चलने का उपक्रम करना	जिस दिशा में कहा जा रहा है उधर चलें।
स्टाप	यातायात पुलिस की तरह हथेली दिखा कर रुकने का संकेत करना	आगे न जाएँ
स्पीक अप	हथेली को गहरा कर कान के पास ले जाना	आपकी आवाज धीमी है। थोड़ा तेज बोलें।
क्लोज टू	हथेली को होठों के पास लाना	आप माइक्रोफोन से दूर हैं। उसके पास जाएँ या उसे अपनी ओर खीचें।
लुक हियर	कैमरे के लेंस की ओर उंगली दिखाना	कैमरे की ओर देखें।
स्माइल	मुस्कुराना और मुँह की ओर इशारा करना	आप गम्भीर दिख रहे हैं। थोड़ा मुस्काराइए।
रिलैक्स	मंच प्रबन्धक अपने अँगूठों को कानों के पास ले जाकर हथेलियों को पक्षी के उड़ने की तरह हिलाता है, आँखों को गोल घुमाता है और जीभ बाहर निकालता है।	आराम से बैठें। इस क्यू का इस्तेमाल आमतौर पर रिकॉर्डिंग शुरू होने से पहले होता है।

स्टूडियो प्रोडक्शन टीम

टेलीविज़न के लिए कार्यक्रम बनाने में सामान्यतः तीन टीमें मिल कर काम करती हैं- तैयारी टीम, प्रोडक्शन टीम और सम्पादन टीम तैयारी टीम। योजना बनाती है। वह कार्यक्रम की तैयारी करती है। प्रोडक्शन टीम कार्यक्रम बनाती है और सम्पादन टीम प्रोडक्शन टीम द्वारा रिकॉर्ड किये गये टेप में से अनावश्यक दृश्यों को हटाती है, उसमें जहाँ ज़रूरी हो, वहाँ संगीत, विशेष ध्वनि और टाइटल आदि डालती है। निर्देशक तीनों टीमों का मुख्य सदस्य होता है। छोटे पैमाने पर होनेवाले प्रोडक्शन में सदस्यों को कई काम करने पड़ते हैं। कई बार चार सदस्यीय प्रोडक्शन टीम ही परिष्कृत कार्यक्रमों का निर्माण कर लेती है। छोटे प्रोडक्शन केन्द्रों में एक या दो पूर्णकालिक निर्माता-निर्देशक होते हैं और ज़रूरत पड़ने पर वे अंशकालिक सदस्यों की सहायता लेते हैं।

बड़े संगठनों में प्रोडक्शन टीम के सदस्यों के काम व्यवस्थित रूप से बँटे होते हैं। उनके पद भी विशिष्ट होते हैं। जैसे, तकनीकी रूप से ऑडियो निर्देशक का मतलब ऐसे 'रचनात्मक' व्यक्ति से है जो कार्यक्रम के मिज़ाज के मुताबिक संगीत का चुनाव या निर्माण करता है। ऑडियो इंजीनियर का काम माइक्रोफोन का उचित संयोजन और ऑडियो निर्देशक प्रकाश-योजना तैयार करता है और कार्यक्रम का मिजाज तय करता है जबकि प्रकाश इंजीनियर उसके निर्देशों पर बल्बों को व्यवस्थित करता है पर छोटे संगठनों में एक ही व्यक्ति दोनों काम करता है। उसे चाहे प्रकाश निर्देशक कह लें या प्रकाश इंजीनियर या लाइटमैन। इसी तरह वहाँ ऑडियो निर्देशक और इंजीनियर का काम भी एक ही व्यक्ति करता है।

प्रोड्यूसर (निर्माता) : समाचार निर्माता कार्यक्रम निर्माण में आनेवाले ख़र्च को ध्यान में रखकर स्टूडियो में सेट डिज़ाइन न्यूज़कास्ट निर्माण, लाइटिंग, कैमरा टीम, फ्लोर मैनेजर इत्यादि का चयन करता है। यह एक्जीक्युटिव प्रोड्यूसर के साथ कई कार्यक्रमों का समन्वय करता है, कार्यक्रम निर्माण के लिए धन की व्यवस्था करता है और बजट को अन्तिम मंजूरी देता है। यह कार्यक्रम-विशेष का प्रभारी होता है और लेखक और निर्देशक भी हो सकता है।

कार्यकारी निर्माता : यह निर्माता से समाचार कक्ष का सम्पूर्ण प्रबन्धन अपने हाथ में ले लेता है और समाचार कक्ष की पूरी रूप-रेखा तैयार करता है। कौन-सी विषय-वस्तु रहेगी और किस क्रम में रहेगी यही निर्धारण करता है। कार्यक्रम निर्माता स्क्रिप्ट राइटर इत्यादि से वार्त्ता करके कार्यक्रम निर्माण करता है।

लेखक : कार्यक्रम की पटकथा और संवाद तैयार करता है।

कला निर्देशक : सेट, ग्राफिक्स, टाइटल और अन्य रचनात्मक पहलुओं को निर्धारित करता है।

ग्राफिक कलाकार : इलेक्ट्रॉनिक ग्राफिक, एनीमेशन और टाइटल आदि बनाता है।

तकनीकी निर्देशक : इस पर विशेष प्रभावों को बनाने की जिम्मेदारी होती है।

नृत्य निर्देशक : नर्तकों के कपड़े मेक-अप और सेट के मुताबिक उनकी गति आदि का संयोजन करता है।

सेट निर्माता : निर्देशक की आवश्यकतानुसार सेट तैयार करता है।

प्रकाश निर्देशक : मंच पर प्रकाश-व्यवस्था कैसी होगी, इसकी कल्पना करता है। प्रकाश-स्रोतों (बल्बों) का चयन और उनकी स्थिति व दिशा का निर्धारण करता है। शूटिंग के दौरान प्रकाश की तीव्रता को नियन्त्रित करता है। कार्यक्रम के उद्देश्य, बालों कपड़ों और त्वचा के रंगों के अनुरूप प्रकाश के कोण तथा प्रकाश की मात्रा को निर्धारित करता है। साथ ही टीम के बाकी सदस्यों के साथ निर्माण योजना की बैठक में उपस्थित रहकर प्रकाश सम्बन्धी आवश्यकताओं को समझता है।

ऑडियो निर्देशक : ऑडियो निर्देशक पटकथा या संवाद का अध्ययन कर ध्वनि की रूपरेखा तैयार करता है साथ ही कार्यक्रमों के ध्वनि ट्रैक का निर्धारण करता है। ऑडियो निर्देशक का कार्य बहुत महत्वपूर्ण होता है यह कार्यक्रम निर्माण सम्बन्धी बैठक में भी हिस्सा लेता है। जिससे उसे कार्यक्रम से सम्बन्धित ध्वनियों को तैयार करने में मदद मिलती है। वह स्टूडियो निर्देशक के परामर्श से काम करता है। शूटिंग में ध्वनि को रिकार्ड करने के लिये कितने और किस प्रकार के माइक्रोफोन की आवश्यकता पड़ेगी इसका भी विशेष ध्यान रखता है। इसके अलावा पहले से तैयार की गयी कुछ ध्वनियों को भी अपने पास रखता है। जिससे कि आवश्यकतानुसार तत्काल प्रयोग में लाया जा सकता है। यह पहले से रिकार्ड सभी ध्वनियों की जांच कर लेता है। जिससे किसी त्रुटि की सम्भावना न रहे।

प्रोडक्शन टीम

प्रोड्यूसर (निर्माता) : कार्यक्रम का प्रभारी। कार्यक्रम की समय-सारिणी बनाता है ताकि वह अबाध रूप से चले।

एसोशिएट प्राड्यूसर (सहायक निर्माता) : प्रोड्यूसर की सहायता करता है।

प्रोडक्शन सहायक : रिहर्सल के दौरान निर्माता व निर्देशक की टिप्पणियों को नोट करता है ताकि शूटिंग से पहले कार्यक्रम की गुणवत्ता सुधारी जा सके। शूटिंग के दौरान निर्माता व निर्देशक की सहायता करता है।

निर्देशक : यह स्क्रिप्ट को टेलिविजन कार्यक्रम में बदलने के लिए अन्तिम रूप से जिम्मेदार होता है। शूटिंग के दौरान वह कार्यक्रम के प्रतिभागियों, कलाकारों के साथ-साथ प्रोडक्शन टीम के सभी सदस्यों को निर्देश भी देता है।

सहायक निर्देशक : निर्देशक की सहायता करता है और समय-सारिणी का ध्यान रखता है।

/प्रतिभागी **: वे लोग जो परिचर्चा इत्यादि विभिन्न टेलीविज़न कार्यक्रमों में विशेषज्ञ या अतिथि के रूप में भाग लेते हैं।**

कैमरामैन : कैमरामैन कार्यक्रम की पटकथा का अध्ययन एवं निर्देशक के आदेशनुशार कार्यक्रम निर्माण में लिये जाने वाले शॉट की रूपरेखा तैयार करता है। कार्यक्रम की शूटिंग शुरू होने से पहले कैमरा, बैटरियों तथा अन्य उपकरणों की जांच करता है और आवश्कतानुसार लेन्स एवं फिल्टर की आवश्यकताओं को निर्देशक को बताता है। यह कार्यक्रम निर्माण से पहले होने वाली बैठकों में हिस्सा लेता है और किस प्रकार शूटिंग होगी

इसकी चर्चा करता है। यह निर्देशकों के निर्देश और स्वविवेक से कैमरे का इस्तेमाल करता है।

फ्लोर मैनेजर (मंच प्रबन्धक) : स्टूडियो की गतिविधियों का समन्वय करता है। उपकरणों को यथास्थान व्यवस्थित करता है और प्रतिभागियों को उनके निश्चित स्थान पर बैठाता है। शूटिंग के दौरान वह निर्देशक के निर्देश प्रतिभागियों को देता है।

तकनीकी निर्देशक : रिकॉर्डिंग के दौरान निर्देशक के कहने पर वह विभिन्न कैमरों में से एक कैमरे के शॉट को रिकॉर्डिंग/प्रसारण के लिए चुनता है। चूँकि कैमरे स्थिर होते हैं इसलिए उसे शॉट निरन्तर बदलने पड़ते हैं।

जेनरेटर ग्राफिक/कैरेक्टर ऑपरेटर : कार्यक्रमों में निर्देशक के कहने पर वह टेक्स्ट (सब-टाइटल, प्रतिभागियों के नाम या अन्य सूचनाएँ) और ग्राफिक्स आदि दिखाता है।

ऑडियोमैन : जीवन्त/सीधे प्रसारण के दौरान वह कार्यक्रम में पार्श्व संगीत या विशेष ध्वनि प्रभावों को शामिल करता है।

मेक-अप कलाकार : कार्यक्रम में भाग लेनेवाले समस्त प्रतिभागियों का मेक-अप करता है।

लाइट मैन : सेट डिजाइनर के सहयोग से सेट/मंच की प्रकाश व्यवस्था करता है। वह विशेष लाइटों का चुनाव करता है, उनके स्थान और उनकी दिशा आदि तय करता है। कार्यक्रम के दौरान वह प्रकाश की तीव्रता को भी नियन्त्रित करता है।

इंजीनियर और तकनीशियन : उपकरणों के रख-रखाव के लिए जिम्मेदार होता है।

वीडियोटेप आपरेटर : यह वीडियो टेप प्ले बैक तथा रिकॉर्डिंग की आवश्कतानुसार वीडियो टेपरिकार्डर का चुनाव करता है तथा इसकी सूचना तकनीकि निर्देशक को देता है। तथा उसके साथ वीडियो टेप सोर्स का वी.डियो लेविल भी सेट करता है। यह कण्ट्रोल रूम में सहायक निर्देशक के निर्देशानुसार प्लेबैक वीडिया टेप रिकॉर्डर को ऑन करता है।

स्टोर कीपर : स्टूडियो की सारी वस्तुओं और फर्नीचर वगैरह की देखभाल करता है।

सम्पादन टीम

निर्देशक : यह स्क्रिप्ट को टेलीविज़न कार्यक्रम में बदलने के लिए अन्तिम रूप से जिम्मेदार होता है। यह सम्पादन और ऑडियोमैन को निर्देश देता है। कार्यक्रम में पार्श्व संगीत डालता है ताकि कार्यक्रम का मिज़ाज विकसित हो। इसी मिज़ाज को और उभारने के लिए वह उचित प्रकाश व्यवस्था करता है। विशेष ध्वनि प्रभाव डालता है। दर्शकों का ध्यान कार्यक्रम की ओर केन्द्रित करने की कोशिश क्ररता है।

वीडियो एडिटर : निर्देशक के निर्देश के मुताबिक वीडियो टेप को सम्पादित करनेवाले उपकरणों को चलाता है। कभी-कभी वह स्वविवेक से भी फैसले करता है। आमतौर पर वह ऑडियोगैन के साथ मिलकर काम करता है।

ऑडियोमैन : निर्देशक की माँग पर वह वीडियोटेप में ऑडियो मिक्सर की सहायता से अलग से कमेण्ट्री, पार्श्व संगीत या विशेष ध्वनि आदि डालता है और उनका सम्पादन करता है।

वाचक : वॉयस ओवर, कमेण्ट्री या मार्गदर्शक के रूप में अपनी आवाज़ देता है।

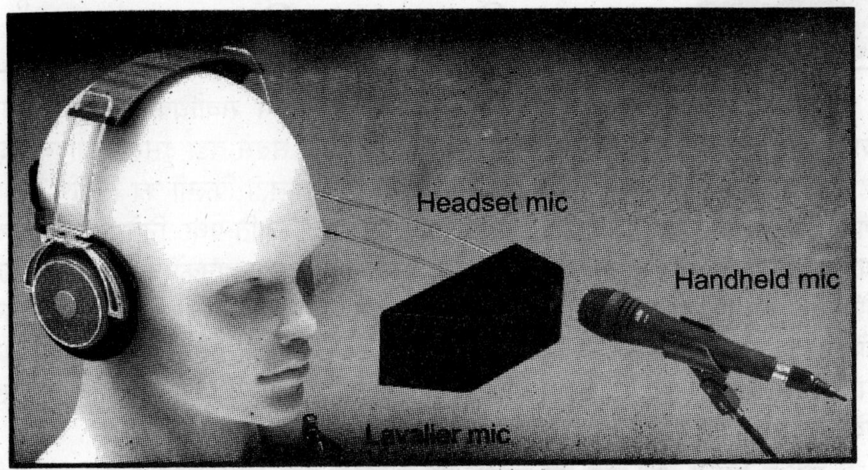

हेडसेट माइक

फिल्म पत्रकारिता

फिल्म (चलचित्र)-भारतीय सांस्कृतिक सन्दर्भों में फिल्म सर्वाधिक लोकप्रिय और शक्तिशाली माध्यम है। हॉलीवुड के बाद भारत फिल्मों का सबसे बड़ा दूसरा उत्पादक देश है। भारत की लगभग सभी क्षेत्रीय भाषाओं में मूक एवं बोलती फिल्मों का निर्माण किया गया। देशभक्ति, राष्ट्रीय एकता, साम्प्रदायिक सद्भाव, जाति-प्रथा निषेध, भ्रष्टाचार, परिवार-नियोजन और महिला उत्पीड़न आदि मुद्दे फिल्मों के कथानकों के मुख्य मुद्दे रहे हैं। मुख्य रूप फिल्मों को आठ भागों में विभक्त किया गया है-1. फीचर फिल्म, 2. चिल्ड्रेन फिल्म, 3. न्यूज़ फिल्म, 4. डाक्यूमेण्ट्री (वृत्तचित्र), 5. टेलीविज़न फिल्म या टेलीफिल्म 6. पब्लिक रिलेशन फिल्म, 7. विज्ञापन फिल्म और 8. निर्देशन फिल्म। फिल्मों की कुछ प्रमुख विधाएँ इस प्रकार हैं-

फीचर फिल्म-तीन घण्टे की लम्बाई की ये फिल्में प्रायः सिनेमाघरों में प्रदर्शित होती हैं। फीचर फिल्मों का निर्माण मुख्यतः व्यावसायिक दृष्टिकोण से मनोरंजन के लिए होता है। उनमें अधिकांश काल्पनिक कथाओं पर आधारित होती हैं, और फिल्मी कलाकारों (फिल्म स्टार) द्वारा अभिनीत होती हैं। सम्पूर्ण व्यवस्था आकर्षक एवं अतिरंजित होती है। शोमैनशिप एवं ग्लैमर फीचर फिल्मों के प्रमुख प्रमाण चिह्न होते हैं। भारतीय फीचर फिल्मों में गीत, नृत्य एवं संगीत प्रमुख भूमिका निभाते हैं। फिल्मों का आम जनता, ख़ासकर युवा वर्ग पर बहुत अधिक प्रभाव पड़ता है। फीचर फिल्मों का भी उद्देश्य होता है, लेकिन प्रायः इनमें मनोरंजन ही प्रधान होता है। सार्थक-सोद्देश्य, रचनात्मक फिल्मों की अलग श्रेणी है। इनके निर्माण में काफी व्यय होता है।

बाल फिल्में-इन्हें लघु फिल्में भी कहते हैं, जो बाल-मनोविज्ञान पर आधारित होती हैं।

समाचार वृत्त-इसमें समाचारों का निर्माण होता है।

वृत्तचित्र-वृत्तचित्रों का उद्देश्य लोगों को सूचना देना, प्रशिक्षित करना और जागरूक बनाना होता है। ये साहित्य, कला, विज्ञान, संस्कृति अथवा संस्थाओं से सम्बन्धित होते हैं। वृत्तचित्र अपेक्षाकृत साधारण एवं अल्पव्ययी होते हैं। कभी-कभी ये प्रचार का भी काम करते हैं। वृत्त चित्र प्रायः कल्पना पर आधारित नहीं होते, इनका वास्ता वास्तविक जीवन, समस्याओं और सर्वेक्षणों से अधिक होता है। वृत्तचित्रों के निर्माण के पिता जॉन ग्रियर्शमन ने सर्वप्रथम 'डॉक्यूमेण्टरी' शब्द का प्रयोग किया। विषय-वस्तु और प्रस्तुतीकरण के लिहाज

से वृत्तचित्र भिन्न-भिन्न प्रकार के हो सकते हैं। वृत्तचित्रों का निर्माण प्रायः दूरदर्शन एवं टी.वी. चैनलों से प्रसारण के लिए सरकारी या निजी फिल्म निर्माण संस्थाएं करती हैं। इस विधा में अभिनय न होते हुए भी कलात्मकता से श्रेष्ठ प्रस्तुतीकरण के लिए पूरी सम्भावना होती है।

टेलीफिल्म-इनका निर्माण केवल दूरदर्शन के लिए होता है। इसमें सन्देश को अहमियत दी जाती है।

फिल्म में विज्ञान की शक्ति और कला का सौन्दर्य-दोनों है जो दिलो-दिमाग को खुराक देकर आन्दोलित करते हैं। आज के दौर में फिल्म अभिव्यक्ति का सर्वाधिक सशक्त माध्यम है जो किसी घटना या विचार को संगीत, नृत्य और दृश्यों के माध्यम से प्रभावशाली ढंग से प्रस्तुत करता है। पर्दे पर विभिन्न सामाजिक परिस्थितियों, विडम्बनाओं, यथार्थ और कल्पनाओं को कलाकार अपने अभिनय के बल पर सफलता से अंजाम देते हैं जिससे उसके निष्कर्ष और सन्देश सीधे हम तक पहुँचते हैं। फिल्म का प्रत्यक्ष या परोक्ष सन्देश और विभिन्न प्रकार के क्रियाकलाप दर्शकों को झकझोरते भी रहते हैं, कुछ करने के लिए सकारात्मक व नकारात्मक, रचनात्मक व विध्वंसात्मक दोनों तरह के प्रभाव आम आदमी पर पड़ते हैं। इसलिए फिल्मों का समाज के प्रति उत्तरदायित्व का सवाल कई बार आलोचकों द्वारा जोर-शोर से उठाया जाता रहा है। फिल्मों के माध्यम से सामाजिक बदलाव का क्रम वस्तुतः उस तकनीक के द्वारा ही सम्भव हो पाता है जो हाइटेक-युग में इस विधा को मिली हुई है। दर्शक सब-कुछ पर्दे पर ही देख रहा होता है पर कुछ ही क्षणों बाद उसे ऐसा लगता है कि वह उस जीवन के साथ-साथ चल रहा है और स्वयं भोग भी रहा है। तीन घण्टे की फिल्म में वह एक नये जीवन को जीता है, नयी स्थिति को भोगता है। गीत-संगीत, दृश्य, नृत्य, संवाद, किरदारों के हाव-भाव ये सब दर्शकों को सीधे प्रभावित करते हैं। एक उपन्यास या कहानी एक समय में एक ही पाठक को प्रभावित करती है पर एक कहानी या उपन्यास को फिल्म विधा के माध्यम से एक समय में लाखों लोग देखते हैं और प्रभावित होते हैं।

फिल्म का संक्षिप्त इतिहास-रेडियो, टी.वी. एवं थियेटर के गुणों को अपने में समेटे सिनेमा एक ऐसी विधा है, जिसे केवल मनोरंजन के ही नहीं बल्कि जनसंचार के सशक्त माध्यमों के रूप में माना जाता है। सिनेमा ने हमारे देश में लोकप्रियता की इतनी ऊँचाइयाँ छुईं हैं कि आज हमारा फिल्म उद्योग देश के सर्वाधिक राजस्व अर्जित करनेवाले उद्योगों में से एक है। विश्व में सिनेमा की अवधारणा गणितज्ञ एथेनासियस किर्चर के प्रयोग से हुई थी। आज से लगभग तीन सौ पचास वर्ष पूर्व पूर्वी जर्मनी का एक युवा गणितज्ञ एथेनासियस किर्चर गणित के किसी प्रश्न को हल करने में व्यस्त था। विचारों में निमग्न वह कुर्सी पर बैठा था, मेज पर एक लैम्प जल रहा था। सोचते-विचारते उसकी दृष्टि सामने की दीवार पर पड़ी, पीछे से आ रही रोशनी की प्रतिच्छाया में दीवार पर उसे अपनी टोपी की छाया दिखायी दी। छाया को ध्यान से देखने पर उसे घोड़े पर सवार आदमी-सा जान पड़ा। उसके मस्तिष्क में कौतूहल जागा, उसने अपना सिर हिलाया, तो उसे घोड़े पर सवार आदमी सिर हिलाता दिखायी पड़ा। वह तेज़ी से सिर हिलाने लगा तो उसे घुड़सवार तेज़ी से सिर हिलाता दिखायी देने लगा। यहीं से फिल्म बनने का इतिहास प्रारम्भ हुआ। किर्चर

ने इस घटना से प्रेरणा लेते हुए सन् 1645 में एक प्रोजेक्टर का निर्माण किया और उसका नाम 'किर्चर मैजिक लैम्प' रखा, इसमें हाथ से बने चित्रों को एक साथ सीरीज में जोड़कर पीछे से प्रकाश रखकर पर्दे पर गतिमय चित्रों का आभास प्राप्त किया जाता था। इसे प्रचलित भाषा में जादुई लालटेन और वैज्ञानिक भाषा में 'काइटोस्कोप' कहा जाता था। ऐसे अनेक प्रदर्शनों के बाद इनमें उत्तरोत्तर सुधार आता गया और अमेरिका, इंग्लैण्ड, बेल्जियम, फ्रांस, ऑस्ट्रिया व जर्मनी में इस विषय पर शोध होने लगे। सन् 1880 में फ्रांस के डॉक्टर ई. जे. मरे ने एक कैमरे से चलती-फिरती फिल्म का निर्माण किया। 6 अक्टूबर, 1880 में ही एडीसन ने एक बॉक्सनुमा यन्त्र बनाया। इसमें उसने एक ओर वृहतीकरण (मैग्नीफाड) लेन्स लगाया और दूसरी ओर चित्रों को रखा। सूर्य की रोशनी में इन चित्रों को गतिमय रूप में देखा गया तो इनमें चलने का आभास पाया गया। इस यन्त्र का नाम रखा गया-'वीटा स्कोप'। इसे 'एडीसन बॉक्स' भी कहा गया। 14 अप्रैल, 1883 को एडीसन ने न्यूयार्क में 6 मिनट की एक फिल्म 'डान्सिंग बैलेरिना' का अपने ही बनाये वीटा स्कोप पर सफल प्रदर्शन कर दिखाया। धीरे-धीरे सिनेमा का अस्तित्व उभरकर सामने आ रहा था। जादुई चित्र अपना प्रभाव जन-मानस पर छोड़ते जा रहे थे। इन्सान के ख़्वाबों को कैमरे में बन्द करके सिल्क स्क्रीन पर दिखाने का सफल परीक्षण फ्रांस के ल्युमिएर बन्धुओं ने सन् 1885 में किया। आज से लगभग 127 वर्ष पूर्व जब ग्राण्ड केफे, मैरिस के इण्डिया रूम में ल्युमिएर बन्धुओं ने 'अराइवल ऑफ द ट्रेन इन द सिओटाट स्टेशन' का पहली बार प्रदर्शन किया तो वहाँ बैठे दर्शकों में अफरा-तफरी मच गयी। पर्दे पर अपनी ओर बढ़ती ट्रेन को देखकर दर्शक भयभीत हो उठे थे। उसके पाँच साल बाद पेरिस में हाथ में रंगी गयी रंगीन फिल्में दिखायी गयीं। फोनोग्राफ रिकॉर्ड पर तस्वीरों के साथ आवाज़ को मिलाने की कोशिश भी यहीं से शुरू हुई। अगस्त, 1914 में पहला विश्व युद्ध छिड़ने तक फ्रांस ही सिनेमा के क्षेत्र में बढ़त लिये हुए था। सन् 1998 में जॉर्ज मिलिएन ने पहला व्यावसायिक फिल्म स्टूडियो पेरिस के निकट माण्ट्रेल में खोला। 'बॉयेज टू द मून' व 'द कान्वेस्ट ऑफ द पोल' सरीखी फिल्मों में मिलिएन ने अपने विशाल ग्लास के भीतर स्पेशल इफेक्ट्स व ट्रिक फ़ोटोग्राफी के जरिये फन्तासी की दुनिया रची। थोड़े दिनों के बाद ही गाउमाण्ट स्टूडियो के रूप में एक और महान् ग्लास हाउस खुला जो एक विशाल कॉम्प्लेक्स की शक्ल में था। यहाँ सिनेमा की ज़रूरतों से जुड़े हर सामान का उत्पादन होता था। फ़रडिनाण्ड जेक्का द्वारा क्विनसेन्स में चलाया जा रहा पेद स्टूडियो और भी सुविधासम्पन्न था। इसके जनक चार्ल्स पेद ने फिल्म निर्माण, वितरण व प्रदर्शन में बड़ी मेहनत करके विश्व के हर उस भाग में अपनी कारोबारी शाखाएँ खोलीं जहाँ फिल्में देखी जाती थीं। सन् 1905 तक पेद का फिल्म साम्राज्य अपना विस्तार ले चुका था। पेद ने ही अमेरिका का परिचय पहले धारावाहिक 'क्लिक हैंगर' से कराया। फ्रांसीसी सिनेमाकारों ने अमेरिकी फिल्मों पर बड़ा प्रभाव छोड़ा। मैक्स लिण्डर की हास्य फिल्मों ने अमेरिकी निर्माताओं को नये सिरे से सोचने पर मजबूर किया और काफी हद तक चार्ली चैपलिन के आरम्भिक कैरियर की रूपरेखा की दिशा तय की।

भारत में भी देश की घटनाओं और लघु चित्र बनाने के लिए एच. एस. सावेदादा ने सन् 1901 में लन्दन से एक चलचित्र कैमरा मँगाकर, कुश्तियों और सर्कस का फिल्मांकन

शुरू कर दिया। उन्होंने सुप्रसिद्ध गाणतज्ञ परांजपे के स्वागत-समारोह का भी बहुत शानदार फिल्मांकन किया, जो भारत की सर्वप्रथम समाचार फिल्म कही जा सकती है। इसी तरह कलकत्ता के हीरालाल सेन ने भी मंच पर खेले जानेवाले नाटकों का फिल्मांकन शुरू किया। सन् 1901 में कुछ फिल्मांकित किये गये नाटकों का विज्ञापन भी कलकत्ता में हुआ था जिनमें 'अलीबाबा', 'बुद्ध', 'सीताराम' आदि प्रमुख थे। इस दौरान ऐतिहासिक महत्त्व और सामयिक घटनाओं पर भी लघु चित्र बने। इनमें 'ग्रेट बंगाल पार्टीशन मूवमेण्ट प्रोसेशन' (1905), 'हैदराबाद की भयानक बाढ़' (1906), 'भगोड़े लामा का दार्जिलिंग पलायन' व 'जुलूस' (1910), 'बम्बई के कॉटन मॉर्केट में लगी आग' आदि प्रमुख हैं। हरिश्चन्द्र सखाराम भखाड़ेकर को हीरालाल सेन व दादा फाल्के से भी पूर्व का फिल्म निर्माता माननेवाले भी हैं। सन् 1900 में एक और भारतीय एफ. बी. थानावाला ने फिल्म निर्माण के कदम रखा। बंगाल के हीरालाल सेन ने रॉयल बाइस्कोप खोला और कोलकाता के क्लासिक थियेटर में लोकप्रिय नाटकों को दिखाये जाने के बाद, हरेक के अन्त में वह उसी नाटक के दृश्यों की फिल्म दिखाने लगे। यह फिल्म प्रदर्शन में नयापन लाने की कोशिश थी। सन् 1903 में हीरालाल अपनी खुद की फिल्मों का पूरा शो देने लगे। जिनके नाम 'भारतीय इतिहास की घटनाएं', 'पौराणिक हिन्दू गाथाओं के दृश्य', 'घरेलू जीवन की झांकियाँ', 'हमारे रंगमंच के कुछ पुष्प' आदि थे। सन् 1904 में माणिक डी. सेठना घूम-घूमकर फिल्म प्रदर्शित करने लगे थे। माणिक डी. सेठना की एक फिल्म 'द लाइफ ऑफ क्राइस्ट' के प्रदर्शन का एक शो 'ढुण्ढिराज गोवन्द फाल्के' ने भी देखा और इससे प्रभावित होकर उन्होंने 3 मई, 1913 को मुम्बई के कोरोनेशन हॉल में भारत की पहली फीचर फिल्म 'राजा हरिश्चन्द्र' का प्रदर्शन किया। यह फिल्म 3700 फीट लम्बी, 60 मिनट अवधि की मूक फिल्म थी। फिल्म-निर्माता इस बात का भी ध्यान रखते थे कि फिल्मों के लिए ऐसी कहानी का चुनाव किया जाये जो मूक होने के बावजूद प्रचलित कहानी होने के कारण मात्र चित्रों के द्वारा ही दर्शक पूरा कथानक समझ लें। राजा हरिश्चन्द्र भी ऐसी ही पौराणिक कहानी थी जिसे आम भातरीय जन समझ सकता था, यह कहानी भारतीय जन-मानस में पूरी तरह रची-बसी थी। यह फिल्म ख़ूब चली। दादा फाल्के ने राजा हरिश्चन्द्र के बाद 1912 से 1917 के बीच पौराणिक कथानकों को आधार बनाकर कई फिल्में बनायीं जिनमें 'पुण्डलीक', 'कृष्ण-जन्म', 'कालियामर्दन', 'सत्यवान-सावित्री', 'लंका दहन', 'भस्मासुर मोहिनी' आदि प्रमुख थी।

श्री श्यामलाल 'मधुप' के अनुसार, 1905 में बंगाल के विभाजन के विरोध में सुरेन्द्रनाथ बनर्जी द्वारा निकाले गये जुलूस की फिल्म ज्योतिषचन्द्र सरकार ने चित्रांकित की थी। फिल्म-निर्माण हेतु निर्माताओं के कई नामों की चर्चा चलती रही किन्तु वे सभी सम्भवतः अपनी बनायी फिल्मों का सार्वजनिक मानक प्रदर्शन नहीं कर पाये, परन्तु दादा साहब अटूट साहस और अदम्य प्रयत्नों से फिल्म का प्रदर्शन करने में सफल रहे, इसी कारण दादा साहेब फाल्के को भातरीय फिल्मों का जन्मदाता माना जाता है।

भारत में फिल्मों की विकास-यात्रा-शताब्दी का तीसरा दशक भारतीय फिल्मों के लिए बड़ा उपलब्धिमूलक रहा। इसी दशक में सिनेमा ने उद्योग का दर्जा हासिल किया। फिल्म निर्माण की संख्या की दृष्टि से भी यह समय महत्त्वपूर्ण रहा। 1920 में फिल्मों की संख्या आठ फिल्में प्रतिवर्ष क्री औसत दर से बढ़कर अट्ठारह, 1921 में चालीस, 1925 में अस्सी

एवं दशक के अन्त तक यह संख्या निरन्तर बढ़ते हुए 175 तक पहुँच गयी। भारतीय फिल्म उद्योग अब कानून के दायरे में भी आ गया था। सन् 1918 में 'सिनेमाटोग्राफ कानून' पास किया जा चुका था। इस कानून के अन्तर्गत सिनेमाघरों को लाइसेन्स और भारतीय तथा विदेशी फिल्मों के 'सेन्सर' का प्रावधान किया गया। यह प्रावधान 1920 में ही कार्यान्वित हुआ।

फिल्मों के मूक युग में दादा साहेब फाल्के के अलावा दूसरे बड़े निर्माता श्री बाबूराव पेण्टर थे जिन्होंने कोल्हापुर में 'महाराष्ट्र फिल्म कम्पनी, की नींव डालकर प्रारम्भिक भारतीय सिनेमा में अपना गौरवपूर्ण योगदान दिया। बाबूराव पेण्टर ने भारतीय पौराणिक कथाओं के साथ ही महाराष्ट्र प्रान्त की ऐतिहासिक पृष्ठभूमि से चुनकर कतिपय कथाओं पर भी फिल्में बनायी जैसे 'माया बाज़ार', 'सैरन्ध्री', 'सिंहगढ़' आदि।

सुचेता सिंह ने विदेश से फिल्म निर्माण का प्रशिक्षण प्राप्त कर 'शकुन्तला' नामक फिल्म बनायी। फिल्म निर्माण के क्षेत्र में काम कर रहे भारतीय फिल्म निर्माताओं में अब यह बात ज्यादा जोर देने लगी कि मूक फिल्मों से निजात प्राकर बोलनेवाली फिल्में बनायी जायें, इस दिशा में प्रयत्न किये जाने लगे। कुछ निर्माताओं ने टेप रिकॉर्डर पर संवाद रिकॉर्ड कर, प्रदर्शित फिल्म के साथ टेप रिकॉर्डर चलाकर संवाद सुनने की कोशिश भी की। फिल्मों के मूक दौर में करीब 1300 फिल्मों का निर्माण हुआ।

बोलती फिल्म की शुरुआत -14 मार्च, 1931 से भारतीय सिनेमा के इतिहास में एक नये युग का सूत्रपात हुआ क्योंकि इसी दिन इम्पीरियल कम्पनी द्वारा प्रथम भारतीय बोलती हुई फिल्म 'आलमआरा' का मुम्बई के मैजेस्टिक सिनेमा हॉल में प्रदर्शन हुआ। इस फिल्म को ख़ान बहादुर आर्देशिर एम. ईरानी ने तैयार व निर्देशित किया था। फिल्म के रूप में 'आलमआरा' प्रदर्शित होने से पूर्व यह रंगमंच का एक चर्चित नाटक था। 'आलमआरा' फिल्म की पटकथा, संवाद और गीत प्रसिद्ध नाटककार जोसेफ डेविड ने लिखे। इस फिल्म में मास्टर विट्ठल, ज़ुबेदा, जिल्लोबाई, पृथ्वीराज कपूर, डब्ल्यू. एम. ख़ान, जगदीश सेठी ने अभिनय किया था। इस फिल्म का संगीत फिरोजशाह एम. मिस्त्री एवं बी. ईरानी ने तैयार किया था। इस दौरान फिल्म में काम करनेवाले कलाकारों को ही माईक के सामने आकर गीत गाने पड़ते थे। उन दिनों पार्श्वगायन की तकनीक उतनी विकसित नहीं थी, न ही इतने सारे वाद्य-यन्त्र प्रयोग में आते थे, न आज जैसा प्रचार-प्रसार, न ही इतनी साधन-सुविधाएँ उपलब्ध थीं। 'आलमआरा' फिल्म में भी संगीत में हारमोनियम, तबला एवं वायलिन आदि का प्रयोग किया गया था। इसी दौरान व्ही. शान्ताराम ने बम्बई में प्रभात फिल्म कम्पनी की स्थापना की उनके निर्देशन में 'अयोध्या का राजा' (1932), 'सन्त तुकाराम' (1939), 'अमर ज्योति' (1935) और 'दुनिया न माने' (1937)-जैसी उल्लेखनीय फिल्में बनीं। सन् 1937 में आर्देशिर ईरानी ने 'किसान कन्या' बनायी, जो भारत की सर्वप्रथम आंशिक रूप से रंगीन फिल्म थी। सही अर्थों में रंगीन फिल्में 50 के दशक में बन सकीं। इसी दौरान बम्बई, कलकत्ता और मद्रास में स्टूडियो प्रणाली की शुरुआत हुई। कलकत्ता में बी. एन. सरकार और धीरेन गांगुली की छत्रछाया में 'चण्डीदास' (1932), 'देवदास' व 'मुक्ति' (1935) का निर्माण हुआ। 'देवदास' फिल्म से भारतीय फिल्म जगत् को कुन्दनलाल सहगल-जैसा अभिनेता व गायक मिला। यह फिल्म दर्शकों व फिल्म

समीक्षकों द्वारा बहुत सराही गयी। 1936 में बॉम्बे टॉकीज की 'अछूत कन्या' ने सामाजिक मुद्दों को उजागार करनेवाली फिल्मों का सिलसिला शुरू तो किया ही, साथ ही देविका रानी व अशोक कुमार की हिट जोड़ी भी पेश की।

चालीस के दशक में 'किस्मत', 'खजाँची', 'अनमोल घड़ी', 'बरसात', 'दुलारी' व 'महल'-जैसी लाजवाब कहानियोंवाली फिल्में बनीं। वी. शान्ताराम की 'डॉ. कोटनीस की अमर कहानी', उदय शंकर की 'कल्पना', एस. एस. वासन की 'चन्द्रलेखा', चेतन आनन्द की 'नीचा नगर' व के. ए. अब्बास की 'धरती के लाल' इस दशक की यादगार फिल्में थीं। सन् 1939 में द्वितीय विश्व युद्ध प्रारम्भ हो जाने के कारण रंगीन फिल्मों के निर्माण को कई वर्षों तक स्थगित रखना पड़ा। बोलनेवाली फिल्मों के पदार्पण के साथ ही फिल्मों में गीतों के चलन का आकर्षण बढ़ता गया। फिल्मी गीत गानेवाले अभिनेता ही हुआ करते थे, गायन में उन दिनों सुरेन्द्र, कुन्दनलाल सहगल, रामानन्द पण्डित, गौहर बाई, जद्दन बाई, राजकुमारी आदि कलाकार ऐसे बहुमुखी प्रतिभा के घनी थे जो सफल अभिनेता के साथ कुशल गायक भी थे। कई बार अच्छे गायक अच्छा अभिनय न कर पाने के कारण फिल्म में नहीं आ पाते थे, ठीक वैसे ही जैसे अच्छा अभिनय करनेवाले अभिनेता गायन का ज्ञान न होने से फिल्म में काम नहीं कर पाते थे। ऐसे ही समय फिल्म में 'पार्श्वगायन', 'प्ले-बैक सिंगिंग-जैसी आधुनिक तकनीक का आविष्कार हुआ।

चालीस और पचास के दशक में कथानक की दृष्टि से पारिवारिक तथा सामाजिक फिल्मों का अधिक निर्माण हुआ। मिनर्वा मूवीटोन के बैनर तले सोहराब मोद ने कुछ ऐतिहासिक फिल्में भी बनायीं जिनमें 'पुकार', 'सिकन्दर' और 'मिर्जा गालिब' प्रमुख थीं। महबूब ख़ान ने 'मदर इण्डिया', 'रोटी'-जैसी चर्चित फिल्में और केदार शर्मा ने 'जोगन', 'चित्रलेखा' और 'सुहागरात'-जैसी फिल्में बनाकर भारतीय सिनेमा को मज़बूती प्रदान की। उस बीच फिल्मों के साथ-साथ फिल्म संगीत का संसार भी विस्तृत होता गया और इसकी लोकप्रियता बढ़ती गयी। शंकर जयकिशन, एस. डी. बर्मन, ओ. पी. नैयर, सलिल चौधरी, खय्याम, लक्ष्मीकान्त, प्यारेलाल-जैसे संगीतकारों ने अपनी धुनों से फिल्मी संगीत को सफलता की बुलन्दियों तक पहुँचाया तो प्रदीप, मजरूह, कैफी आजमी, शैलेन्द्र, शाहिर लुधियानवी-जैसे कवियों ने फिल्मी गीतों में अपनी शब्दरचना का जादू बिखेरा। गायकी के क्षेत्र में फिल्म जगत् को सुरैया, लता मंगेशकर, शमशाद बेगम, आशा भोसले, मो. रफी, मुकेश, किशोर, हेमन्त कुमार-जैसी प्रतिभाएँ मिलीं। फिल्म निर्माण-निर्देशन के क्षेत्र में राजकपूर, वी. शान्ताराम, गुरुदत्त, विमल राय, सत्यजीत रे, महबूब ख़ान ने भारतीय सिनेमा को अन्तरराष्ट्रीय पहचान दिलायी। अभिनय के क्षेत्र में राजकुमार, गुरुदत्त, बलराज साहनी, दिलीप कुमार, देवानन्द, मधुबाला, नूतन, वहीदा रहमान ने दर्शकों के बीच अपनी जगह बनायी।

साठ के दशक में लोकप्रिय संगीत के सहारे फिल्में भी लोकप्रिय हुईं। इस दौर की यादगार फिल्में थीं-'मुगले आज़म', 'गंगा जमुना', 'संगम', 'गाइड' वगैरह। इसी दशक में फिल्म वित्त निगम बना, जिसे बाद में राष्ट्रीय फिल्म विकास निगम का नाम दिया गया। निगम ने भी भारतीय सिनेमा की प्रगति में महत्त्वपूर्ण योगदान दिया। सातवें दशक में राजेन्द्र कुमार के सितारे भी ख़ूब बुलन्द रहे। 'तूफान और दीया', 'वचन', 'चिराग कहाँ

रौशन कहाँ', 'गूँज उठी शहनाई' और 'मदर इण्डिया' से चर्चा में आये राजेन्द्र कुमार की फिल्म 'ससुराल' (1961) ऐसी हिट हुई कि वे जुबली कुमार के नाम से मशहूर हो गये। टी. प्रकाश राय निर्देशित इस फिल्म ने सिल्वर जुबिली की और राजेन्द्र कुमार की अधिकांश फिल्में हिट रहीं। कुछ फिल्मों ने सिल्वर जुबिली मनायी तो कुछ ने गोल्डन जुबिली। राजेन्द्र कुमार की यादगार फिल्में रहीं-'दिल एक मन्दिर', 'मेरे महबूब', 'आयी मिलन की वेला', 'संगम', 'आरज़ू', 'पालकी', 'झुक गया आसमान', 'गँवार', 'आप आये बहार आयी' आदि।

सत्तर का दशक सुपर स्टारों का दशक था। इस दशक में पुरानी पीढ़ी के नायक राजकपूर और देवानन्द का बोलबाला था। कुछ नये नायक शम्मी कपूर, धर्मेन्द्र, सुनील दत्त भी थे। लेकिन नयी पीढ़ी के दर्शकों को ऐसे चेहरे की तलाश थी कि जो हमउम्र दिखे और अपना-सा लगे। उस समय दिलीप कुमार, राजकपूर और देवानन्द के साथ उभरे नये नायकों के बीच से निकलकर अपनी पहचान बनाना आसान नहीं था। लेकिन ऐसे ही वक्त में राजेश खन्ना ने अपनी रूमानी अदाओं का ऐसा जादू फैलाया कि लोग उनके दीवाने हो गये। शक्ति सामन्त की फिल्म 'आराधना' (1969) से यह नौजवान चमका और भारतीय सिनेमा का पहला सुपर स्टार बन बैठा। यह कमाल ही था कि दिलीप कुमार, राजकपूर और जैसे देवानन्द स्टार वह दर्जा न पा सके जो इस नौजवान अभिनेता को अपनी रूमानी अदाओं से मिल गया। 'आराधना' की सफलता के बाद राजेश खन्ना फिल्मों को हिट करानेवाले नायक माने जाने लगे। उनकी प्रमुख फिल्मों में 1970 में प्रदर्शित हुई सच्चा-झूठ और उसके बाद आनन्द, सफर, कटी पतंग, अन्दाज, अमर प्रेम, बावर्ची, नमक हराम, रोटी, प्रेम कहानी और महबूबा थी जिसमें उन्होंने अपने प्रभावशाली अभिनय से दर्शकों को मुग्ध कर दिया। 'सच्चा-झूठा', 'आनन्द' और आविष्कार में अपने प्रभावशाली अभिनय के कारण उन्हें फिल्म फेयर अवार्ड से सम्मानित किया गया। धीरे-धीरे दर्शक रोमाण्टिक कहानियों से ऊब गये और कुछ नया चाहने लगे। दर्शकों की इसी नब्ज़ को प्रकाश मेहरा ने पकड़ा। उन्होंने नये कथानक पर फिल्म जंजीर का निर्माण किया। यह प्रतिशोध की आग में झुलसते एक युवक की कहानी थी जो व्यवस्था के विरुद्ध लड़ता है। अत्याचार के ख़िलाफ खड़े इस नायक (अमिताभ बच्चन) में लोगों को अपना प्रतिबिम्ब नज़र आया। अमिताभ की फिल्म 'जंज़ीर' (1973) ने ऐसा तहलका मचाया कि अमिताभ आगे चलकर ऐसे सुपर स्टर बन गये जो वर्षों तक निर्विवाद रूप से नम्बर एक के सिंहासन पर बैठे रहे। अमिताभ की प्रमुख फिल्मों में 'दीवार', 'शोले', 'डॉन', 'कभी-कभी', 'चुपके-चुपके', 'शहंशाह', 'शराबी', 'कुली', 'बागबान' इत्यादि प्रमुख थीं। अमिताभ की फिल्मों में ख़ास बात यह थी कि उनकी फिल्मों में उन्हीं का ही बोलबाला रहता था। बहुआयामी प्रतिभा के धनी अमिताभ बच्चन ने 'जंजीर' से 'शान' तक का जो सफर तय किया उसने हिन्दी सिनेमा का एक इतिहास रच दिया। आठवें दशक में 'जंजीर', 'शोले', 'दीवार' आदि से जो हिंसात्मक फिल्मों का दौर शुरू हुआ वह नवें दशक तक ज़ारी रहा। लावारिस, मर्द, शक्ति, इन्कलाब, शहंशाह और 'आज का अर्जुन' तक एंग्रीयंग मैन अमिताभ बच्चन का आक्रोश थमा नहीं, उनकी हिंसा बरकरार रही। इस हिंसा को एन. चन्द्रा की 'अंकुश', 'प्रतिघात', 'तेज़ाब', विधु विनोद चोपड़ा की 'परिन्दा' और राजकुमार

सन्तोषी की 'घायल' ने एक तरह से परोक्ष रूप में प्रोत्साहित किया। इन फिल्मों में व्यवस्था से जुड़े कुछ अहम् सवाल ज़रूर उठाये गये थे, लेकिन हिंसा हावी रही। इसी दशक में मारधाड़ व हिंसा पर आधारित कुछ और फिल्में भी आयीं जिनमें प्रमुख रहीं-'गुलामी', 'विधाता', 'अन्धा कानून', 'जियो और जीने दो', 'फर्ज और कानून', प्रतिबन्ध', 'इन्सानियत के दुश्मन' आदि। नवें दशक में जहाँ हिंसात्मक फिल्मों का दौर था वहीं कुछ ऐसी फिल्में भी आयीं, जिन्होंने प्रेम की बयार बहायी। सबसे पहले आयी 'एक दूजे के लिए' (1981)। दक्षिण के नामी निर्देशक के बालाचन्द्र की इस फिल्म में कमल हसन और रति अग्निहोत्री की मोहक जोड़ी थी। इसी वर्ष कुमार गौरव की पहली फिल्म 'लव स्टोरी' भी आयी। इसके बाद आयी मंसूर ख़ान निर्देशित फिल्म 'कयामत से कयामत तक'। आमिर ख़ान-जूही चावला की जोड़ीवाली इस फिल्म ने ख़ूब धूम मचायी। यह कहना गलत न होगा कि 'कयामत से कयामत तक' की सफलता ने प्रेमकथाओं पर आधारित फिल्मों के नये युग का सूत्रपात किया। फिल्मों में फिर प्रेमकथाओं का महत्त्व बढ़ा।

दशक के अन्त में 'दिल', 'मैंने प्यार किया' और 'आशिकी' ने सिनेमा को प्रेम की फुहारों से पूरी तरह सराबोर कर दिया। इन्द्र कुमार निर्देशित 'दिल' में आमिर ख़ान-माधुरी दीक्षित और सूरज बड़जात्या निर्देशित 'मैंने प्यार किया' में सलमान ख़ान-भाग्यश्री ने प्यार के ऐसे रंग बरसाये कि दर्शक उनके दीवाने हो उठे। महेश भट्ट निर्देशित 'आशिकी' में राहुल राय-अनु अग्रवाल ने भी ख़ास प्रभाव जमाया। प्रेमकथाओं पर आधारित इन फिल्मों में सुकोमल भावनाएँ तो थी हीं, साथ ही कर्णप्रिय सुरीला संगीत भी था, जिसने हिंसक फिल्मी माहौल को हलका करके खुशगवार समाँ बाँधा। इस तरह हिंसाप्रधान फिल्मी माहौल में प्रेम की बयार बहने लगी।

सन् 2000 से 2010 तक की प्रमुख फिल्में-

उसके बाद सन् 2000 में बनी 'फिजा' आतंकवाद पर बनी फिल्म अंग्रेज़ी पत्रकार खालिद मुहम्मद के निर्देशकीय कौशल के बावजूद दर्शकों व समीक्षकों में सन्तुष्ट किसी को भी संकट नहीं कर सकी। सन् 2000 में यशराज फिल्म्स के बैनर तले आदित्य चोपड़ा के निर्देशन में 'मोहब्बतें' फिल्म का निर्माण किया गया। 'क्या कहना', 'हेरा-फेरी' इत्यादि फिल्मों ने बॉक्स ऑफिस पर ख़ूब धमाल मचाया, 2001 में आशुतोष गोवारिकर द्वारा निर्देशित 'लगान' फिल्म ने दर्शकों के बीच अपार लोकप्रियता अर्जित की। इस फिल्म ने ढेरों ईनाम के साथ ऑस्कर के नॉमिनेशन में अपनी जगह बनायी। 2001 लोकप्रिय फिल्मों में 'गदर एक प्रेमकथा', 'कभी ख़ुशी कभी गम', 'दिल चाहता है', 'मानसून वेडिंग' इत्यादि रहीं। 2002 में देवदास, द लीजेण्ड ऑफ भगतसिंह, मि. एण्ड मिसेज अय्यर, 2003 में कम्पनी, बागबान, हंगामा, कल हो न हो, झंकार बीट्स, कोई मिल गया, तीन दीवारें, मुन्ना भाई एमबीबीएस, 2004 वीरजारा, युवा, स्वदेश, मैं हूँ न, मर्डर, धूम, मकबूल, 2005 में पेज 3, बण्टी और बबली, सरकार, यूँ हज़ारों ख़्वाहिशें ऐसी, 2006 में कृष, धूम 2, चीनी कम, 2007 में तारे जमीं पर, गुरु, ओम शान्ति ओम, विवाह, गांधी माई फादर, लाइफ इन अ मेट्रो, जोधा अकबर, रॉक ऑन। 2008 में फैशन, 2009 में थ्री इडियट्स, वॉण्टेड, दे दनादन, ऑल द बेस्ट, गुलाल कमबख्त इश्क, आओ देखें जरा। 2010 में माई नेम इज ख़ान, वन्स अपॉन टाइम इन मुम्बई, हाउसफुल, गोलमाल-3, अतिथि तुम कब जाओगे, राजनीति, बैण्ड

बाजा बाराती आदि प्रमुख फिल्में रहीं। आज की भारतीय हिन्दी फिल्मों में पाश्चात्य नृत्य जिसे आइटम सांग भी कहा जाता है का अधिक-से-अधिक प्रयोग होने लगा है। लोकप्रिय फिल्मों के साथ लीक से हटकर कुछ यथार्थवादी फिल्में भी बन रही हैं। तकनीकी क्षेत्र में भी फिल्म जगत् ने बहुत प्रगति कर ली है। डिजिटल संगीत, स्पेशल इफेक्ट्स से कृष, रोबोट एवं रा-वन-जैसी फिल्मों का निर्माण सम्भव हो सका है।

2011 से अब तक

2011 में डर्टी पिक्चर, बॉडीगॉड, रॉवन, डॉन-2, ज़िन्दगी न मिलेगी दुबारा, पटियाला हाउस, रॉकस्टार, तनु वेड्स मनु, सिंघम्, नो वन किल्ड जेसिका। 2012 में एक था टाइगर, जब तक है जान, दबंग-2, अग्निपथ, बरफी, राउडी राठौर, खिलाड़ी 786, गैंग ऑफ वासेपुर, हेट स्टोरी, ओह माई गॉड, कहानी, सन ऑफ सरदार, स्टूडेण्ट ऑफ द ईयर। 2013 में चेन्नई एक्सप्रेस, कृष 3, आशिकी-2, बॉस, गोलियों की रासलीला रामलीला, रेस-2, शूटआउट एट वडाला, स्पेशल-26, ग्रैण्ड मस्ती, साहिब बीवी और गैगस्टर, आर राजकुमार। 2014 में जय हो, हमशक्ल, डेढ़ इश्कियां, 2 स्टेट्स, हँसी तो फँसी, गुण्डे, रागिनी एम.एम. एस-2, हीरोपंती, हाइवे, यारियाँ, कोच्चाडियान, क्या दिल्ली क्या लाहौर, बॉबी जासूस, फगली, कर ले प्यार कर ले इत्यादि प्रमुख फिल्में रहीं, इनमें से कुछ ने बॉक्स ऑफिस पर ज़मकर धमाल मचाया तो कुछ फिल्म समीक्षकों की आकांक्षाओं पर खरी उतरीं।

फिल्म पत्रकारिता- फिल्मों से सम्बन्धित समाचार, साक्षात्कार, विवरण, समीक्षा, विवेचन इत्यादि फिल्म पत्रकारिता कहलाती है। वर्तमान में फिल्मों की लोकप्रियता के कारण फिल्मी पत्रकारिता का विस्तार रेडियो से लेकर समाचार-पत्रों एवं टेलीविज़न में भी हो रहा है। अधिकांश समाचार-पत्रों में फिल्मी दुनिया से सम्बन्धित कॉलम तथा दो पृष्ठों पर फिल्म जगत् से जुड़ी जानकारियां दैनिक एवं साप्ताहिक प्रकाशित हो रही हैं। फिल्मी सितारों के रंगीन फ़ोटो उनके साक्षात्कार, व्यक्तिगत अभिरुचियाँ यहाँ तक कि वेशभूषा, प्रेमप्रसंगों के बारे में भी दर्शक या पाठक जानना चाहते हैं। टेलीविज़न पर भी 'चलो सिनेमा' पुरानी फिल्मों पर आधारित कार्यक्रम सुनहरी यादें इत्यादि दर्शकों के बीच प्रमुखता से देखा जाता है। कुछ विद्वान् 1932 में दिल्ली से प्रकाशित 'नवचित्रपट' को प्रकाशित हुई प्रथम फिल्म पत्रिका मानते हैं। वहीं अन्य विद्वान् इन्दौर से 1931 में प्रकाशित हुई 'मंच' को प्रथम फिल्म पत्रिका मानते हैं। इसके बाद 1936 में ऋषभचरण के नेतृत्व में दिल्ली से 'रंगभूमि' पत्रिका प्रकाशित हुई। 1948 में ख़्वाजा अहमद अब्बास ने सरगम नाम की एक पत्रिका का प्रकाशन किया था।

भारत में फिल्म निर्माण का प्रमुख केन्द्र मुम्बई, कलकत्ता और मद्रास रहे परन्तु फिल्म पत्रकारिता प्रारम्भ में दिल्ली तक ही केन्द्रित थी। नवचित्रपट (1932), फिल्म इण्डिया (1935), युग छाया (1997), चित्रलेखा (1948) आदि फिल्मी पत्रिकाएँ दिल्ली से ही निकलीं। आज देश के अन्य शहरों से भी फिल्मी पत्रिकाएँ निकल रही हैं।

फिल्म पत्रिका के शुरुआती दिनों में फिल्म समीक्षाएँ, अभिनेता, अभिनेत्रियों के चित्र, आनेवाली नयी फिल्में, उनसे की गयी वार्त्तालाप, गीत एवं फिल्म की कहानी इत्यादि छपते थे। वर्तमान में चटपटी ख़बरें, फिल्मी गॉसिप, कम वस्त्रों में अभिनेत्रियों के मादक एवं उत्तेजित चित्र, प्रेम-प्रसंगों की झूठी ख़बरें इत्यादि प्रकाशित होते हैं। अभी हाल ही में अभिनेता रणवीर कपूर एवं कैटरीना कैफ की बीच पर खींची गयी तस्वीर सभी पत्र-पत्रिकाओं

एवं टेलीविज़न चैनलों पर चर्चा का विषय बनी रही। लेखिका सविता चड्ढा के अनुसार फिल्म की नयी पत्रिकाओं ने मर्यादा की सारी सीमाएँ तोड़ डाली हैं। फिल्म की भाँति फिल्म पत्रिकाएँ भी आज फार्मूला के जाल में फँसी दिखायी देती हैं। उन सभी में एक जैसी सामग्री होती है और शुद्ध एवं गम्भीर पत्रकारिता का अभाव दिखायी पड़ता है। जागरण समूह के समाचार-पत्र आइनेक्स्ट में आई कैण्डी के नाम से देशी-विदेशी अभिनेत्रियों के मादक एवं अर्द्धनग्न चित्र प्रकाशित किये जा रहे हैं। वर्तमान फिल्म पत्रकारिता आज पैसा कमाने का साधन बनकर रह गयी है।

फिल्मी स्तम्भ-इन फिल्मी पत्र-पत्रिकाओं के फिल्म स्तम्भ से सम्बन्धित समाचार दिये जाते हैं जैसे हीरो-हीरोइन के जीवन से सम्बन्धित समाचार, निर्माणाधीन फिल्मों के समाचार, नवीन प्रदर्शित फिल्मों की कहानी और उनकी समीक्षा तथा फिल्म जगत् से जुड़े अन्य समाचार। इन सबके सम्पादन के लिए सम्पादक को अध्ययनशील होना चाहिए तभी सही सम्पादन किया जा सकता है। कई बार लेखक तथ्यों सम्बन्धी भूलें कर बैठते हैं ऐसे में यदि सम्पादन या रिपोर्टर जानकार नहीं होगा तो वह सही सम्पादन नहीं कर सकेगा।

फिल्म पत्रकारिता का विषय-क्षेत्र-फिल्म पत्रकारिता के विषय-क्षेत्र में फिल्म निर्माण व फिल्म जगत् से जुड़ी गतिविधियाँ सम्मिलित की जाती हैं। फिल्म निर्माण प्रक्रिया, गीत-संगीत, अन्य तकनीकी पक्ष, फिल्म प्रसारण व्यवस्था, फिल्म-व्यापार, फिल्म से जुड़ी अन्य गतिविधियाँ जैसे ऑडियो कैसेट ज़ारी होना, उद्‌घाटन मुहूर्त्त, फिल्मी सितारों से बातचीत, उनकी जीवन-शैली आदि सभी फिल्म पत्रकारिता के दायरे में शामिल किये जाते हैं।

फिल्म पत्रकारिता की विधाएँ-फिल्म पत्रकारिता की विविध विधाओं के माध्यम से प्रस्तुतियाँ की जाती हैं। साक्षात्कार, फिल्म आयोजनों के रिपोर्ताज, फिल्म सम्बन्धी गतिविधियों के समाचार, फिल्म व्यापार समीक्षा इनमें प्रमुख हैं। साक्षात्कार फिल्म पत्रकारिता का महत्त्वपूर्ण हिस्सा है। लोग फिल्मी हस्तियों से पर्दे के बाहर की दुनिया में जुड़ना चाहते हैं, उनकी बातों को सुनना चाहते हैं। एक सफल फिल्म पत्रकार को यदि वह अभिनेता से बातें कर रहा हो तो उसकी अभिनय शैली व निर्माता निर्देशक आदि से फिल्म की मुख्य विशेषताओं पर ज़रूर बात करनी चाहिए। फिल्म आयोजनों के रिपोर्ताज जीवन्त और सम्पूर्ण माहौल को उकेरनेवाले हों। फिल्म से जुड़े समाचार लिखते समय गॉसिप फैलाने की प्रवृत्ति से बचना चाहिए। फिल्म व्यापार की समीक्षा पुष्ट आँकड़ों के आधार पर होनी चाहिए। इसी प्रकार फिल्म की समीक्षा उसके गुण-दोषों के आधार पर होनी चाहिए।

एक अच्छे सम्पादक के लिए सिनेमा के इतिहास की जानकारी भी ज़रूरी है। सिनेमा के विभिन्न रूपों, कलाओं एवं तकनीकी की जानकारी फिल्म सम्पादक के काम को आसान बनाती है। उसे जनसंचार माध्यमों के परिप्रेक्ष्य में फिल्मी योगदान का ज्ञान भी आवश्यक है। किसी फिल्मी घटना का आम लोगों पर क्या प्रभाव पड़ेगा, इसका आंकलन भी उसे करना चाहिए और सम्पादन में तदनुकूल अपनी लेखनी का प्रयोग करना चाहिए।

इनमें से कई स्तम्भ दैनिक, कई स्तम्भ मासिक और कई साप्ताहिक प्रकाशित किये जाते हैं। इसमें लेखक अपने विचारों को अभिव्यक्त करता है। हर फिल्मी पत्रिकाओं में प्रकाशित स्तम्भों के कुछ निश्चित पाठक होते हैं जो पत्रिका में अपनी रुचि के स्तम्भ पढ़ने

के बाद ही वे पत्र-पत्रिकाओं की अन्य ख़बरें देखते हैं।

फिल्मी स्तम्भ का महत्त्व व लाभ-1. फिल्मी पत्र-पत्रिकाओं को लोकप्रिय बनाने के लिए विभिन्न स्तम्भ लिखे जाते हैं जो पत्रिका का महत्त्व बढ़ा देते हैं। स्तम्भ प्रायः विवेचनात्मक होते हैं।

2. फिल्म समीक्षा, पुस्तक समीक्षा जैसे स्तम्भों से लोग अनावश्यक खर्च से बच जाते हैं क्योंकि स्तम्भ इस से उन्हें सही जानकारी मिल जाती है।

3. फिल्मी पत्र-पत्रिकाओं में शूटिंग से सम्बन्धित ख़बरें होती हैं शूटिंग कहाँ हो रही है इस पर लिखीं सामग्री पढ़ पाठक फिल्म के बारे में अपनी राय देते है। जो शूटिंग देखना चाहता है वह वहाँ जाकर शूटिंग देख सकते हैं।

4. फिल्मी और टीवी कलाकारों की निजी ज़िन्दगी से जुड़ी सामग्री भी प्रकाशित की जाती है जिसे लोग रुचि लेकर पढ़ते हैं।

5. पुरस्कारों से जुड़े स्तम्भ से फिल्मी कलाकारों को मिलनेवाले पुरस्कारों की चर्चा होती है। उनकी फिल्मों की चर्चा होती है। इससे कलाकार की लोकप्रियता बढ़ती है।

6. फिल्मी पत्रिकाओं में कलाकारों, फिल्म से जुड़े चित्र भी प्रकाशित किये जाते हैं जिसे पाठक काफी पसन्द करते हैं वह अपने कमरे में इन चित्रों को टाँगते भी हैं।

फिल्म पत्रकार के लिए अपेक्षित योग्यताएँ-फिल्म पत्रकार के लिए भी वे सारी योग्यताएँ अपेक्षित हैं जो एक पत्रकार में होनी चाहिए। लेकिन इसके अतिरिक्त चूँकि फिल्म जगत् की रिपोर्टिंग उस मायावी जगत् की रिपोर्टिंग है जिसमें भव्यता, दिखावा, व्यावसायिकता और आडम्बर उच्च मात्रा में होता है, इसलिए फिल्म पत्रकार में भी कुछ विशिष्ट योग्यताओं का होना ज़रूरी है।

एक फिल्म पत्रकार को स्फूर्ति और उर्जावान् होना चाहिए। फिल्म की गतिविधियों को कवर करने के लिए उसे निरन्तर भाग-दौड़ करनी पड़ सकती है। आडम्बरों से भ्रमित न होने का गुण उसमें आवश्यक है तभी वह अपने काम पर ध्यान केन्द्रित कर सकेगा। उसे वाचाल, मृदुभाषी और अंग्रेज़ी की अच्छी जानकारी होनी चाहिए क्योंकि भारतीय सितारों द्वारा त्रुटिपूर्ण ही सही अंग्रेज़ी का प्रयोग काफी किया जाता है। उसमें एक सफल जनसम्पर्क का गुण होना भी आवश्यक है। इसके अतिरिक्त विज्ञापन और समाचार के बीच की विभाजक रेखा का उसे पता होना चाहिए तभी वह मुफ्त प्रचार पाने के लिए की जानेवाली गतिविधियों से बच सकेगा।

उसे सरल, सहज और लेखन में प्रवीण होना चाहिए। फिल्म से जुड़ी ख़बरों व सूचनाओं को ऐसे लोग ज्यादा पढ़ते हैं जो ज्यादा क्लिष्ट शब्दावली व प्रांजल वाक्यों को ठीक से समझ नहीं पाते हैं। अतः पाठक वर्ग का ध्यान रखते हुए लिखावट सरल व सहज होनी चाहिए। इसके अतिरिक्त फिल्म से जुड़ी गतिविधियों में महत्त्वपूर्ण तथ्य अत्यन्त कम होते हैं। ऐसी सूचनाएँ तथ्यों की बजाय आकर्षक होने के कारण पढ़ी जाती हैं। अतः फिल्म पत्रकार के लिए ज़रूरी है कि वह समूचे माहौल को अपनी लेखनी से पाठकों के समस्त प्रस्तुत करें।

फिल्म समीक्षा-फिल्मी स्तम्भ में फिल्म समीक्षा का काम काफी महत्त्वपूर्ण माना जाता है क्योंकि समीक्षा के आधार पर ही बहुत से लोग फिल्म देखने अथवा न देखने का निर्णय

लेते हैं। फिल्म समीक्षा में फिल्म की कहानी तो संक्षिप्त में बतायी जाती है। उससे जुड़े अन्य पहलुओं जैसे फ़ोटोग्राफी, गीत-संगीत, अभिनय दक्षता आदि के बारे में भी निष्पक्ष जानकारी दी जाती है। फिल्म समीक्षा सम्बन्धित शीर्षकों के साथ या बिना शीर्षक के भी समीक्षा दी जा सकती है। फिल्म समीक्षा में निम्नलिखित पक्षों पर चर्चा करना ज़रूरी है:-

उद्‌देश्य-कुछ वर्षों पहले फिल्म समीक्षा में फिल्म बनाने के उद्‌देश्य के बारे में चर्चा की जाती थी कि फिल्म समाज को क्या सन्देश दे रही है। उसका केन्द्रीय भाव क्या है और फिल्म अपने उद्‌देश्य को पूरा करने में कितना सफल हो पा रही है, इन बातों के बारे विस्तृत समीक्षा की जाती थी परन्तु आज किसी भी फिल्म की समीक्षा में उद्‌देश्य एवं सन्देश को प्रधानता नहीं दी जाती है। वर्तमान में फिल्म समीक्षा में निम्न बातों का विशेष ध्यान रखा जाता है।

1. शीर्षक-फिल्म के नाम की समीक्षा भी की जाती है कि वह शीर्षक कितना आकर्षित करता है। फिल्म 'एक विलेन' की समीक्षा में कहा जा सकता है कि चूँकि हर इन्सान में एक विलेन होता है और वह भी नायक की तरह प्यार कर सकता है। यह शीर्षक निगेटिव होने के बाद भी दर्शकों को आकर्षित करता है। ख़ासकर युवावर्ग को टिकट खिड़की की ओर खींचने में काफी हद तक सफल हुआ।

2. कहानी और उसका विकास-क्रम-फिल्म समीक्षा में फिल्म की कहानी, उसका विकास कैसे हुआ। मूल थीम क्या है उस पर चर्चा की जाती है।

3. गीत और संगीत-फिल्म में कैसे और कितने गीतों का समावेश किया गया है और किस गीतकार और शायर ने किस प्रकार का गीत या गज़ल लिखी है, फिल्म के गीत कहानी के साथ कितने जुड़े हुए हैं या ज़बरदस्ती डाले गये हैं, इस बात की समीक्षा की जाती है। फिल्म समीक्षा में गीतों की समीक्षा प्रस्तुत करते समय इस बात पर भी ध्यान दिया जाता है कि इस फिल्म के संगीत निर्देशक एवं गायक कौन हैं और वह गीत कैसा गाया गया है।

फिल्म का पार्श्व संगीत-फिल्म को प्रभावी बनाने में फिल्म का बैकग्राउण्ड म्यूजिक या पार्श्व संगीत कितना सफल हुआ है इस बात का भी उल्लेख फिल्म समीक्षा में किया जाता है। फिल्म के भिन्न-भिन्न दृश्यों के अनुरूप पार्श्व संगीत है या नहीं इस बात का भी ध्यान रखा जाता है।

4. निर्देशन-फिल्म की समीक्षा में फिल्म के निर्देशन का बहुत महत्त्व है। समीक्षक इस पर पूरी तरह चर्चा करता है कि फिल्म का निर्देशक कौन है और निर्देशन कैसा रहा है, कहाँ-कहाँ कमी रह गयी। फिल्म समीक्षा में यह आवश्यक नहीं है कि वह व्यवसायिक रूप से सफल फिल्मों के बारे में ही अच्छा लिखा जाये, यह भी आवश्यक नहीं है कि असफल फिल्मों की समीक्षा के बारे में खराब ही लिखा जाये, संजय लीला भंसाली की फिल्म ब्लैक दर्शकों के बीच लोकप्रिय न होने के बाद भी समीक्षकों के बीच प्रशंसा का पात्र बनी, वहीं सलमान ख़ान की फिल्म दबंग ने समीक्षकों के बीच प्रशंसा न पाने के बाद भी बॉक्स ऑफिस पर अच्छा कलेक्शन किया।

5. अभिनय-फिल्म में मुख्य रूप से कलाकारों का अभिनय कैसा रहा फिल्म समीक्षा में प्रमुखता से इस बात का विश्लेषण किया जाता है। कलाकार के द्वारा अभिनीत पात्र उसके अनुरूप हैं कि नहीं इस बात की भी समीक्षा की जाती है। अमिताभ बच्चन द्वारा

निःशब्द फिल्म में अपनी बेटी की उम्र की अभिनेत्री जिया ख़ान के साथ रोमांस की भूमिका की फिल्म समीक्षकों ने तीखी आलोचना की।

6. फिल्मांकन या सिनेमैटोग्राफी-फिल्म दृश्य-श्रव्य माध्यम है, इसमें हमेशा दृश्य की प्रमुखता होती है। अतः फिल्म समीक्षा लिखने के लिए फिल्मांकन और शूटिंग पर चर्चा अपेक्षित होती है। फिल्म को अमुक कैमरामैन ने किस ख़ूबसूरती से फिल्मांकित किया है इस बात की चर्चा भी समीक्षकों के बीच होती है।

7. लोकेशन-आजकल निर्माता-निर्देशक फिल्म की शूटिंग करते समय गानों के अलावा पूरी-पूरी फिल्म ही विदेशों में शूट करते हैं। इसके पीछे उनका उद्देश्य ख़ूबसूरत विदेशी लोकेशन होते है, जिसका रमणीक और लुभावना दृश्य दर्शक देखना चाहते हैं। निर्देशक प्रायः उन स्थानों पर शूटिंग करता है जिससे फिल्म समीक्षक की प्रशंसा पा सकें।

8. संवाद- फिल्म के प्रभावी संवाद से यह दर्शकों के बीच में आसानी से लोकप्रिय हो जाती है। फिल्म शोले में गब्बर सिंह द्वारा बोला डायलाग 'कितने आदमी थे' या 'जो डर गया समझो मर गया'-जैसे डायलॉग आज भी लोगों की ज़बान पर हैं। फिल्म समीक्षा में संवाद कितना सार्थक, उम्दा एवं प्रभावी, वजनदार है इसका वर्णन अवश्य करना चाहिए।

9. फिल्म में कोरियोग्राफी- दर्शक फिल्म में मनोरंजन करने के लिए जाते हैं और नृत्य से ज्यादा मनोरंजक भला क्या हो सकता है। वर्तमान में निर्माता-निर्देशक भी आइटम सांग के रूप में नृत्यवाले गीत फिल्म में ज़रूर रखते हैं। फिल्म चाइनागेट का 'छम्मा छम्मा' या कैटरीना कैफ का 'चिकनी चमेली' इत्यादि जैसे गीत समीक्षा के प्रमुख केन्द्र रहे हैं। समीक्षक यह भी देखते हैं कि प्रस्तुत नृत्य फिल्म की कहानी के कितना अनुरूप है और नृत्यांगना की वेशभूषा, हाव-भाव इत्यादि कैसे हैं।

10. फिल्म के उल्लेखनीय प्रसंग-फिल्म में अगर कोई उल्लेखनीय प्रसंग है तो उसकी भी समीक्षा फिल्म समीक्षकों द्वारा की जाती है। उदाहरण के लिए फिल्म का विषय, गीत, संगीत, संवाद, नृत्य आदि के अलावा यदि कोई जानवर कलाकार हाथी, कुत्ता, बन्दर इत्यादि ने उल्लेखनीय कार्य किया है तो उसकी समीक्षा भी की जाती है। फिल्म 'तेरी मेहरबानियाँ' में कुत्ते मोती का काम एवं 'हाथी मेरे साथी' में हाथी के पात्र की भी समीक्षा की गयी थी।

फिल्म की साज-सज्जा-फिल्म की समीक्षा लिखते समय फिल्म की साजा-सज्जा के अन्तर्गत कलाकारों की वेशभूषा, पहनावा, अलंकार, घर-मकान का दृश्य, बगीचा, फुलवारी, जंगल, नदी, पुल आदि जो फिल्म के कलाकारों के साथ एवं पार्श्व में दृष्टिगोचर होते हैं, का भी वर्णन करना चाहिए। बैठक, शयन-कक्ष, रसोई आदि जहाँ का भी दृश्य है, वह दृश्य सही मायने में भी वैसा ही प्रतीत होना चाहिए, इस वास्तविकता का फिल्म में कितना व कैसे सम्मिलित किया गया है, इस वर्णन से फिल्म समीक्षा पूरी मानी जाती है।

एक विलेन फिल्म की समीक्षा का उदाहरण

एक बुरा आदमी है। वह हीरोइन की वजह से सुधर जाता है और हीरो बन जाता है। एक सीधा-सादा, दबकर रहनेवाला आदमी है। जो विलेन बन जाता है। ऐसे प्लॉट कई बार बॉलीवुड फिल्मों में देखने के मिल जाते हैं। मोहित सूरी निर्देशित 'एक विलेन' ऐसी ही एक फिल्म है, लेकिन इसका प्रेजेण्टेशन थोड़ा-सा हटकर है।

गुरु (सिद्धार्थ मल्होत्रा) एक गैंगस्टर है और सीजर (रेमो फर्नाडीज) के लिए काम करता है। किसी को भी मारने में गुरु को थोड़ी भी हिचक नहीं होती। एक दिन पुलिस स्टेशन में उसकी मुलाकात आयशा (श्रद्धा कपूर) से हो जाती है। आयशा बहुत बीमार है और डॉक्टर के मुताबिक उसकी ज़िन्दगी के कुछ ही दिन बचे हैं। वह अपनी बाकी ज़िन्दगी को हँसी-खुशी से जीना चाहती है। उसकी छोटी-छोटी ख़्वाहिशें हैं, मसलन पहली बारिश में मोर को नाचते हुए देखना, तितलियों को पकड़ना। आयशा मजाक में गुरु को विलेन कहकर पुकारती है। और यही फिल्म का नाम बन जाता है। धीरे-धीरे दोनों एक-दूसरे के करीब आते हैं। गुरु की ज़िन्दगी बदल जाती है। आयशा उससे कहती है कि अँधेरे को अँधेरा नहीं, रोशनी ही ख़त्म कर सकती है। नफरत को नफरत नहीं मार सकती, बल्कि प्यार ही उसे ख़त्म कर सकता है। यही फिल्म का थीम है। राकेश (रितेश देशमुख) एक ऐसा आदमी है, जिसे बॉस से लेकर दोस्त तक सब बेकार समझते हैं, उसका मजाक उड़ाते हैं। यहाँ तक कि उसकी बीवी सुलोचना (आमना शरीफ) भी हर वक्त उसे ताने देती रही है। यह उपहास उसकी शख्सियत को हिलाकर रख देता है और वह जैसा आदमी है, वैसा नहीं रह जाता।

गुरु और राकेश दोनों की कहानियाँ एक-दूसरे के समानान्तर चलती रहती हैं। संयोग से एक ऐसी घटना हो जाती है, जिसकी वजह से दोनों एक-दूसरे के सामने आ जाते हैं। इन दोनों की कहानी के बीच में रह-रहकर एक सीबीआई ऑफिसर (शाद रन्धावा) आता रहता है। एक तरह से वह कहानी को आगे बढ़ाने में कैटेलिस्ट का काम करता है।

दरअसल 'एक विलेन' दक्षिण कोरिया की साइको-थ्रिल 'आई सॉ द डेविल' से काफी प्रेरित है। 'एक विलेन' का निर्माण एकता कपूर ने किया है, लेकिन इसे देखकर ऐसा लगता है कि यह महेश भट्ट के बैनर की स्टाइलवाली फिल्म है। इसकी वजह भी है, मोहित सूरी एक तो उनके भाँजे हैं और दूसरी अहम् बात यह भी अभी तक उन्होंने अपने निर्देशकीय कैरियर में लगभग सारी फिल्में भट्ट बैनर के लिए ही निर्देशित की हैं। इसलिए 'एक विलेन' में उसका प्रभाव नज़र आना लाजिमी है। उन्होंने फिल्म के मुख्य किरदारों को कैरेक्टराइजेशन अच्छा किया है। ख़ासकर रितेश देशमुख का किरदार थोड़ा अलग लगता है। उनकी दूसरी फिल्मों की तरह इसमें भी मुख्य किरदारों का एक अतीत है, जो उनके वर्तमान को प्रभावित करता है। वह अपने अतीत से हमेशा मुठभेड़ करते दिखते हैं। हालाँकि एक बात समझ

से परे है कि उन्हें सीजर और सीबीआई अधिकारी के किरदार की ज़रूरत क्यों महसूस हुई? हालाँकि उन्होंने इन किरदारों की ज़रूरत को रेखांकित करने की कोशिश की है, लेकिन वह इसे पूरी तरह से समझा पाने में सफल नहीं दिखते। एकता कपूर और महेश भट्ट की ज्यादातर फिल्मों की तरह इसमें सेक्स का भरपूर तड़का नहीं है, लेकिन प्राची देसाई से एक 'आइटम सांग' कराकर इस कमी को थोड़ा-बहुत पूरा करने करने की कोशिश की गयी है। इस 'आइटम सांग' से प्राची ने भी अपनी घरेलू स्त्री की इमेज को बदलने का प्रयास किया है।

सिद्धार्थ मल्होत्रा अभी नये हैं, लेकिन उनमें खुद को साबित करने की भूख नज़र आती है। गुरु के किरदार के साथ उन्होंने न्याय किया है। उनके एक्सप्रेशन अच्छे रहे हैं, लेकिन डायलॉग डिलीवरी में उन्हें थोड़ी और मेहनत करनी पड़ेगी। श्रद्धा कपूर भी फिल्म-दर-फिल्म बेहतर हो रही हैं। आयशा के किरदार में जितने भी शेड्स हैं, उन्हें उन्होंने सफलतापूर्वक निभाया है। उनकी हँसी, ज़िन्दादिली, इमोशन्स अच्छे लगते हैं। सिद्धार्थ और श्रद्धा दोनों में सम्भावनाएँ हैं।

हाँ, रितेश देशमुख को इस फिल्म में देखने के बाद एक बात ज़रूर सामने आती है कि उन्होंने अबतक जैसे किरदार निभाये हैं और जैसी ऐक्टिंग की है, उसके मुकाबले वह निश्चित रूप से बहुत बेहतर कलाकार हैं। इस फिल्म में उन्होंने इस बात को पूरी तरह साबित किया है। एक दब्बू आदमी और उसके समानान्तर सीरियल किलर दोनों रूपों में वह प्रभावशाली रहे हैं। उनकी डायलॉग डिलीवरी और एक्सप्रेशन्स दोनों छाप छोड़नेवाले हैं। वह अपनी बँधी-बँधाई इमेज के बिलकुल उलट दिखे हैं और उन्हें इस रूप में देखना अच्छा लगता है। इस फिल्म के बाद उन्हें कुछ गम्भीर और अच्छे किरदारों के ऑफर मिलें तो हैरानी नहीं होगी। रेमो फर्नान्डीस गायक के रूप में जितने अच्छे हैं, बतौर ऐक्टर उतना ही निराश करते हैं। शाद रन्धावा भी ठीक-ठाक हैं। रितेश की पत्नी के रूप में आमना शरीफ अपने किरदार में सहज लगती हैं

फिल्म का गीत-संगीत फिल्म की पटकथा का पूरक है। फिल्म में **गलियाँ ये गलियाँ तेरी गलियाँ** गीत काफी कर्णप्रिय हैं और लोगों को पसन्द आया है। बैकग्राउण्ड म्यूजिक असरदार है, ख़ासकर ऐक्शन दृश्यों में हालाँकि स्क्रिप्ट में कई जगह झोल है, जिससे फिल्म के प्रभाव और गति में बाँधा उत्पन्न होती है। स्क्रिप्ट बेहतर होती तो फिल्म और अच्छी हो सकती थी। कई बातों का कोई तर्क समझ में नहीं आता। फिर भी यह एक औसत और अच्छी के बीच की फिल्म है, जो अपनी कई कमियों के बावजूद दर्शकों को बाँधे रखती है।

कलाकार-सिद्धार्थ मल्होत्रा; रितेश देशमुख, श्रद्धा कपूर, आमना शरीफ, कमाल राशिद ख़ान, शाद रन्धावा, रेमो फर्नान्डीज, प्राची देसाई, आसिफ बसरा

निदेर्शक-मोहित सूरी

निर्माता-शोभा कपूर, एकता कपूर

बैनर-बालाजी मोशन पिक्चर्स

संगीतकार-अंकित तिवारी, मिथुन, रब्बी अहमद और अदनान धूल

गीत-मनोज मुंतशिर मिथुन, रब्बी अहमद और अदनान धूल

सिनमैटोग्राफी- विष्णु राव

साभार : राजीव रंजन द्वारा हिन्दुस्तान, शनिवार, 28 जून, 2014 •

रेडियो पत्रकारिता

रेडियो-रेडियो जनसंचार के शक्तिशाली माध्यमों में से एक है जो कि अपनी पहुँच, सुलभता और सस्ते दाम में उपलब्ध होने के कारण आम जनमानस में सर्वाधिक लोकप्रिय है। इण्टरनेट, टेलीविज़न जैसे इलेक्ट्रॉनिक मीडिया के सशक्त माध्यमों के बीच रेडियो भारत के शिक्षा, सूचना और मनोरंजन के क्षेत्र में अपनी सशक्त उपस्थिति दर्ज करा रहा है। रेडियो द्वारा समाचार, संगीत, नाटक, बाल और महिला कार्यक्रम, साहित्यिक एवं सांस्कृतिक कार्यक्रम, वैज्ञानिक, खेल, कृषि समेत विविध कार्यक्रमों का प्रसारण किया जाता है।

रेडियो का तकनीकी पक्ष-रेडियो प्रसारण में प्रयुक्त होनेवाली तरंगों की आवृत्ति 150 किलो हट्र्ज से 30000 मेगा हट्र्ज तक होती है। रेडियो द्वारा सन्देशों का प्रसारण एक ट्रान्समीटर द्वारा किया जाता है, जिसका सम्पर्क रेडियो स्टेशन से होता है। ट्रान्समीटर में माइक्रोफोन, माड्यूलेटर, एम्प्लीफार, आसीलेटर और ऐण्टीना आदि उपकरण होते हैं। रेडियो स्टेशन पर बोलनेवाला व्यक्ति माइक्रोफोन के सामने बोलता है। इससे ध्वनि तरंगें विद्युत्धारा में बदल जाती हैं। इसे कैरियर तरंगों के साथ मॉड्यूलेट करके संचारित किया जाता है। माड्युलेशन के दो तरीके होते हैं- एम्प्लीट्यूड मॉड्यूलेशन (ए.एम.) ऑर फ्रिक्वेन्सी मॉड्यूलेश (एफ.एम.)। ट्रान्समीटर से संचालित होनेवाले सन्देश हमारे रेडियो सेट द्वारा प्राप्त कर लिये जाते हैं। रेडियो सेट इनको फिर से मूल आवाज़ में बदल देता है और हमें आवाज़ सुनायी देने लगती है।

विश्व में रेडियो का उदय-सन् 1890 में गुग्लील्यो मार्कोनी ने हवा में चलनेवाली ऐसी तरंगों का आविष्कार किया जो एक स्थान से दूसरे स्थान तक सन्देश ले जा सके। इस तकनीक को वायरलेस नाम दिया। इसका प्रयोग पानी के जहाज़ों व नौकाओं में सन्देश भेजने में होने लगां। मार्कोनी ने 2 जून, 1896 को वायरलेस टेलीग्राफी का पेटेण्ट (नं. 12039) कराया। इसके पश्चात् मार्कोनी ने 1857 में वायरलेस टेलीग्राफ एण्ड सिगनल कम्पनी लिमिटेड की स्थापना की। यह रेडियो यन्त्र बनानेवाली पहली व्यावसायिक कम्पनी थी।

सन् 1901 में लम्बी दूरी तक सन्देश भेजने का एक प्रयोग किया जिससे ध्वनि तरंगे केबिल टेलीग्राफ के संकेतों के रूप में बेतार द्वारा भेजी जा सकें। इसमें मानव वाणी को

इलेक्ट्रो-मैग्नोटैक तरंगों द्वारा भेजा गया। यूरोपीय तट पर कार्नवेल के पॉलड्यू नामक स्थान से सन्देश भेजा गया। इसे प्राप्त करने के लिए अमेरिका के न्यूफाउंडलैंड में रिसीविंग स्टेशन बनाया गया। प्रतिदिन रात्रि एक बजे से तीन बजे तक तथा दिन में बारह बजे से एक बजे तक सन्देश भेजा गया। 12 दिसम्बर, 1901 को मोर्स कोड में भेजा गया यह सन्देश रिसीविंग स्टेशन पर प्राप्त किया गया। सन् 1913 में फॉरेस्ट रिजेनेरिव रिसीवर के लिए एक सर्किट तैयार किया जिसको उन्होंने पेटेण्ट करवाया। सन् 1918 में वेल्स से भेजा गया एक रेडियो टेलीग्राफिक सन्देश ऑस्ट्रेलिया में प्राप्त किया गया। इन दोनों स्थानों के बीच 17700 कि.मी. की दूरी थी।

मार्कोनी ने रेडियो का प्रथम प्रसारण केन्द्र ब्रिटेन के चेम्सफोर्ड इसेक्स में 1919 में स्थापित किया। इसी प्रसारण केन्द्र से पहली बार 23 फरवरी, 1920 में समाचारों का प्रसारण किया गया। 14 फरवरी, 1922 से नियमित प्रसारण का आरम्भ हुआ। मारकोनी कम्पनी ने क्रिस्टल जूनियर बी-1 एवं बी 2 नामक रेडियो सेट का निर्माण किया। इसके पश्चात् बर्नडेप्प का मार्क-4 रेडियो सेट बाज़ार में आया, जिसकी कीमत काफी अधिक थी। 1923 में ब्रिटेन का पहला पोर्टेबल रेडियो रिसीवर ईथाफोन-5 बाज़ार में आया। इन रेडियो सेट के द्वारा रेडियो कार्यक्रमों का प्रसारण पूरे विश्व में होने लगा।

सन् 1922 में ब्रिटिश ब्रॉडकास्टिंग कम्पनी (बीबीसी) की स्थापना की गयी। इसके जनरल मैनेजर जे.सी.डब्ल्यू. रैथ थे। ब्रिटिश पोस्टआफिस ने बीबीसी को प्रसारण का एकाधिकार सौंपकर रेडियो लाइसेन्स की प्रणाली की शुरुआत की, जिसके फलस्वरूप सन् 1922 में एक माह के भीतर 99 नये केन्द्र स्थापित किये गये।

भारत में रेडियो प्रसारण का आरम्भ-भारत में पहला रेडियो प्रसारण सन् 1921 में हुआ। बम्बई में 'टाइम्स ऑफ इण्डिया' द्वारा संगीत का एक विशेष कार्यक्रम आयोजित किया गया था, जिसे गवर्नर जॉर्ज लायड के अनुरोध पर पोस्ट एण्ड टेलीग्राफ विभाग के सहयोग से प्रसारित किया गया। यह कार्यक्रम बम्बई से एक सौ पचहत्तर कि.मी. की दूरी पर पुणे में सुना गया।

नवम्बर, 1923 में कलकत्ता में एक क्लब द्वारा प्रसारण आरम्भ किया गया। जून, 1924 में बम्बई में तथा मई, 1924 में मद्रास से प्रसारण प्रारम्भ हुए। ये सभी सीमित अवधि के प्रसारण थे। इनका प्रसारण ढाई घण्टे तक का होता था। आर्थिक कठिनाइयों के कारण इनको अपना प्रसारण बन्द करना पड़ा। ये सभी प्रयास गैर-व्यावसायिक प्रसारकों द्वारा किये गये थे।

सन् 1927 में सरकार और इण्डियन ब्रॉडकास्टिंग कम्पनी के बीच एक समझौते से रेडियो प्रसारण का एक नया प्रयास किया गया। इस कम्पनी द्वारा 23 जुलाई, 1927 को बम्बई से पहला नियमित प्रसारण आरम्भ हुआ। उसी वर्ष अगस्त माह में कलकत्ता से प्रसारण की शुरुआत हुई। ये दोनों 1.5 कि.वाट. के स्टेशन थे। इण्डियन ब्रॉडकास्टिंग कम्पनी को सरकार द्वारा प्रसारण के लिए लाइसेन्स दिया गया था। कम्पनी के लिए वित्तीय संसाधनों की व्यवस्था की गयी थी। रेडियो लाइसेन्स से प्राप्त आय का 80 प्रतिशत इस कम्पनी को जाता था। उस समय भारत में रेडियो सेटों की संख्या एक हज़ार थी। कम्पनी

की आय का दूसरा स्रोत संचार व प्रसारण से सम्बन्धित आयायित उपकरणों पर ली जानेवाली एक निश्चित राशि थी। इन दोनों स्रोतों से होनेवाली आय को जमा करने की व्यवस्था कम्पनी को स्वयं करनी थी। इन दोनों स्रोतों से प्राप्त आय कम्पनी के प्रसारण सम्बन्धी ख़र्चों को चलाने के लिए पर्याप्त नहीं थी। रेडियो सेट की कीमत अधिक होने के कारण इनकी संख्या में आशानुरूप वृद्धि नहीं हुई। सन् 1929 में रेडियो सेटों की संख्या 5 थी। आर्थिक कठिनाइयों के कारण सन् 1930 में कम्पनी बन्द हो गयी। कम्पनी बन्द होने पर लोगों द्वारा इसे ज़ारी रखने के लिए सरकार से अनुरोध किया जाने लगा। जनता की इस माँग को ध्यान में रखते हुए सरकार ने यह तय किया कि इस सेवा को प्रयोग के रूप में दो वर्ष तक चलाया जाये। इस सम्बन्ध में एक विस्तृत प्रस्ताव तैयार किया गया। 24 फरवरी, 1930 को स्थायी वित्त समिति द्वारा इस प्रस्ताव को स्वीकृति दी गयी। 1 अप्रैल, 1930 को इस प्रस्ताव के द्वारा प्रसारण सेवा सीधे उद्योग एवं श्रम मन्त्रालय के नियन्त्रण में आ गयी और इस सेवा का नाम 'इण्डियन ब्रॉडकास्टिंग सर्विस' (आई.बी.सी.) रखा गया। व्यावसायिक आधार पर भारत में पहला प्रसारण 'इण्डियन ब्रॉडकास्टिंग कम्पनी (आई.बी.सी.) के मुम्बई केन्द्र से 23 जुलाई, 1927 को हुआ। भारत के तत्कालीन वॉयसराय लॉर्ड इरविन ने इसका उद्घाटन किया। 26 अगस्त, 1927 का कोलकाता में आई.बी.सी. ने दूसरे केन्द्र का उद्घाटन बंगाल के गर्वनर स्टेनली लैक्सन के हाथों करवाया। आई.बी.सी. के प्रथम अध्यक्ष इब्राहीम रहमतुल्ला चुने गये।

लगभग तीन वर्ष बाद अप्रत्याशित रूप से 1 मार्च, 1930 को आई.बी.सी. कम्पनी बन्द हो गयी, सरकार ने प्रबल जन-आकांक्षा को देखकर मई, 1932 में अपने प्रबन्ध के अधीन 'इण्डियन स्टेट ब्रॉडकास्टिंग सेवा' को ज़ारी रखने का निर्णय लिया गया। इसको प्रबन्ध उद्योग एवं श्रम मन्त्रालय के साथ सम्बद्ध कर दिया। चेन्नई में 1 अप्रैल, 1930 से मद्रास कॉर्पोरेशन ने अपनी प्रसारण सेवा आरम्भ की।

इण्डियन स्टेट ब्रॉडकास्टिंग सेवा भी डेढ़ वर्ष तक ही चली। आर्थिक कठिनाइयों के कारण 10 अक्टूबर, 1931 को इसे भी बन्द करने की घोषणा की परन्तु श्रोताओं के दबाव के कारण सरकार ने 23 नवम्बर, 1931 को फिर से रेडियो प्रसारण आरम्भ करने का निर्णय लिया। दो वर्ष बाद 1933 में बी.सी.सी. ने 'शॉर्ट वेव' पर ओवरसीज एम्पायर सर्विस" आरम्भ कर दी। इस समय तक लगभग ढाई लाख रेडियो लाइसेन्स दिये जा चुके थे।

मार्च, 1935 में भारतीय रेडियो प्रसारण सेवा को उद्योग और श्रम विभाग के अन्तर्गत कार्य करने के लिए एक स्वतन्त्र विभाग का गठन किया गया। 30 अगस्त, 1935 में लियोनेल फील्डेन भारत में प्रसारण के प्रथम नियन्त्रक नियुक्त किये गये। 10 सितम्बर, 1935 को मनोविज्ञान के प्रोफेसर डॉ. गोपाल स्वामी ने 'आकाशवाणी' के नाम से एक प्रसारण केंद्र मैसूर में आरम्भ किया। 6 वर्ष पश्चात 1941 में मैसूर के राजा ने उसे अपने अधीन कर लिया। जून, 1936 में 'इण्डियन स्टेट ब्रॉडकास्टिंग सेवा का नाम बदल कर **'आकाशवाणी'** कर दिया गया। नवम्बर, 1937 में प्रसारण को 'संचार विभाग' में स्थानांतरित कर दिया गया।

भारत में प्रसारण-तन्त्र के तत्कालीन नियन्त्रक लियोनेल फिलडेन ने 1 जनवरी, 1936 में दिल्ली में प्रसारण केन्द्र स्थापित कराया। 18 अलीपुर रीड स्थित इस केन्द्र की क्षमता

तब 20 किलो वॉट थी। 6 अप्रैल को देहरादून में प्रसारण केन्द्र आरम्भ हुआ। फील्डेन की पहल पर 8 जून, 1936 को इण्डियन स्टेट ब्रॉडकास्टिंग सर्विस का नाम बदलकर **'ऑल इण्डिया रेडियो'** कर दिया गया। 1937 में लाहौर केन्द्र खुला। 2 अप्रैल, 1938 को लखनऊ से प्रसारण आरम्भ हुए। इस दौरान देहरादून केन्द्र बन्द हो गया। जून में मद्रास ब्रॉडकास्टिंग कार्पोरेशन को ऑल इण्डिया रेडियो ने ले लिया। इसी के साथ दिल्ली, मुम्बई और चेन्नई से नियमित कार्यक्रम प्रसारित होने लगे।

भारत में प्रसारण के क्षेत्र में द्वितीय विश्वयुद्ध के साथ ही परिर्वतन आया। इस युद्ध ने शासनतन्त्र के लिए यह आवश्यक बना दिया कि सरकार युद्ध प्रयासों की आवश्यकताओं को पूरा करने के लिए आकाशवाणी संगठन का समुचित विस्तार करें। अधिकांश समाचार सेवाएँ और विदेश सेवा युद्ध की अवधि के दौरान प्रारम्भ की गयी। हिन्दुस्तानी, अंग्रेज़ी, बँगला, के अतिरिक्त तमिल, तेलुगु, गुजराती, मराठी और पश्तो में भी समाचार बुलेटिन प्रसारित होने लगे। 16 दिसम्बर, 1939 को ढाका में 5 किलो वॉट का केन्द्र स्थापित हुआ। तिरुचिरापल्ली केन्द्र 16 मई, को ही आरम्भ हो चुका था।

इसके महत्त्व को देखते हुए 24 अक्टूबर, 1941 को 'सूचना और प्रसारण मन्त्रालय' का गठन किया और 'ऑल इण्डिया रेडियो' उसके अधीन कर दिया गया। 1946 में ऑल इण्डिया रेडियो अलीपुर रोड से ब्रॉडकास्टिंग हाउस नयी दिल्ली स्थानान्तरित कर दिया गया।

देश के विभाजन के साथ ही 'ऑल इण्डिया रेडियो' का भी बँटवारा हो गया। इस समय भारत में कार्यरत कुल 9 प्रसारण केन्द्रों में से छह केन्द्र यथा-दिल्ली, मुम्बई, चेन्नई, कोलकाता, लखनऊ और तिरुचि भारत के हिस्सें में रहे, शेष तीन केन्द्र लाहौर, पेशावर और ढाका पाकिस्तान के हिस्से में चले गये। भारत को मैसूर, त्रिवेन्द्रम, हैदराबाद, औरंगाबाद और बड़ोदरा केन्द्र विरासत में प्राप्त हुए। सरदार वल्लभ भाई पटेल स्वतन्त्र भारत के प्रथम सूचना एवं प्रसारण मन्त्री बने। उस समय भारत में कुल 18 ट्रान्समीटर थे, जिनमें से छः मिडियम वेव (M.W.) तथा शेष 12 शोर्ट वेव (S.W.) थे। स्वतन्त्रता प्राप्ति के समय भारत में 275000 के लगभग रेडियो सेट थे। 12 नवम्बर, 1947 को ब्रॉडकास्टिंग हाउस दिल्ली से राष्ट्रपिता महात्मा गाँधी ने देश की सम्पूर्ण जनता के नाम 'सन्देश' प्रसारित किया जो कि उनका एक मात्र प्रसारित सन्देश था।

स्वतन्त्रता-प्राप्ति के पश्चात् भारत में आकाशवाणी का विस्तार तीव्र गति से हुआ। 1 दिसम्बर, 1947 को जम्मू केंद्र, 1 जनवरी, 1948 को पटना, 28 जनवरी को कटक, 1 जुलाई को गुवाहाटी व श्रीनगर, 16 जुलाई को नागपुर, 1 दिसम्बर को विजयवाड़ा केन्द्र आरम्भ हुए। 15 सितम्बर को विदेश प्रसारण सेवा का गठन किया गया। 1 फरवारी, 1949 को इलाहाबाद, 16 अप्रैल को अहमदाबाद और 16 मई को जालन्धर केन्द्र आरम्भ हुए। धारावाड़ और काजीकोड़ में आकाशवाणी केद्र की स्थापना क्रमशः 8 जनवरी और 14 मई, 1950 को हुई। 8 जुलाई, 1950 को त्रिवेन्द्रम, मैसूर, हैदराबाद और औरंगाबाद रियासतों के केन्द्र ऑल इण्डिया रेडियो में समाहित हो गये। 1950 में 25 आकाशवाणी केन्द्रों से 60 हज़ार घण्टे से अधिक का प्रसारण हो रहा था। इस समय देश की 21 प्रतिशत

जनता और 12 प्रतिशत क्षेत्र में मीडियम वेव सेवा उपलब्ध थी। इसके अतिरिक्त 11 विदेशी भाषाओं में 116 घण्टे प्रति सप्ताह विदेशी श्रोताओं के लिए प्रसारण हो रहा था। इसी दौरान ऑल इण्डिया रेडियो के साथ-साथ 'आकाशवाणी' का उपयोग भी होने लगा। 13 अप्रैल, 1954 को श्रीनगर और 16 दिसम्बर को जम्मू केन्द्र आकाशवाणी में समाहित हो गये। 3 अप्रैल को **'ध्वनि लेखागार लाईब्रेरी'** बनी। 1955 में आकाशवाणी के 5 नये केन्द्र खोले गये। 9 अप्रैल को जयपुर, 22 मई को इन्दौर, 4 जून को राजकोट और 16 जून को शिमला केन्द्र ने अपने प्रसारण प्रारम्भ किये। बेंगलोर से 2 नवम्बर को आकाशवाणी प्रसारण की शुरुआत हुई। 8 दिसम्बर से 'रेडियो न्यूज़ रील' प्रसारित होनी शुरू हुई। 25 जनवरी, 1956 को प्रथम 'अखिल भारतीय कवि सम्मेलन' का प्रसारण हुआ। 14 जुलाई को 'ऑपेरा का अखिल भारतीय कार्यक्रम' आरम्भ हुआ जो बाद में भी चलता रहा। 'नाटकों के अखिल भारतीय कार्यक्रम' का शुभारंभ 26 जुलाई को हुआ। 15 अगस्त से 'रूपकों का अखिल भारतीय कार्यक्रम' आरम्भ हुआ।

दूसरी पंचवर्षीय योजना के दौरान आकाशवाणी का संजाल और फैल गया। 10 मिडियम वेव ट्रान्समीटरों के समावेश के साथ ही उनकी कुल संख्या 33 हो गयी। इसके अतिरिक्त 26 शॉर्ट वेव ट्रान्समीटर भी प्रसारण में संलग्न थे।

1961-66 के दौरान आकाशवाणी केन्द्रों की संख्या में काफी बढ़ोत्तरी हुई। 2 जून को 20 किलोवॉट का शॉर्ट वेव ट्रान्समीटर कार्सियोंग में स्थापित हुआ। 1963 में 10 आकाशवाणी के केन्द्रों ने अपने केन्द्रों से प्रसारण प्रारम्भ किये। 4 जनवरी को कोहिमा, 28 अप्रैल को बीकानेर, 26 मई को सम्बलपुर, 2 जून को पोर्टब्लेयर, 17 जून को कड़प्पा, 7 जुलाई को सिलीगुड़ी, 4 अगस्त को विशाखापट्टनम, 15 अगस्त को इम्फाल, 12 अक्टूबर को रायपुर और 6 अक्टूबर को साँगली में आकाशवाणी केन्द्र आरम्भ हुए। 1964 में मुख्य केन्द्रों के साथ ऑक्ज़ीलरी सेन्टर्स अर्थात् सहायक प्रसारण केन्द्रों की स्थापना की गयी। 28 जून को जयपुर, 15 अगस्त को ग्वालियर और 6 नवम्बर को जबलपुर, 2 फरवरी, 1965 को भद्रावती, 31 जुलाई को रायपुर, 15 अगस्त को जोधपुर, 11 नवम्बर को गुलबर्गा में सहायक केन्द्र स्थापित हुए। इसी वर्ष 10 अक्टूबर को भुज में स्वतन्त्र केन्द्र खोला गया। योजना आयोग की अनुशंसा पर सभी केन्द्रों से 'किसानों के लिए कार्यक्रम' प्रसारण 15 अगस्त, 1965 से आरम्भ हुए। 24 अक्टूबर को विदेश प्रसारण सेवा में 30 मिनट अवधि का 'उर्दू कार्यक्रम' प्रसारित होने लगा। 1965 में ही 'श्रोता अनुसन्धान सेवा' का पुनर्गठन किया गया। तृतीय पंचवर्षीय योजना के अन्तिम वर्ष में 6 मार्च को पासीघाट, शिलांग, 31 जुलाई को आईज़ोल और 18 दिसम्बर को कोयम्बटूर में आकाशवाणी केन्द्र स्थापित किये गये। त्रिवेन्द्रम में विविध भारती सेवा प्रारम्भ की गयी। अकाशवाणी से प्रसारित होनेवाले कार्यक्रमों की समीक्षा हेतु श्री अशोक कुमार चंदा की अध्यक्षता में 4 दिसम्बर 1964 को एक समिति का गठन किया गया जिसका नाम **'चन्दा कमेटी'** रखा गया। समिति ने प्रसारण पर अपनी रिपोर्ट 18 अप्रैल, 1966 को प्रस्तुत की। इस कमेटी ने अपनी रिपोर्ट में आकाशवाणी और दूरदर्शन के लिए स्वशासी निगमों की स्थापना का सुझाव दिया। साथ ही आकाशवाणी से 'विज्ञापन सेवा' आरम्भ करने की सिफारिश की। सरकार ने विज्ञापन प्रसारण सेवा आरम्भ करने का प्रस्ताव मान लिया। 1966 के अन्त

तक आकाशवाणी का संजाल 72 प्रतिशत आबादी और 52 प्रतिशत क्षेत्र में अपने 54 केन्द्रों के 82 मिडियम वेव और 28 शॉर्ट वेव ट्रान्समीटरों की सहायता से फैल चुका था।

1967 के आरम्भ में ही आकाशवाणी के नये केन्द्रों की स्थापना होने लगी। 26 जनवरी को अगरतल्ला में, 29 जनवरी को मथुरा में, 5 मार्च को उदयपुर एवं भागलपुर, 15 अगस्त को तेज़ू एवं 23 अगस्त को पांडिचेरी में आकाशवाणी केन्द्रों की स्थापना हुई। आकाशवाणी के प्रसारण हेतु निर्धारित उद्देश्य में प्रमुख बात ये रहती है कि जनमानस को शिक्षा, सूचना एवं मनोरंजन प्रदान किये जायें, साथ ही समाज और राष्ट्र को नयी दिशाएँ प्रदान की जाएँ।

चन्दा कमेटी की सिफारिश के अनुक्रम में मुम्बई, पुणे, नागपुर विविध भारती सेवा श्रृंखला में विज्ञापनों के प्रसारण प्रारम्भ किये गये। भोपाल, जयपुर और लखनऊ केन्द्रों से मलयालम, कन्नड़ और तमिल पाठों के प्रसारण अक्टूबर, 1968 से आरम्भ किये गये। आकाशवाणी के नये केन्द्र खोलने की श्रृंखला में 10 फरवरी, 1968 में परभनी केन्द्र खोला गया। अगस्त माह में 'हिन्दी वार्त्ताओं का अखिल भारतीय कार्यक्रम' आरम्भ हुआ, जो आज भी प्रत्येक सोमवार को 9.30 बजे प्रसारित होता है। 15 अक्टूबर को कोलकाता में विज्ञापन प्रसारण सेवा प्रारम्भ हुई।

देश में युवाओं की संख्या देखते हुए उनमें उत्साह, जोश और प्रतिभा के साथ उनकी समस्याओं, रुचियों, मार्गदर्शन, रोजगार की अभिनव दिशाएँ एवं अवसर प्रदान करने सम्बन्धी पृथक से **'युववाणी चैनल'** प्रारम्भ करने का महत्त्वपूर्ण निर्णय 21 जूलाई, 1969 को लागू हुआ। सर्वप्रथम दिल्ली से युवाओं के लिए युववाणी चैनल तत्कालीन प्रधानमन्त्री श्रीमती इन्दिरा गाँधी के कर कमलों से शुरू हुआ। अगस्त, 1970 में कोलकाता से भी युववाणी चैनल प्रारम्भ हुआ। 20 अगस्त से हैदराबाद केन्द्र से भी प्रतिदिन साढ़े चार घण्टे युववाणी कार्यक्रम प्रसारित करना प्रारम्भ किया गया। 1 जनवरी, 1973 से आकाशवाणी के सभी केन्द्रों से प्रसारित होनेवाले युववाणी कार्यक्रम की **'संकेत ध्वनि'** (Signature Tune) एक-सी कर दी गयी।

देश के दुर्गम और दूरस्थ क्षेत्र के लोगों के लिए रेडियो प्रसारण सुविधा प्रदान करने के उद्देश्य से लेह में 25 जून, 1971 एवं तवांग में 23 सितम्बर, 1974 को आकाशवाणी केन्द्र खोले गये। ये केन्द्र समुद्रतल से काफी ऊँचाई पर हैं। लेह केन्द्र सम्भवतः विश्व का सबसे अधिक ऊँचाई पर स्थित रेडियो केन्द्र है। अप्रैल माह से कई केन्द्रों ने नये कार्यक्रमों की शुरुआत की। 5 जून, 1969 को कालीकट केन्द्र ने मलयालम और महल भाषा में लक्षद्वीप, विनिकाय और अभिनदीव द्वीप-समूह के लिए नियमित प्रसारण प्रारम्भ हुए। ग्रामीण एवं कस्बाई क्षेत्रों से प्रकाशित होनेवाले छोटे अख़बारों को पर्याप्त प्रमुख समाचार उपलब्ध कराने के उद्देश्य से धीमी गति का समाचार बुलेटिन 22 सितम्बर, से आरम्भ हुआ। फरवरी, 1971 में प्रथम बार दिल्ली और चेन्नई की विज्ञापन प्रसारण सेवा में **'प्रायोजित कार्यक्रम'** प्रसारित हुए। 'राज्यों की चिट्ठी' राष्ट्रीय स्तर पर एवं ज़िले की चिट्ठी प्रादेशिक स्तर पर 23 सितम्बर, 1974 से प्रारम्भ की गयी।

मई, 1975 में ही 8 विज्ञापन प्रसारण केन्द्र यथा-जोधपुर, जयपुर, इन्दौर, भोपाल, राँची, पटना, कटक और त्रिवेन्द्रम में स्थापित हुए। 1 जुलाई को श्रीनगर और 1 नवम्बर

को कालीकट में भी विज्ञापन प्रसारण सेवा शुरू की गयी। 1976 का वर्ष नये केन्द्र खोलने की दृष्टि से उपलब्धिमूलक रहा। 8 मई को रोहतक, 7 अगस्त को छत्तरपुर, 19 सितम्बर को औरंगाबाद, 16 अक्टूबर को जलगाँव, 2 नवम्बर को दरभंगा, 13 नवम्बर को बड़ोदरा, 11 दिसम्बर को उड़िपी मंगलौर और 20 दिसम्बर को अम्बिकापुर केन्द्र स्थापित किये गये। नागपुर और इन्दौर केन्द्रों की प्रसारण-क्षमता 5 जून को बढ़ाकर 100 किलो वॉट कर दी गयी। 22 जनवरी, 1977 को जगदलपुर, 30 जनवरी को रत्नागिरि और 2 अक्टूबर को रींवा केन्द्रों से प्रसारण प्रारम्भ हुए।

17 अगस्त को **'बी.जी. वर्गीज'** की अध्यक्षता में एक कार्यकारी दल का गठन आकाशवाणी और दूरदर्शन के प्रसारण कार्यकलापों के परीक्षण एवं आवश्यक-अपेक्षित सुधार हेतु सुझाव देने के लिए किया गया। इस समिति ने अपनी प्रतिवेदन रिपोर्ट 24 फरवरी, 1978 को प्रस्तुत की। इसके पश्चात् 27 अक्टूबर को नजीबाबाद में 100 किलो वॉट क्षमता का आकाशवाणी केन्द्र स्थापित किया गया। सन् 1978 के अन्त तक देश में आकाशवाणी की पहुँच जनसंख्या की दृष्टि से 89.35 प्रतिशत और क्षेत्र की दृष्टि से 77. 63 प्रतिशत हो चुकी थी। 82 केन्द्रों और 2 सहायक आक्ज़ीलरी स्टूडियो, शान्तिनिकेतन और भुवनेश्वर सहित 157 ट्रान्समीटर प्रसारण में कार्यरत थे, इसमें मीडियम वेव के 124, शॉर्ट वेव 32 और एफ.एम. का 1 ट्रान्समीटर सम्मिलित है।

भारत में रेडियो प्रसारण की महत्त्वपूर्ण तिथियाँ:-

अगस्त, 1921 :	टाइम्स ऑफ इण्डिया तथा पोस्ट एण्ड टेलीग्राफ विभाग के संयुक्त प्रयास से एक रेडियो कार्यक्रम का प्रसारण किया गया।
नवम्बर, 1923 :	कलकत्ता रेडियो क्लब द्वारा प्रसारण शुरू किया गया।
जून, 1924 :	बम्बई रेडियो क्लब का प्रसारण आरम्भ हुआ।
जुलाई, 1924 :	मद्रास प्रेजीडेन्सी क्लब द्वारा प्रसारण सेवा आरम्भ।
मार्च, 1926 :	इण्डियन ब्रॉडकॉस्टिंग कम्पनी बनायी गयी।
जुलाई, 1927 :	इण्डियन ब्रॉडकॉस्टिंग कम्पनी का बम्बई केन्द्र आरम्भ हुआ।
अगस्त, 1927 :	इण्डियन ब्रॉडकॉस्टिंग कम्पनी का कलकत्ता केन्द्र आरम्भ हुआ।
मार्च, 1930 :	आर्थिक कठिनाइयों के कारण इण्डियन ब्रॉडकास्टिंग कम्पनी समाप्त कर दी गयी।
अप्रैल, 1930 :	इण्डियन स्टेट ब्रॉडकास्टिंग सर्विस के नाम से एक प्रसारण सेवा उद्योग एवं श्रम विभाग के अन्तर्गत प्रयोगात्मक रूप से आरम्भ की गयी।
मार्च, 1932 :	सरकार द्वारा प्रयोगात्मक रूप में आरम्भ की गयी प्रसारण सेवा को आगे ज़ारी रखने का निर्णय।
जनवरी, 1935 :	मारकोनी कम्पनी द्वारा दिए गये ट्रान्समीटर तथा रिसीवर सेटों से उत्तर-पश्चिम सीमा प्रान्त में ग्रामीण प्रसारण आरम्भ की गयी।
जनवरी, 1935 :	इलाहाबाद के कृषि शोध संस्थान को प्रयोगात्मक प्रसारण हेतु लाइसेन्स दिया गया। यहाँ से कृषि सम्बन्धी कार्यक्रमों का प्रसारण आरम्भ हुआ।

फरवरी, 1935 : हैदराबाद में निजाम शासन द्वारा एक केन्द्र आरम्भ किया गया।

मार्च, 1935 : कण्ट्रोलर ऑफ ब्रॉडकास्ट्स के नाम से नया विभाग बनाया गया।

अगस्त, 1935 : लायनेल फील्डन की प्रथम कण्ट्रोलर ऑफ ब्रॉडकास्ट के रूप में नियुक्ति।

सितम्बर, 1935 : आकाशवाणी के नाम से एक प्रसारण केन्द्र मैसूर में प्रारम्भ किया गया।

जनवरी, 1936 : इण्डियन स्टेट ब्रॉडकॉस्टिंग सर्विस द्वारा दिल्ली में एक प्रसारण केन्द्र आरम्भ किया गया।

जनवरी, 1936 : प्रथम समाचार बुलेटिन का प्रसारण।

जून, 1936 : इण्डियन स्टेट ब्रॉडकास्टिंग सर्विस का नाम बदलकर 'ऑल इण्डिया रेडियो' कर दिया गया।

अगस्त, 1937 : समाचार प्रसारण के लिए 'सेन्ट्रल न्यूज़ ऑर्गेनाइज़ेशन' बनाया गया।

अक्टूबर, 1939 : पश्तो भाषा में प्रसारण से विदेश प्रसारण की शुरुआत हुई।

अक्टूबर, 1941 : 'ऑल इण्डिया रेडियो' को सूचना एवं प्रसारण विभाग के अन्तर्गत कर दिया गया।

जनवरी, 1942 : मैसूर के प्रसारण केन्द्र 'आकाशवाणी' को मैसूर शासन द्वारा अपने नियन्त्रण में ले लिया गया।

फरवरी, 1946 : ऑल इण्डिया रेडियो को सूचना एवं कला विभाग के अन्तर्गत किया गया।

सितम्बर, 1946 : सूचना और कला विभाग को सूचना और प्रसारण विभाग कर दिया गया।

अगस्त, 1947 : विभाजन के समय भारत में ऑल इण्डिया रेडियो के छह प्रसारण केन्द्र आए। ये केन्द्र थे-दिल्ली, बम्बई, कलकत्ता, मद्रास, तिरूचिरापल्ली तथा लखनऊ। पेशावर, लाहौर तथा ढाका के प्रसारण केन्द्र पाकिस्तान में चले गये।

सितम्बर, 1948 : 'सेन्ट्रल न्यूज़ ऑर्गेनाइज़ेशन को दो भागों में बाँट दिया गया। एक था-समाचार सेवा प्रभाग तथा दूसरा, विदेश प्रसारण विभाग।

जुलाई, 1952 : आकाशवाणी से पहला संगीत का अखिल भारतीय कार्यक्रम का प्रसारण।

जुलाई, 1953 : नेशनल प्रोग्राम ऑफ टॉक के प्रसारण की शुरुआत।

अगस्त, 1956 : नाटकों के अखिल भारतीय कार्यक्रम की शुरुआत।

अक्टूबर, 1957 : विविध भारती प्रसारण का आरम्भ।

नवम्बर, 1959 : दिल्ली से दूरदर्शन के प्रथम केन्द्र से कार्यक्रम आरम्भ हुए।

नवम्बर, 1967 :	विविध भारती पर विज्ञापन का प्रसारण आरम्भ।
जुलाई, 1969 :	दिल्ली से युववाणी कार्यक्रम की शुरुआत।
अगस्त, 1969 :	कलकत्ता (मोगरा) में 1000 कि. वॉट के सुपर पॉवर ट्रान्समीटर ने कार्य करना शुरू किया।
जनवरी, 1971 :	राजकोट में 1000 कि. वाट के सुपर पॉवर ट्रान्समीटर चालू।
सन् 1974 :	आकाशवाणी वार्षिक पुरस्कारों का आरम्भ।
अप्रैल, 1976 :	आकाशवाणी तथा दूरदर्शन को अलग किया गया।
सन् 1977 :	राजनीतिक दलों के प्रसारण का आरम्भ।
जुलाई, 1977 :	मद्रास से प्रथम एफ.एम. सर्विस की शुरुआत।
मई, 1983 :	आकाशवाणी बड़ौदा विज्ञापन प्रसारण सेवा का पहला केन्द्र बना।
सितम्बर, 1984 :	अलीगढ़ में 250 कि. वॉट के दो उच्च शक्तिवाले ट्रान्समीटरों का उद्घाटन किया गया।
अक्टूबर, 1984 :	नागरकोइल में पहला स्थानीय केन्द्र (एल.आर.एस.)।
जनवरी, 1985 :	प्राइमरी चैनल पर विज्ञापन की शुरुआत।
अगस्त, 1985 :	प्रत्येक घण्टे पर समाचार बुलेटिन की शुरुआत।
सन् 1985 :	आकाशवाणी के सभी केन्द्रों को पाँच चैनलवाले सेटेलाइट रिसीवर टर्मिनल दिये गये।
मई, 1988 :	राष्ट्रीय प्रसारण सेवा (नेशनल चैनल) आरम्भ हुई।
अप्रैल, 1989 :	समन्वित उत्तर-पूर्व सेवा (इन्टिग्रेटेड नॉर्थ-ईस्ट सर्विस) की शुरुआत।
मार्च, 1990 :	वारंगल आन्ध्र प्रदेश में सौवें प्रसारण केन्द्र की शुरुआत।
मार्च, 1990 :	बंगलौर में 500 कि. वॉट क्षमतावाले दो सुपर पॉवर शॉर्ट वेव ट्रान्समीटर आरम्भ हुए।
सन् 1990 :	राष्ट्रीय एकता पर सर्वोत्कृष्ट कार्यक्रम के लिए लासा कौल पुरस्कार आरम्भ हुआ।
सन् 1990 :	आकाशवाणी ने सर्वोत्तम संवाददाता (समाचार) के लिए वार्षिक पुरस्कार आरम्भ किया।
अक्टूबर, 1992 :	जालन्धर में एफ.एम. चैनल की शुरुआत।
जनवरी, 1993 :	आकाशवाणी दिल्ली से फोन-इन कार्यक्रम की शुरुआत।
जनवरी, 1993 :	वाराणसी से विविध भारती चैनल आरम्भ किया गया।
अप्रैल, 1993 :	बहरामपुर (उड़ीसा) में आकाशवाणी का एक सौ पचासवाँ केन्द्र शुरू हुआ।
अगस्त, 1993 :	दिल्ली और बम्बई में एफ.एम. चैनल पर निजी प्रसारकों को टाइम स्लॉट दिया गया।

सितम्बर, 1993 : मद्रास में एफ.एम. चैनल पर बाहर निजी प्रसारकों को प्रसारण हेतु टाइम स्लॉठ।

अप्रैल, 1994 : स्काई रेडियो आरम्भ हुआ।

जुलाई, 1994 : कलकत्ता में एफ.एम. चैनल से निजी प्रसारकों को टाइम स्लॉट।

सितम्बर, 1994 : बम्बई में मल्टी ट्रैक रेडियो ने काम करना आरम्भ किया।

सितम्बर, 1994 : बंगलौर में 500 कि. वाट के चार सुपर पॉवर शॉर्ट वेव ट्रान्समीटर्स का उद्घाटन।

नवम्बर, 1994 : पणजी में एफ.एम. केन्द्र से निजी प्रसारकों को समय।

जनवरी, 1995 : रेडियो पेजिंग सेवा का आरम्भ।

अगस्त, 1995 : चेन्नई में मल्टी ट्रैक स्टूडियो का उद्घाटन।

सन् 1995 : आकाशवाणी द्वारा सर्वोत्तम श्रोता अनुसन्धान सर्वेक्षण के लिए पुरस्कार।

फरवरी, 1996 : दिल्ली में नए प्रसारण भवन का शिलान्यास।

मई, 1996 : इन्टरनेट पर ए.आई.आर. ऑनलाइन इनफॉर्मेशन सर्विस की शुरुआत।

जनवरी, 1997 : इन्टरनेट पर ऑडियो इन रियल टाइम की शुरुआत।

नवम्बर, 1997 : प्रसार भारती निगम का गठन किया गया तथा आकाशवाणी और दूरदर्शन इस निगम के अन्तर्गत आ गये।

जनवरी, 1998 : एफ.एम.-2 चैनल ट्रान्समिशन पर रेडियो ऑन डिमाण्ड का आरम्भ।

फरवरी, 1998 : टेलीफोन पर समाचार सेवा उपलब्ध।

अप्रैल, 1998 : एफ.एम. पर निजी प्रसारकों का प्रसारण समाप्त किया गया तथा आकाशवाणी द्वारा अपने कार्यक्रमों का प्रसारण आरम्भ।

जून, 1999 : निज़ी एफ.एम. चैनलों की घोषणा।

अगस्त, 1999 : दिल्ली तथा कलकत्ता में एफ.एम. के दूसरे चैनल की शुरुआत।

फरवरी, 2000 : आकाशवाणी जबलपुर से विविध भारती की शुरुआत।

मार्च, 2000 : बोडोलैण्ड स्वायत्तशासी क्षेत्र में धुबरी में प्रसारण केन्द्र आरम्भ।

मार्च, 2000 : जम्मू से विविध भारती सेवा आरम्भ।

अगस्त, 2000 : कोयम्बटूर से विविध भारती सेवा आरम्भ।

सितम्बर, 2000 : जमशेदपुर से विविध भारती सेवा आम्रभ।

फरवरी, 2001 : उत्तरांचल में गोपेश्वर से आकाशवाणी केन्द्र प्रारम्भ।

सितम्बर, 2001 : दिल्ली, कलकत्ता, मुम्बई तथा चेन्नई से एफ.एम.-2 के नाम से सूचना/मनोरंजन (इन्फोटेनमेण्ट) का एक नया चैनल आरम्भ।

समाचार प्रभाग

समाचार आकाशवाणी का व्यापक रूप से सुना जानेवाला प्रसारण है। इसकी महत्ता इसलिए भी बढ़ जाती है, क्योंकि आकाशवाणी का प्रसारण ढाँचा बहुत विस्तृत है तथा देशभर में इसके प्रसारण सुने जाते हैं। आपात्कालीन स्थितियों में समाचार एवं सूचना प्रसारण की दृष्टि से इसका महत्त्व समझा जा सकता है। आकाशवाणी द्वारा प्रतिदिन हिन्दी, अंग्रेज़ी, क्षेत्रीय भाषाओं तथा विदेशी भाषाओं में समाचार बुलेटिन के प्रसारण का कार्य निरन्तर चलता रहता है।

भारत में प्रसारण के आरम्भिक दिनों में बनी प्रसारण संस्था 'इण्डियन ब्रॉडकास्टिंग कम्पनी' द्वारा समाचार प्रसारण का कार्य किया जाता था। बम्बई से अंग्रेज़ी व मराठी तथा कलकत्ता से अंग्रेज़ी व बंगाली में समाचारों का प्रसारण होता था। इसकी सामग्री 'रायटर' समाचार एजेन्सी द्वारा उपलब्ध करायी जाती थी। सन् 1930 में जब सरकार ने इस सेवा को अपने स्तर पर दो वर्षों के लिए प्रयोगात्मक रूप में चलाने का निर्णय लिया तब भी यह व्यवस्था ज़ारी रही। सन् 1936 में दिल्ली केन्द्र से प्रसारण आरम्भ हुआ। इसी वर्ष समाचार प्रसारण के कार्य हेतु सेन्ट्रल न्यूज़ ऑर्गेनाइजेशन का गठन किया गया। बुलेटिन अंग्रेज़ी तथा हिन्दी-उर्दू मिश्रित हिंदुस्तानी में प्रसारित किये जाते थे। ये बुलेटिन अन्य केन्द्रों से अनुप्रसारित किये जाते थे। इसके लिए टेलीफोन लाइन का उपयोग किया जाता था। टेलीफोन के माध्यम से होनेवाले प्रसारण की क्वालिटी अच्छी न होने के कारण बाद में इसके लिए उच्च शक्तिवाले ट्रान्समीटर का उपयोग किया जाने लगा। क्षेत्रीय केन्द्र इसे रिसीविंग सेन्टर के द्वारा प्राप्त करने लगे।

सन् 1939 में द्वितीय विश्वयुद्ध आरम्भ हो जाने के कारण समाचार सेवा का महत्त्व बढ़ गया। अक्टूबर, 1939 में पाँच भारतीय भाषाओं में समाचार प्रसारण आरम्भ हुआ। ये भाषाएँ थीं- तमिल, तेलुगु, गुजराती, मराठी तथा पश्तो। दिसम्बर, 1939 में फारसी में प्रसारण आरम्भ हुआ। यह प्रसारण देश से बाहर के श्रोताओं के लिए था। शुरू में समाचार संकलन की कोई अपनी व्यवस्था नहीं थी। सन् 1945 में एक रिपोर्टिंग यूनिट बनायी गयी। सन् 1948 में सेन्ट्रल न्यूज़ आर्गेनाइज़ेशन को दो भागों में बाँट दिया गया। समाचार के लिए प्रसारण को विदेश सेवा प्रभाग के अन्तर्गत कर दिया गया। विदेश सेवा प्रभाग के विभिन्न भाषाओं के प्रसारण हेतु समाचार का कार्य समाचार सेवा प्रभाग के ज़िम्मे रहा। क्षेत्रीय स्तर पर समाचार बुलेटिन का कार्य सन् 1953 में आरम्भ हुआ जब क्षेत्रीय स्तर पर कुछ चुने केन्द्रों पर समाचार एकांश स्थापित किये गये।

समाचार बुलेटिनों की बढ़ती संख्या के अनुरूप लगातार समाचार आने और व्यवस्थित रूप से बुलेटिन के लिए सामग्री उपलब्ध रहने की व्यवस्था ज़रूरी है। इसके लिए पूल सिस्टम बनाया गया। विभिन्न समाचार एजेन्सियों, संवाददाताओं, क्षेत्रीय समाचार एकांशों तथा अन्य सभी स्रोतों से प्राप्त समाचारों को एकत्र कर लिया जाता है। एकत्रित समाचारों को सम्पादक द्वारा देखा जाता है। उपयुक्त एवं महत्त्वपूर्ण समाचारों की कॉपी बना दी जाती है। यह कॉपी अंग्रेज़ी में होती है। इसे पुनः अलग-अलग डेस्क पर भेज दिया जाता है जहाँ इनमें से आइटम छाँटकर बुलेटिन तैयार किया जाता है। विदेशी तथा अन्य भारतीय

भाषाओं में होनेवाले बुलेटिन अनुवाद से तैयार किये जाते हैं। इस कार्य के लिए सम्बन्धित भाषाओं के अनुवादक रहते हैं।

समाचार प्रसारण के समय में निरन्तर वृद्धि हो रही है। सन् 1985 से प्रत्येक घण्टे पर बुलेटिन आरम्भ हुए। सन् 2002-2003 के आँकड़ों के अनुसार दिल्ली तथा अन्य केन्द्रों को मिलाकर तीन सौ चौंसठ बुलेटिन आकाशवाणी द्वारा प्रतिदिन प्रसारित किये जाते हैं। इन सबको मिलाकर 43 घण्टे 10 मिनट की अवधि के समाचार प्रसारित हो रहे हैं। दिल्ली केन्द्र से होम सर्विस के लिए चौरासी बुलेटिन प्रसारित किये जाते हैं, इनकी कुल अवधि 12 घण्टे 20 मिनट है।

समाचार सेवा प्रभाग की क्षेत्रीय इकाइयों द्वारा विभिन्न प्रसारण केन्द्रों से एक सौ सत्तासी समाचार बुलेटिन प्रसारित किये जाते हैं। इनकी कुल अवधि 19 घण्टे 45 मिनट है। यह बुलेटिन चौंसठ भाषाओं एवं बोलियों में होते हैं।

विदेशी सेवा के अन्तर्गत पच्चीस भाषाओं में चौंसठ समाचार बुलेटिन होते हैं। ये बुलेटिन विदेशी तथा भारतीय भाषाओं में होते हैं। इनकी कुल प्रसारण अवधि 8 घण्टे 57 मिनट है। जुलाई, 2002 से 10 मिनट का कन्नड़ भाषा में एक बुलेटिन खाड़ी देशों के लिए आरम्भ किया गया।

समाचार सेवा प्रभाग दिल्ली, बम्बई, मद्रास, कलकत्ता, बंगलौर तथा लखनऊ केन्द्रों से प्रसारित एफ.एम. वन के प्रसारण के लिए पैंसठ मुख्य समाचारवाले सीमित अवधि के बुलेटिन तैयार करता है। इसके अलावा कुछ समाचार बुलेटिन तथा समाचार आधारित कार्यक्रम एफ.एम. टू के लिए तैयार किये जाते हैं।

समाचार प्रस्तुति में परिवर्तन भी साथ-साथ हो रहा है। प्रातः आठ बजे होनेवाला बुलेटिन अब समाचार प्रभात तथा अंग्रेज़ी में मॉर्निंग न्यूज़ के नाम से होता है। इनमें समाचार, किसी सामयिक विषय पर लघु वार्त्ता तथा समाचार-पत्रों की सुर्ख़ियाँ रहती हैं। इसी प्रकार के उर्दू समाचार बुलेटिन ख़बरनामा में भी इसी प्रकार के परिवर्तन किये गये हैं। दोपहर में होनेवाले समाचार बुलेटिन की अवधि बढ़ाकर आधा घण्टा कर दी गयी है। ये बुलेटिन 'दोपहर समाचार' तथा 'मिड-डे-न्यूज़' के शीर्षक से होते हैं। इसमें समाचार के अतिरिक्त संवाददाताओं द्वारा भेजे गये डिस्पैच, विशेषज्ञों से चर्चा तथा मुख्य समाचारों का विश्लेषण आदि शामिल रहते हैं। आकाशवाणी की फोन समाचार सेवा का लाभ कोई भी निर्धारित फोन नम्बर डायल करके ले सकता है। इसके अन्तर्गत मुख्य समाचार फोन पर उपलब्ध रहते हैं। इण्टरनेट पर भी आकाशवाणी के समाचार सुलभ हैं।

समाचार के अतिरिक्त समाचार सेवा प्रभाग समाचार आधारित अन्य कार्यक्रम भी तैयार करता है। इसके अन्तर्गत सामयिकी, चर्चा का विषय है, समाचार चर्चा, समाचार दर्शन आदि आते हैं। ये कार्यक्रम अंग्रेज़ी में स्पॉटलाइट, करन्ट अफेयर्स, मॉमेन्टरी तथा न्यूज़रील के नाम से प्रसारित किये जाते हैं। इसके अतिरिक्त संसद् के सत्र के पहले उस दौरान विशेष कार्यक्रम प्रसारित किये जाते हैं। संसद् के समक्ष मुद्दे, संसद् समीक्षा तथा इस सप्ताह संसद् में कार्यक्रम समाचार प्रभाग प्रसारित करता है। यही कार्यक्रम अंग्रेज़ी में भी प्रस्तुत किये जाते हैं।

रेडियो समाचार-भारत में रेडियो (आकाशवाणी) की समाचार सेवा प्रभाग विश्व के सर्वाधिक विशाल समाचार प्रसारण संगठनों में से एक है। भारत में प्रथम रेडियो प्रसारण 1935 में कलकत्ता रेडियो स्टेशन से अंग्रेजी और बँगला भाषा में प्रसारित हुआ। उसके बाद बम्बई (मुम्बइ) रेडियो स्टेशन से अंग्रेज़ी और हिन्दी में समाचार बुलेटिन प्रसारित किये गये। रेडियो के कार्यक्रमों में समाचार प्रसारण सबसे संवेदनशील और सूचनाप्रद कार्यक्रम था। 1939-40 में भारत में रेडियो पर 27 समाचार बुलेटिन प्रसारित किये जाते थे।

रेडियो की भाषा-रेडियो की भाषा में आम बोलचाल की भाषा का ही प्रयोग सही रहता है। क्योंकि कठिन शब्दों का प्रयोग करने से इस बात की सम्भावना रहती है कि भाषा श्रोता की समझ से परे हो। व्यावहारिक रूप से भी श्रोता के पास इतना वक्त नहीं होता कि वह कठिन शब्दों के अर्थ जानने के लिए शब्दकोष का प्रयोग करे। रेडियो पर बोलने के लिए छोटे-छोटे वाक्यों का प्रयोग ही वांछित होता हैं। छोटे-छोटे वाक्यों में सूचनाओं को क्रमबद्ध तरीके से व्यवस्थित किया जाना चाहिए। इसके विपरीत यदि बहुत सारी सूचनाएँ एक ही वाक्य में पिरो दी जायेंगी तो एक ओर जहाँ वाचक को पढ़ने में मुश्किल होगी, वहीं दूसरी तरफ श्रोता को समझने में दिक्कत होगी। विषय के अनुरूप भाषा में प्रभाव लाने का प्रयास करना चाहिए। संज्ञा शब्दों का प्रयोग समय-समय पर किया जाना चाहिए। ऐसा करते समय समाचार में पहली बार किसी व्यक्ति विशेष का पूरा नाम दे देने के उपरान्त बाद में उपनाम का प्रयोग किया जाना चाहिए। जैसे- 'राष्ट्रपति श्रीमती प्रतिभा देवी सिंह पाटिल के अनुसार? से आरम्भ होनेवाले समाचार को विस्तार देते हुए बाद में 'श्रीमती पाटिल के अनुसार' ऐसा प्रयोग उचित रहता है और आज के भाषायी बदलाव के युग में रेडियो में इसी तरह की भाषा प्रयुक्त हो रही है। अब से पहले 'एवं' या 'व' शब्द का प्रयोग किया जाता था किन्तु अब इनके नाम पर 'और' का प्रयोग ज्यादा किया जा रहा है।

यूँ तो रेडियो के सारे कार्यक्रमों को समय सीमा में विभाजित किया जाता है और उसी के अनुरूप शब्दों की सीमा भी निर्धारित हो जाती है, किन्तु अब से पहले इसे आदर्श रूप में लागू नहीं किया जाता था, किन्तु आज रेडियो की भाषा को शब्दों की समय-सीमा में बाँधकर प्रयोग किया जाने लगा है। आज तकनीकी विकास के साथ-साथ रेडियो की भाषा भी काफी तकनीकीपरक हो गयी है। पहले तकनीकी अभाव या कम विकास के कारण रेडियो पर प्रस्तुत कार्यक्रमों में किसी बात को स्पष्ट करने के लिए कुछ विशेष ध्वनियों को सम्प्रेषित किया जाता था किन्तु वे ध्वनियाँ स्पष्ट रूप से पहचानी नहीं जा सकती थीं। कभी-कभी आँधी की आवाज़ नदी या समुद्र के पानी की आवाज़ लगने लगती। या घड़ी की टिक-टिक घोड़े के टापों की आवाज़ सी लगने लगती। पता ही नहीं चल पाता कि वास्तविक दृश्य क्या बन रहा है किन्तु आज ऐसी ध्वनि सम्बन्धी परेशानी नहीं रही। अब रेडियो के कार्यक्रमों में भाषा सम्बन्धी विविधता आ गयी है। खड़ीबोली हिन्दी के साथ-साथ आंचलिक भाषाओं का प्रयोग बख़ूबी किया जा रहा है। चूँकि रेडियो एक ऐसा जनमाध्यम है, जो शहरों से गाँवों तक अत्यन्त लोकप्रिय है। अतः श्रोताओं की संख्या को ध्यान में रखते हुए उसी के अनुरूप भाषा का भी निर्धारण हो रहा है। स्थानीय रेडियो

चैनलों में स्थानीय बोली का प्रयोग वांछनीय हो गया है। जैसे- अवधी, भोजपुरी, ब्रजभाषा, इत्यादि का प्रयोग।

आज रेडियो की भाषा बोलचाल की ही है। सही और सटीक शब्दों का प्रयोग करते हुए वाक्यों में ऐसे शब्दों को इस ढंग से पिरोया जाता है, कि श्रोताओं के दिमाग में आप जो कहना चाहते हैं उसकी तस्वीर खिंच जाये।

रेडियो समाचार शैली-सरल और स्पष्ट रेडियो समाचार श्रोता को पूर्ण रूप से समझ में आते हैं। जटिल समाचारों को भी एक या दो मुख्य तत्त्व उभारकर सरल बनाया जाता है। समाचारों की लीड अत्यन्त संक्षिप्त होती है तथा जहाँ सम्भव हो 'वर्तमान काल' में ही वाक्यों की रचना की जाती है। समाचार के कारणों का शुरुआत में ही उल्लेख करते हैं जिससे श्रोता समाचार का मूल तुरन्त जान जाता है।

रेडियो समाचार लेखक जटिल तत्त्वों का सरलीकरण करता है। वह घटना के मुख्य तत्त्व तक सीधे पहुँच जाता है और कभी-कभी तो केवल मुख्य तत्त्व ही समाचार के तत्त्व के रूप में सम्मिलित होता है। रेडियो समाचारों के वाक्य संक्षिप्त होने चाहिए। लम्बे वाक्यों को न तो समाचार उद्घोषक ठीक से पढ़ पाता है और न ही श्रोता ठीक से समझ पाते हैं। औसतन रेडियो समाचार का एक वाक्य 13-14 शब्दों से ज्यादा नहीं होना चाहिए।

तालिका : वाक्य की लम्बाई एवं श्रवणीयता

औसत वाक्य लम्बाई	श्रवणीयता
1.1 से 8 शब्दों तक	अत्यन्त आसानी से समझने योग्य
2. 9 से 11 शब्दों तक	आसानी से समझने योग्य
3.12 से 14 शब्दों तक	समझने योग्य
4. 15 से 17 शब्दों तक	ठीक से सुनकर समझने योग्य
5. 18 से 21 शब्दों तक	समझने में भूल चूक की सम्भावना
5. 22 से 25 शब्दों तक	ज्यादा भूल-चूक की सम्भावना
6. 26 से 29 शब्दों तक	चूक होना अवश्यम्भावी
7. 30 शब्दों तक	समझना अत्यन्त मुश्किल

चूँकि रेडियो समाचार एक या दो मुख्य तत्त्वों को ही स्पष्ट करते हैं अतः उनकी शुरुआत प्रायः कर्त्ता (Subject), क्रिया (Verb), कर्म (Object) के प्रतिरूप का अनुसरण करते हुए होती है। ऐसा इसलिए भी होता है क्योंकि रेडियो समाचार में सीधे 'क्या हुआ?' और 'किसने किया या कहाँ' स्पष्ट कर दिया जाता है।

रेडियो समाचार की विशेषताएँ-भारत में रेडियो समाचार सरलता, निष्पक्षता और आदर्शों के साथ-साथ राष्ट्रीयता से बँधे होते हैं। सरकार द्वारा ज़ारी विकासपरक योजनाओं एवं सरकारी नीतियों को समाचारों में वरीयता दी जाती थी। आकाशवाणी के बुलेटिनों में राष्ट्रीय एवं अन्तरराष्ट्रीय सभी समाचारों को महत्त्व दिया जाता है।

समाचार प्रस्तुतीकरण-रेडियो समाचार ध्वनि पर आधारित माध्यम है। इसमें समाचार केवल सुने जाते हैं, टेलीविज़न या समाचार-पत्रों की तरह देखे या पढ़े नहीं जा सकते।

रेडियो समाचारों में कानों के लिए लिखा जाता है। इसलिए ऐसी भाषा का प्रयोग किया जाता है जिसके वाक्य छोटे हों, सरल, सहज हों और आसानी से समाज के हर वर्ग की समझ में आ जायें। रेडियो समाचारों के लिए श्रोता का शिक्षित होना आवश्यक नहीं है। इसलिए इसमें कठिन शब्दों का प्रयोग नहीं किया जा सकता है। रेडियो समाचार की अनिवार्य शर्त यह है कि एक ही बार सुनने पर समाचार समझ में आ जाये।

समाचार का चयन-रेडियो या समाचार बुलेटिन में अत्यन्त महत्त्वपूर्ण ख़बरें ही प्रसारित की जाती हैं। समाचारों का चयन करते समय यह ध्यान रखा जाता है कि यह घटना समाज के एक बड़े भाग को प्रभावित करती हो, साथ ही व्यापक रूप से महत्त्वपूर्ण हो और जो पूर्णरूप से विश्वसनीय हो।

सामान्य समाचार बुलेटिन में सभी प्रकार की ख़बरों का प्रसारण किया जाता है परन्तु विशेष समाचार बुलेटिन में बुलेटिन के विषय से सम्बन्धित समाचार ही प्रसारित होते हैं। जैसे भारतीय सिनेमा के सौ वर्ष पूरे होने पर बनाये गये सिनेमा से सम्बन्धित विशेष समाचार बुलेटिन में सिनेमा से सम्बन्धित समाचारों का प्रसारण ही किया जायेगा। अन्तरराष्ट्रीय समाचार बुलेटिन के लिए भी ऐसे समाचारों को चुना जाता है जिसे जानने के लिए विदेशी श्रोता भी उत्सुक हों। रेडियो समाचारों में मुख्यतः राजनीतिक ख़बरें, विदेश नीति, व्यापार नीति, आयात-निर्यात तथा कारपोरेट वर्ल्ड की गतिविधियाँ, शेयर बाज़ार तथा देश-दुनिया की बड़ी घटनाएँ/दुर्घटनाएँ इत्यादि समाचारों का चयन प्रमुख रूप से होता है।

रेडियो समाचार गठन-रेडियो समाचार की संरचना समाचार-पत्रों की संरचना से अलग होती है। रेडियो समाचारों के बड़े बुलेटिनों में पहले मुख्य समाचार या हेडलाइन्स को प्रस्तुत किया जाता है और बाद में इन्हें विस्तार से दोहराया जाता है। बुलेटिनों के अन्त में मुख्य समाचारों को पुनः बताया जाता है।

उदाहरण-विविध भारती पर 19 जून, 2014 को 8.45 पर प्रसारित समाचार

हेडलाइन्स-इराक सरकार ने अपहृत भारतीय कामगारों के जगह के बारे में सूचना उपलब्ध करायी। विदेश मन्त्री सुषमा स्वराज अपहृत भारतीयों के परिजनों से मिलीं, सभी प्रकार की ज़रूरी मदद का आश्वासन। सरकार ने छह मन्त्रिमण्डलीय समितियों का पुनर्गठन किया, राज्यसभा के उपचुनाव में जनता दल यूनाइटेड ने बिहार की दोनों सीटे जीतीं। मिजोरम और अरुणाचल प्रदेश में कांग्रेस ने जीत दर्ज की। सूचना और प्रसारण मन्त्री प्रकाश जावड़ेकर ने कहा है कि सरकार नयी प्रतिभा को बढ़ावा देने के लिए एक हज़ार सामुदायिक रेडियो स्टेशन शुरू करेगी। पूँजी बाज़ार नियामक सेबी ने सभी सूचीबद्ध सरकारी क्षेत्र की कम्पनियों को कम-से-कम 25 प्रतिशत हिस्सेदारी सार्वजनिक करने सहित कई सुधारों को मंजूरी दी और फीफा फुटबाल विश्वकप में आज रात इंग्लैण्ड का उरुग्वे से, आइवरी कोस्ट का कोलम्बिया से और जापान का ग्रीस से मुकाबला।

समाचार सन्ध्या के साथ मैं लवली निगम-

विदेश मन्त्रालय ने कहा है कि इराक सरकार ने अपहृत 40 भारतीय कामगारों के जगह के बारे में सूचना उपलब्ध करायी है। आज शाम नयी दिल्ली में विदेश मन्त्रालय के

प्रवक्ता सईद अकबरुद्दीन ने संवाददाता सम्मेलन में जगह से जुड़ी जानकारी देने से इनकार कर दिया। यह पूछे जाने से पर कि क्या अपहृत कामगार सुरक्षित हैं प्रवक्ता ने बताया कि बन्धक बनाये जाने के बाद कोई सुरक्षा नहीं होती। उन्होंने कहा कि बगदाद में भारतीय दूतावास इस मामले में इराक, दूतावास से लगातार सम्पर्क बनाये हुए है। उन्होंने बताया कि सचिव पूर्व अनिल वाध्वा ने भी इस संकट पर इराक के राजदूत अहमद तहसीन अहमद बेरवारी से दो बार बात की है। विदेश मन्त्री सुषमा स्वराज ने ईराक में अपहृत भारतीयों के परिजनों को भरोसा दिलाया है कि उन्हें सुरक्षित मुक्त कराने में कोई कसर नहीं छोड़ेगी। इराक में अपहृत भारतीयों के 24 रिश्तेदारों ने पंजाब के मुख्यमन्त्री प्रकाश सिंह बादल की अगुवाई में नयी दिल्ली में श्रीमती स्वराज से मुलाकात की। बैठक के बाद श्रीमती स्वराज ने बताया कि सरकार ऐसे प्रत्येक संगठन के सम्पर्क में है जो भारतीय नागरिकों को जल्द-से-जल्द मुक्त कराने के प्रयास में सहायता दे सकता है। श्रीमती स्वराज ने कहा कि हालात में सुधार होते ही सरकार लौटने के इच्छुक लोगों के सुरक्षित स्वदेश वापसी का इन्तज़ाम करेगी।

बाइट-विदेश मन्त्री श्रीमती सुषमा स्वराज-"स्थिति सामान्य होते ही जो लोग भारत लौटना चाहेंगे उनके टिकट का पैसा, उनका नया पासपोर्ट, उनका खाता सभी का प्रबन्ध भारत सरकार करेगी और उनको यहाँ लेकर आयेगी। देखिये स्थिति सामान्य होने दीजिये आज स्थिति ऐसी नहीं है कि किसी को वहाँ से निकाला जा सके।"

श्रीमती स्वराज ने कहा कि इराक के तिकरित शहर में फंसे सभी भारतीय नर्सें सुरक्षित हैं। उधर इराक के सबसे बड़े तेलशोधक कारखाने के आसपास सरकारी सुरक्षाबलों और आतंकवादियों के बीच लड़ाई अब तक ज़ारी है। इराक की एक चौथाई घरेलू गैस आपूर्ति करनेवाला तेलशोधक कारखाना बन्द कर दिया गया है। इस बीच इसक ने बगदाद की ओर बढ़ते आतंकवादियों को रोकने के लिए अमेरिका से हवाई हमले करने का अनुरोध किया है। अमेरिका के राष्ट्रपति बराक ओबामा विकल्पों पर विचार कर रहे हैं और अमेरिकी सांसदों से चर्चा कर रहे हैं।

समाचार सन्ध्या आप आकाशवाणी से सुन रहे हैं।

विज्ञापन-बीएसएनएल ब्रॉड बैण्ड

सरकार ने आज छह महत्त्वपूर्ण मन्त्रिमण्डलीय समितियों का पुनर्गठन किया। ये समितियाँ-सुरक्षा, राजनैतिक मामलों, संसदीय मामलों, आर्थिक मामलों तथा समायोजन अनियुक्तियों से सम्बन्धित हैं। प्रधानमन्त्री नरेन्द्र मोदी सुरक्षा, राजनैतिक मामलों, आर्थिक मामलों और मन्त्रिमण्डल की नियुक्ति समिति से सम्बन्धित मन्त्रिमण्डलीय समितियों के अध्यक्ष होंगे। संसदीय मामलों, अनियोजित से सम्बन्धित मन्त्रिमण्डलीय समितियों की अध्यक्षता केन्द्रीय गृहमन्त्री राजनाथ सिंह करेंगे। सरकार ने आज संकेत दिया कि निजी एफ.एम. रेडियो चैनलों को समाचार प्रसारित करने की अनुमति दी जा सकती है। मीडिया और मनोरंजन क्षेत्र की कम्पनियों के कार्यकारी अधिकारियों की नयी दिल्ली में बैठक को सम्बोधित करते हुए सूचना और प्रसारण मन्त्री प्रकाश ज़ावड़ेकर ने कहा कि एफ.एम. चैनलों को तीन, चार स्रोतों से तथ्य लेने का विकल्प दिया सकता है। इसके पहले

आकाशवाणी के समाचार बुलेटिनों से तथ्य लेने का प्रस्ताव था। उन्होंने कहा कि अगर 24 घण्टे और सातों दिन चलने वाले समाचार चैनलों को अपने तरीके से समाचार दिखाने की छूट है तो रेडियो चैनल इस तरह से ख़बर क्यों नहीं दे सकते। उन्होंने कहा कि सरकार एक हज़ार सामुदायिक रेडियो स्टेशन स्थापित करेगी और इस क्षेत्र में काम करनेवालों को प्रोत्साहित करेगी।

बिहार में राज्यसभा की दोनों सीटें जनता दल यूनाइटेड ने जीत ली हैं। इन दोनों सीटों पर आज उपचुनाव कराया गया था। हमारे संवाददाता ने बताया कि जनता दल यूनाइटेड के उम्मीदवार पवन वर्मा ने निर्दलीय उम्मीदवार अनिल शर्मा को जबकि गुलाम रसूल बलियावी ने साबिर आली को हरा दिया है।

संवाददाता की बाइट-राष्ट्रीय जनता दल के सहयोग से जनता दल यूनाइटेड ने बिहार की दोनों राज्यसभा सीटें जीतने में कामयाब रही हैं लेकिन यह बात भी साफ हो गयी कि आनेवाले समय में बागी विधायक बिहार में जदयू की सरकार के लिए मुसीबत भी बने रह सकते हैं। बिहार विधानसभा की वर्तमान संख्या 232 में से 230 विधायकों ने आज अपने मत का इस्तेमाल किया। जदयू उम्मीदवारों के पक्ष में 122 जबकि विपक्ष में 108 मत पड़े। जदयू को राजद, कांग्रेस, सीपीआई को दो निर्दलीय का समर्थन मिला लेकिन राजद और कांग्रेस से भी कुछ लोगों ने क्रॉस वोटिंग की है। आकाशवाणी समाचार के लिए पटना से मैं दिवाकर कुमार।

मिजोरम में सत्तारूढ़ कांग्रेस पार्टी के उम्मीदवार रोनाल्ड सापालव ने राज्यसभा की एकमात्र सीट जीत ली। श्री लव ने एकमात्र प्रतिद्वन्द्वी मिजोरम नेशनल फ्रण्ट के उम्मीदवार एल रमाकिनलोवा को चालीस सदस्यीय विधानसभा में 34 वोटों से पराजित किया। अरुणाचल प्रदेश में राज्यसभा के निवर्तमान सांसद और अरुणाचल प्रदेश कांग्रेस इकाई के अध्यक्ष मुकुतनीती को राज्य की एकमात्र राज्यसभा सीट के लिए फिर से चुन लिया गया है। भारतीय जनता पार्टी ने केन्द्रीय वाणिज्य और उद्योगमन्त्री निर्मला सीतारमन को आन्ध्र प्रदेश से राज्यसभा सीट से चुनाव में उतारने का फैसला किया है। यह सीट पूर्व मुख्यमन्त्री और निवर्तमान राज्यसभा सांसद डॉ. एन. जनार्दन रेड्डी के निधन के कारण रिक्त हुई है। कृषि मन्त्री राघव मोहन सिंह ने गृह राज्यमन्त्री किरण रिजुजु को भरोसा दिलाया कि कृषि, शिक्षा और अनुसन्धान सम्बन्धित पूर्वोत्तर राज्यों की विशेष ज़रूरतों पर गौर किया जायेगा। श्री रिजुजु ने कृषि मन्त्री से नयी दिल्ली में मुलाकात कर पूर्वोत्तर क्षेत्र की ज़रूरतों के बारे में ज्ञापन सौंपा। राष्ट्रीय आपदा प्रबन्धन प्राधिकरण एन. डी. एम. ए. के. उपाध्यक्ष एम. शशिधर रेड्डी ने पद से इस्तीफा दे दिया है। श्री रेड्डी ने नयी दिल्ली में बताया कि उन्होंने इस्तीफा तीन दिन पहले प्रधानमन्त्री नरेन्द्र मोदी को भेजा था। श्री मोदी एन.डी.एम.ए. के अध्यक्ष भी हैं। श्री रेड्डी को यूपीए सरकार के कार्यकाल के दौरान एन.डी.एम.ए. का उपाध्यक्ष नियुक्त किया गया था। तमिलनाडु की मुख्यमन्त्री जयललिता ने प्रधानमन्त्री नरेन्द्र मोदी को आज एक पत्र लिखकर श्रीलंका में बन्द 40 मछुआरों और उनकी नौकाओं को रिहा करने का आग्रह किया है।

ब्यौरा हमारे संवाददाता से-श्रीलंका की नौसेना द्वारा 46 तमिलनाडु मछुआरों को पकड़े जाने और उनके 11 नावों को जब्त करने के बाद रामेश्वरम् और पम्बन के गाँव

में तनाव है। तमिलनाडु की मुख्यमन्त्री ने प्रधानमन्त्री नरेन्द्र मोदी को पत्र लिखा है जिसमें मछुआरों की भावनाओं को दर्शाया गया है। इससे पहले भी श्रीलंका नौसेनाओं ने मछुआरों के 23 नावों को ज़ब्त किया था। मछुआरों ने 10 किलोमीटर से भी कम अन्तरराष्ट्रीय समुद्री सीमा को पार किया था कि श्रीलंका की नौसेनाओं ने उन्हें पकड़ लिया। रामेश्वरम् के मछुआरे सरकार से आश्वासन चाहते हैं कि उन्हें पाक जलसन्धि और कच्चा दीबू के आसपास बिना किसी बाधा के मछली पकड़ने की अनुमति दी जाये।

त्रिचनापल्ली से केदेवीपद्दरामन की रिपोर्ट के साथ दिल्ली से मैं रंजीत रंजन

भाजपा ने दाम बढ़ने के मामले में एनडीए सरकार की आलोचना करने के लिए कांग्रेस पर निशाना साधा है। पार्टी प्रवक्ता शाहनवाज हुसैन ने नयी दिल्ली में संवाददाताओं को बताया कि सरकार बढ़ती महँगाई से अवगत है और उसने इस पर काबू पाने के लिए हर सम्भव कदम उठाये हैं। उन्होंने कहा कि इराक संकट का असर दुनिया भर की अर्थव्यवस्थाओं पर पड़ा है। श्री हुसैन ने कांग्रेस पर कटाक्ष करते हुए कहा कि नेता लम्बे अरसे तक वातानुकूलित कमरों में रहे और अब वे सड़कों पर उतरकर विरोध प्रदर्शन कर रहे हैं। तरुन तेज़पाल महिला यौन उत्पीड़न मामले में पुलिस को आगे की जाँच की अनुमति मिल गयी है। उत्तरी गोवा में त्वरित अदालत के अपराध अतिरिक्त सत्र न्यायाधीश ने पणजी पुलिस की सी. आई. डी. अपराध शाखा को यह अनुमति प्रदान की। ये समाचार आकाशवाणी से प्रसारित किये जा रहे हैं।

पूँजी बाज़ार नियामक भारतीय प्रतिभूति और विस्फोट सेबी ने प्राथमिक बाज़ारों को बढ़ावा देने सहित कई सुधारों को मंजूरी दे दी है। नयी दिल्ली में सेबी के निदेशक मण्डल की बैठक के दौरान सूचीबद्ध सरकारी क्षेत्र की सभी कम्पनियों को 3 वर्ष के भीतर कम-से-कम 25 प्रतिशत हिस्सेदारी सार्वजनिक को आवश्यक बना दिया गया है। बोर्ड ने ऑफर फॉर सेल के नियमों में भी ढील देने के प्रस्ताव को मंजरूी दे दी है। बाज़ार पूंजीकरण के आधार पर शेष 200 कम्पनियों के शेयर धारकों को ऑफर फॉर सेल उपलब्ध करायेगा। प्राथमिक बाज़ारों को फिर से बहाल करने के प्रयासों के तहत सेबी ने प्रमोटरों या आईपीओ के दौरान निवेशकों द्वारा बोनस शेयर बेचने के प्रतिबन्धों में भी ढील दी है। एक वर्ष से भी कम समय पूर्व ख़रीदे गये शेयर भी इस प्रावधान के तहत बेचे जा सकेंगे। सेबी ने सप्लाई स्टॉक आप्शन्स योजनाओं के संचालन के लिए भी नये नियम ज़ारी किये हैं। सेबी ने विभिन्न कम्पनियों द्वारा जुटायी गयी नो योर क्लाइण्ट (Know Your Client) सम्बन्धी सूचना अन्य वित्तीय नियामकों को देने के प्रस्ताव का भी अनुमोदन कर दिया है। और अब आर्थिक जगत् की ख़बरों के साथ हैं सोनू सूद-

बम्बई शेयर बाज़ार का सेंसेक्स आज कच्चे तेल की बढ़ती कीमतों पर चिन्ताओं के चलते 44 अंक गिरकर 25202 पर बन्द हुआ। नेशनल स्टॉक एक्सचेंज का निफटी 18 अंक गिरकर 7541 हो गया। अन्तर बैंक विदेशी मुद्रा बाज़ार में रुपया आज डालर के मुकाबले 31 पैसे मज़बूत हुआ और 1 डालर की कीमत 60 रुपया 8 पैसे दर्ज हुई। सोने का मूल्य दिल्ली के सर्राफा बाज़ार में 30 रुपये कम होकर 28,020 रुपये प्रति दस ग्राम दर्ज़ हुआ। चाँदी 200 रुपये महँगी होकर 43,100 प्रति किलोग्राम पर जा पहुँची।

ब्राजील में फुटबाल विश्व कप में आज ग्रूप सी में कोलम्बिया का सामना आइवरी कोस्ट और जापान का मुकाबला ग्रीस से होगा। हमारे संवाददाता ने बताया कि ग्रूप ओ में दो पूर्व चैम्पियन उरुग्वे और इंग्लैण्ड आमने-सामने होंगे।

स्पेन के बाद एक पूर्व चैम्पियन के विश्व कप से बाहर होने की स्क्रिप्ट लिखी जा चुकी है बस उसमें इंग्लैण्ड या उरुग्वे का नाम भरा जाना बाकी है। दोनों टीमें ग्रूप ऑफ डेथ के अपने-अपने पहले मुकाबलों में हार का सामना कर चुकीं हैं। ऐसे में अगले दौर में उन्हें सिर्फ़ जीत ही पहुँचा सकती है।

वेन दूती क्या सेण्टर में खिलाये जायें या म्लेन जॉनसन की जगह टीम में बनती है, ऐसे कई सवाल 1966 के विश्व कप विजेता टीम के सामने हैं। इंग्लैण्ड के पास रहीम स्ट्रांगलिन और डेनियर जैसे अंग्रेज़ उम्दा खिलाड़ी हैं उधर दो बार की चैम्पियन उरुग्वे के स्टार स्ट्राइकर लुइस स्वावेल्स का खेलना अब भी तय नहीं है। पिछले मैच में कोच स्तारिका के टीम के हाथों 3-1 की चौंकानेवाली हार से सबक लेकर उरुग्वे को बेहतरीन खेल दिखाना होगा।

समाचार के लिए दिल्ली से मैं शशांक कुमार

बाँग्लादेश के मीरपुर में भारत और बाँग्लादेश के बीच तीसरा और अन्तिम एक दिवसीय अन्तरराष्ट्रीय क्रिकेट मैच बारिश के कारण रद्द हो गया है। इस तरह से भारत ने तीन मैचों की श्रृंखला 2-0 से जीत ली है। मैच रोके जाने के समय तक भारत ने 34 ओवर में और 2 गेंद में 9 विकेट पर 119 रन बना लिये थे।

भारत के विश्वनाथन आनन्द ने विश्व रैपिड शतरंज टूर्नामेण्ट में कांस्य पदक जीत लिया है। आज अन्तिम मुकाबले में उन्होंने मौजूदा विश्व चैम्पियन मैग्नेस कालसन को हराया। कालसन ने स्वर्ण और इटली के फेबियातो कार्लवाना ने रजत पदक जीता।

दक्षिण-पश्चिम मानसून पूर्वी मध्य प्रदेश के कुछ हिस्सों तक पहुँच गया है। मौसम विभाग ने अगले 24 घण्टों में मध्य प्रदेश में कई स्थानों पर बारिश होने का अनुमान व्यक्त किया है।

सरकार सार्वजनिक जीवन और विभिन्न विभागों में हिन्दी को बढ़ावा देने को प्राथमिकता देगी। गृह राज्यमन्त्री किरण रिजुजु ने नयी दिल्ली में बताया कि देश में राजभाषा हिन्दी होने के कारण यह फैसला किया गया है। उन्होंने कहा कि सरकार सभी भाषाओं को महत्ता देगी और क्षेत्रीय भाषाओं के इस्तेमाल को हतोत्साहित नहीं करेगी। इससे पहले दिन में डीएमके प्रमुख एम. करुणानिधि ने सोशल मीडिया पर हिन्दी का इस्तेमाल करने को प्राथमिकता देने पर विरोध किया है। बताया गया है कि सरकार ने सोशल मीडिया में हिन्दी के इस्तेमाल को प्राथमिकता देने का निर्देश दिये हैं।

अन्त में मुख्य समाचार एक बार फिर

रेडियो स्क्रिप्ट के कुछ उदाहरण-

क्यू-समय का फेर है या राजनीति की गिरती साख का सबब, शीला की जवानी और दबंग की मुन्नी बदनाम होकर भी पतंगों की दुनिया में नेताओं और क्रिकेट खिलाड़ियों पर भारी है।

भारत में मकर संक्रान्ति पर बड़े पैमाने पर पतंग उड़ाने का चलन है। पतंग निर्माता अपनी पतंगों को मनभावन बनाने के लिए उन पर नेताओं और क्रिकेट सितारों की तस्वीर उकेरते रहे हैं।

क्लिप-मगर इस बार 'मुन्नी' और 'शीला' ने इन सबको पीछे छोड़ दिया है। जयपुर पतंगबाजी और पतंगसाज़ी का बड़ा केन्द्र है। पिछली बार पतंगों के आवरण पर अमेरिकी राष्ट्रपति ओबामा छाये हुए थे। मगर इस बार पतंगों ने ओबामा का साथ छोड़ दिया है।

पतंगों के बाज़ार में कहीं-कहीं प्रधानमन्त्री मनमोहन सिंह और राजस्थान के मुख्यमन्त्री अशोक गहलोत की तस्वीरें नज़र ज़रूर आती हैं।

लेकिन पतंग निर्माता कहते हैं कि इस बार दबंग की मुन्नी (मलायिका अरोड़ा) और शीला की जवानी (कैटरीना कैफ) की माँग सबसे ज्यादा है।

पतंग निर्माता गफूर भाई पिछले तीन दशक से इस काम से जुड़े हैं। वे पहले राजनेताओं की तस्वीरें पतंगों पर उतारते रहे हैं। मगर इस बार उनकी पतंगों पर मुन्नी और शीला की जवानी शोभित है।

गफूर भाई कहते हैं कि "इस बार तो इनकी ही माँग है। नेताओं से लोग ऊब गये हैं। महँगाई के कारण भी नेताओं से मोहभंग हुआ है। पहले शहीदों, नेताओं और क्रिकेट सितारों की बहुत चाहत थी, अब नहीं है। अब तो मुन्नी बदनाम और शीला की जवानी के गानों की जैसे माँग है, वैसे ही पतंगों पर इनकी तस्वीरों की माँग हो गयी है।"

बाइट-गफूर भाई (पतंग विक्रेता)

मकर संक्रान्ति हिन्दू त्योहार है, पर पतंग बनाने और बेचने में मुसलमानों की बहुतायत है।

पतंग बेजान ज़रूर होती है। मगर वो इन्सान की तरह कोई भेद नहीं करती, वो उड़ती है, गिरती है ओर अपने साथ भाईचारे का पैगाम भी ले जाती है।

पतंग निर्माता मोहम्मद शकील कहते हैं, "यह मिला-जुला त्योहार है, बेशक यह हिन्दुओं का पर्व है मगर खुशी तो साझा है। ये तो हमारे पुरखों ने मिल-जुलकर रहने की सीख दी थी, हम तो सदियों से साथ-साथ ऐसे ही त्योहार मनाते रहे हैं।"

बाइट-मोहम्मद शकील (पतंग विक्रेता)

जयपुर में रियासत काल में पतंग उड़ाने का काम शुरू हुआ, राजाओं ने इसे प्रोत्साहित किया तो मुस्लिम कारीगरों ने इसे पोषित किया।

पतंग विक्रेता मोहम्मद हनीफ कहते हैं, "पतंगों का काम तो राजाओं के दौर में शुरू हुआ, तब से इसमें बढ़ोत्तरी हुई है। वैसा ही जोशोखरोश है। समय के साथ ये और बढ़ा है, कम नहीं हुआ है।"

बाइट-मोहम्मद हनीफ (पतंग विक्रेता)

पतंगों के एक व्यापारी हुसैन इतिहास में और पीछे जाते हैं और कहते हैं, "यह तो राजा-महाराजा क्या हकीम लुकमान के ज़माने से शुरू हुआ है। इससे आँखों की रोशनी बढ़ती है। हकीम ने बताया था कि पतंग उड़ाने से आँखों की रोशनी सलामत रहती है। कभी देखना पतंगबाज़ और कबूतरबाज़ की आँखे दुरुस्त मिलेंगी।"

बाइट- हुसैन (पतंग व्यापारी)

साइन ऑफ-राजा गये, रहनुमा आये, जम्हूरियत पूरे परवान पर है, लेकिन पतंग अगर कोई पैमाना है तो भारत की राजनीति को यह ज़रूर सोचना होगा कि शीला की जवानी के आगे वह क्यों हार गयी।

इधर जहाँ स्टीरियो (Stereo) रेडियो का आगमन हो चुका है वहीं स्टीरियो टेलीविज़न की सम्भावनाओं पर भी विचार हो रहा है। आज किसी भी कार में लगे कार-रेडियो पर एफ-एम के तीन-चार स्टेशन तो उपलब्ध रहते ही हैं। आनेवाले दिनों में टेलीविज़न के कार्यक्रमों में भी स्टीरियो ध्वनि का आनन्द लिया जा सकता है।

शीर्षक-दम तोड़ती बहुरूपिया कला

क्यू-भारत में बहुरूप धारण करने की कला बहुत पुरानी है। राजाओं-महाराजाओं के समय बहुरूपिया कलाकारों को हुकूमतों का सहारा मिलता था। लेकिन अब ये कलाकार और कला दोनों मुश्किल में हैं।

इन कलाकारों का कहना है कि समाज में रूप बदलकर जीनेवालों की तादाद बढ़ गयी है। लिहाज़ा बहुरूपियों की कद्र कम हो गयी है।

इन कलाकारों में हिन्दू और मुसलमान दोनों हैं। मगर वे कला को मज़हब की बुनियाद पर विभाजित नहीं करते। मुसलमान बहुरूपिया कलाकार हिन्दू प्रतीकों और देवी-देवताओं का रूप धारण करने में गुरेज़ नहीं करता तो हिन्दू भी पीर, फकीर या बादशाह बनने में संकोच नहीं करते।

बाइट-अब्दुल हमीद (बहुरूपिया)

अब्दुल हमीद दिल्ली में कई वर्षों से इस कला को प्रोत्साहित करते रहे हैं। वह कहते हैं, ''यह कला बहुत बुरे दौर से गुज़र रही है। मेरे ख्याल से सबसे ज्यादा बहुरूपिया कलाकार राजस्थान में ही हैं। पूरे देश में कोई दो लाख लोग हैं जो इस कला के ज़रिये अपनी रोज़ी-रोटी चलाते हैं।''

राजस्थान के सीकर के यासीन को यह फन अपने पुरखों से विरासत में मिला है, वो बड़े मन से इस कला का प्रदर्शन करते हैं। लेकिन उनके तीनों बेटों ने इससे हाथ खींच लिया है, बेटों का कहना है कि इस कला की न तो कोई कद्र करता है और न ही इसका कोई भविष्य है।

बाइट-यासीन (बहुरूपिया)

यासीन कहते हैं, ''हमें पुरखों ने बताया था कि बहुरूपिया बहुत ही ईमानदार कलाकार होता है। राजाओं के दौर में हमारी बड़ी इज्जत थी, हमें 'उमरयार' कहा जाता था। हम रियासत के लिए जासूसी भी करते थे। राजपूत राजा हमें बहुत मदद करते थे और अजमेर में ख़्वाज़ा के उर्स के दौरान हम अपनी पंचायत भी करते थे। आज हर कोई भेष बदल रहा है। बदनाम हम होते हैं। लोग अब तानें कसते हैं कि कोई काम क्यों नहीं करते।

विदेशों में प्रदर्शन-ज्यादातर बहुरूपिया कलाकार बड़े मंचों से वंचित रहते हैं। वे फुटपाथ पर अपना मजमा लगाते हैं और लोगों का मनोरंजन करते हैं। मगर पंजाब के बहुरूपिया कृष्ण इससे अलग हैं। कृष्ण को यह कला यूरोप और अमेरिका तक ले गयी।

कृष्ण स्पेनिश और फ्रेंच की नकल कर लेते हैं। वह अब तक करीब एक दर्ज़न भर देशों में अपने हुनर का प्रदर्शन कर चुके हैं। लेकिन भारत में इस कला के कद्रदान के मामले में कृष्ण और यासीन के नजरिये में कोई अन्तर नहीं है।

कृष्ण का कहना है, ''हमारे समुदाय से कई परिवार अब इस कला से हट गये हैं, क्या करें पेट तो भरना ही होगा।''

बाइट-कृष्ण (बहुरूपिया)

कृष्ण कहते हैं कि बहुरूपिया के 52 रूप हैं, जो भय पैदा कर दे वह ही बहुरूपिया है। कृष्ण ने गुजरात में हिंसा का वह दौर देखा है, 'जब बस्तियाँ मज़हब की हदों में बँट गयी थी और सियासत या तो शरीके-जुर्म थी या फरार हो गयी थी। 'मगर ये बहुरूपिया' कलाकार बस्तियों में भाईचारे का पैगाम बाँटते रहे।

बाइट-बंशीलाल मोहनलाल (बहुरूपिया)

अहमदाबाद के बहुरूपिया बंशीलाल मोहनलाल कहते हैं, ''हम इस कला को ज़िन्दा रखना चाहते हैं। हम हिन्दू भेष धारण कर मुस्लिम बस्तियों में जाते हैं और प्रेम और भाईचारे का सन्देश देते हैं।''

नये-नये रूप धारण करने के चलन का ज़िक्र महाभारत में भी है, महाभारत में भगवान् कृष्ण के कई रूप धारण करने की बात है और उन्हें छलिया भी कहा गया।

मगर अब जैसे भारत में 60 साल की कहानी रुख से नकाब हटने का किस्सा बन गयी हो। कभी किसी धार्मिक हस्ती का चेहरा बेनकाब होता है तो कभी किसी का।

दौसा ज़िले के बहुरूपिया अशोक तो सारा दोष ही नेताओं के सर मढ़ते हैं, कहते हैं कि जब सारा समाज ही भेष बदल रहा तो हमें कोई क्यों पूछेगा, नेता ही सबसे बड़े लिबास बदलनेवाले हैं।

साइन ऑफ-ये कलाकार जब अपना हुनर दिखाते हैं और दावा करते हैं कि वे ही असली बहुरूपिया हैं तो तमाशबीन चक्कर में पड़ जाते हैं। उन्हें लगता फिर वो कौन है जो ऊंचे मुकाम और मंचों पर बैठे हैं।

विविध भारती-विविध भारती सेवा सन् 1957 में आरम्भ की गयी। इससे पूर्व एक लम्बे समय तक आकाशवाणी से फिल्म संगीत का प्रसारण अत्यन्त सीमित हो गया था। इस दौरान शास्त्रीय संगीत को अधिक महत्त्व दिया गया। यह माना गया कि फिल्म संगीत का स्तर आकाशवाणी की गरिमा के अनुकूल नहीं है। उस समय आकाशवाणी के केन्द्रों को यह निर्देश था कि वे फिल्मी गीतों के बोल तथा संगीत के आधार पर स्क्रीनिंग करें तथा आकाशवाणी के प्रसारण स्तर के अनुकूल गीतों को ही प्रसारण हेतु स्वीकृत किया जाये। फिल्म संगीत के प्रसारण में कमी के कारण श्रोताओं की संख्या में भारी कमी आयी। इस दौरान रेडियो सीलोन ने अपने प्रसारण में फिल्म संगीत का प्रसारण काफी बढ़ा दिया। यह कार्यक्रम भारत के विभिन्न भागों में काफी सुना जाने लगा। इसको देखते हुए सन् 1957 में विविध भारती की शुरुआत हुई। आरम्भ में दो उच्च शक्तिवाले ट्रान्समीटरों की सहायता से ये कार्यक्रम बम्बई तथा नागपुर से प्रसारित किये जाते थे। सन् 1960 के बाद इसे कम शक्तिवाले मीडियम वेव ट्रान्समीटरों पर भी उपलब्ध कराया जाने लगा।

सामुदायिक रेडियो- सामुदायिक रेडियो का प्रसारण सबसे पहले ग्रामीण क्षेत्र के लिए प्रसारण 1935 में इलाहाबाद के नैनी स्थित रेडियो स्टेशनों से शुरू हुआ। सामुदायिक रेडियो भारत के लिए सूचना प्रसार और मनोरंजन का सबसे उचित और किफायती माध्यम है। सामुदायिक रेडियो के ज़रिए दूरदराज़ तक फैले ग्रामीण क्षेत्रों में सूचना एवं सन्देश आसानी से भेजा जाता है।

सामुदायिक रेडियो का उद्देश्य- इसका उद्देश्य देश की ग्रामीण जनता तक विभिन्न जानकारियाँ पहुँचाना है। ईसाई मिशनरियों के कृषि शोध संस्थानों ने यह प्रयोग शुरू किया था। इलाहाबाद में स्थित भारतीय कृषि शोध संस्थान ने सन् 1935 में ग्रामीण कार्यक्रमों का प्रसारण आरम्भ किया, जो प्रतिदिन सन्ध्या समय में एक घण्टे के लिए प्रसारित होता था। स्वतन्त्रता के बाद गाँवों के लिए शुरू किये गये कार्यक्रमों के ज़रिये लोगों के सवालों के जवाब देने के साथ बाज़ार और मौसम की जानकारी भी दी जाती थी। इसके बाद रेडियो की लोगों तक पहुँच बढ़ी और रेडियो फार्म स्कूल स्थापित किये गये। इनके माध्यम से किसानों को बाकायदा कृषि से जुड़े विषयों पर शिक्षित किया गया। वहीं आल इण्डिया रेडियो में फार्म एण्ड होम यूनिट स्थापित की गयी। इसमें ख़ास तौर से कृषि स्नातकों की नियुक्ति की गयी और अमेरिका की तर्ज़ पर फार्म रेडियो आफिसर (एफ आर ओ) नियुक्त किये गये लेकिन समय के साथ इनको मुख्यधारा में शामिल कर लिया गया। छठें दशक में अमेरिकी मदद से कुछ विश्वविद्यालयों में रेडियो स्टेशन शुरू किये गये।

सन् 2006 में सामुदायिक विकास के लिए भारत सरकार ने सामुदायिक रेडियो की शुरुआत की। इस रेडियो की फ्रीक्वेन्सी 10 से 12 किलोमीटर तक होती है। अर्थात् इस रेडियो को 10 से 12 किलोमीटर तक के क्षेत्र में ही सुना जा सकता है। भारत में अब 54 प्रसारण केन्द्र खुल चुके हैं। भारत सरकार की प्रसारण नीति के अनुसार केवल स्वयंसेवी संगठनों को ही सामुदायिक रेडियो का संचालन और प्रसारण करने की मंजूरी दी गयी है। सामुदायिक रेडियो की सबसे बड़ी ख़ासियत यह है कि यह अपने 10-12 किलोमीटर के लक्षित समूह की ज़रूरतों, समस्याओं और रुचियों के अनुसार कार्यक्रम पेश करता है और अपने श्रोताओं से सीधे सम्पर्क बनाये रखता है। सामुदायिक रेडियो अपने मकसद में कितना कामयाब रहा उसकी बानगी हिन्दुस्तान के 2 मई के सुहेल हामिद के इस लेख से मिलती है-

"गाँव की शादी से समुद्र में तूफान तक की ख़बर- 'गोपालपुर गाँव में लक्ष्मी की बेटी की शादी ठीक-ठाक हो गयी है, आज मछली का भाव बाज़ार में कुछ कम हुआ है और कल मौसम के बिगड़ने का अनुमान है।' उड़ीसा के कोणार्क स्थित कम्युनिटी रेडियो 'रेडियो नमस्कार' स्थानीय लोगों को उनकी ज़रूरत की जानकारी मुहैया कर रहा है। जब मछुआरे समुद्र में मछली पकड़ने जाते हैं। उनके पास रेडियो नमस्कार के अलावा संचार का कोई माध्यम नहीं होता। लोग मछली पकड़ने गये अपने परिवार के सदस्यों तक इस रेडियो के जरिये ही अच्छी-बुरी ख़बर पहुँचाते हैं। दूर-दराज़ के लागों को जागरूक करने के साथ उन तक तमाम जानकारी पहुँचाने में कम्युनिटी रेडियो अहम् भूमिका निभा रहा है। देश में इस वक्त 103 कम्युनिटी रेडियो हैं और सरकार इनकी संख्या बढ़ाना चाहती है। कम्युनिटी रेडियो का मकसद ग्रामीणों को शिक्षा, स्वास्थ्य, खेती और अधिकारों के बारे में जागरूक

करना है। रेडियो नमस्कार के कर्त्ताधर्त्ता एन.ए. शाह कहते हैं कि उनके अभियान से कई गाँव के स्कूलों में बच्चों का ड्रॉप आउट रेट कम हुआ है। मिड-डे मील की गुणवत्ता में भी सुधार हुआ है। अहमदनगर के डॉ. भास्कर ने रेडियो 'केवीके' के जरिये लोगों को पानी के प्रति जागरूक किया है। उत्तराखण्ड के कम्युनिटी रेडियो 'कुमाऊ वाणी' की ऋषु मानती हैं कि प्रक्रिया आसान नहीं है। लोग निजी ज़िन्दगी में जो कर रहे हैं, उसे समझने के लिए थोड़ी गहराई की ज़रूरत है।'' मल्लाहों की बस्ती में कम्युनिटी रेडियो का प्रसारण मल्लाहों की आवश्यकतानुसार सुबह चार बजे शुरू हो जाता है क्योंकि जब वे समुद्र में जाल फेंकने के लिए सुबह चार बजे निकलते हैं तो सुबह का प्रसारण उन्हें उसी वक्त मौसम की ताजा जानकारी देता है, बताता है कि आज समुद्र की क्या स्थिति है। उन्हें मौसम के अनुसार हिदायतें और सलाह दी जाती हैं। शाम के प्रसारण में मछली बेचनेवाली महिलाओं को सम्बोधित किया जाता है। उन्हीं की भाषा में मछली की मार्केटिंग करने के गुर सिखाए जाते हैं। वहाँ के तीज त्यौहारों पर विशेष प्रसारण होते हैं।

सामुदायिक रेडियो अपने समुदायों के सरोकारों के प्रति पूर्णतः समर्पित होता है। 19 जून, 2014 को सूचना एवं प्रसारण मन्त्री प्रकाश जावड़ेकर ने कहा कि नयी प्रतिभा को बढ़ावा देने के लिए 1000 सामुदायिक रेडियो स्टेशन शुरू किये जायेंगे।

एफ. एम. चैनल (F.M. Channel)-भारत में सर्वप्रथम 1977 में एफ रेडियो की शुरुआत चेन्नई में हुई। एफ.एम. की विशेषता है कि बिजली की स्पार्किंग, गर्जना, स्थानीय शोरगुल इत्यादि का कोई प्रभाव नहीं पड़ता है। इस प्रसारण पद्धति में **'लाइन ऑफ साइट वेव प्रोपेगेशन'** होता है, इसलिए इसमें एक ही फ्रीक्वेन्सी चैनल पर कई केन्द्रों को चलाया जा सकता है, इनके आपस में कोई अन्तर्प्रभाव-व्यवधान नहीं होता है। एफ.एम. बैण्ड पर ध्वनि प्रसारण 87.5 मेगाहर्ट्ज से 108 मेगाहर्ट्ज के बीच प्रसारित किया जाता है। प्रत्येक एफ.एम. चैनल कैरियर फ्रीक्वेन्सी उसी बैण्ड पर 100 किलोहर्ट्स के अन्तराल पर दूसरे केन्द्र से रखी जाती है। एफ.एम. में जब कोई ध्वनि माइक्रोफोन पर आती है तो वह तार की विद्युत् धारा बदल जाती है और तब इसे कैरियर तरंगों के साथ मॉड्यूलेट करके संचारित किया जाता है।

एफ.एम. का दूसरा चैनल एफ.एम.-2 1 सितम्बर, 2001 से शुरू किया गया। इस चैनल पर हर रोज़ 18 घण्टे का प्रसारण किया जाने लगा, यह दिल्ली, मुम्बई, कोलकाता और चेन्नई से प्रसारित किया जाता था। इस पर हर घण्टे हिन्दी और अंग्रेज़ी भाषा में समाचार प्रसारित किये जाने लगे। एफ एम-2 एक क्लासिक चैनल है जिस पर पुराने गीत, गज़ले और शास्त्रीय गीत के कार्यक्रम प्रमुखतः से प्रसारित किये जाते हैं।

वर्तमान समय में एफ.एम. के नये-नये चैनल प्रसारित किये जा रहे हैं। कुछ प्रमुख एफ. एम. चैनलों का विवरण निम्नलिखित है-

1. रेडियो सिटी-एफ.एम. रेडियो स्टेशन 91.1 मेगाहर्ट्ज पर अपने कार्यक्रम प्रसारित करता है। एफ. एम. स्टेशन ने 3 जुलाई, 2001 बेंगलोर से अपने कार्यक्रम प्रसारित किये। 2003 में लखनऊ और दिल्ली, 2004 में मुम्बई, 2006 हैदराबाद और 7 जुलाई, 2006 में चेन्नई तथा अक्टूबर, 2007 विशाखापट्टनम में अपने एफ.एम. चैनल की शुरुआत की। रेडियो सिटी ने 2008 में नयी मीडिया तकनीक में अपना कदम रखा और प्लैनेट रेडियो

सिटी डॉट कॉम के नाम से म्यूजिक पोर्टल स्थापित किया जिस पर संगीत से सम्बन्धित समाचार, फीचर इत्यादि कार्यक्रम प्रसारित किये जाते हैं। रेडियो सिटी ने 'फन का एण्टिना' नाम से ऑन लाइन रेडियो स्टेशन की भी शुरुआत की जिसमें हिन्दी और कन्नड़ के गाने प्रसारित किये जाते हैं। वर्तमान में इसकी मुख्य कार्यकारी निदेशक सुश्री अपूर्वा पुरोहित हैं।

2. रेडियो मिर्ची-यह टाइम्स समूह का एफ. एम. चैनल है। यह एफ. एम. चैनल दिल्ली, मुम्बई, कोलकाता, पुणे, जयपुर, इन्दौर, हैदराबाद, चेन्नई समेत 33 बड़े शहरों में प्रसारित होता है। यह अपने कार्यक्रम 98.3 मेगाहर्ट्ज फ्रीक्वेन्सी पर प्रसारित करता है। इसका स्लोगन है 'रेडियो मिर्ची इट्स हॉट'।

3. 92.7 बिग एफ. एम.-यह एफ. एम. चैनल रिलायन्स समूह है, जिसकी शुरुआत 2006 में हुई थी, जिसके मालिक अनिल अम्बानी हैं। यह चैनल भारत के 45 से अधिक शहरों और विदेशों में सिंगापुर और भूटान में अपने कार्यक्रमों को प्रसारित कर रहा है। इसका स्लोगन है-'सुनो-सुनाओ लाइफ बनाओ'। यह पहला ऐसा निजी चैनल है जो जम्मू और कश्मीर से भी प्रसारित होता है। इसने 1 जुलाई, 2008 में सर्वप्रथम भारत के बाहर सिंगापुर में अपने कार्यक्रमों को प्रसारित किया। यह वहाँ पर 96.3 मेगाहर्ट्ज फ्रीक्वेन्सी पर बिग बॉलीवुड 96.3 एफ. एम. नाम से प्रसारित होता है।

4. रेड एफ. एम.-यह 93.5 मेगाहर्ट्ज फ्रीक्वेन्सी पर पुणे, मुम्बई, कलकत्ता, दिल्ली, इन्दौर, भोपाल, जयपुर, ग्वालियर समेत 8 से अधिक शहरों में अपने कार्यक्रम प्रसारित करता है। इसकी शुरुआत 2002 में की गयी थी। इसके मालिक चेन्नई के कलानिधिमारन हैं। इसकी पंचलाइन है बजाते रहो, यह चैनल सन समूह का है।

5. माई एफ.एम.-दैनिक भाष्कर समूह का यह एफ.एम. चैनल भारत का चौथा सबसे बड़ा एफ.एम. चैनल है। राजस्थान के अलावा हरियाणा, पंजाब, गुजरात, मध्य प्रदेश, महाराष्ट्र और छत्तीसगढ़ राज्यों के सत्रह शहरों में यह अपने कार्यक्रम प्रसारित करता है। यह 94.3 मेगाहर्ट्ज फ्रीक्वेन्सी पर प्रसारित होता है। इसके टैग लाइन है 'जियो दिल से'।

रेडियो पर प्रसारित होनेवाले विभिन्न कार्यक्रम-

रेडियो वार्त्ता

भेंटवार्त्ता

परिचर्चा

रेडियो नाटक

रेडियो रूपक

रेडियो रिपोर्ट

रेडियो पत्रिका कार्यक्रम

फोन-इ कार्यक्रम

कन्सर्ट

कम्पेयरिंग

विज्ञापन
आँखों देखा हाल
वर्ग-विशेष के कार्यक्रम
विशेष श्रोता समूह

रेडियो वार्त्ता-रेडियो शब्द और ध्वनि का माध्यम है। रेडियो प्रसारण में रेडियो वार्त्ता सबसे अधिक प्रयोग में लायी जानेवाली विधा है। रेडियो के लिए लेख या भाषण नहीं बल्कि वार्त्ता लिखी जाती है। वार्त्ता का अर्थ है संवाद या बातचीत चूँकि रेडियो एक श्रव्य माध्यम है इसलिए रेडियो पर किसी सन्देश या बातचीत को श्रोतागण के लिए सुनाया जाता है। रेडियो वार्त्ता कहने और प्रस्तुतीकरण की एक कला है। रेडियो वार्त्ता में दो पक्ष होते हैं-वार्त्ताकार एवं श्रोता। वार्त्ता लेखन में भाषा-शैली एवं वाक्य संरचना का विशेष ध्यान रखा जाता है। रेडियो वार्त्ता में एकपक्षीय संवाद होता है। रेडियो वार्त्ता में संवाद ऐसा होता है जिसमें सीधी सहभागिता के बिना भी श्रोता को यह आभास हो कि वार्त्ता या बातचीत उसी से हो रही है।

रेडियो वार्त्ता का सीधा सम्बन्ध श्रोता समुदाय से होता है, जैसे यदि वार्त्ता किसानों, महिलाओं, युवाओं या बच्चों के लिए है तो उन्हीं को ध्यान में रखकर रेडियो वार्त्ता का आलेख वार्त्ताकार द्वारा तैयार किया जाता है। स्टूडियो में वार्त्ताकार आलेख को माइक्रोफोन के सामने इस प्रकार पढ़ता है कि श्रोता को यह आभास हो कि वार्त्ताकार उसके समक्ष बैठकर उससे बात कर रहा हो। आलेख तैयार करते समय भाषा का विशेष ध्यान रखना चाहिए। वार्त्ता की भाषा-शैली श्रोता समुदाय के अनुरूप ही होनी चाहिए। वार्त्ता में ध्वनि व भावों की सही अभिव्यक्ति पर विशेष ध्यान देना चाहिए। रेडियो वार्त्ता में सरल एवं सुबोध शब्दों का प्रयोग ही करना चाहिए। रेडियो वार्त्ता विविध विषयों पर प्रसारित की जाती है। जैसे-तथ्यपरक वार्त्ता, विकास वार्त्ता, व्यंग्य वार्त्ता, विनोद वार्त्ता, संस्मरणात्मक वार्त्ता एवं लघु वार्त्ता।

रेडियो वार्त्ता के तीन प्रमुख अंग होते हैं-अग्रांश, मध्यांश एवं उपसंहार।

अग्रांश जिसे प्रस्तावना भी कहा जाता है किसी वार्त्ता का प्राणतत्व होता है। वार्त्ता की प्रस्तावना आकर्षक होनी चाहिए और उसमें श्रोता को बाँधे रखनी की क्षमता भी होनी चाहिए। किसी वार्त्ता का अग्रांश भाग ही श्रोता में उत्सुकता पैदा करता है। वार्त्ता के अग्रांश भाग में ही विषयवस्तु से सम्बन्धित प्रमुख बातों व सूचनाओं को कलात्मक ढंग से प्रस्तुत करना चाहिए।

वार्त्ता के मध्यांश में पूरी वार्त्ता का कलेवर होता है। प्रस्तावना में श्रोता के भीतर जिस उत्सुकता को जागृत किया जाता है मध्यांश में उसी जिज्ञासा का विकास श्रोताओं की रुचि को ध्यान में रखकर किया जाता है। वार्त्ता के मध्य में तथ्यों एवं प्रस्तुतीकरण की रोचकता पर विशेष ध्यान रखना होता है, जिससे वार्त्ता बोझिल व नीरस न बन जाये और श्रोता एकाग्र होकर वार्त्ता को सुने।

वार्त्ता का उपसंहार बहुत ही महत्त्वपूर्ण होता है। इसे वार्त्ता का सारतत्व भी कहा जाता है। उपसंहार में पूरी वार्त्ता के निचोड़ को कम-से-कम शब्दों में प्रस्तुत किया जाता है।

भेंटवार्त्ता-भेटवार्त्ता रेडियो कार्यक्रम की एक सशक्त विधा है। भेंटवार्त्ता को साक्षात्कार या इण्टरव्यू भी कहा जाता है। रेडियो पर किसी व्यक्ति विशेष को बुलाकर विषय की गहनता व सम्पूर्ण जानकारी लेना रेडियो भेंटवार्त्ता कहलाती है। भेंटवार्त्ता में दो व्यक्तियों का संवाद होता है, एक व्यक्ति विशेष का और दूसरा भेंटकर्त्ता का। भेंटकर्त्ता प्रश्न पूछता है और व्यक्ति-विशेष या विशेषज्ञ उसका उत्तर देता है। भेंटवार्त्ता का विषय क्षेत्र अत्यन्त व्यापक होता है। जीवन से सम्बन्धित जितने भी क्षेत्र होते हैं वे सब साक्षात्कार के दायरे में आते हैं। जैसे-साहित्य, समाज, कला एवं संस्कृति, राजनीति, कृषि एवं व्यापार, खेल, उद्योग, विज्ञान एवं ज्योतिष, धर्म एवं आस्था इत्यादि भेंटवार्त्ता के विषय होते हैं।

भेंटवार्त्ता से पूर्व निम्नलिखित तैयारियाँ करनी पड़ती हैं। जैसे-

- एक अच्छी भेंटवार्त्ता के लिए आवश्यक है कि भेंटकर्त्ता और विशेषज्ञ प्रसारण से पूर्व आपस में बैठकर विषय सम्बन्धित प्रश्नोत्तर चर्चा कर लें और आवश्यक बिन्दुओं को नोट कर लें, जिससे प्रसारण के समय मुख्य बातें छूट न जायें।
- साक्षात्कार में प्रश्न बहुत लम्बे और उबाऊ नहीं होने चाहिए। प्रश्न श्रोताओं की जिज्ञासाओं और रुचियों को ध्यान में रखकर ही तैयार किये जाने चाहिए।
- भेंटकर्त्ता को अपनी बात संक्षेप में कहनी चाहिए और विशेषज्ञ द्वारा अधिकतम जानकारी निकलवानी चाहिए।
- भेंटकर्त्ता की भाषा सहज, स्पष्ट और बोधगम्य होनी चाहिए। प्रश्नकर्त्ता को अपने प्रश्न विनयभाव व सहजता से पूछे जाने चाहिए। उसे अपनी भाषा पर नियन्त्रण रखना चाहिए।
- प्रसारण से पूर्व स्टूडियो में भेंटकर्त्ता एवं प्रश्नकर्त्ता की आवाज़ की जाँच कर अवश्य कर लेनी चाहिए। दोनों के स्वरों में सन्तुलन होना चाहिए। यह भी ध्यान रखना चाहिए कि कार्यक्रम के दौरान किसी भी प्रकार की अवांछित ध्वनि व शोर न होने पाये।
- भेंटवार्त्ता के लिए जितना समय निर्धारित किया गया है, उसी के भीतर सभी महत्त्वपूर्ण बिन्दुओं पर चर्चा हो जानी चाहिए।

परिचर्चा-किसी विषय की गहन और बहुपक्षीय समन्वित चर्चा को परिचर्चा कहते हैं। परिचर्चा किसी विषय पर विविध पक्षों की प्रस्तुति की एक विधा है। परिचर्चा के लिए प्रायः ऐसे विषयों को चुना जाता है, जिन पर विभिन्न पहलुओं से विचार-विमर्श किया जा सके। यह विषय राष्ट्रीय एवं अन्तरराष्ट्रीय महत्त्व के हो सकते हैं।

रेडियो परिचर्चा में विषय एवं समय-सीमा पूर्व निर्धारित होती है। परिचर्चा में संचालक की भूमिका अत्यन्त महत्त्वपूर्ण होती है। संचालन का चयन उसकी योग्यता एवं परिचर्चा के विषय के अनुसार करना चाहिए। संचालक को विषय से सम्बन्धित अच्छा जानकार एवं विशेषज्ञ होना चाहिए।

रेडियो परिचर्चा में प्रतिभागियों की संख्या निश्चित होती है। परिचर्चा के प्रतिभागियों को मुखर, योग्य एवं शीघ्र सोचने में समर्थ होना चाहिए। प्रत्येक प्रतिभागी अपने क्षेत्र या विषय सम्बन्धित विशेषज्ञ होना चाहिए। प्रतिभागियों को परिचर्चा के प्रसारण से पूर्व प्रमुख विचार बिन्दुओं को तैयार कर लेना चाहिए। परिचर्चा में एक बार में एक ही प्रतिभागी को बोलने का अवसर दिया जाना चाहिए।

वर्तमान समय में रेडियो परिचर्चा में श्रोताओं के पत्रों, फोन कॉल एवं एसएमएस के द्वारा श्रोताओं की सीधी भागीदारी होती है। इससे परिचर्चा की रोचकता, उपयोगिता एवं लोकप्रियता में वृद्धि हो रही है। परिचर्चा द्वारा समाज में विश्लेषण क्षमता एवं जागरूकता फैल रही है।

रेडियो नाटक

रेडियो रूपक-रेडियो प्रसारित किसी विषय, प्रसंग, घटना या तथ्य की नाटकीय प्रस्तुतीकरण को रेडियो रूपक कहा जाता है। रेडियो रूपक में वास्तविक घटनाओं को नाटकीय रूप में प्रस्तुत किया जाता है। इसमें संगीत और ध्वनि प्रभावों का प्रयोग किया जाता है। रूपक वास्तव में किसी समस्या-विचार, मुद्दे, घटना या विषय को प्रस्तुत करने की एक परिष्कृत एवं कलात्मक विधा है। यह श्रोता को मनोरंजक तरीके से सूचना व जानकारी देता है। इसका उद्देश्य विभिन्न मुद्दों पर समाज में जागरूकता फैलाना है। रूपक के प्रकार-संगीत रूपक, वृत्त रूपक, सोदाहरण रूपक, इतिवृत्तात्मक रूपक आदि।

संगीत रूपक-संगीत रूपक में आलेख पद्य अथवा काव्य में होता है, जिसकी संगीतमय प्रस्तुति की जाती है।

सोदाहरण रूपक-इस तरह के रूपक में विभिन्न तरह के उदाहरणों का प्रयोग किया जाता है। जैसे-कविता, लोकगीत, मुहावरे, लोकोक्तियाँ आदि। अधिकतर सोदाहरण रूपक साहित्यिक विषयों पर प्रसारित किये जाते हैं।

इतिवृत्तात्मक रूपक-ऐसे रूपक किसी महापुरुष, विश्व प्रसिद्ध व्यक्तित्व, संस्मरण, किसी राष्ट्रीय व अन्तरराष्ट्रीय घटना की स्मृति में प्रसारित किये जाते हैं। इस रूपक में व्यक्ति-विशेष का सम्पूर्ण परिचय, उसके व्यक्तित्व से जुड़ी विशेषताएँ और उसके कार्य को प्रस्तुत किया जाता है।

विषय रूपक-इस श्रेणी में वे रूपक आते हैं जिन्हें बाहरी आग्रह पर रेडियो द्वारा तैयार किया जाता है। यह सामयिक घटनाओं पर तैयार होते हैं।

काल्पनिक रूपक-ऐसे रूपक जिन्हें फैण्टेसी भी कहा जाता है किसी एक भाव, विचार, कल्पना को साकार करने का प्रयास होते हैं। ऐसे रूपक में किसी विषय का काल्पनिक विवरण भी सम्मिलित किया जाता है। इसमें बहुत-कुछ सांकेतिक रूप में व्यक्त किया जाता है।

वृत्त रूपक-यह रूपक पूरी तरह से तथ्यों व प्रमाणों पर आधारित होता है। इसमें किसी सामयिक विषय या तथ्य पर बहुत ही सूक्ष्म और विस्तृत विवरण प्रस्तुत किया जाता है।

रेडियो रिपोर्ट-रेडियो रिपोर्ट सामयिक एवं तात्कालिक विषयों को प्रस्तुत करने की एक महत्त्वपूर्ण विधा है। इसका विषय-क्षेत्र बहुत ही व्यापक होता है। रेडियो रिपोर्ट में घटना के विवरण के साथ ही उस स्थल के ध्वन्यांकन के अंश भी होते हैं, जिससे श्रोताओं के समक्ष घटना का जीवन चित्र प्रस्तुत किया जाता है। रेडियो रिपोर्ट में एक निश्चित विषय का विस्तृत एवं सूक्ष्म विवरण प्रसारित किया जाता है। रेडियो रिपोर्ट की प्रस्तुति

का आकाशवाणी के कार्यक्रमों में एक विशिष्ट स्थान होता है, जिसमें बाह्य ध्वन्यंकन पर आधारित कार्यक्रमों और विभिन्न गतिविधियों के छोटे-छोटे टुकड़ों को जोड़कर उसे एक आकर्षक कार्यक्रम का स्वरूप दिया जा सकता है। रेडियो रिपोर्ट में विभिन्न गतिविधियों जैसे साहित्यिक गोष्ठियाँ, सांस्कृतिक कार्यक्रम, नाटक प्रतियोगिता, पर्व या महोत्सव, रंगारंग कार्यक्रम, सेमिनार, कवि-सम्मेलन अथवा खेल-कूद आदि के बारे में दूर-दराज़ के श्रोताओं को जानकारी देने तथा उन कार्यक्रमों की एक झलक प्रस्तुत करने के उद्देश्य से रेडियो रिपोर्ट तैयार की जाती है।

किसी नाट्य या संगीत समारोह को रेडियो रिपोर्ट के माध्यम से श्रोताओं तक पहुँचाना अधिक रोचक व प्रभावशाली होता है। किसी आयोजन व प्रदर्शनी की रिपोर्ट में वहाँ उपस्थित दर्शकों व प्रतिभागियों की बातचीत की रिकॉर्डिंग से रिपोर्ट को जीवन्त बनाया जाता है। रेडियो रिपोर्ट बनाने से पूर्व पूरे कार्यक्रम के महत्त्वपूर्ण अंशों को छाँट लेना चाहिए और फिर उपयुक्त स्थान पर स्थल ध्वन्यंकित अंशों का प्रयोग करना चाहिए।

रेडियो पत्रिका कार्यक्रम-प्रत्येक रेडियो केन्द्र से पत्रिका कार्यक्रम का प्रसारण किया जाता है। रेडियो पत्रिका की अलग-अलग आवृत्तियाँ होती हैं। जैसे, पाक्षिक, मासिक, त्रैमासिक, वार्षिक, द्वैवार्षिक।

सितम्बर, 1929 में कलकत्ता केन्द्र से प्रकाशित होनेवाली पहली बाँग्ला प्रसारण पत्रिका 'बेतार जगत्' थी। 'द इण्डियन रेडियो टाइम्स', 'आवाज़', 'इण्डियन लिस्नर', तेलुगु रेडियो पत्रिका 'वाणी' हिन्दी रेडियो पत्रिका 'सारंग' आदि महत्त्वपूर्ण रेडियो पत्रिकाएँ हैं।

रेडियो पत्रिका विभिन्न विषयों से सम्बन्धित होती हैं-साहित्यिक पत्रिका, विज्ञान पत्रिका, खेल पत्रिका, सांस्कृतिक पत्रिका, महिला पत्रिका, युवा पत्रिका आदि।

साहित्यिक पत्रिका-साहित्यिक पत्रिका में कहानी, काव्य-पाठ, काव्य-गोष्ठी, परिचर्चा, पुस्तक-समीक्षा, साहित्य सम्बन्धी वार्त्ताएँ, विख्यात रचनाकरों से भेंटवार्त्ता आदि का प्रसारण किया जाता है।

विज्ञान पत्रिका-विज्ञान सम्बन्धी विषयों में लोगों की जानकारी बढ़ाने एवं जागरूकता पैदा करने की दृष्टि से रेडियो पर विज्ञान पत्रिका का प्रसारण किया जाता है। विज्ञान पत्रिका में विज्ञान सम्बन्धी कार्यक्रम नये आविष्कार से सम्बन्धित जानकारी और सूचनाएँ प्रसारित की जाती हैं। विज्ञान पत्रिका में विज्ञान सम्बन्धी विषयों पर वार्त्ताओं, भेंटवार्त्ताओं के अतिरिक्त, विभिन्न क्षेत्रों में चल रहे, शोध एवं आविष्कार सम्बन्धी समाचार, रोचक वैज्ञानिक जानकारी, सरल वैज्ञानिक प्रयोग एंवं वैज्ञानिकों से भेंटवार्त्ता आदि का प्रसारण किया जाता है। इसके अतिरिक्त पत्रिका के प्रश्नोत्तर कार्यक्रम में श्रोताओं से प्रश्न पूछना, फोन इन, एसएमएस आदि को सम्मिलित किया जाता है।

खेल पत्रिका-खेलों को लोकप्रिय बनाने एवं उसके प्रति लोगों को जागृत करने के उद्देश्य से रेडियो पर खेल पत्रिका का प्रसारण किया जाता है। खेल पत्रिका में विभिन्न खेलों के आयोजनों पर आधारित विशेष कार्यक्रम, खेल सम्बन्धी विशेष गतिविधियों के समाचार, खिलाड़ियों एवं खेल विशेषज्ञों से भेंटवार्त्ता किसी विशेष खेल की जानकारी, खेल प्रश्नोत्तरी आदि खेल से ही सम्बन्धित विभिन्न प्रकार के कार्यक्रम प्रसारित किये जाते हैं।

महिला पत्रिका-रेडियो पर महिला श्रोताओं के लिए महिला पत्रिका का प्रसारण किया जाता है। महिलाओं से जुड़ी सामाजिक, आर्थिक और स्वास्थ्य सम्बन्धी समस्याओं व उनके उपाय, सौन्दर्य प्रसाधन से जुड़े कार्यक्रम, बच्चों की देखरेख, महिलाओं के अधिकार, कानूनी सुविधाएं एवं संवैधानिक प्रावधान एवं आर्थिक आत्मनिर्भरता से जुड़े कार्यक्रम प्रसारित किये जाते हैं।

फोन-इन कार्यक्रम-रेडियो स्टेशन पर 'फोन-इन' नामक उपकरण की सहायता से फोन इन कार्यक्रम का प्रसारण किया जाता है। इस कार्यक्रम में रेडियो स्टेशन का एक निश्चित फोन नम्बर होता है। जब श्रोता इस नम्बर पर डायल करता है तो फोन-इन उपकरण की घण्टी बजती है। रेडियोकर्मी माइक्रोफोन की सहायता से श्रोता जो बातचीत करता है उसे फोन-इन उपकरण और माइक्रोफोन की केबिल-लाइन कन्सोल के द्वारा रिकॉर्ड कर लिया जाता है। रेडियोकर्मी को श्रोता की आवाज़ हेडफोन के द्वारा सुनकर माइक से जवाब देना होता है। फोन-इन कार्यक्रम रेडियो का सर्वाधिक उपयोगी और सार्थक कार्यक्रम है। इस कार्यक्रम द्वारा बहुत कम समय में सीमित संसाधन व उपकरणों के बीच अच्छे कार्यक्रम प्रसारित किये जाते हैं जिससे श्रोताओं का मनोरंजन के साथ-साथ ज्ञानार्जन भी होता है। फोन-इन कार्यक्रमों में फिल्मी गीत, बजट से जुड़ी प्रतिक्रिया, शिक्षा व शिक्षण संस्थानों से जुड़ी जानकारियों, विभिन्न रोगों व उनके रोकथाम की जानकारियाँ श्रोताओं को तत्काल व तत्परता से प्रसारित की जाती हैं। फोन-इन कार्यक्रम समय की बचत, लेखन-प्रलेखन से मुक्ति, आवागमन के झंझट से छुटकारा, विभिन्न औपचारिकताओं से मुक्ति के कारण श्रोताओं में अधिक लोकप्रिय होता है।

कन्सर्ट-रेडियो पर आमन्त्रित श्रोताओं के समक्ष किसी विशेष कार्यक्रम का आयोजन भी किया जाता है, जिसे कन्सर्ट कहते हैं। इन कार्यक्रमों में शास्त्रीय संगीत, सुगम संगीत, लोकसंगीत, नृत्य, बच्चों का रंगारंग कार्यक्रम, कवि-सम्मेलन अथवा नाट्य प्रस्तुतियाँ प्रमुख रूप से प्रसारित की जाती हैं। कन्सर्ट एक विस्तृत कार्यक्रम होता है, इसमें किसी विशेष कार्यक्रम के लिए अपने शहर के श्रोताओं को आकाशवाणी केन्द्र द्वारा कार्यक्रम की सूचना देते हुए आमन्त्रित किया जाता है। इसकी प्रस्तुति आकाशवाणी के खुले परिसर अथवा शहर के किसी व्यावसायिक प्रेक्षागृह में की जाती है। जहाँ मंच के साथ-साथ श्रोताओं के बैठने के लिए पर्याप्त स्थान होता है। कार्यक्रम के अनुरूप ही मंच की साज-सज्जा की जाती है। इस कार्यक्रम का उद्देश्य श्रोताओं और आकाशवाणी के विभिन्न विधाओं से जुड़े कलाकारों को आमने-सामने प्रस्तुत करना होता है। इससे श्रोताओं और कलाकारों के बीच आत्मीयता का भाव जागृत होता है। कन्सर्ट में स्थानीय कलाकारों के साथ-साथ बाहर के कलाकारों को भी आमन्त्रित किया जाता है। कन्सर्ट आयोजित करते समय इस बात का ध्यान रखना चाहिए कि ऐसे कार्यक्रमों का आयोजन किया जाये जिसमें अधिक से अधिक श्रोता जुड़ सकें। इन कार्यक्रमों की सम्पूर्ण रिकॉर्डिंग तकनीकी विभाग के सहयोग से की जाती है और एडिटिंग के बाद विशेष कार्यक्रमों के रूप में इनको प्रसारित किया जाता है।

रेडियो विज्ञापन-आकाशवाणी में सर्वप्रथम 1967 में विविध भारती की विज्ञापन सेवा की शुरुआत की गयी। धीरे-धीरे इसका विस्तार किया गया और वर्तमान में विविध भारती

के साथ ही आकाशवाणी के प्राइमरी चैनल और अन्य एफ.एम. चैनलों के द्वारा विज्ञापनों का प्रसारण किया जा रहा है। विज्ञापनों के लिए प्रसारण शुल्क समय का निर्धारण कार्यक्रम एवं श्रोता समुदाय को ध्यान में रखकर किया जाता है। रेडियो विज्ञापन कम खर्चीला होने के साथा-ही-साथ कम समय में शीघ्रता से प्रसारित किया जाता है। इसकी पहुँच बहुत व्यापक होती है। एड्स, कन्या भ्रूण हत्या, जनसंख्या वृद्धि पर नियन्त्रण, पर्यावरण संरक्षण, शिक्षा से सम्बन्धित विज्ञापन एवं स्वास्थ्य सम्बन्धी विज्ञापनों में समाज को शिक्षित एवं जागरूक करने में महत्त्वपूर्ण भूमिका निभायी है। रेडियो विज्ञापनों ने अपने प्रसारण से समाज में नवीन चेतना का प्रचार-प्रसार किया है।

रेडियो के विज्ञापन को तैयार करते समय निम्नलिखित तथ्यों को ध्यान में रखना चाहिए-

- जितनी अवधि का विज्ञापन प्रसारित करना हो उसी के अनुरूप आवश्यक जानकारियाँ उसमें समाहित हो जानी चाहिए।
- विज्ञापन की भाषा और विषयवस्तु श्रोतागण को प्रभावित करनेवाली होनी चाहिए।
- विज्ञापन में विविधता और नाटकीय तत्वों का समावेश होना चाहिए, जिससे विज्ञापन रोचक व आकर्षक लगे।
- विज्ञापन की भाषा सरल और बोधगम्य होनी चाहिए, भाषा ऐसी नहीं होनी चाहिए जो किसी मर्यादा का उल्लंघन करे।
- आपराधिक गतिविधियों अथवा हिंसा भड़कानेवाले शब्दों का प्रयोग नहीं करना चाहिए।
- अश्लील विज्ञापन की प्रस्तुति से बचना चाहिए, विज्ञापन की प्रस्तुति करते समय आवश्यक ध्वनि प्रभावों और संगीत का प्रयोग अपेक्षित प्रभाव उत्पन्न करने के लिए किया जाना चाहिए।

कम्पेयरिंग-रेडियो में कम्पेयर की भूमिका बहुत ही महत्त्वपूर्ण होती है। रेडियो पर प्रसारित होनेवाले विशेष कार्यक्रमों की प्रस्तुति कम्पेयर द्वारा ही की जाती है। कम्पेयर बातचीत की अपनी रोचक शैली द्वारा विभिन्न कार्यक्रमों को एक-दूसरे से जोड़ते हुए कुशलतापूर्वक अनेक ज्वलन्त विषयों पर संक्षेप में अपने विचार प्रस्तुत करता है। रेडियो कम्पेयर में अभिव्यक्ति की क्षमता, भाषा का ज्ञान एवं नियन्त्रण, प्रेजेन्स ऑफ माइण्ड जैसी विशेषताएँ होनी चाहिए जिससे वह कार्यक्रमों का संचालन एवं उनकी प्रस्तुति भलीभाँति कर सके।

कम्पेयर कार्यक्रम में आत्मीयता एवं अनौपचारिकता का समावेश करता है। रेडियो कार्यक्रमों में वार्त्ता, भेटवार्त्ता, गीत आदि कई छोटे-छोटे कार्यक्रम होते हैं। वह कम्पेयरिंग द्वारा इन सभी कार्यक्रमों को आपस में सम्बद्ध करके एक विशेष कार्यक्रम के रूप में प्रस्तुत करता है। अच्छी प्रस्तुति के लिए कम्पेयरिंग में निम्नलिखित तथ्यों को ध्यान में रखना आवश्यक है-

● जो कार्यक्रम प्रस्तुत करना है उसकी प्रसारण की पूरी जानकारी कम्पयेर को होनी चाहिए।

● कार्यक्रम की प्रसारण सामग्री उचित क्रम से लगानी चाहिए।

● सूचनात्मक कार्यक्रमों को रोचक बातचीत व संगीत की प्रस्तुति से आकर्षक बनाना चाहिए।

● कम्पेयर की भाषा कार्यक्रम के अनुरूप होनी चाहिए। उसका भाषा पर पूर्ण नियन्त्रण होना चाहिए। प्रस्तुति को सँवारने के लिए कार्यक्रम के बीच-बीच में मुहावरों, लोकोक्तियों, दोहे, छंद, काव्यांश, शेरो-शायरी, कविताओं, उक्तियों आदि का प्रयोग करते रहना चाहिए।

● कम्पेयर को भाषा ज्ञान के साथ-साथ बोलने की शैली का भी ध्यान रखना चाहिए। उसे जीवन्त प्रसारण के दौरान वार्त्ताकार से सम्बद्ध विषय पर छोटे-छोटे प्रश्न पूछकर कार्यक्रम की सजीवता बनाये रखनी चाहिए। उसे विभिन्न विषयों की बुनियादी जानकारी के साथ-साथ समसामयिक घटनाचक्र से भी अवगत होना चाहिए।

● कार्यक्रम प्रस्तुति की कला के साथ-ही-साथ कम्पेयर को जनसम्पर्क की कला का ज्ञान भी होना चाहिए। प्रसारण केन्द्र पर कार्यक्रमों के लिए आमन्त्रित कलाकारों, वार्त्ताकारों का सम्मानपूर्वक स्वागत करना चाहिए।

प्रसारण का तकनीकी पक्ष-आकाशवाणी प्रसारणों के प्रमुख दो पक्ष हैं-कार्यक्रम, 2. तकनीकी। एक ओर कार्यक्रम निर्माण के लिए विभिन्न योग्यता के कार्यक्रम अधिकारी और अन्य कलाकार होते हैं तो दूसरी ओर इन प्रसारणों को जनसामान्य तक पहुँचाने के लिए अभियान्त्रिकी टीम अपनी पूरी दक्षता के साथ कार्यरत होती है। कार्यक्रम और तकनीकी पक्ष एक-दूसरे के पूरक हैं और आपसी समन्वय के द्वारा प्रसारण को श्रोताओं तक पहुँचाने में अपनी सेवाएँ प्रदान करते हैं। विविध प्रकार के आधुनिक मशीनों एवं स्टूडियो के रख-रखाव के साथ ही नियन्त्रण कक्ष से लेकर ट्रान्समीटर तक अभियान्त्रिकी अनुभाग के अधिकारियों और कर्मियों की आवश्यकता पड़ती है।

मुख्य रूप से किसी भी कार्यक्रम की प्रसारण यात्रा में कुछ महत्त्वपूर्ण चरण होते हैं-पहला, स्टूडियो, दूसरा, नियन्त्रण-कक्ष और तीसरा-ट्रान्समीटर।

1. स्टूडियो-किसी भी आकाशवाणी केन्द्र का स्टूडियो उसकी पहली आवश्यकता है। स्टूडियो के बिना कार्यक्रम की प्रस्तुति नहीं की जा सकती। स्टूडियो एक ऐसा कक्ष होता है जिसमें रिकॉर्डिंग या प्रसारण सम्बन्धी सभी उपकरण स्थायी रूप से उपलब्ध होते हैं। आवाज़-रोधी (साउण्ड प्रूफ) कक्ष होने के कारण बाहर की कोई अवांछित आवाज़ कार्यक्रम की गुणवत्ता ख़राब नहीं कर सकती है। सामान्यतया किसी भी आकाशवाणी केन्द्र में कम-से-कम चार प्रकार के स्टूडियो की एक-एक संख्या अवश्य रहती है जो अपनी बनावट और उपकरणों की भिन्नता के कारण एक-दूसरे से पृथक् होते हैं। ये चारों प्रकार निम्नलिखित हैं-

1. वार्त्ता स्टूडियो
2. संगीत स्टूडियो

3. नाटक स्टूडियो

4. प्ले बैक स्टूडियो

कार्यक्रम के आधार पर प्रत्येक स्टूडियो की संरचना में कुछ मूलभूत अन्तर होता है। वार्त्ता स्टूडियो की दीवारें और छत इस प्रकार की बनायी जाती हैं कि वार्त्ता करते समय उसकी प्रतिध्वनि दीवारों से टकराकर उसी में समा जाये। यदि ऐसा न हो तो वार्त्ता की अनुगूँज स्टूडियो में रखे माइक्रोफोन से होते हुए ध्वन्यंकित हो जाता है और वार्त्ता की स्पष्टता भंग होती है। शब्दों के पीछे की अनुगूँज श्रोताओं को सुनायी देती है और अर्थ अस्पष्ट होने लगता है। उच्चरित शब्दों की रिकॉर्डिंग के लिए वार्त्ता स्टूडियो का प्रयोग किया जाता है। संगीत स्टूडियो में अनुगूंज की विशेषता संगीत को और आकर्षक बना देती है। संगीत स्टूडियो अपेक्षाकृत बड़ा बनाया जाता है क्योंकि कभी-कभी एक से अधिक कलाकार एक साथ प्रस्तुति करते हैं। रिकॉर्डिंग से पूर्व पूर्वाभ्यास द्वारा स्वर-सन्तुलन (ऑडियो बैलेन्सिग) किया जाता है ताकि कोई एक स्वर दूसरे के स्वर पर प्रभावी न हो जाये। तबले, ढोलक या पखावज को माइक्रोफोन से एक निश्चित दूरी पर रखते हैं जिससे उनकी थाप गीत के स्वर पर भारी पड़ने से उसकी गुणवत्ता नष्ट न हो।

संगीत स्टूडियो की तरह ही नाटक स्टूडियो का आकार भी वार्त्ता स्टूडियो की अपेक्षा बड़ा होता है। एक साथ कई पात्र अपने संवाद बोलते हैं। किसी नाटक में कथा के अनुसार कभी पात्रों को दूर से आते हुए संवाद बोलना है तो कभी माइक्रोफोन के पास से धीरे-धीरे पीछे की ओर खिसकते हुए संवाद बोलना पड़ता है। स्टूडियो में पर्याप्त स्थान और गुणवत्तावाले माइक्रोफोन लगे होते हैं। आवश्यकतानुसार एकद्देशीय, द्विद्देशीय या बहुद्देशीय माइक्रोफोन का उपयोग नाटक स्टूडियो में किया जाता है। रिकॉर्डिंग की तकनीक विकसित हो जाने के पश्चात् नाटकों की प्रस्तुति ध्वनि प्रभावों और संगीत के प्रयोग से और आकर्षक बनाया जाने लगा। अनावश्यक शब्दों या पात्रों द्वारा बोले गये संवादों की त्रुटियों को सम्पादन और डबिंग के द्वारा दूर किया जा सकता है।

ग्रामोफोन रिकॉर्ड, संगीत या अन्य कार्यक्रमों के सीडी और टेपों को प्ले बैक स्टूडियो से प्रसारित किया जाता है। इसमें केवल उद्घोषक के माइक्रोफोन के अतिरिक्त अन्य किसी कार्यक्रम की सजीव प्रस्तुति नहीं हो सकती और न ही किसी प्रकार के कार्यक्रम की रिकॉर्डिंग ही इस स्टूडियो में हो सकती है।

कण्ट्रोल रूम-नियन्त्रण-कक्ष किसी भी आकाशवाणी केन्द्र का सर्वाधिक महत्त्वपूर्ण अंग है। यह स्टूडियो और ट्रान्समीटर के बीच मध्यस्थ की भूमिका निभाता है। अर्थात् स्टूडियो से टेप या माइक्रोफोन के माध्यम से कोई कार्यक्रम नियन्त्रण-कक्ष तक पहुँचता है। सभी स्टूडियो अण्डरग्राउण्ड केबिल के द्वारा नियन्त्रण-कक्ष से जुड़े होते हैं। स्टूडियो के माइक्रोफोन से सम्प्रेषित ध्वनि इन्हीं तारों (लीड वायर) के माध्यम से नियन्त्रण-कक्ष तक पहुँचती है। जब कोई वार्त्ताकार या संगीतकार स्टूडियो में लगे माइक्रोफोन के लिए सामने बोलता या गाता है तो उसके मुँह से निकले शब्दों के आघात से हवा में एक कम्पन पैदा हो ध्वनि तरंगें पैदा होती हैं। ध्वनि के उतार-चढ़ाव की ही तरह इन तरंगों में भी गहराई या ऊँचाई अलग-अलग होती है। अपने चुम्बकीय प्रभाव से माइक्रोफोन इन ध्वनियों को

विद्युत् तरंगों में परिवर्तित करता है और तब तार के माध्यम से नियन्त्रण-कक्ष (कण्ट्रोल रूम) की ओर सम्प्रेषित करता है। नियन्त्रण-कक्ष उन विद्युत् तरंगों को अपने अन्य उपकरणों की सहायता से विस्तारित कर उनकी क्षमता बढ़ाता है और गुणवत्ता सुधार कर ट्रान्समीटर की ओर प्रवाहित कर देता है, जिससे उनका प्रवाह अखण्डित और अबाध हो सके। ओबी स्थल के सीधे प्रसारण को भी नियन्त्रण-कक्ष तक टेलीफोन लाइन के माध्यम से लाया जाता है और वहाँ से गुणवत्ता में सुधार कर उसे ट्रान्समीटर के लिए प्रवाहित कर दिया जाता है। अन्य केन्द्रों से रिले किये जानेवाले कार्यक्रमों या उपग्रह से प्राप्त समाचारों को भी इसी प्रकार नियन्त्रण-कक्ष के माध्यम से ट्रान्समीटर तक भेजा जाता है। इस प्रकार समस्त तकनीकी गतिविधियों का संचालन आकाशवाणी केन्द्र के नियन्त्रण -कक्ष से किया जाता है।

3. ट्रान्समीटर-प्रसारण के ध्वनि तरंगों को विद्युत् तरंगों में परिवर्तित करके नियन्त्रण -कक्ष द्वारा ट्रान्समीटर तक सम्प्रेषित किया जाता है जहाँ से उन विद्युत् तरंगों को एक विशेष फ्रीक्वेन्सी पर हवा में संचारित किया जाता है अर्थात् किसी भी प्रसारण को रेडियो सेट तक पहुँचाने के योग्य बनाता है ट्रान्समीटर। इसके बिना प्रसारण सम्भव नहीं है। फ्रीक्वेन्सी, रेडियो तरंगों की आवृत्ति है जिसे मापने की इकाई किलोहर्ट्ज या मेगाहर्ट्ज है। मीडियम वेव की आवृत्ति अधिकांशतया किलोहर्ट्ज में होती है और वही केन्द्र को हम आसानी से अपने रेडियो सेट पर सुन सकते हैं। फ्रीक्वेन्सी इसलिए भी अलग-अलग रखी जाती है ताकि समान क्षमता के दो ट्रान्समीटरों से सम्प्रेषित कार्यक्रम एक ही फ्रीक्वेन्सी पर होने से आपस में टकरा जायेंगे और प्रसारण निरर्थक हो जायेगा।

रिसीविंग सेण्टर-रिसीविंग सेण्टर अर्थात् ग्रहण केन्द्र ट्रान्समीटर से भी दो-चार किलोमीटर दूर स्थित होता है। इसका मुख्य कार्य केन्द्रों से रिले होनेवाले कार्यक्रमों को ग्रहण कर ट्रान्समीटर तक पहुँचाना होता है। यहाँ पर बहुत ही शक्तिशाली रिसीविंग सेट रखे जाते हैं जो देश-विदेश की किसी भी आवृत्ति को सफाई के साथ पकड़ने में सक्षम होते हैं।

सेटेलाइट संचार व्यवस्था ने रिसीविंग सेण्टर का काम बेहद आसान कर दिया। इसके द्वारा रेडियो ध्वनि तरंगों को सरलता से पकड़ा जा सकता है और उसमें वायुमण्डल की गड़गड़ाहट अथवा शोर का प्रभाव भी नहीं पड़ता।

इस प्रकार प्रसारण की यात्रा स्टूडियो के माइक्रोफोन से प्रारम्भ होती है और अदृश्य रूप में अनेक तकनीकी पड़ावों को पार कर श्रोताओं के रेडियो सेट के माध्यम से पुनः सजीव होकर कानों तक पहुँचती है।

सीधा प्रसारण-रेडियो प्रसारण में कुछ ऐसे कार्यक्रम होते हैं जिन्हें आकाशवाणी केन्द्र अपने स्टूडियो परिसर से बाहर जाकर किसी विशेष स्थल पर आयोजित करता है, और उसका सीधा प्रसारण श्रोताओं तक सम्प्रेषित किया जाता है। कार्यक्रम प्रस्तुति और श्रोताओं के बीच उतनी ही देर का अन्तराल होता है, जितनी देर में ट्रान्समीटर से ध्वनि तरंगें संचरित होकर उनके रेडियो सेट तक पहुँचती हैं। यह अन्तराल एक सेकेण्ड से भी कई हज़ार गुना कम अवधि का होता है। सीधे प्रसारण को सुनते समय श्रोताओं को

पल-पल की कार्यवाही व कार्यक्रम की सूचना तुरन्त उनके रेडियो सेट पर प्राप्त होती है। जैसे-संगीत सभा, नाटकों का मंचन, कवि सम्मेलन, किसानों के विशेष कार्यक्रम अथवा अन्य कोई रंगारंग कार्यक्रम जिसे आकाशवाणी की ओर से आयोजित किया गया हो। इन कार्यक्रमों पर आकाशवाणी का पूर्ण नियन्त्रण होता है। इसके अतिरिक्त कुछ दूसरी संस्थाओं द्वारा आयोजित कार्यक्रम जैसे विभिन्न खेलों का आयोजन, गणतन्त्र दिवस की परेड, किसी बड़े नेता के अन्तिम संस्कार का सीधा प्रसारण, संसद् की कार्यवाही का सीधा प्रसारण आदि का सीधा प्रसारण भी आकाशवाणी द्वारा प्रसारित किया जाता है। सीधे प्रसारण में ओबी वैन द्वारा आयोजित कार्यक्रम का आउटपुट टेलीफोन लाइन या आईएसडीएन (एण्टीग्रेटेड सर्विस डाटा नेटवर्क) के द्वारा आकाशवाणी के कण्ट्रोल रूम तक पहुँचाया जाया जाता है। कण्ट्रोल रूम उस प्रसारण की गुणवत्ता सुधार में सुधार करके ट्रान्समीटर को प्रेषित कर देता है। जहाँ से रेडियो तरंगें तीव्रता से श्रोताओं के रेडियो सेट तक पहुँच जाती हैं।

आँखों देखा हाल-अपनी आँखों के सामने जो घटना अथवा कार्यवाही घटित हो रही है, उसका रोचक व आकर्षक तरीके से विवरण प्रस्तुत करना, आँखों देखा हाल कहलाता है। आँखों देखा हाल सुनाने के लिए उचित दिशा-निर्देश तात्विक जानकारी से सम्बद्ध उद्धरण, अपेक्षित सन्दर्भों की आवश्यकता होती है। आँखों देखा हाल बतानेवाला कमेंटेटर कहलाता है और आँखों देखा हाल की प्रस्तुति को कमेण्ट्री कहते हैं। आँखों देखा हाल अथवा कमेण्ट्री के लिए यह आवश्यक है कि कमेण्टेटर जिस घटना या कार्यक्रम का आँखों देखा हाल सुना रहा है। उसके विषय से सम्बन्धित उसे सम्पूर्ण जानकारी, जो घटित हो रहा है उसकी तथ्यपरक जानकारी देने के बीच-बीच में जहाँ भी उपयुक्त अवसर व समय मिले उस घटना के विषय से सम्बन्धित अन्य अपेक्षित विवरण, सन्दर्भों की जानकारी भी श्रोताओं को अवश्य दे। कमेण्टेटर को विषय से सम्बन्धित सम्पूर्ण जानकारी के साथ-साथ पर्याप्त शब्द भण्डार, धाराप्रवाह बोलने की क्षमता व सही अवसर पर उपयुक्त बात बोलने में हाजिरजवाब हो। आंखो देखा हाल सुनाते समय परिवेश की जानकारी, वातावरण, जन सैलाब की संख्या व उनकी भावना, मौसम, कार्यक्रम से सम्बन्धित अन्य जानकारी भी कमेण्टेटर को रखनी चाहिए और उनकी चर्चा कार्यक्रम के बीच-बीच में करनी चाहिए।

विशेष श्रोता समूह-श्रोता अपनी रुचि, उम्र और आवश्यकतानुसार अपनी पसन्द का कार्यक्रम सुनना चाहते हैं। इसलिए आकाशवाणी के विभिन्न केन्द्रों से श्रोताओं की रुचियों और आवश्यकताओं को आधार बनाकर आकाशवाणी द्वारा कुछ कार्यक्रम विशेष श्रोता समूह के लिए प्रसारित किये जाते हैं। उम्र, रुचि, लिंग, वर्ग, आवश्यकता, व्यवसाय और क्षेत्र के आधार पर इन विशेष श्रोता समूह के कार्यक्रम को प्रसारित किया जाता है। विशेष श्रोता समूह के कार्यक्रम में बच्चों, युवाओं, वृद्धों, महिलाओं, विद्यार्थियों, औद्योगिक व कृषि से सम्बन्धित क्षेत्रीय बोली के कार्यक्रम प्रमुखता से प्रसारित किये जाते हैं।

आकाशवाणी के प्रत्येक केन्द्र से बच्चों के लिए विभिन्न प्रकार के कार्यक्रम उनकी रुचियों एवं आवश्यकताओं को ध्यान में रखकर प्रसारित किया जाता है। उनके कार्यक्रमों

में छोटी-छोटी प्रेरक और सुग्राह्य कहानियों के साथ-साथ शिशु गीत, लोरी व पशु-पक्षियों वाले गीत प्रसारित करने से उनकी रुचि अपने कार्यक्रमों में बढ़ती है। उनके कार्यक्रम का शीर्षक भी उनकी रुचि के अनुरूप होना चाहिए जिसके साथ वे सीधे जुड़ सकें। तितिलियाँ, फुलवारी, झिलमिल, गुनगुन या नन्हीं दुनिया जैसे शीर्षक उन्हें अपनी ओर आकृष्ट करते हैं। बच्चों के लिए कार्यक्रम तैयार करते समय उनकी सामान्य अभिरुचि, खेलकूद, अनुशासन, व्यवहार, स्वास्थ्य सम्बन्धी सामान्य जानकारियाँ मनोरंजन तथा सामान्य ज्ञान-विज्ञान को आधार बनाकर रोचक प्रस्तुति करनी चाहिए, जिससे उनमें एक अच्छा व्यक्तित्व निर्माण हो सके। कार्यक्रमों में बच्चों की प्रतिभागिता अवश्य होनी चाहिएं ताकि उनमें स्वयं को अभिव्यक्त करने की कला का विकास हो। इसके लिए बच्चों को निर्धारित रिकॉर्डिंग तिथि पर स्टूडियो में आमन्त्रित किया जाता है और उनसे उनकी स्वरचित कविताएँ, कहानी, चुटकुले या कोई घटना सुनाने के लिए कहा जाता है। बच्चों की प्रतिभागिता के साथ-साथ बाल साहित्य, विशिष्ट व्यक्तियों से भेंटवार्त्ताएँ, काव्य-पाठ और कहानियों का भी प्रसारण किया जाता है ताकि बच्चों को जीवन में आगे बढ़ने की प्रेरणा मिल सके। इसके अलावा बच्चों से ही सम्बन्धित किसी विषय पर परिचर्चा, गोष्ठी, नाटक अथवा अन्त्याक्षरी का भी प्रसारण बच्चों के कार्यक्रम में किया जा सकता है।

युवाओं के लिए कार्यक्रम-युवाओं को सही दिशा देने और सृजन की ओर ले जाने के उद्देश्य से आकाशवाणी के लगभग सभी केन्द्र युवाओं के लिए विशेष कार्यक्रम प्रसारित करते हैं। युवाओं की अधिक संख्या और आवश्यकता को ध्यान में रखते हुए उन कार्यक्रमों की आवृत्ति अपेक्षाकृत अधिक होती है। युवाओं के लिए कार्यक्रमों के प्रसारण में दोनों की आवश्यकताओं और रुचियों को ध्यान में रखा जाता है। उनके मनोरंजन के लिए फिल्म संगीत के साथ-साथ सुगम संगीत और लोकगीतों का भी समावेश होता है। विशेषज्ञों द्वारा दिशा-निर्देश, कैरियर काउन्सिलिंग, ज्ञान-विज्ञान, क्विज, काव्य-पाठ, परिचर्चा, कहानी पाठ, स्वास्थ्य चर्चा, स्वरोजगार की प्रवृत्ति, श्रम का महत्व, सामाजिक राष्ट्रीय सरोकरों से परिचित करानेवाले विषय, नशा निषेध आदि पर आधारित युवा कार्यक्रम का प्रसारण रेडियो पर किया जाता है। उनकी मौलिक रचनाओं और अभिव्यक्तियों को प्रोत्साहन देने के लिए काव्य-गोष्ठी अथवा परिचर्चाओं का भी आयोजन किया जाता है। कभी-कभी युवा महोत्सव या युववाणी कन्सर्ट का आयोजन करके युवाओं को एक मंच देने का प्रयास भी आकाशवाणी द्वारा किया जाता है ताकि अधिक-से-अधिक युवा वर्ग के श्रोता उस कार्यक्रम से जुड़ सकें।

वृद्धों के लिए कार्यक्रम-आकाशवाणी के अधिकांश केन्द्रों से वरिष्ठ नागरिकों (वृद्धजन) के लिए भी कार्यक्रम की प्रस्तुति होती है। इस प्रकार के कार्यक्रमों की आवृत्ति साप्ताहिक या पाक्षिक होती है। वरिष्ठ नागरिकों की समस्याओं और अभिरुचियों को ध्यान में रखते हुए उनके लिए कार्यक्रम तैयार किये जाते हैं। भेंटवार्त्ताओं के माध्यम से उनके जीवन की चुनौतियों और अनुभवों को भी मानसिक समस्याओं के निदान के लिए मनोवैज्ञानिक और विशेषज्ञ चिकित्सकों के द्वारा समय-समय पर जानकारी भी प्रसारित की जाती है। परिवार और समाज में उनकी आज भी महत्ता है और उनके अनुभव मार्गदर्शक हैं, इसी बात का अभ्यास होना चाहिए।

महिलाओं के लिए कार्यक्रम-महिलाओं के लिए उनकी रुचियों, आवश्यकताओं पर आधारित कार्यक्रम प्रसारित किये जाते हैं। कार्यक्रम का समय ऐसा निर्धारित किया जाता है जिस समय महिलाएँ सुविधापूर्वक अपने कार्यक्रम को सुन सकें। महिलाओं के कार्यक्रम का समय प्रायः दोपहर का होता है ताकि वे फुरसत में अपने कार्यक्रम को सुन सकें। 'गृहलक्ष्मी', 'घर संसार', 'नारी जगत्' आदि महिलाओं के कार्यक्रम के कुछ ऐसे शीर्षक हैं जो अलग से व्याख्या करने की अपेक्षा नहीं रखते।

महिलाओं के कार्यक्रम में स्वस्थ मनोरंजन के साथ-साथ कुछ ऐसे स्थायी स्तम्भ भी रखने चाहिए जिनका प्रसारण सुनिश्चित हो, जैसे-रसोई से, इन्हें भी आजमाइये, घरेलू नुस्खे। आपने लिखा है (पत्रोत्तर)। व्यक्तित्व विकास, बेटे-बेटी की समानता, बच्चों में संस्कार, वैश्विक शान्ति तथा अन्य राष्ट्रीय सामाजिक समस्याओं पर वार्त्ताओं और परिचर्चाओं में महिलाओं की प्रतिभागिता भी प्रसारण में सुनिश्चित की जानी चाहिए। शिक्षित शहरी महिलाओं के लिए 'गृहलक्ष्मी' नाम से कार्यक्रम होता है। अँगनइयां' शीर्षक से ग्रामीण महिलाओं के लिए कार्यक्रम प्रसारित होता है। ग्रामीण महिलाओं के कार्यक्रम में उनके परिवेश, स्वास्थ्य सम्बन्धी समस्याओं, शिक्षा एवं मौलिक अधिकारों के प्रति जागरूक करना प्रसारण का ध्येय होता है।

औद्योगिक और कृषि कार्यक्रम-किसी क्षेत्र में चलनेवाले विशेष औद्योगिक क्रिया-कलाप तथा क्षेत्र विशेष के किसानों के लिए कृषि-सम्बन्धी जानकारी देने के लिए आकाशवाणी केन्द्रों से विशेष कार्यक्रम प्रसारित किये जाते हैं। इन कार्यक्रमों का उद्देश्य उस उद्योग से सम्बन्धित विविध पक्षों के बारे में अद्यतन तकनीक एवं सम्भावनाओं पर मार्गदर्शन करना होता है। उदाहरण के लिए, किसी प्रसारण केन्द्र के क्षेत्र में कालीन उद्योग, साड़ी उद्योग, खिलौना उद्योग, चूड़ी उद्योग, स्टील उद्योग आदि से सम्बन्धित कार्यक्रम प्रस्तुत किया जाता है। उद्योग के विकास, संरक्षण और संवर्द्धन के लिए विशेष कार्यक्रमों का नियोजन किया जाना चाहिए।

भारत एक कृषिप्रधान देश है इसलिए आकाशवाणी के अधिकांश केन्द्र अपने क्षेत्र- विशेष के किसानों के लिए विशेष कार्यक्रम प्रसारित करते हैं। किसानों के लिए कार्यक्रम उनकी क्षेत्रीय बोली में किया जाता है ताकि समझने और उसे आत्मसात् करने में कहीं कोई परेशानी न हो। किसानों के लिए कृषि की उन्नत तकनीक, अच्छे बीज, खाद, कृषि यन्त्रों का रख-रखाव लघु और कुटीर उद्योगों की जानकारी, किसानों के लिए सरकारी योजनाएँ और ऋण सुविधाओं की जानकारी देना प्रमुख रूप से इन कार्यक्रमों का उद्देश्य होता है।

क्षेत्रीय बोली के कार्यक्रम-क्षेत्रीय लोगों के लिए उनकी विशेष भाषा या बोली में कार्यक्रम प्रस्तुत किया जाता है, उदाहरण के लिए भोजपुरी क्षेत्र के लिए भोजपुरी बोली में, अवध क्षेत्र के लिए अवधी बोली में, मिथिला क्षेत्र के लिए मैथिली, ब्रज के लिए ब्रज भाषा में, कुमायूँ के लिए कुमाऊँनी अथवा गढ़वाल क्षेत्र के लिए गढ़वाली इत्यादि। इस प्रकार के विशेष कार्यक्रमों के प्रसारण के पीछे एक ही उद्देश्य निहित होता है-उस क्षेत्र की संस्कृति, बोली और लोक-कला को संरक्षित रखना और उनका प्रचार-प्रसार करना।

रेडियो नाटक-रेडियो नाटक आकाशवाणी की एक शक्तिशाली विधा है। रेडियो पर प्रसारित होनेवाले नाटक को रेडियो नाटक कहते हैं। रेडियो नाटक में शब्द, आवाज़, ध्वनि व संगीत की प्रधानता होती है। संगीत रेडियो नाटक का एक मुख्य साधन होता है, जो कि नाटक की व्यंजना को संगीत से ही परिपूरित करता है। रेडियो नाटक के चार मुख्य तत्व होते हैं-कथानक, पात्र अथवा चरित्र-चित्रण, ध्वनि (भाषा या उच्चरित शब्द ध्वनि प्रभाव व संगीत) तथा उद्देश्य।

रेडियो नाटक का समय अवधि की सीमा और श्रवण माध्यम की क्षमता को ध्यान में रखकर ऐसे चरित्रों का गठन एवं विकास करता है, जो नाट्य स्थितियों का मंचन करते समय कथानक को समुचित गति देने में सक्षम हो। नाटक में उद्धरित वातावरण की पूर्ति के लिए उपयुक्त संगीत और ध्वनि प्रभाव की महती आवश्यकता होती है। ध्वनि प्रभाव व संगीत नाटक को जीवन्त बना देता है। इसके क्रमशः सूक्ष्म उतार-चढ़ाव, सम्मिश्रण से लिखित शब्दों की भावाभिव्यक्ति को सम्बल मिलता है। शब्द और ध्वनि संगीत रेडियो नाटक की आन्तरिक व्यक्तित्व की अनुभूतियों और द्वन्द्वों से परिचित कराने में अपूर्व योगदान देते हैं। रेडियो नाटक में वाचिक अभिनय की प्रधानता होती है। वाचिक अभिनय आधार संवाद (डायलॉग) होते हैं जो कि उच्चारण से सम्भव होते हैं। रेडियो नाटक में पात्र की मानसिकता के अनुकूल सरल, सुबोध शब्दों का चयन और श्रोता तक उसी रूप में सम्प्रेषण हेतु उच्चारण, शब्दों पर ज़ोर, स्वर का उतार-चढ़ाव, शब्दाघात, भाव प्रवणता के साथ अदायगी अपेक्षित होती है। आक्रोश-भाव का संवाद यदि शान्त-भाव से बोला जायेगा तो आक्रोश भाव प्रकट नहीं होगा, जो रस-निष्पत्ति के लिए परम आवश्यक है। रेडियो नाटक में शब्दों का उच्चारण व्यवहार दो रूपों में प्रायः होता है, यथा-संवाद (कथोपकथन या संलाप) तथा वाचन (नैरेशन) के रूप में। रेडियो नाटक में द्वन्द्व कथोपकथन, स्मृति, दृश्य, स्वप्न आदि को वाणी, संगीत या ध्वनि के प्रभाव के साथ निर्माण-तकनीक (प्रोडक्शन टेकनीक) से भली-भाँति चित्रित व रूपायित किया जा सकता है। रेडियो नाटक के लिए यह अनिवार्य है कि नाटक श्रोताओं के मन को छू जाये। रेडियो नाटक इन्द्रिय-बोधक होना चाहिए। रेडियो नाटक सार्थक, सोद्देश्य व विश्वसनीय होता है। रेडियो नाटक का शीर्षक सरल, उच्चारण योग्य, बोधगम्य, नवीनता का लिये हुए तथा रोचक होना चाहिए। रेडियो नाटक का प्रारम्भ अत्यन्त प्रभावी होना चाहिए। रेडियो नाटक की प्रस्तुतीकरण कसी हुई होनी चाहिए। कथोपकथन, ध्वनि प्रभाव, उपयुक्त रखते हुए प्रस्तोता का ध्यान रखना चाहिए नाटक कहीं से झूले नहीं, ढीला नहीं पड़े, कसावट में कमी न रहे तथा बोझिल व नीरसता न आने पाये। पात्र-परिचय, पात्रों के आने-जाने की सूचना संवाद के द्वारा ही हो। रेडियो पर प्रसारित होनेवाले नाटक कई प्रकार के होते हैं। रेडियो नाटक मुख्यतः दो प्रकार के होते हैं-पहला शैली के आधार पर, दूसरा विषय के आधार पर। शैली के आधार पर स्वगत नाटक, काव्य नाटक, प्रहसन व धारावाहिक नाटक प्रसारित किये जाते हैं और विषय के आधार पर मुख्यतः पारिवारिक, सामाजिक, मनोवैज्ञानिक, पौराणिक, ऐतिहासिक आदि नाटक प्रसारित किये जाते हैं।

रेडियो रूपक-रेडियो रूपक अथवा रेडियो फीचर रेडियो की अपनी विधा है। किसी घटना, तथ्य, व्यक्तित्व अथवा समस्या को आधार बनाकर रेडियो रूपक तैयार किया जाता है। यह तथ्यों, वास्तविक घटनाओं और सूचनाओं पर आधारित होता है।

रेडियो रूपक के प्रकार

रेडियो रूपक के स्वरूप, विषय-क्षेत्र, कलात्मक प्रयोजन तथा अन्य विशेषताओं के आधार पर सामान्यतया इसे निम्नलिखित श्रेणियों में वर्गीकृत किया जा सकता है-

1. वृत्ता रूपक (डाक्यूमेण्ट्री)
2. नवकल्पनात्मक रूपक
3. संगीत रूपक
4. धारावाहिक रूपक।

रेडियो आचार संहिता

सूचना एवं प्रसारण मन्त्रालय के सचिव श्री अशोक मिश्र की पहल पर नौ सूत्रीय **'आकाशवाणी आचार संहिता'** (ए.आई.आर.कोड) लागू की गयी। प्रसारण में यह आचार संहिता समाचारों और चुनाव प्रसारण (Election Broadcast) को छोड़कर अन्य सभी प्रसारणों पर लागू होती है। आकाशवाणी के प्रसारण की आचार संहिता (ए.आई. आर.कॉड) के अनुसार कोई भी प्रसारणकर्त्ता ऐसी बात प्रसारण में सम्मिलित नहीं करेगा जिससे-

- मित्र राष्ट्रों की आलोचना होती हो।
- धर्म और सम्प्रदाय पर प्रहार होता हो।
- अश्लील और असम्मानजनक हो।
- हिंसा को बढ़ावा देने या कानून और व्यवस्था के विरुद्ध हो।
- न्यायालय की मानहानि करता हो।
- न्यायालय, राष्ट्रपति या राज्यपाल की निष्ठा पर शक करे।
- राजनीतिक दल पर नाम लेकर प्रहार होता हो।
- केन्द्र या राज्य सरकार की आलोचना होती हो।
- संविधान के प्रति असम्मान प्रकट होता हो या हिंसा से परिवर्तन की वकालत करता हो।

इन वर्जनाओं के अतिरिक्त राष्ट्रीय आपातकाल, प्राकृतिक आपदा के अलावा धन-संग्रह सम्बन्धी अपीलें उपेक्षणीय हैं। व्यक्ति अथवा संस्था को सीधे प्रचार की अनुमति नहीं दी जानी चाहिए।

इण्टरनेट पत्रकारिता

इण्टरनेट (Internet)- वर्तमान समय में इण्टरनेट दुनिया की सर्वाधिक सक्षम सूचना तकनीक है, जिसमे करोड़ों कम्प्यूटरों के बीच सूचनाओं का आदान-प्रदान हो रहा है। इण्टरनेट की कार्य-पद्धति भी अति सरल है। कम्प्यूटर या लैपटॉप के माध्यम से टेलीफोन लाइन या वायरलेस मॉडम (नेटसटर) से जोड़कर मनचाही सूचनाएँ प्राप्त की जा सकती हैं। विश्व के किसी भी कोने में इण्टरनेट से जुड़े कम्प्यूटरों के बीच तीव्र गति से आँकड़ों का सम्प्रेषण, समाचार-सन्देश, देश-विदेश के पुस्तकालयों के साथ सम्पर्क, इलेक्ट्रॉनिक मेल और विभिन्न पत्र-पत्रिकाओं का अध्ययन आदि बहुत सरलता से किया जा सकता है। इण्टरनेट पर किसी का भी एकमात्र नियन्त्रण नहीं है। इण्टरनेट के माध्यम से चैटिंग (वार्त्तालाप), ज़रूरी सूचनाओं का आदान-प्रदान किया जा सकता है। बाज़ारों-दुकानों पर नज़र रखी जा सकती है, थोड़े शब्दों में कहा जाये तो इसका उपयोग असीमित है। वर्तमान समय में इण्टरनेट का उपयोग करनेवालों की संख्या निरन्तर बढ़ रही है। संचार के इस विकसित साधन ने लोगों की जीवन-शैली, व्यवहार और सोच को पूर्णतया प्रभावित किया है। एक समय था जब लोग सूचना पाने के लिए तरसते रहते थे परन्तु आज सूचनाओं की बाढ़-सी आ गयी है लेकिन सकारात्मक प्रभाव के साथ-साथ संचार की इस तकनीक के नकारात्मक ख़तरे भी आज बहुत अधिक बढ़ गये हैं।

इण्टरनेट का आरम्भ 1979 में एक शैक्षिक नेटवर्क 'यूजनेट-न्यूज़' के रूप में हुआ। इसका पहला सार्वजनिक विस्तार सरकारी नियन्त्रण में हुआ। आठवें दशक के उत्तरार्द्ध में अमेरिकी सरकार ने 'नेशनल साइन्स फाउण्डेशन' के माध्यम से पाँच सुपर कम्प्यूटर केन्द्रों की स्थापना की जो इण्टरनेट के प्रमुख संयोजक बिन्दु बने और इनके द्वारा कई विश्वविद्यालयों और अनुसन्धान प्रयोगशालाओं को आपस में जोड़ा गया। अमेरिका में ही इस प्रणाली ने विकसित होकर सन् 1990 तक अपना वर्तमान स्वरूप ग्रहण किया। इस समय इण्टरनेट पर पूरे विश्व में 10 लाख से भी अधिक वेबसाइट विद्यमान हैं और प्रत्येक वेबसाइट अपने-आप में एक नेटवर्क है और ये सभी वेबसाइट किसी-न-किसी माध्यम से परस्पर जुड़े हुए हैं। भारत में इण्टरनेट की शुरुआत लगभग 15 वर्ष पहले हुई। सर्वप्रथम सैनिक अनुसन्धान नेटवर्क (इआरनेट) ने शैक्षिक और अनुसन्धान क्षेत्रों के लिए इसका उपयोग शुरू किया। इआरनेट भारत सरकार के इलेक्ट्रॉनिक विभाग तथा यूनाइटेड नेशन्स डेवलपमेण्ट प्रोग्राम का एक संयुक्त उपक्रम था। भारत में इण्टरनेट को काफी सफलता

मिली और इसने अनेक नोडों का परिचालन शुरू किया। लगभग आठ हज़ार से अधिक वैज्ञानिकों और तकनीशियनों द्वारा इआरनेट की सुविधाएँ प्राप्त की जाने लगीं। एनसीएसटी, मुम्बई द्वारा अन्तरराष्ट्रीय सम्पर्क प्राप्त किया जाने लगा। 15 अगस्त, 1995 को विदेश संचार निगम लिमिटेड ने गेटवे इण्टरनेट एक्सेस सर्विस (जीआईएएस) की स्थापना वाणिज्यिक तौर पर की। इसने मुम्बई, दिल्ली, चेन्नई, कोलकाता, बेंगलूरु और पुणे में इण्टरनेट नोड स्थापित किये। इसने अमेरिका, जापान, इटली आदि देशों की इण्टरनेट कम्पनिगों से समझौता करके देश के प्रमुख शहरों में इण्टरनेट की सुविधाएँ उपलब्ध करानी शुरू कीं। उसके बाद दूरसंचार विभाग से मिलकर इसने देश के अन्य बड़े शहरों को भी इण्टरनेट से जोड़ा। इसके पश्चात् दूरसंचार विभाग ने आईनेट नामक नेटवर्क के द्वारा देश के दूर दराज़ इलाकों को भी इण्टरनेट से जोड़ने का काम शुरू किया। इस समय भारत में तीन सरकारी एजेन्सियाँ इण्टरनेट सर्विस प्रोवाइडर (आईएसपी) अर्थात् इण्टरनेट की सुविधाएँ उपलब्ध कराने का काम कर रही हैं- (1) दूरसंचार विभाग (2) महानगर टेलीकॉम निगम लिमिटेड तथा (3) विदेश संचार निगम लिमिटेड। 1991 की उदारीकरण नीति ने इस क्षेत्र में निजी कम्पनियों के प्रवेश के लिए भी रास्ता खोल दिया। सरकार द्वारा बनायी गयी इण्टरनेट नीति के फलस्वरूप कई देशी-विदेशी कम्पनियाँ जैसे- रिलायन्स, एम.टी.एस, आइडिया, ऐयरटेल, टाटा, सिफी आदि आज भारत के इण्टरनेट प्रेमियों को इण्टरनेट सुविधाएँ प्रदान कर रही हैं। इण्टरनेट के ग्राहकों की संख्या क्रमशः बढ़ रही है। इस समय देश में लगभग 50 लाख से भी अधिक लोग इण्टरनेट का उपयोग कर रहे हैं। संचार माध्यमों के क्षेत्र में तो इसने क्रान्ति ही ला दी है। यद्यपि इसने समाचारपत्रों के प्रचार-प्रसार पर प्रभाव तो अवश्य डाला है तथापि उनके महत्त्व को कम नहीं कर पाया है। वर्तमान में पत्रकारिता और इण्टरनेट दोनों परस्पर पूरक बन गये हैं। फैक्स और टेलीफोन की अपेक्षा इण्टरनेट ने पत्रकारिता को तीव्रता से गति प्रदान की है। 'इण्टरनेट' आज पत्रकारों को वह सामग्री भी उपलब्ध करवा रहा है जिसकी कल्पना तक पत्रकारों को नहीं थी। समय की बचत और अनुवाद करने में सुविधा आज इण्टरनेट की महत्तवपूर्ण देन है। बहुभाषीय ऑनलाइन वार्ता, सुपरटेक सॉफ्टवेयर के निर्मित होने से हिन्दी पत्रकारिता में सहजता से कार्य सम्भव हो गया है। इण्टरनेट के आगमन से अब संवाददाताओं पर निर्भरता कम होने लगी है। साथ ही भ्रामक समाचारों से बचना सम्भव हो पाया है। इसी प्रकार समाचारों के संकलन एवं विश्लेषण में पाठक की भूमिका बहुत महत्त्वपूर्ण नहीं होती थी जबकि इण्टरनेट पर व्यक्ति करोड़ों लोगों के साथ मिलकर सूचना के इस सागर में गोता लगाकर अपनी मनचाही सूचनाएँ प्राप्त कर सकता है। अब संवाददाता निश्चित समय-सीमा में बँधकर कार्य करने के लिए बाध्य है। उस निर्धारित स्थान के अनुरूप ही अपना समाचार लिखना होता है। उसे अपने पूरे पाठकवर्ग की रुचि को भी ध्यान में रखना पड़ता है। समाचार-पत्रों का प्रकाशन भी एक नियत समय पर नियमित रूप से करना आवश्यक है। दूसरी ओर इण्टरनेट के लिए कोई समय-सीमा नहीं है। यही कारण है कि अब प्रातः काल समाचार-पत्र आने से पूर्व ही अधिकांश पाठकों को उन समाचारों की जानकारी इण्टरनेट अथवा टेलीवीजन चैनलों के माध्यम से मिल चुकी होती है। इण्टरनेट के बढ़ते प्रभाव के

कारण सम्पादकीय विभाग पर भी पाठकों की रुचि को बनाये रखने के लिए निरन्तर दबाव बढ़ रहा है। इस कारण आजकल समाचार-पत्रों के कलेवर, साज-सज्जा, स्तम्भ आदि में व्यापक परिवर्तन दिखायी देने लगा है। कम्प्यूटर और इण्टरनेट के आविष्कार से पूर्व अधिकतर पत्रकारों को अपने दिन-प्रतिदिन के समाचारों की पृष्ठभूमि लिखने के लिए मुख्यतः अपनी स्मरण-शक्ति पर निर्भर रहना पड़ता था। कई बार वे अनुमान का सहारा लेते थे लेकिन आज इण्टरनेट के कारण सब-कुछ सहज और सरल हो गया है। किसी भी घटना से सम्बन्धित तथ्य और आँकड़े डाटा बैंक में सहज ही उपलब्ध हो जाते हैं। इस समय इण्टरनेट विचारों की स्वतन्त्र अभिव्यक्ति का सर्वाधिक प्रभावशाली माध्यम है और धीरे-धीरे इसने घर-घर में स्थान बनाना प्रारम्भ कर दिया है। अब इण्टरनेट पर समाचार-पत्रों में मुद्रित समाचार उनके ई-पेपर संस्करण में पढ़े जा सकते हैं। अनेक संवाद समितियाँ अब अपने स्तम्भ लेखकों एवं संवाददाताओं पर निर्भर रहने की अपेक्षा इण्टरनेट के माध्यम से सूचनाओं को आदान-प्रदान कर रही हैं। विभिन्न केन्द्रों को परस्पर जोड़कर समाचार समितियाँ सहज ही अपने ग्राहकों को त्वरित सेवा उपलब्ध करा रही हैं। इण्टरनेट के माध्यम से एक ही समाचार-पत्र के विभिन्न केन्द्रों से प्रकाशित होनेवाले संस्करणों को जोड़कर तैयार सामग्री भेजी जाने लगी है। वास्तव में इण्टरनेट से जुड़ने का अर्थ है- इण्टरनेट की अनोखी दुनिया से जुड़ जाना। अब लोग दुनिया के अलग-अलग हिस्सों में मौजूद इण्टरनेट से जुड़े लाखों कम्प्यूटरों के साथ आनन-फानन में सम्पर्क साध सकते हैं। इण्टरनेट पर ख़रीदारी करना भी मात्र एक छोटी-सी सुविधा है। आज इण्टरनेट पर लगभग वह सब-कुछ किया जा सकता है जो लोग भौतिक दुनिया में करते हैं इण्टरनेट पर किताबें, अख़बार वगैरह पढ़ा जा रहा है पर्यटन का मजा भी लिया जा सकता है, अश्लील साइट, सिनेमा देख सकते हैं, सन्देश भेज और मँगा सकते हैं, हज़ारों किलोमीटर दूर बैठे लोगों से बातचीत कर सकते हैं, रेडियो सुन सकते हैं, टीवी देख सकते हैं इत्यादि।

आज इण्टरनेट युद्ध का अखाड़ा भी बन चुका है। विभिन्न देशों में चल रहे गृहयुद्ध से जुड़े समूहों, आतंकवादी संगठनों आदि ने अपनी-अपनी वेबसाइट खोल ली है और अपना 'प्रोपेगण्डा' करने में जुटे हैं। इनके विरोधी या यों कहें कि दुश्मन इस 'प्रोपेगण्डा' को ध्वस्त करने के लिए इण्टरनेट पर ही जवाबी हमले करते रहते हैं। इस तरह इण्टरनेट पर निरन्तर एक युद्ध चलता रहता है जिसे 'साइबर वार' कहा जाता है। विभिन्न देशों की सरकारें भी 'साइबर वार' से डरती हैं क्योंकि इण्टरनेट पर किया गया 'प्रोपेएण्डा' विश्वव्यापी होने के कारण पूरी दुनिया का ध्यान अपनी ओर खींचता हैं। इण्टरनेट पर सेक्स और अश्लील सामग्री का कारोबार भी ख़ूब चल रहा है। अनेक वेश्याएँ या कॉलगर्ल इण्टरनेट पर अपनी दुकान खोलकर ख़ासी कमाई कर रहीं हैं। कुछ वेश्याएँ इण्टरनेट पर 'लाइव' अश्लील प्रदर्शन करती हैं। इण्टरनेट से जुड़ी 'आभासी' (वर्चुअल) तकनीक के ज़रिये लोग कम्प्यूटर पर ही यौन क्रियाओं को देख सकते हैं। एक अनुमान के अनुसार सन् 2005 में वयस्क साइटों ने लगभग सात अरब डॉलर का कारोबार किया। अश्लील साइट के करीब 75000 से अधिक मासिक ग्राहक हैं। गौरतलब है कि इण्टरनेट

ने दुनिया भर में चिकित्सा सुविधाओं का भी नक्शा बदल दिया है। अब आप घर बैठे देश-विदेश के प्रख्यात चिकित्सको से सलाह-मशविरा कर सकते हैं। आधुनिक अस्पतालों में इण्टरनेट के ज़रिये वीडियो सम्मेलन आयोजित करके बाकायदा चर्चाएँ की जाती हैं और जटिल रोगों का निदान किया जाता है। कुछ जगहों पर ऐसी सुविधाएँ भी हैं कि दिल्ली के अस्पताल में चल रहा ऑपरेशन न्यूयार्क में बैठा सर्जन देख सके और वहीं से ज़रूरी हिदायतें दे सके। इण्टरनेट पर चिकित्सा को 'टेलीमेडिसन' कहा जाता है। खेल-कूद और पर्यटन इण्टरनेट के अपेक्षाकृत नये आकर्षण हैं। आज लगभग हर खेल सिखाने से लेकर उससे सम्बन्धित नवीनतम सूचनाएँ देने तक के लिए उपयोगी वेबसाइट उपलब्ध हैं।

ई-मेल (E-mail) ई-मेल इण्टरनेट के द्वारा संचालित इलेक्ट्रॉनिक मेल सेवा है। इस संचार माध्यम से हम अपना पत्र ग्रा कोई सन्देश विद्युत् गति से दुनिया के किसी भी कोने में स्थित कम्प्यूटर-मॉनीटर पर पहुँचा सकते हैं। वहाँ उसका प्रिन्ट निकाल लिया जाता है। यह फैक्स की उपेक्षा बहुत ही सस्ता और विश्वसनीय प्रेषण माध्यम है। सीधे-सीधे शब्दों में कहें तो ई-मेल का अर्थ है कम्प्यूटर व इण्टरनेट की सहायता से चिट्ठी आदि भेजना। ई-मेल की ख़ास बात यह है कि ई-मेल को आप दुनियाभर में कहीं भी, किसी के पास भेज सकते हैं। बशर्ते उस व्यक्ति या संस्था के पास अपना ई-मेल एकाउण्ट हो। आपके पास भी अपना एक ई-मेल एकाउण्ट होना चाहिए। ख़ास बात यह है कि साधारण डाक की तरह ई-मेल भेजने के लिए अलग-अलग दरों के टिकट नहीं लगाने पड़ते हैं। ई-मेल एकाउण्ट प्राप्त करने के लिए मुख्यतः दो तरीके हैं। पहला तरीका तो यह है कि जब आप किसी इण्टरनेट सेवा प्रदाता कम्पनी यानी इण्टरनेट सर्विस प्रोवाइडर से इण्टरनेट कनेक्शन लेते हैं तो आपको एक ई-मेल एकाउण्ट स्वतः मिल जाता है। दूसरा तरीका यह है कि आप किसी साइट पर जाकर अपना एक ई-मेल खाता खोल सकते हैं। कुछ साइटों को छोड़कर यह खाता बिलकुल मुफ्त खोला जा सकता है। जी-मेल, इण्डिया टाइम्स, हॉट मेल, याहू जैसी कुछ साइटें मुफ्त में ई-मेल एकाउण्ट खोलने की सुविधा देती है। साधारणतया किसी व्यक्ति के ई-मेल एकाउण्ट के तीन भाग होते हैं। पहले भाग में व्यक्ति का नाम अथवा लॉगिन नेम होता है। इसका मतलब यह है कि जिस नाम से व्यक्ति साइट पर अपना एकाउण्ट चेक करता है। दूसरे भाग में साइट का नाम होता है और तीसरे भाग में साइट का डोमेन नाम यानी साइट किस क्षेत्र का प्रतिनिधित्व करती है। उदाहरण के लिए अजय/जीमेलडॉटकॉम। इस ई-मेल नाम में पहले भाग में नाम है, दूसरे भाग में साइट का नाम और तीसरे भाग में डोमेन है। डॉटकॉम की जगह डॉट ईडीयू, डॉट नेट आदि भी हो सकते हैं। ई-मेल के माध्यम से आप केवल पत्र आदि ही नहीं भेज सकते हैं बल्कि चित्र, ग्राफिक्स आदि भी भेज सकते हैं। इसके लिए ई-मेल के साथ अटैचमेण्ट भेजने की सुविधा भी होती हैं।

सोशल नेटवर्किंग साइट (Social Networking Site)-ई-मेल की तरह ही सोशल नेटवर्किंग साइटों का भी उदय हुआ और विश्व भर के लाखों-करोड़ो उपभोक्ता अत्यन्त

अल्प समय में इनसे जुड़ गये। 2006 में शुरू हुई फेसबुक डॉट कॉम की स्थापना हावर्ड विश्वविद्यालय के मार्क जुकरबर्ग ने की थी। शुरुआत में यह नेटवर्किंग साइट सिर्फ़ हावर्ड विश्वविद्यालय के छात्रों के लिए थी लेकिन बाद में इसे सभी के लिए खोल दिया गया। वर्तमान में इस सोशल नेटवर्किंग साइट से लगभग 08 करोड़ से भी अधिक लोग जुड़े हैं। इसके अलावा गूगल डॉट कॉम, ट्वीटर डॉट कॉम, ऑरकुट, माईस्पेस डॉट कॉम समेत बहुत-सारी सोशल नेटवर्किंग साइट आज मौजूद है जिनके सदस्य बनकर आज विश्व के कोनें-कोने में रहनेवाले लोग से चैटिंग, मैसेज, पिक्चर, वीडियो आदि का मज़ा ले रहे हैं। इतनी बड़ी संख्या में उपभोक्ताओं के जुड़ने से सोशल नेटवर्किंग साइटों के बीच प्रतिस्पर्द्धा भी शुरू हो गयी है। शीर्ष पर विद्यमान सोशल नेटवर्किंग साइट फेसबुक की बादशाहत को चुनौती देने के लिए गूगल अपनी नयी साइट गूगल प्लस लेकर आया है। जब गूगल ने सर्च इंजन की शुरुआत की तब मोटे तौर पर सर्च का आशय वेबसाइट सर्च करने से लगाया जाता था। यह कई मायनों में आज भी सही है। इण्टरनेट पर किसी विषय पर ढेर-सारी जानकारी हासिल करने के लिए गूगल बेहतरीन ज़रिया है लेकिन आज कई जगह सर्च का दायरा सिमटकर व्यक्ति-केन्द्रित हो गया है। ऐसे में फेसबुक गूगल से बीस साबित हो रहा है। किसी व्यक्ति को फेसबुक पर तलाश करना गूगल के मुकाबले आसान होता जा रहा है। फेसबुक पर दो तरफा संवाद की सम्भावना भी अधिक है। इन्ही ख़ूबियों के चलते सोशल नेटवर्किंग साइट कहीं-न-कहीं सर्च की नयी परिभाषा और ज़रूरत के मुताबिक खुद को फिट करने में लगी हैं।

ऑनलाइन पत्रकारिता/इण्टरनेट संस्करण-नाटक (Online Journalism)- ऑनलाइन पत्रकारिता या ऑनलाइन मीडिया का समाचार उद्योग पर काफी प्रभाव पड़ा है। आज देश के अधिकांश समाचार-पत्र इण्टरनेट पर अपने संस्करण निकाल रहे हैं। भारत में इण्टरनेट संस्करण का दौर वर्ष 1995-96 में शुरू हुआ। तब यहाँ आम चुनाव होनेवाले थे। एक ओर जहाँ पाठकों के बीच उनकी माँग थी तो दूसरी ओर अख़बारों के बीच भी कड़ी स्पर्द्धा थी। इसी स्पर्द्धा के चलते समाचार-पत्रों के मालिकों की नेट के प्रति रुचि पैदा हुई। इसके अतिरिक्त वे चाहते थे कि उनकी अन्तरराष्ट्रीय छवि बने तथा अप्रवासी भारतीयों एवं विदेशी पाठकों को भारतीय अख़बार उसी दिन मिल सके जिस दिन वे भारतीय पाठकों को मिलते हैं। भारत में सबसे पहले चेन्नई से प्रकाशित अंग्रेज़ी दैनिक 'द हिन्दू' का साप्ताहिक संस्करण सन् 1995 में इण्टरनेट पर आया। हिन्दी समाचार-पत्रों में सबसे पहले 'नयी दुनिया' (इन्दौर) ने सन् 1997 में अपना इण्टरनेट संस्करण शुरू किया। राजस्थान में सन् 1998 में 'राजस्थान पत्रिका' ने इण्टरनेट संस्करण आरम्भ किया। इसके बाद तो कई राष्ट्रीय समाचार-पत्रों एवं क्षेत्रीय समाचार-पत्रों ने इण्टरनेट संस्करण निकालने शुरू किये।

ब्लॉग (Blog)-इण्टरनेट पर ब्लॉगिंग एक ऐसी व्यक्तिगत डायरी को कहा जाता है जो व्यक्तिगत होते हुए भी सार्वजनिक पठन-पाठन के लिए उपलब्ध होती है। पहले के ज़माने में लोग केवल अपने लिये डायरी लिखते थे और दूसरों से छुपाकर रखते थे परन्तु वर्तमान

समय में लोग ब्लॉग के रूप में लिखी डायरी को दूसरों के साथ शेयर करने के लिए लिखत हैं। ब्लॉग की शुरुआत 1994 में एक युवा अमेरिकन छात्र जस्टिन हॉल ने की। उसने अपने निजी अनुभवों को इण्टरनेट वेबसाइट पर लिखकर लोगों के साथ बाँटना शुरू किया। इसके बाद जॉन बारजर ने 1997 में इसे वेब लॉग (Weblog) यानी इण्टरनेट डायरी का नाम दिया। बाद में 1999 में पीटर्स मरहॉल्ज ने इसे संक्षिप्त करके वी ब्लॉग कर दिया। धीरे-धीरे यह सिर्फ़ ब्लॉग रह गया। वर्तमान समय में ब्लॉग विचारों की अभिव्यक्ति का एक सशक्त माध्यम बन गया है। आजकल हर व्यक्ति अपनी जिन्दगी में इतना व्यस्त है कि अपने दोस्तों, रिश्तेदारों यहाँ तक कि अपने परिवार के सदस्यों से भी अपने मन की बातें शेयर नहीं कर पाता। मौजूदा दौर में इसी का एक विकल्प है ब्लॉगिंग। यह एक ऐसी डायरी की तरह है जिसे पढ़ा जा सकता है। ब्लॉगिंग के ज़रिये कोई भी व्यक्ति अपने विचारों, अनुभवों या रचनात्मकता को दूसरों तक तुरन्त पहुँचा सकता है।

वरिष्ठ ब्लॉगर अनूप शुक्ल का मानना है कि, "अभिव्यक्ति की बेचैनी ब्लॉगिंग की प्राण तत्त्व है और तात्कालिकता इसकी मूल प्रवृत्ति है। विचारों की सहज अभिव्यक्ति ही ब्लॉग की ताकत है और यही इसकी कमज़ोरी भी। जो अच्छा लिखते हैं उनके ठिकानों पर स्वतः भीड़ हो जाती है, उनके ब्लॉगों में टिप्पणियों की बहार आ जाती है।" ऐसे कई ब्लॉग हीरो, ब्लॉगिंग की दुनिया ने दिये हैं, जो सिर्फ़ अपने लेखों और भाषा या रचनात्मकता के लिए ही नहीं तकनीकी मार्ग-दर्शन देने और नये ब्लॉगरों व ब्लॉग परियोजनों को प्रोत्साहित करने के लिए भी जाने जाते हैं।

मौजूदा दौर में ब्लॉग मण्डल अर्थात् सबकी सामूहिक डायरियाँ निर्विवाद रूप से विश्व में जनसंचार का सबसे सशक्त माध्यम बन चुकी हैं। इसमें कहीं गीत-वीडियो, कहीं पर लोग मिल-जुलकर पुस्तकें लिख रहे हैं तो कहीं फिल्म निर्माण की तकनीकी प्रक्रिया के बारे में लिखा जा रहा है। किसी ब्लॉग में भाषाएँ सिखायी जा रही हैं तो किसी में अमर साहित्य को ऑनलाइन उपलब्ध कराया जा रहा है। कुछ ब्लॉग शिक्षा से सम्बन्धित जानकारियाँ दे रहे हैं तो कुछ ब्लॉग लोगों का मनोरंजन कर रहे हैं। वर्तमान युग में ब्लॉग के माध्यम से लोगों को जागरूक एवं शिक्षित किया जा रहा है। त्वरित अभिव्यक्ति और विश्वव्यापी प्रसारण के कारण तत्काल प्रतिक्रिया मिल जाने से आज ब्लॉगिंग का क्षेत्र तीव्रगति से व्यापक होता जा रहा है। ब्लॉगों की दुनिया पर केन्द्रित कम्पनी http:èwww.technorati.com की ताज़ा रिपोर्ट के अनुसार करीब 10 करोड़ ब्लॉगों का विवरण उसके पास उपलब्ध है। ऐसे ब्लॉगों की संख्या भी अच्छी-ख़ासी है जो टैक्नोरैटी में रजिस्टर्ड नहीं है। ब्लॉग मूलतः दो प्रकार के होते हैं- वैयक्तिक ब्लॉग और कम्यूनिटी या सामुदायिक ब्लॉग। वैयक्तिक ब्लॉग वे होते हैं जिन्हें कोई एक व्यक्ति लिखता है और एक ख़ास किस्म के विचार ही उनमें आ पाते हैं। उदाहरण के लिए udaysahaymakingnews.blogspot.com प्रसिद्ध मीडिया विशेषज्ञ उदय सहाय का निजी ब्लॉग है। लेकिन कुछ ब्लॉग ऐसे होते हैं जिन पर सभी को अपने विचारों की अभिव्यक्ति की छूट होती है। इस सन्दर्भ में bhadasblogspot.com (भड़ास-ब्लॉग स्पष्ट) को देखा जा सकता है। तीसरी तरह के ब्लॉग इन दोनों के मिले-जुले

रूप में दिखायी देता है। इसका उदाहरण hindimedia.blogspot.com है जहाँ ब्लॉगर अपनी रचनाएँ तो देता ही है, नये और युवा रचनाकारों के विचारों को भी इस ब्लॉग पर स्थान मिल जाता है। हिन्दी ब्लॉगिंग में आलोक कुमार पहले ऐसे ब्लॉगर हैं, जिन्होंने ब्लॉग के लिए चिट्ठा 'शब्द' का प्रयोग किया। जीतेन्द्र चौधरी, अनूप शुक्ल, देवाशीष, पंकज नरुला (मिर्ची सेठ), आलोक पुराणिक, रामप्रकाश आदि हिन्दी ब्लॉगरों ने इण्टरनेट पर हिन्दी को समृद्ध बनाने में अभूतपूर्व योगदान दिया। इक्कीसवीं सदी में ब्लॉगिंग आम आदमी की अभिव्यक्ति के मौलिक अधिकार का सबसे सशक्त माध्यम बन गया है। ब्लॉग के ज़रिये आज कोई भी व्यक्ति अपने विचारों व अनुभवों को बिना किसी सेन्सरशिप के सार्वजनिक कर सकता है। उसके द्वारा लिखा हुआ एक-एक शब्द ब्लॉग के रूप में सुरक्षित रहता है जिसे विश्व में कहीं भी और कोई भी पढ़ सकता है। चर्चित 'भड़ास' नामक सामूहिक ब्लॉग के सूत्र वाक्य में कहा गया है कि- "कोई बात गले में अटक गयी हो तो उगल दीजिये मन हलका हो जायेगा।" आज के युग में ब्लॉगिंग ही एक ऐसा मंच है जो किसी भी वर्जना, आचार-संहिता के किसी अनुशासन में कैद नहीं है। ब्लॉग के जरिये व्यक्ति अपनी निजी भावनाओं को भी व्यक्त कर सकता है जिसे किसी पत्र-पत्रिकाओं में प्रकाशित नहीं किया जा सकता। आजकल मीडिया के ओवर एक्सपोज़र होने के कारण आम आदमी से लेकर बड़े-बड़े सिलेब्रिटीज भी ख़ुद को प्रेजेण्ट करने के लिए ब्लॉग लिख रहे हैं। उन्हें मीडिया अटेन्शन चाहिए और ब्लॉग मीडिया का ही एक नया संस्करण है। सिलेब्रिटीज ब्लॉगिंग के ज़रिये खुद को ज्यादा-से ज्यादा शो करना चाहते हैं। लोग भी अब इनकी पर्सनल लाइफ में ज्यादा रुचि रखने लगे हैं। सिलेब्रिटीज के बारे में वे हर छोटी-छोटी बात जानना चाहते हैं। इसीलिए आज हमारे देश की सबसे चर्चित हस्तियों-अमिताभ बच्चन, आमिर ख़ान, शाहरुख ख़ान, सचिन तेन्दुलकर ने अपने ब्लॉग गढ़ लिये हैं। आज हर बड़ा नेता, उद्योगपति, फिल्मी सितारे व बड़े-बड़े खिलाड़ी अपनी बात लोगों तक पहुँचाने के लिए ब्लॉग का प्रयोग कर रहे हैं क्योंकि अगर वे अपनी बात मीडिया के ज़रिये लोगों तक पहुँचाना चाहते हैं तो मीडिया कई बार आचार-संहिता के तहत उनकी कुछ बातें काट देती है या अपने तरीके से उसकी बात लिखती है। लेकिन ब्लॉग के ज़रिये अपनी बात लिखने पर कोई उससे छेड़खानी नहीं कर सकता, साथ ही उनके फैन्स भी उस पर अपनी राय दे सकते हैं। ब्लॉग अब सिर्फ़ विचारों की खुला मंच देने का ज़रिया ही नहीं रह गया है, बल्कि यह लर्निन टूल भी बन गया है। आजकल बड़ी संख्या में स्टूडेण्ट्स इसके ज़रिये इन्फॉर्मेशन को एक-दूसरे तक पहुँचा रहे हैं। इंजीनियरिंग, मेडिकल, मैनेजमेण्ट, आर्ट्स, साइन्स, सोशल सब्जेक्ट, रिसर्च स्टूडेण्ट आदि के लिए ब्लॉग सबसे ज्यादा फायदेमन्द साबित हो रहा है। गूगल के आँकड़ों के मुताबिक, फिलहाल दुनिया भर में एक अरब से ज्यादा ब्लॉगर हैं। इनमें से 1 करोड़ से ज्यादा-ब्लॉगर एक्टिव हैं। इन ब्लॉग्स में हर सेक्टर के लोग सक्रिय हैं। ये सभी ब्लॉग के ज़रिये अपने विचार और ज्ञान को ग्लोबल बना रहे हैं। ब्लॉग पर टेक्स्ट के साथ-साथ ऑडियो-वीडियो प्रेजेण्टेशन की सुविधा भी उपलब्ध है। वर्तमान समय में रिकॉर्डेड ब्रॉडकास्ट की ही सुविधा है, लाइव ब्रॉडकास्टिंग और टेक्स्ट को किसी भी लैंग्वेज में बदलने की सुविधा उपलब्ध कराने की दिशा में काम किया जा रहा है और

बहुत ही जल्द लाइव ऑडियो विजुअल इण्टरेक्शन सम्भव हो जायेगा। ऑनलाइन-लर्निंग मॉडयूल मुहैया करानेवाली कम्पनी विज आई क्यू ने इन सुविधाओं की पायलट प्रोजेक्ट के तौर पर टेस्टिंग शुरु कर दी है। आनेवाले दिनों में यह सबके लिए उपलब्ध हो जायेगा। इससे सबसे ज्यादा फायदा स्टूडेण्ट्स को होगा। वे अपने घर में बैठे-बैठे दुनिया के किसी भी ब्लॉगर से अपनी आवश्यकतानुसार सवालों के जवाब के लिए मद्दद ले सकेंगे। साथ ही लाइव ऑडियो-विजुअल इण्टरेक्शन से कोई भी बात समझने तथा समझाने में आसानी हो जायेगी। आनेवाले दिनों में कोई भी व्यक्ति अपने ब्लॉग पर याहू और जी-मेल की तरह लाइव इण्टरेक्शन भी कर सकेगा। ब्लॉगिंग में युवा पीढ़ी की बढ़ती रुचि की देखते हुए कई कम्पनियाँ अब इसे और भी अधिक यूजर फ्रेण्डली बनाने के लिए काम कर रही हैं।

कुछ महत्त्वपूर्ण ब्लॉग

bhadas.blogspot.com

www.rejectmal.blogspot.com

www.mohalla.blogspot.com

www.samatavadi.wordpress.com

www.hindimedia.blogspot.com

www.udaysahaymakinghews.blogspot.com

www.mantrafoundation.blogspot.com

www.hindimediaglobe.wordpress.com

हिन्दी सम्बन्धी बेबसाइट

webdunia.com (भारत की पहली हिन्दी बेबसाइट)

dainikjagran.com(दैनिक जागरण समाचार-पत्र की साइट)

hindibhasha.com (हिन्दी भाषा से सम्बन्धित साइट)

rajbhasha.nic.in

सूचना प्रौद्योगिकी के अधिकाधिक प्रयोग एवं इण्टरनेट के विस्तार के कारण, मानव-जीवन के विभिन्न क्षेत्रों की गतिविधियों में क्रान्तिकारी बदलाव आया है। इण्टरनेट विश्व का सबसे बड़ा कम्प्यूटर नेटवर्क है, जो पूरी दुनिया के कोने-कोने में फैला हुआ है। इण्टरनेट पर अख़बार पढ़ने और प्रिण्टर पर 'डाउनलोड' करने की वर्तमान सुविधा ने पत्रकारिता को अत्यन्त गतिशील बना दिया है। इण्टरनेट की प्रवृत्तियों पर 'जनसत्ता' ने 12 मार्च, 1997 के अंक में सम्पादकीय में लिखा था कि- "हमारी ज़िन्दगियों और हमारे समाज में इण्टरनेट का लगातार बढ़ रहा यह दख़ल क्या बताता है? इण्टरनेट की परिकल्पना के पीछे दुनिया के सारे ज्ञान को समाहित कर लेने की इच्छा है। यह हमारे देखते-देखते हो रहा है, कि सारे पुस्तकालय, सारे संगीत के रिकॉर्ड, सारे महत्त्वपूर्ण चित्र

और दुनियाभर के तमाम विषयों की न जाने कितनी स्थिर-गतिशील सूचनाएँ कुछ लोगों के कम्प्यूटरों की स्क्रीन पर झिलमिलाती रहती हैं। इतना ही नहीं ये लोग कम्प्यूटर पर इण्टरनेट के मार्फत आपस में सूचनाओं का आदान-प्रदान भी कर सकते हैं।'' इण्टरनेट का पूरा नाम 'इण्टरनेशनल नेटवर्क' है। इण्टरनेट दुनिया भर में अलग-अलग जगहों पर लगे कम्प्यूटरों को जोड़कर सूचना की आवाज़ाही के लिए बनायी गयी विशेष प्रणाली है। इसकी स्थापना अमेरिका में एक विशेष परियोजना के तहत हुई थी। इसका उद्‌देश्य था परमाणु हमले की स्थिति में संचार का एक नेटवर्क बनाये रखना। लेकिन जल्दी ही यह रक्षा शोध केन्द्रों से निकलकर व्यावसायिक क्षेत्रों में पहुँच गयी। इण्टरनेट पर कई सेवाएँ उपलब्ध है। जैसे-

ई-मेल-इलेक्ट्रॉनिक मेल, जिसके माध्यम से कोई भी सूचना, सन्देश, पत्र दुनिया के किसी भी कोने में तत्काल पहुँचाया जा सकता है,

वर्ल्ड, वाइड वेब (W.W.W.) इस डाटाबेस के द्वारा कोई भी उपभोक्ता इच्छित सूचना प्राप्त कर सकता है। प्रारम्भ में तो इस में केवल लिखित सामग्री ही प्राप्त होती थी, किन्तु अब इसमें चित्र, ध्वनि, कार्टून आदि उपलब्ध है।

होम पेज इसमें कोई भी व्यक्ति, कम्पनी या संस्था अपने बारे में विवरण देकर एक प्रकार का विज्ञापन कर सकता है। होम पेज से जानकारी लेने को 'हिट' कहा जाता है।

सूचना भण्डारण इण्टरनेट से जुड़े कम्प्यूटरों में सूचना का विशाल भण्डार उपलब्ध है। विश्वकोश, पुरानी-नयी पुस्तकें, विशेष लेख, शोध-पत्र, अख़बारों की कतरनें, यहाँ तक कि पूरे अख़बार एवं पत्रिकाएँ, कोर्ट के फैसले आदि की मनचाही सूचना, विशाल सूचना भण्डार से प्राप्त की जा सकती हैं।

खेल बुलेटिन, टेलनेट, **एफ टी पी,** (फाइल ट्रान्सफर प्रोटोकॉल) इनके ज़रिये हम दूर बैठे व्यक्ति से कोई भी जानकारी अपनी फाइल पर ले सकते हैं, और उसे जानकारी दे सकते हैं। इण्टरनेट एक ऐसा विश्वव्यापी कम्प्यूटर नेटवर्क है, जो दुनियाभर में फैला है किन्तु उस पर किसी का कोई नियन्त्रण नहीं है और न ही यह किसी कानूनी दायरे में आता है। इण्टरनेट पर कोई भी व्यक्ति किसी भी विषय से सम्बन्धित जानकारी, चित्र और दृश्य डाल सकता है, जो दुनिया भर में फैले लाखों उपभोक्ताओं तक पहुँच जायेगी। इण्टरनेट का निजी प्रयोग करनेवालों के नाम पते का कोई रिकॉर्ड नहीं रहता। अतः किसने क्या जानकारी डाली इसका पता लगाना मुश्किल है। यही कारण है कि इसके दुरुपयोग की घटनाएँ बढ़ती जा रही हैं।

आज हमारे देश में अनेक समाचार-पत्र एवं पत्रिकाएं इण्टरनेट पर उपलब्ध हैं। सबसे पहले 'द हिन्दू' और 'इण्डिया टुडे' इस सेवा से जुड़े थे। इसके बाद 'द टाइम्स ऑफ इण्डिया', 'द इण्डियन एक्सप्रेस', 'बिज़नेस स्टैण्डर्ड', 'आउटलुक' तथा 'डेक्कन हेराल्ड' भी नेट पर आ गये। 'द हिन्दुस्तान टाइम्स' और हिन्दी का 'दैनिक जागरण', 'हिन्दुस्तान' भी अब इण्टरनेट पर उपलब्ध हैं यद्यपि इण्टरनेट पर अपनी जगह बनाने के लिए काफी ख़र्च आता है। लगभग पचास हज़ार से दो लाख रूपये तक का व्यय होता है। प्रतिमाह दस हज़ार

से एक लाख रूपये तक की फीस अलग से देनी पड़ती है। फिर भी अख़बार और पत्रिकाएँ नेट पर अपनी सेवाएँ निःशुल्क उपलब्ध कराते हैं क्योंकि इनका लक्ष्य मुख्य रूप से विदेशों में रह रहे भारतीयों से संवाद स्थापित करना और विज्ञापन करना है। बृजमोहन गुप्त ने 'इलेक्ट्रॉनिक अख़बार' के विषय में अपने एक लेख में कहा है, "दरअसल इलेक्ट्रॉनिक समाचार-पत्र की कल्पना नयी नहीं है। टेलीटैक्स्ट सेवा की तरह से इलेक्ट्रॉनिक अख़बार की सूचनाएँ अद्यतन रूप में उपलब्ध होती रहती हैं। नेत्रहीनों के लिए निकलनेवाला 'द गार्जियन' का संस्करण भी इलेक्ट्रॉनिक पद्धति से प्रसारित होता है और अपने पाठकों को कम्प्यूटर की आवाज़ में ज़ोर-ज़ोर से पढ़कर सुनाया जाता है।"

इण्टरनेट की भाषा कुछ इस प्रकार हैः-

इण्टरनेट में भी हिंग्लिश भाषा का ख़ूब इस्तेमाल किया जाता है।

इण्टरनेट में भाषा तो हिन्दी होती है, किन्तु उसकी लिपि देवनागरी के स्थान पर रोमन होती जा रही है। उदाहरणार्थ-

किसी को ई-मेल या शुभकामना सन्देश भेजना हो तो ऐसे लिखा जायेगा-

Tum/Aap Kaise ho?

Aj kal kya chal raha hai?

Janamdin Ki dhero Shubhkamnaen.

इण्टरनेट की भाषा काफी शार्टकट की भाषा है, जब हम इण्टरनेट पर चैटिंग करते हैं या फिर ई-मेल करते हैं तो हमारे लिखने का तरीका कुछ ऐसा होता है-

H r u?	-	How are you ?
R u bzy ?	-	Are you busy ?
G-N.	-	Good Night.
It sud b nt pssble	-	It should be not possible.

इण्टरनेट की भाषा में कुछ संक्षिप्त अक्षरों का प्रयोग न्यूज़ ग्रुप चैटिंग, या ई-मेल में किया जाता है जिसे एक्रोनिम्स कहते हैं। इण्टरनेट पर प्रचलित कुछ एक्रोनिम्स (Acronyms) हैं-

ASAP – As soon as possible.

BTW – By the way

FWIW – For what it's worth

FYI – For your information

IMO – In my opinion

IMHO – In my humble opinion

LOL – Laughaing out loud.

TIA – Thanks in advance.

TC – Take Care इत्यादि।

इण्टरनेट की भाषा में अपनी भावनाओं को व्यक्त करने के लिए कुछ संकेत बनाये गये हैं, जिन्हें इमोटिकान (Emoticon) कहते हैं, जैसे-

:-) = इसका अर्थ है, 'मुस्कुराता चेहरा'

:-(= इसका अर्थ है 'दुःखी चेहरा' इत्यादि।

इण्टरनेट उपयोगकर्त्ताओं के बीच चैटिंग, ई-मेल या वीडियो कान्फ्रेन्सिंग के समय अवांछनीय तथा अपमानजनक भाषा का प्रयोग **फ्लेम** (Flame) कहलाता है।

आज इण्टरनेट ज्ञान का भण्डार तो बन चुका है, किन्तु कुछ ऐसी चीज़ें हैं जो इण्टरनेट पर प्रश्न चिह्न लगा देती हैं। जैसे-क्लिण्टन-लेविंस्की प्रकरण इण्टरनेट पर प्रसारित हुआ। लोग रात-रातभर जागकर बेबसाइट पर अक्षरशः पढ़ने के लिए उतावले थे। प्रायः सेक्स स्कैण्डल से जुड़ी ख़बरें, समलैंगिकता की बातें तथा सेलीब्रेटीज के प्रेम-प्रसंग और उनका भण्डाफोड़ यह सब इण्टरनेट पर लोग बड़ी ही उत्सुकता से पढ़ते हैं।

●

इलेक्ट्रॉनिक पत्रकारिता की पारिभाषिक शब्दावली

A

ABC (अमेरिका की प्रमुख प्रसारण कम्पनी) : अमेरिका की यह प्रमुख प्रसारण कम्पनी है, इसका पूरा नाम 'अमेरिकन ब्रॉडकास्टिंग कम्पनी' है।

ABC-Roll एबीसी-रोल-इसमें भी प्रक्रिया एबी रोल की ही होती है, मगर दो के बजाय तीन वीडियो स्रोतों का इस्तेमाल एक साथ किया जाता है।

AB-Roll एबी-रोल-वीडियो एडिटिंग का एक तरीका जिसमें एक साथ दो स्रोतों से वीडियो लिया जाता है और उन्हें विशेष इफेक्ट पैदा करने के लिए मिलाया जाता है। आम तौर पर डिजाल्व के लिए इसका प्रयोग किया जाता है।

Across The Board (नियमित कार्यक्रम) : रेडियो या टेलीविज़न पर सप्ताह में 5 दिन प्रकाशित होनेवाले कार्यक्रमों को 'एक्रॉस द बोर्ड' कहते हैं। इस प्रकार के कार्यक्रम नियमित और निश्चित समय पर प्रसारित होने के कारण एक विशेष वर्ग से जुड़ जाते हैं, इनका विज्ञापन की दृष्टि से विशेष महत्त्व होता हैं।

Action (कैमरे के सामने होनेवाली कोई भी कार्यवाही) : किसी भी प्रोग्राम या फिल्म की शूटिंग में डायरेक्टर जब कलाकारों को अभिनय शुरू करने का आदेश देता है।

AD (सहायक निर्देशक) : 'असिस्टेण्ट डायरेक्टर' को संक्षेप में 'एडी' कहा जाता है। वह किसी भी व्यक्ति कार्यक्रम के निर्माण दल का ऐसा महत्त्वपूर्ण सदस्य होता है, जो शूटिंग से सम्बन्धित विस्तृत जानकारियों से अवगत रहता है। इन जानकारियों में अभिनय दल और निर्माण दल के सदस्यों के साथ-साथ उत्पादन के कार्यक्रम से सम्बद्ध जानकारी शामिल है।

Ad-lib (सीधा प्रसारण) : जो कार्यक्रम 'स्क्रिप्ट' तैयार किये बिना ही सीधे प्रसारित किये जाते हैं, वे 'एड-लिब' कहलाते हैं।

AFTRA (टेलीविज़न और रेडियो कलाकारों का अमेरिकी संगठन) : यह अमेरिका का राष्ट्रीय संगठन है, जिसके सदस्य केवल रेडियो और टेलीविज़न से जुड़े कलाकार ही होते हैं।

Aircheck (कार्यक्रम की रिकॉर्डिंग) : किसी कार्यक्रम या विज्ञापन की रिकॉर्डिंग 'एयरचेक' कहलाती है।

Allocation (फ्रीक्वेन्सी का आवण्टन) : प्रसारण के लिए एक निश्चित फ्रीक्वेन्सी का आवण्टन किया जाता है। यह आवण्टन केन्द्रीय संचार विभाग करता है। यह कार्यवाही 'एलोकेशन' कहलाती है।

AM Station (एम्प्लीट्यूड मॉड्यूलेशन स्टेशन) : 'एम्प्लीट्यूड मॉड्यूलेशन स्टेशन' के तहत 0.535 से 1.605 या 05 मेगा हट्‌र्ज या 53 से 160 तक वेब·लेन्थ दायरे के बीच कार्यक्रमों का प्रसारण करने वाला रेडियो स्टेशन 'एएम स्टेशन' कहलाता है।

Anchor (उद्‌घोषक या समाचार वाचक) : रेडियो या टेलीविज़न पर समाचारों, मौसम सम्बन्धी सूचनाओं अथवा कार्यक्रमों की उद्‌घोषणा या उन्हें पढ़कर सुनानेवाले को 'ऐंकर' कहा जाता है।

Angle of View (किसी दृश्य की कैमरे के लेन्स पर दर्ज होनेवाली सपाट छवि): कैमरे के लेन्स पर दर्ज होनेवाले दृश्य का वह आकार, जो क्षितिज के समानान्तर हो। यह आकार लेन्स के साइज और कैमरे के कोण या ऐंगल के सँकरे या चौड़े होने पर निर्भर करता है।

Angle Shot (कैमरे पर किसी दृश्य को विशेष कोणों के साथ अंकित करना): कैमरे पर जब किसी दृश्य को एक विशेष कोण के साथ दर्ज किया जाता है तो वह 'ऐंगल शॉट' कहलाता है।

ANI (एक वीडियो समाचार सेवा) : यह भारतीय समाचार सेवा है, जो वीडियो के रूप में ख़बरें उपलब्ध कराती है। इसका पूरा नाम 'एशियन न्यूज़ इण्टरनेशनल' है।

Animation (किसी दृश्य के मानवीकरण की तकनीक) : कम्प्यूटरों के जरिये स्थिर ग्राफिक्स को गति प्रदान करना। इसमें ग्राफिक्स के एक-एक फ्रेम को इस तरह से बनाया और फिर सिलसिलेवार ढंग से जोड़ा जाता है कि वे गतिशील नज़र आने लगते हैं।

Announcer (विवरण देनेवाला व्यक्ति या उद्‌घोषक) : सूचना, समाचार, व्यावसायिक जानकारी तथा खेल और मौसम की ख़बरें देनेवाले हर उद्‌घोषक को इसी नाम से जाना जाता है। यह शब्द 'ऐंकर' का पर्यायवाची है।

Archive (पुरासामग्री की फाइल) : पूर्व प्रसारित सामग्री की वह फाइल, जिसका उपयोग किसी समाचार आदि की पृष्ठभूमि की जानकारी जोड़ने या कतरनें आदि दिखाने के लिए किया जाता है। जिस स्थान पर ये फाइलें सुरक्षित रखी जाती हैं, उसको भी 'आरकाइव' ही कहते हैं।

Area of Dominant Influence (टेलीविज़न चैनल का प्रभाव क्षेत्र) : टेलीविज़न की दर्शक संख्या पर आधारित विशेष बाज़ार क्षेत्र।

Art Director (किसी कार्यक्रम की रूपरेखा तय करनेवाला या निर्माणदल का मार्गदर्शन करनेवाला व्यक्ति) : किसी भी व्यावसायिक कार्यक्रम की रूपरेखा का सारा दारोमदार कला निर्देशक पर निर्भर करता है। वह 'कॉपी राइटर' की सहायता लेकर कार्यक्रम की मूल अवधारणा को एक आकार देता है और 'स्टोरी बोर्ड' पर चित्र बनाकर टीम के बाकी सदस्यों को समझाता है।

Assignment Editor (संवाददाताओं को काम सौंपनेवाला सम्पादक) : टेलीविज़न या रेडियो के समाचार विभाग से जुड़ा वह व्यक्ति, जो संवाददाताओं को रिपोर्टिंग के कार्य की जिम्मेदारी सौंपता है।

Atmos (पृष्ठभूमि में कृत्रिम शोर) : किसी विशेष घटना से सम्बन्धित स्वाभाविक ध्वनि हासिल करने के लिए पृष्ठभूमि में माइक्रोफोन लगाकर पैदा किये जानेवाले शोर या संगीत की आवाज़।

Audience (श्रोता, दर्शक, पाठक समूह) : पाठकों, दर्शकों या श्रोताओं का समूह, जिसे ध्यान में रखकर कोई सन्देश या सूचना प्रसारित की जाये। इस शब्द का प्रयोग विज्ञापन के सन्दर्भ में भी बहुतायत से होता है।

Audience Composition (दर्शक या श्रोता समूह के विभिन्न घटक) : जब हम दर्शक या श्रोता समूह की बात करते हैं तो वह विभिन्न आय वर्गों, आयु वर्गों तथा रुचियोंवाले अलग-अलग घटकों का एक समूह होता है।

Audience Profile (किसी कार्यक्रम के दर्शकों की संख्या का विवरण) : टेलीविज़न के कार्यक्रम या व्यावहारिक प्रस्तुति को देखनेवाले व्यक्तियों की संख्या सम्बन्धी जानकारी को 'ऑडियन्स प्रोफाइल' कहते हैं।

Audience Rating (टीवी कार्यक्रम के दर्शकों का प्रतिशत) : एक विशेष समय पर किसी टेलीविज़न कार्यक्रम को देख रहे लोगों की संख्या का प्रतिशत। आमतौर पर इसकी गणना टेलीविज़न पर चल रहे कार्यक्रम को देखने के लिए किसी कमरे में मौजूद व्यक्तियों की संख्या के आधार पर की जाती है।

Audimeter (घरों में चल रहे रेडियो और टीवी सेटों की संख्या रिकॉर्ड करनेवाला उपकरण) : यह विद्युत् संचालित ऐसा उपकरण है, जो दर्शक संख्या का पता लगाने के काम में लिया जाता है। सामान्यतः इसका प्रयोग ए. सी. नीलसन कम्पनी द्वारा सर्वेक्षणों के लिए किया जाता है।

Audio (ध्वनि सम्बन्धी) : तकनीकी तौर पर इस शब्द का अर्थ ध्वनि की किसी भी तरंग से है, लेकिन मीडिया के सन्दर्भ में इस शब्द का प्रयोग प्रसारण के उद्देश्य से आवाज़ की रिकॉर्डिंग या ध्वनि प्रभाव पैदा करने के सन्दर्भ में ही किया जाता है। वहाँ 'ऑडियो' का अर्थ है- सुनी जा सकने लायक कोई भी आवाज़, जो रेडियो या टेलीविज़न के उपयोग के उद्देश्य से पैदा की जाये या रिकॉर्ड की जाये।

Audition (कलाकारों या उद्घोषकों की अभिनय क्षमता और ध्वनि मुद्रा का परीक्षण) : कलाकारों की अभिनय क्षमता और योग्यता या निर्देशक द्वारा रेडियो, रंगमंच और टेलीविज़न के कलाकारों की प्रतिभा का परीक्षण किया जाता है। इस परीक्षण के दौरान उनकी अभिनय क्षमता, संवाद प्रस्तुत करने की कला, मुद्राएँ, भाव-भंगिमा आदि सभी बातों का जायजा लिया जाता है। इन सभी के लिए ऑडिशन टेस्ट एक प्रकार का एनट्रेन्स टेस्ट होता है।

Australian Broadcasting Corporation (ऑस्ट्रेलियाई प्रसारण निगम) : यह ऑस्ट्रेलिया का प्रमुख प्रसारण संस्थान है। इसे संक्षेप में 'एबीसी' कहते हैं।

Auto Focus (कैमरा फोकस करने की स्वचालित तकनीक) : यह तकनीक स्वचालित तरीके को साफ और शार्प रखने का काम करती है। अभी तक इसके लिए कैमरामैन को अलग से ध्यान रखना पड़ता था, लेकिन अब कई कम्पनियों ने 'ऑटो फोकस' वाले उन्नत कैमरे बाज़ार में पेश किये हैं।

Automation -न्यूज़ चैनलों में अब बहुत-से काम सर्वर आधारित तकनीकी से होते हैं। समूचा सिस्टम नेटवर्क के जरिये सर्वर से जुड़ा होता है और सर्वर बहुत-से काम अपने- आप कर देता है।

Autoque (ऑटोक्यू) : टेलीविज़न पर समाचार सुना रहे व्यक्ति को कैमरे की ओर देखते हुए कॉपी को पढ़ने की सुविधा प्रदान करनेवाला उपकरण। इस उपकरण का एक और नाम 'एस्टन' (Aston) भी है। इस प्रकार की मशीनों के कुछ और ब्रैण्ड नाम 'ऑटोस्क्रिप्ट', 'पोर्टाप्रॉम्पटर' भी हैं।

B

Back Announcement (अन्तिम वाक्य) : किसी समाचार या सूचना के अन्त में उद्घोषक द्वारा अतिरिक्त जानकारी देने के लिए पढ़ा या सुनाया जानेवाला अन्तिम वाक्य।

Background Music (पृष्ठभूमि संगीत) : किसी फिल्म, रेडियो या टेलीविज़न कार्यक्रम में कहे गये संवादों अथवा घोषणाओं की परिस्थिति, वातावरण या दृश्य को उभारने या स्थापित करने के लिए पहले से रिकॉर्ड किया गया या साथ-साथ प्रस्तुत किया जानेवाला संगीत।

Back Light (दृश्य की विषयवस्तु के पीछे से दिया जानेवाला प्रकाश) : शूटिंग के लिए कैमरे की विपरीत दिशा में और दृश्य की विषयवस्तु की पृष्ठभूमि से दिया जानेवाला प्रकाश 'बैक लाइट' कहलाता है।

Back Projection (पृष्ठभूमि में तस्वीर) : समाचार वाचक की पृष्ठभूमि में पर्दे पर दर्शायी जानेवाली तस्वीरें।

Back to Back (दो या अधिक कॉमर्शियल कार्यक्रमों का बिना अन्तराल एक साथ प्रसारण) : प्रसारण की यह ऐसी स्थिति है, जब दो या दो से अधिक कॉमर्शियल कार्यक्रमों का बिना किसी अन्तराल के प्रसारण किया जाता है। 'बैक टु बैक' में ब्रेक नहीं दिया जाता। इसको 'पिगी बैक' भी कहते हैं।

Bandwidth (प्रसारण क्षमता का प्रकार) : सूचना के प्रवाह की क्षमता को व्यक्त करनेवाला शब्द।

Basic Network (दर्शकों की विशाल या व्यापक संख्या तक पहुँच रखनेवाली टीवी या रेडियो नेटवर्क) : वह राष्ट्रीय टेलीविज़न या रेडियो नेटवर्क, जिसकी दर्शक या श्रोताओं के विशाल समूह तक आसान पहुँच हो, 'बेसिक नेटवर्क' कहलाता है।

Bill Board (प्रायोजक या उत्पाद सम्बन्धी जानकारी की घोषणा) : कार्यक्रम के प्रसारण से पहले जब उसके प्रायोजक या उस उत्पाद की जानकारियों के बारे में विवरण की घोषणा की जाती है तो उसको 'बिल बोर्ड' कहते हैं।

Bit (टीवी कार्यक्रम या कॉमर्शियल का छोटा-सा भाग) : टेलीविज़न से सम्बन्धित किसी भी कार्यक्रम या उस पर प्रसारित होनेवाले कॉमर्शियल प्रोग्राम के छोटे से भाग को 'बिट' कहा जाता है।

Blowup (किसी दृश्य को विशाल आकार देना) : जब किसी दृश्य को उसके वास्तविक स्वरूप से कहीं बड़ा आकार दे दिया जाता है तो उन्हें 'ब्लोअप' कहते हैं।

Book (अभिनय के लिए अनुबन्धित करना) : किसी भी कार्यक्रम में भूमिका निभाने के लिए जब अभिनेता या अभिनेत्री अथवा अन्य किसी कलाकार को अनुबन्धित किया जाता है तो उसे 'बुक' करना कहते हैं।

Booker (पत्रोत्तर देनेवाला कर्मचारी) : टेलीविज़न, रेडियो या केबल स्टेशन से जुड़ा कर्मचारी, जिसे ज़रूरत पड़ने पर श्रोताओं या दर्शकों के पत्रों के उत्तर देने का काम सौंपा जाता है, 'बुकर' कहा जाता है।

Breakfast Television (नाश्ते के समय का प्रसारण) : टेलीविज़न पर सुबह प्रसारित होनेवाले वे कार्यक्रम, जो नाश्ते के समय दिखाये जाते हैं। अब लगभग सभी टेलीविज़न चैनल अपने कार्यक्रमों का समय इस प्रकार निर्धारित करते हैं कि सुबह के उनके महत्त्वपूर्ण प्रोग्राम दर्शकों को नाश्ते के समय मिल जायें।

Bridge (टीवी या रेडियो कार्यक्रम में दो दृश्यों को जोड़नेवाला संगीत या आवाज़) : रेडियो या टेलीविज़न के कार्यक्रम में जब दो अलग-अलग दृश्यों को संगीत या किसी अन्य प्रकार की ध्वनि के ज़रिये जोड़ा जाता है तो उसे 'ब्रिज' कहते हैं।

Broadband (हाई बैण्डविड्थ कनेक्शन) : 'ब्रॉडबैण्ड' हाई बैण्डविड्थ क्षमता का ऐसा कनेक्शन होता है, जिसके ज़रिये आवाज़, डाटा और वीडियो का एक साथ प्रसारण सम्भव हो पाता है।

Broadcast (प्रसारण) : रेडियो या टेलीविज़न पर इलेक्ट्रॉनिक तरीके से किसी सूचना या समाचार को प्रसारित करने की एकतरफा कार्यवाही। इसमें किसी एक ही स्टेशन या केन्द्र से संकेत ग्रहण करनेवाले को एक साथ रेडियो या टेलीविज़न के सिग्नल प्रेषित किये जा सकते हैं।

B-Roll (फुटेज) : किसी उद्घोषक द्वारा समाचार पढ़ने के दौरान दिखाया जानेवाला फिल्म या टेलीविज़न का फुटेज 'बी रोल' कहलाता है।

Bulletin (बुलेटिन) : संक्षिप्त सूचना या किसी समाचार से सम्बन्धित नयी जानकारी, लेकिन अब यह शब्द रेडियो या टेलीविज़न पर दी जानेवाली ख़बरों के लिए ही इस्तेमाल होता है।

C

Cable News Network (अमेरिका का सबसे पुराना केबल नेटवर्क) : अमेरिका का सर्वाधिक लोकप्रिय और प्रचलित टेलीविज़न समाचार चैनल 'सीएनएन'। यह अन्य

देशों में भी अपने प्रसारण का बिस्तार कर रहा है। इसका केन्द्र अटलाण्टा में है और यह 24 घण्टे अर्थात् लगातार समाचारों का कार्यक्रम प्रसारित करता है।

Camera Rehearsal (शूटिंग से पहले कैमरामैन द्वारा कैमरे की अन्तिम जाँच-परख) : फिल्म की अन्तिम या फाइनल शूटिंग के पहले जब कलाकार तैयार होकर अपने पूरे कॉस्ट्यूम में आ चुके होते हैं तो कैमरामैन आखिरी बार अपने पूरे सिस्टम की जाँच-परख कर लेता है। इसी को 'कैमरा रिहर्सल' कहते हैं।

Cart (एक प्रकार का कैसेट) : यह कैसेट जैसा 'काट्रिज' होता है, जो उद्घोषणाओं, विज्ञापनों, संगीतों या अन्य कार्यक्रमों के प्रसारण के लिए इस्तेमाल किया जाता है।

Cassette (ध्वनि अंकित करनेवाला टेप) : (1) घरेलू या गैर-व्यावसायिक उपयोग में आनेवाला तीन मिलीमीटर चौड़ाई का टेप, जो दो चक्रों के बीच चलता है और जिस पर ध्वनि अंकित की जा सकती है।

(2) दृश्यांकन के लिए भी दो घिर्रियों के बीच चलनेवाला टेप ही उपयोग में आता है, लेकिन इसका आकार अलग होता है और यह प्लास्टिक के बॉक्स में बन्द रहता है। इसे 'वीडियो टेप' या 'वीडियो कैसेट' कहते हैं।

C-band (एक अलग फ्रीक्वेन्सी वाला बैण्ड) : संचार उपग्रह फ्रीक्वेन्सी वाला यह एक अलग बैण्ड होता है। यह पुरानी तकनीक वाले उपग्रह से सम्बन्धित है, जबकि नये उपग्रहों में प्रसारण प्रणाली पूरी तरह बदल चुकी है।

CBC (कनाडा का प्रसारण निगम) : यह कनाडा का मुख्य रेडियो और टेलीविज़न नेटवर्क है। यह अंग्रेज़ी और फ्रेंच दोनों ही भाषाओं में अपनी समाचार सेवा का प्रसारण करता है और पूरे देश में लोकप्रिय है।

CBS (कोलम्बिया का प्रसारण नेटवर्क) : इसका पूरा नाम 'कोलंबिया ब्रॉडकास्टिंग सिस्टम' है। यह पूरे अमेरिका में प्रसारण की क्षमतावाला रेडियो और टेलीविज़न नेटवर्क है।

CCTV (क्लोज सर्किट टेलीविज़न) : विशेष परिसर के भीतर अथवा एक निश्चित दर्शक समूह के लिए प्रसारित टेलीविज़न कार्यक्रम। 'सीसीटीवी' का सामान्य तौर पर प्रयोग बड़े शो रूमों में सामान चुरानेवालों पर नज़र रखने के लिए और कारख़ानों तथा कम्पनियों में कर्मचारियों की गतिविधियों की निगरानी के लिए किया जाता है।

CCU (कैमरा नियन्त्रण इकाई) : टेलीविज़न कक्ष में टेलीविज़न कैमरों को रिमोट द्वारा संचालित करनेवाली प्रणाली 'सीसीयू' कहलाती है।

CD (कॉम्पैक्ट डिस्क) : गोल, चमकीली वह डिस्क, जिस पर सूचनाएँ और ध्वनियाँ डिजिटल रूप में अंकित की जाती हैं। इनको पढ़ने या देखने के लिए 'सीडी प्लेयर'/'डीवीडी प्लेयर' की आवश्यकता होती है।

Channel (प्रसारण के उद्देश्य से रेडियो या टेलीविज़न केन्द्र को आवंटित रेडियो फ्रीक्वेन्सी) : रेडियो या टेलीविज़न के कार्यक्रमों का प्रसारण एक निश्चित रेडियो फ्रीक्वेन्सी के दायरे में होता है। इस दायरे को ही 'चैनल' कहा जाता है।

Clear (कार्यक्रम, दृश्य, संगीत, तस्वीर या उद्धरण के आंशिक या सम्पूर्ण उपयोग के लिए उत्तरदायी व्यक्ति से अनुमानित लेना) : कई बार विज्ञापन कार्यक्रम में प्रदर्शन के लिए चित्र या संगीत के किसी अंश, संवाद के अंश आदि का प्रयोग किया जाता है। यह प्रयोग अनुमति देने में सक्षम व्यक्ति की मंजूरी के बाद ही किया जा सकता है। अनुमति लेने की इस कार्यवाही को ही 'क्लियर' करना कहते हैं।

Close (समापन की घोषणा) : रेडियो या टेलीविज़न पर कार्यक्रम के समापन की घोषणा को 'क्लोज' कहते हैं।

Closeup (काफी नज़दीक से लिया गया दृश्य) : जब किसी व्यक्ति का दृश्य इतने निकट से लिया जाता है कि पूरे पर्दे पर उसका केवल सिर और कन्धे दिखायी देता है तो वह 'क्लोजप' कहलाता है।

Close Circuit (टेलीविज़न कार्यक्रम का सीमित प्रसारण) : जब टेलीविज़न कार्यक्रम सार्वजनिक प्रसारण के स्थान पर कुछ विशेष या सीमित दर्शकों के लिए ही प्रसारित किया जाता है तो उसे 'क्लोज सर्किट' कहते हैं।

Commercial (विज्ञापनदाता का टेलीविज़न या रेडियो पर प्रसारित सन्देश) : विज्ञापनदाता की ओर से रेडियो या टेलीविज़न पर जो भी सन्देश या दृश्य प्रसारित किया जाता है या कुल मिलाकर कहें तो जो कार्यक्रम प्रसारित किया जाता है, उसे 'कॉमर्शियल' कहते हैं।

Communication Objective (सन्देश का निहित उद्‌देश्य) : किसी सूचना या सन्देश का निहित उद्‌देश्य लोगों को जागरूक बनाना हो सकता है या फिर उनके दृष्टिकोण में बदलाव लाना अथवा कोई ख़ास काम करने के लिए प्रेरित करना या टिकट ख़रीदने के लिए प्रोत्साहित करना भी हो सकता है।

Communication Strategy (संचार की रणनीति) : किसी सूचना या सन्देश के उद्‌देश्य को ध्यान में रखकर उसे तैयार करने के लिए बनायी जानेवाली नीति। इसमें मुख्य रूप से पाँच मानक होते हैं : उद्‌देश्य, लक्ष्य, सन्देश, सहायक तत्व और अन्दाज़ या तरीका।

Compact Disk Recordable (रिकॉर्ड करनेवाली डिस्क) : सीडी-रोम का वह फॉर्मेट, जिसकी सहायता से कॉम्पैक्ट डिस्क पर कोई भी डाटा रिकॉर्ड किया जा सके जिसे सीड-रोम के ज़रिये पढ़ा जा सके।

Compact Disk-Read Only Memory (अधिक क्षमतावाली मेमोरी डिस्क) : कम्प्यूटर की ज्यादा क्षमतावाली ऐसी डिस्क, जिसके ज़रिये सूचना की काफी बड़ी तादाद एक विशेष फॉर्मेट के रूप में भेजी जा सके। यह बिल्कुल सीडी के आकार की होती है, लेकिन इसकी क्षमता सीडी से बहुत अधिक (600 मेगाबाइट तक) होती है। इस क्षमता का अनुमान इस बात से लगाया जा सकता है कि एनसाइक्लोपीडिया के लगभग 30 हज़ार से अधिक लेख एक सीडी-रोम पर अंकित किये जा सकते हैं। अब जो नये एनसाइक्लोपीडिया तैयार हुए हैं, उनमें लेखों के साथ-साथ आवाज़, चित्र और एनीमेशन का समावेश भी किया गया है और यह सब एक ही डिस्क में समा सकता है।

Concept (विज्ञापन के ज़रिये दिये जानेवाले सन्देश की भावना को विचार का रूप प्रदान करना) : विज्ञापन के ज़रिये श्रोता या दर्शक तक किसी कम्पनी या प्रतिष्ठान को अपने उत्पाद अथवा सेवा की विशेषता/गुणवत्ता या उपयोगिता का सन्देश पहुँचाना होता है। इस सन्देश को कार्यक्रम में किस प्रकार विचार या प्रस्तुति का ऐसा रूप प्रदान किया जाये कि श्रोता या दर्शक आसानी से उसे ग्रहण कर सके, यही 'कॉन्सेप्ट' होता है।

Continuity (टीवी या रेडियो कार्यक्रम के लिए तैयार की गयी स्क्रिप्ट) : टेलीविज़न अथवा रेडियो कार्यक्रम के लिए तैयार की गयी कोई भी स्क्रिप्ट 'कंटीन्यूटी' कहलाती है।

Continuity Writer (समाचार से इतर कॉपी लेखक) : जो व्यक्ति रेडियो के लिए समाचार के अलावा अन्य कॉपी तैयार करता है, उसे 'कण्टीन्यूटी राइटर' कहते हैं।

Control Room (नियन्त्रण कक्ष) : कार्यक्रम के प्रसारण के दौरान डायरेक्टर, स्विचर, टेक्निकल डायरेक्टर और ऑडिया टेक्नीशियन जहाँ एक साथ काम करते हैं, उस स्थान या कक्ष को कण्ट्रोल रूम कहा जाता है।

Coverage (विज्ञापन की पहुँच का प्रतिशत) : व्यावसायिक कम्पनियों या प्रतिष्ठानों द्वारा अपने उत्पाद या सेवा के प्रचार-प्रसार के लिए चलाये जानेवाले विज्ञापन अभियानों की सफलता दर्शकों-श्रोताओं की संख्या या प्रतिशत पर निर्भर करती है। इस संख्या को ही 'कवरेज' कहते हैं।

Cowcatcher (कार्यक्रम प्रसारण से पूर्व व्यावसायिक घोषणा) : किसी भी कार्यक्रम का प्रसारण किये जाने के पूर्व यदि कोई व्यावसायिक घोषणा या विज्ञापन प्रसारित किया जाता है तो वह 'काउकैचर' कहलाता है।

CU (काफी नज़दीक से लिया गया दृश्य) : क्लोज़अप शॉट को संक्षेप में 'सीयू' कहते हैं। यह शॉट काफी नज़दीक से लिया जाता है।

Cue (संकेत) : मौखिक रूप से या हाथ के इशारे से किसी काम के लिए किया गया संकेत 'क्यू' कहा जाता है।

Cue Pulse (रिकॉर्डिंग से पहले दर्ज़ होनेवाली पल्स) : ध्वनि या दृश्य की रिकॉर्डिंग से पहले ही टेप पर जब डाटा दर्ज हो जाता है, लकिन वह सुनायी-दिखायी नहीं देता तो उस स्थिति में टेपरिकॉर्डर रुक जाता है और उसे क्यूअप करके दोबारा चलाया जाता है। इसी को 'क्यू पल्स' कहते हैं।

Cut (सूचना या शब्द घटाकर स्टोरी को छोटा करना) : (1) अक्सर कवरेज करते समय स्टोरी बड़ी हो जाती है और उसको कट करना पड़ता है। यह काम जमा किये गये तथ्यों या शब्दों की छँटनी करके पूरा करके किया जाता है।

(2) ऐक्शन रोकने के लिए दिया गया संकेत।

(3) किसी एक दृश्य की प्रस्तुति के फौरन बाद दूसरे दृश्य को दिखाने की कार्यवाही।

Cut a Record (रिकॉर्ड करना) : ध्वनि या दृश्य की रिकॉर्डिंग अथवा रिकॉर्ड किये गये डाटा को कॉपी करने की कार्यवाही 'कट ए रिकॉर्ड' कहलाती है।

Cut-in (स्थानीय केन्द्र से प्रसारित संक्षिप्त कार्यक्रम) : रेडियो और टेलीविज़न पर निर्धारित समय पर विशेष क्षेत्रीय कार्यक्रम प्रसारित करने के लिए स्थानीय केन्द्र राष्ट्रीय प्रसारण केन्द्र से सम्बन्ध तोड़कर बुलेटिन ज़ारी करते हैं तो वह 'कट-इन' कहलाता है।

D

Dateline Programme (शहर या घटनास्थल के नाम के साथ तैयार स्टोरी) : समाचार बुलेटिन के लिए तैयार जो ख़बरें घटनास्थल या सम्बन्धित शबर आदि के हवाले के साथ प्रस्तुति की जाती है, उन्हें 'डेटलाइन प्रोग्राम' कहा जाता है।

DBS (डाइरेक्ट ब्रॉडकास्ट सैटेलाइट) : उपग्रह (सैटेलाइट) के ज़रिये संकेत संग्राही डिश को भेजेजाने वाले टेलीविज़न संकेत।

Dead Air (सन्नाटा) : जब अचानक कार्यक्रम की आवाज़ बन्द हो जाये तो वह 'हेड एयर' स्थिति कहलाती है।

Demographic Characteristics (एक विशेष जन-समूह की चारित्रिक विशेषताएँ) : अलग-अलग मानव समूहों की विभिन्न रुचियों, आदतों, पसन्द जीवन शैली, संस्कृति और चरित्रगत विशेषताएँ होती हैं। जनसंचार माध्यमों को अपना काम और कवरेज ऐसे विभिन्न समुदायों को ध्यान में रखकर करना होता है।

Demo Tape (उद्घोषक की रिकॉर्डिंग का टेप) : नौकरी पर रहते हुए नौकरी पाने के लिए उद्घोषक द्वारा अपनी रिकॉर्डिंग के नमूने का टेप, जो अक्सर आवेदन-पत्र के साथ भेजा जाता है।

Diftuser (कैमरे के लेन्स पर पर्दा लगाना) : (1) किसी दृश्य में विशेष प्रभाव पैदा करने के लिए, जैसे-स्वप्न देखने का दृश्य दिखाने के लिए, कैमरे के लेन्स पर एक हलका पर्दा लगाया जाता है। इससे उस दृश्य में धुँधलापन आ जाता है।

(2) टेलीविज़न के लिए बनाये जा रहे कार्यक्रम में तेज़ रोशनी को मद्धिम करने या तेज़ आवाज़ को धीमा करने के लिए प्रयोग किया जानेवाला पर्दा 'डिफ्यूजर' कहलाता है।

Digital Age (डिजिटल तकनीक का युग) : इस शब्दावली का अर्थ है सूचना क्रान्ति या आधुनिकतम तकनीक का युग, जो मुद्रण या पुस्तकों के ज़माने से पूरी तरह भिन्न है।

Digital Audio Broadcasting (डिजिटल ऑडियो ब्रॉडकास्टिंग) : डिजिटल प्रणाली द्वारा सन्देश या सूचना को सीधे प्रसारित करने का तरीका, जिसमें 'एनकोडिंग' और 'डीकोडिंग' की ज़रूरत पड़ती है।

Digital Imaging Camera (इलेक्टॉनिक तकनीक से काम करनेवाला कैमरा) : जो कैमरा हार्ड कॉपी को डिजिटल संकेतों में परिवर्तित करके इलेक्ट्रॉनिक तकनीक से सूचना व आँकड़ों का सम्प्रेषण, रिकॉर्डिंग और उन्हें एकत्र करने का काम करता है, वह 'डिजिटल इमेजिंग कैमरा' होता है। इस तकनीक से किसी भी स्थान से आंकड़े व सूचनाएँ एकत्र करके निर्धारित केन्द्रीय कक्ष तक भेजी जा सकती हैं।

Digital Radio (इलेक्ट्रॉनिक तकनीक से संकेत ग्रहण करनेवाला रेडियो) : 'डिजिटल रेडियो' संकेत ग्रहण करने के मामले में परम्परागत रेडियो से भिन्न होता है। इस तकनीक में एनेलॉग तरंगो के बजाय इलेक्ट्रॉनिक स्पन्दनों को ग्रहण और सम्प्रेषित किया जाता है।

Digital Recording (कोड के रूप में आँकड़ों की रिकॉर्डिंग) : ध्वनि या दृश्यात्मक सूचनाओं की रिकॉर्डिंग को विशेष कोड में परिवर्तित करने की ऐसी तकनीक, जिससे उसी क्वालिटी को बनाये रखते हुए दोबारा रिकॉर्डिंग की जा सकती है।

Digital Recording (रिकॉर्डिंग की नयी तकनीक) : आवाज़ या चित्रों के रूप में एकत्रित सूचना, जो संख्या के कोड नाम से सुरक्षित रखी जाये।

DGA (निर्देशकों का अमेरिकी संगठन) : इसका पूरा नाम 'डायरेक्टर्स गिल्ड ऑफ अमेरिका' है। टेलीविज़न ऑफ रेडियो से सम्बन्धित निर्देशकों का प्रतिनिधित्व करनेवाला यह प्रमुख राष्ट्रीय संगठन है।

Diopter Lens (मैग्नीफाइंग लेन्स का एक प्रकार) : इस लेन्स को मुख्य लेन्स के सामने रखा जाता है और इसे नजदीकी काम के लिए इस्तेमाल किया जाता है।

Dipping (कपड़ों को रंगीन बनाने की क्रिया) : कैमरे से लिये जा रहे दृश्यों में चमक घटाने और रंगों में एकरूपता बनाये रखने के लिए कपड़ों को हलका भूरा या नीला रंग दे दिया जाता है। सफेद कमीज़, ब्लाउज़, पर्दे आदि पर पड़नेवाली रोशनी के कारण निकलनेवाली चमक को कम रखने के लिए इसकी ज़रूरत पड़ती है। इससे एक ही दृश्य में रंगों की एकरूपता और सन्तुलन बना रहता है।

Director (निर्देशक) : रेडियो और टेलीविज़न के सन्दर्भ में डायरेक्टर ही वह व्यक्ति होता है, जो प्रसारण के लिए तैयार होनेवाली बुलेटिनों को उपयुक्त स्वरूप प्रदान करता है। कई स्थानों पर तो यह निर्देशक ही समाचार वाचकों को परदे पर लाने के लिए इलेक्ट्रॉनिक स्विचों, वीडियो टेप और अन्य उपकरणों का संचालन भी करता है।

Disc Jockey (संगीत कार्यक्रम प्रस्तुतकर्त्ता) : रेडियो या टेलीविज़न पर संगीत और मनोरंजन के कार्यक्रम प्रस्तुत करनेवाले कलाकार, जो रिकॉर्ड किये हुए संगीत की प्रस्तुति के बीच-बीच में दर्शकों-श्रोताओं की रुचि को बनाये रखने के लिए पेश होते हैं। जैज, रॉक-एन-रोल या फिर सामान्य गीत-संगीत के कार्यक्रमों में ये डीजे अब डिस्कों और वीडियो डिस्क कार्यक्रमों में भी अपनी पैठ बनाने में सफल रहे हैं।

Dish (डिश के आकार का एण्टीना) : तश्तरी के आकार के एण्टीना (संकेत संग्राहक) उपग्रह के संकेतों को ग्रहण करने या उस तक पहुँचाने का काम करते हैं।

Dissolve (दृश्य परिवर्तन) : जब कोई एक तस्वीर धूमिल होते हुए समाप्त हो जाये और साथ-साथ दूसरी प्रकट हो।

Documentry (डॉक्यूमेण्टरी) : किसी विषय को बेहतर तरीके से समझाने के लिए आवश्यक शोर को घटाने और आवाज़ की गुणवत्ता को सुधारने का काम होता है।

Dolly (कैमरे को उसकी धुरी पर सीधी दिशा में संचालित करना) : कैमरे को जब उसकी धुरी पर रखते हुए विषयवस्तु की बिल्कुल सीध में आगे या पीछे की ओर संचालित किया जाता है तो उसे 'डॉली' कहते हैं।

Dope Sheet (कैमरे की रिपोर्ट) : कैमरे द्वारा दर्ज किये जानेवाले हर दृश्य के लिखित रिकॉर्ड को 'डोप शीट' कहते हैं। यह काम स्वयं कैमरा ऑपरेटर करता है। वस्तुतः कैमरे द्वारा दर्ज सभी दृश्यों को याद रखना बहुत मुश्किल काम है। ऐसे में संवाददाता इस सूची की सहायता से ऐसे दृश्यों का चुनाव करता है, जो दूसरे प्रतिस्पर्द्धी चैनलों से अधिक प्रभावशाली और कुछ अलग होते हैं।

Downlink (उपग्रह से संकेत ग्रहण करना) : उपग्रह से पृथ्वी पर स्थित स्टेशन तक संकेत सम्प्रेषण का रास्ता।

Drive Time (ड्राइविंग का समय) : सुबह और शाम का वह समय जब लोग काम से आते हैं या कार्यस्थल से लौटते हैं।

Drop-in (राष्ट्रीय नेटवर्क कार्यक्रम में शामिल विज्ञापन) : जब रेडियो या टेलीविज़न के किसी राष्ट्रीय नेटवर्क पर प्रसारित होनेवाले कार्यक्रम में स्थानीय व्यावसायिक विज्ञापन को शामिल कर लिया जाता है तो उसे 'ड्रॉप इन' कहते हैं।

Dry Run (कैमरा या संगीत आदि के बिना ही पूर्वाभ्यास) : किसी शूटिंग आदि का पूर्वाभ्यास जब कैमरे, आवाज़ और संगीत आदि के बिना ही किया जाता है तो वह 'ड्राई रन' कहलाता है।

DTH (घर तक पहुँच) : पृथ्वी की कक्षा में स्थापित उपग्रह से प्राप्त होनेवाले कार्यक्रम की तकनीक। इसका पूरा नाम 'डाइरेक्ट टू होम' है।

Dub (नकल या अनूदित संस्करण बनाना) : पहले ही रिकॉर्ड किये गये किसी कार्यक्रम या सामग्री के अंश की कॉपी या नकल तैयार करना।

Dubbing (कार्यक्रम के टेप की कॉपी करना) : तैयारशुदा टेप से उसी डाटा की नयी प्रति तैयार करना 'डबिंग' कहलाता है।

DSNG (डाइरेक्ट सेटेलाइट न्यूज़ गैदरिंग) वैन-यह ओबी वैन का ही एक सस्ता और कम सुविधाओंवाला विकल्प होता है। हमेशा जल्दी में रहनेवाले न्यूज़ चैनलों के लिए ये ज्यादा उपयोगी होती हैं, क्योंकि ओबी के मुकाबले छोटी होती हैं।

DVD (डिजिटल वर्सेटाइल डिस्क) : व्यावसायिक और उपभोक्ताओं के इस्तेमाल की दृष्टि से महत्त्वपूर्ण इस अधिक क्षमतावाली नयी डिस्क का आविष्कार पिछली सदी के आखिरी दशक में हुआ। इस डिस्क द्वारा की जानेवाली रिकॉर्डिंग और प्रस्तुति दोनों ही क्वालिटी के मामले में श्रेष्ठ होती है। इसको 'डिजिटल वीडियो डिस्क' भी कहते हैं।

E

Early Frige (प्राइम टाइम से पहले का समय) : अपराह्न 4.30 से देर शाम 7. 30 बजे तक के समय को 'अर्ली फ्रिज' कहते हैं। वस्तुतः इस शब्दावली का प्रयोग कॉमर्शियल टाइम की अवधि को अलग दर्शाने के लिए किया जाता है। फ्रिज टाइम के दौरान दिखाये जानेवाले विज्ञापन कॉमर्शियल टाइम की तुलना में कम दर पर बुक किये जाते हैं।

Earth Station (संकेत सम्प्रेषण केन्द्र) : जमीन की सतह पर स्थित 'अर्थ स्टेशन' में एक डिश और ट्रान्समीटर रहता है, जो माइक्रोवेव सिग्नल प्रेषित कर सकता है। इन केन्द्रों को 'ग्राउण्ड स्टेशन' भी कहते हैं। ये केन्द्र संकेत भेजने के साथ-साथ उन्हें ग्रहण करने में भी समक्ष होते हैं।

ECU (एकदम नज़दीक के शॉट लेना) : यह 'एक्सट्रीम क्लोज़अप' का संक्षिप्त रूप है। जब किसी व्यक्ति या वस्तु की एकदम नज़दीक से तस्वीर ली जाती है तो उसे 'ईसीयू' कहते हैं।

Edit (विभिन्न दृश्यो को तालमेल) : व्यावसायिक फिल्म बनाने के लिए, कैमरे से अंकित दृश्यों को समेकित करने की कार्रवाई 'एडिट' कहलाती है।

Edit On Film (फिल्म की काट-छाँट) : विभिन्न दृश्यों में से कुछ का चयन करके उनमें ज़रूरत के अनुसार काट-छाँट करना।

Editing (Radio) (ध्वनि सम्पादन) : रेडियो के लिए रिकॉर्डिंग के काम को अन्जाम देने के बाद उसके अंशों की काट-छाँट करने के सम्पादन कार्य को 'एडिटिंग' कहते हैं। यह काम उन विशेष हिस्सों को डब करके या फिर टेप को काटकर किया जाता हैं।

Editing (Video) (दृश्य सम्पादन) : कवरेज़ के दौरान लिये गये दृश्यों में से श्रेष्ठ शॉट चुनकर समेकित करने का कार्य। यह इलेक्ट्रॉनिक या डिजिटल दोनों ही तरीकों से किया जा सकता है, लेकिन वीडियो टेप पर लिये गये शॉट इलेक्ट्रॉनिक तकनीक से ही सम्पादित किंये जा सकते हैं।

Edit on Tape (फिल्म शूट को विडियो टेप पर लेना) : सम्पादन के उद्देश्य से फिल्म के लिए की गयी शूटिंग को वीडियो टेप पर लेना 'एडिट ऑन टेप' कहलाता है।

Electronic Media (रेडियो टेलीविज़न संचार माध्यम) : संचार माध्यमों की वह तकनीक, जिससे सूचना समाचारों का सम्प्रेषण इलेक्ट्रोमैग्नेटिक तरंगों द्वारा किया जाता है।

Electronic News Gathering (इलेक्ट्रॉनिक तकनीक से समाचार संग्रह) : घटनास्थल पर जाकर इ.एन.जी. वीडियो कैमरों से समाचार संग्रह करने की तकनीक।

Encoding (विशेष शब्द, ध्वनि या भाषा का चयन) : किसी श्रोता, दर्शक या पाठक समूह के लिए ऐसे शब्दों, ध्वनियों या मूक भाषा का इस्तेमाल, जो एक ख़ास अर्थ की अभिव्यक्ति के उद्देश्य से प्रयोग किया जाये।

Equalization (ध्वनि सन्तुलन या एकरूपता) : रेडियो या टेलीविज़न के किसी भी कार्यक्रम के लिए आवश्यक है कि उसमें आवाज़ की एकरूपता को बनाये रखा जाये। आवाज़ की रिकॉर्डिंग के दौरान एक विशेष मानक के अनुरूप सन्तुलन या स्तर बनाये रखना ही 'इक्यू' या 'इक्वेलाइजेशन' कहलाता है। रिकॉर्डिंग की विभिन्न फ्रीक्वेन्सियों के बीच संतुलन को भी 'इक्वेलाइजेशन' ही कहते हैं।

Era (समयावधि के अनुसार गीतों का वर्गीकरण) : गीतों को वर्गीकृत करने के लिए अलग-अलग समायावधि में रखने या बाँटने की क्रिया।

Establishing Shot (दृश्यों की विशेष प्रस्तुति) : (1) किसी दृश्य में दर्शाय गये व्यक्तियों और वस्तुओं में अन्तर्सम्बन्ध स्थापित करने के लिए तस्वीरों को पूरे विस्तार और गहराई में दर्शाना।

(2) किसी दृश्य में अधिकाधिक वस्तुओं को समाहित करने के लिए कैमरे को जितनी दूर सम्भव हो, उतनी दूर ले जाकर की गयी शूटिंग।

Executive Producer (समाचार बुलेटिनों के लिए उत्तरदायी का मार्गदर्शन निर्देशक) : वह व्यक्ति जो समाचार बुलेटिन तैयार करनेवाले निर्देशकों का मार्गदर्शन और निगरानी करता है, कार्यकारी निर्देशक या 'एग्जीक्यूटिव प्रोड्यूसर' कहलाता है। यह कार्यकारी निर्देशक ही रेडियो या टेलीविज़न के किसी कार्यक्रम अथवा समाचार बुलेटिन तैयार करने के लिए पूरी तरह जिम्मदार होता है।

Extra (पहचानविहीन कलाकार) : (1) ऐसा व्यक्ति जिसकी तस्वीर का उपयोग भीड़, सामूहिक भोज आदि के मौके पर पृष्ठभूमि में खड़े समूह के हिस्से के रूप में किया जाये। ये व्यक्ति गुमनाम कलाकार होते हैं और इनकी अपनी कोई पहचान नहीं होती।

(2) टेलीविज़न पर कुछ समाचार चैनल अपने विशेष कार्यक्रमों को एक्सट्रा के नाम से प्रसारित करते हैं। ये कार्यक्रम एक प्रकार से समाचार-पत्रों की एक्सक्लूसिव ख़बर जैसी अहमियत रखते हैं।

F

Fade (आवाज़ की तीव्रता में कमी) : आवाज़ यदि रिकॉर्डिंग के दौरान ज्यादा तीव्र रहती तो उसे ज़रूरत के मुताबिक कम किया जाता है।

Fade-in (कैमरे या सम्पादन द्वारा किसी छवि को अन्धकार में विलीन करना) : (1) जब किसी छवि या दृश्य को कैमरे के संचालन, सम्पादन द्वारा धीरे-धीरे अन्धकार में लुप्त होते दिखाया जाये तो उसे 'फेड इन' कहते हैं।

Fade-in (आवाज़ को बढ़ाना) : आवाज़ या ध्वनि की तीव्रता को क्रमशः बढ़ाने की क्रिया, ताकि संगीत ध्वनि या वार्त्तालाप को अधिक स्पष्ट और ऊँचे स्वर में सुना जा सके।

Fade-out (दृश्य या तस्वीर का विलुप्त होना) : (1) जब कोई तस्वीर या दृश्य काली या सफ़ेद छाया में विलुप्त हो जाता है तो उसे 'फेड आउट' कहते हैं।

(2) आवाज़ का इस प्रकार धीरे-धीरे घटते जाना कि वह सुनायी देना बन्द हो जाये, यह भी 'फेड आउट' कहलाता है।

Fast Motion (फिल्म में तेज़ रफ्तार ऐक्शन) : जब फिल्म में प्रदर्शित ऐक्शन की रफ्तार वास्तविक जीवन की तुलना में ज्यादा तेज़ होती है तो वह फास्ट मोशन कहलाती है। इस प्रकार के तेज़ रफ्तार प्रदर्शन के लिए वीडियो एडिटिंग साप्टवेयर की सहायता ली जाती है।

Feature Film (मनोरंजक फिल्म) : मनोरंजन के उद्देश्य से बनायी जानेवाली वह फिल्म, जिसका वास्तविक जीवन से सम्बन्ध होना ज़रूरी नहीं होता।

इसके विपरीत, वास्तविक जीवन पर आधारित घटनाओं को लेकर बनायी जानेवाली फिल्में 'डॉक्यूमेण्ट्री' कहलाती हैं। यह फिल्में किसी व्यक्ति के जीवन की वास्तविक घटना, स्थान या स्थिति को लेकर बनायी जाती हैं।

Feed Back (जन प्रतिक्रिया) : (1) किसी कार्यक्रम या टेलीजिवन चैनल के प्रबंधन के सम्बन्ध में जनता की आलोचनात्मक या प्रशंसात्मक प्रतिक्रिया।

(2) आवाज़ का उसके उद्गम स्थल अर्थात् माइक्रोफोन की ओर लौटना।

Film To Tape Transfer (फिल्म पर अंकित दृश्य वीडियो टेप पर लेना) : किसी फिल्म पर अंकित दृश्यों को वीडियो टेप पर लेने को 'फिल्म टु टेप ट्रान्सफर' कहते हैं। ख़ासतौर पर व्यावसायिक उद्देश्य के लिए तैयार फिल्म को इस प्रकार ट्रान्सफर करने की ज़रूरत पड़ती है।

Flame War (सीधे प्रसारित कार्यक्रम में 'तू-तू मैं-मैं') : कई बार रेडियो या टेलीविज़न पर सीधे प्रसारित किये जा रहे कार्यक्रम के दौरान बहस या विचार-विमर्श में भाग ले रहे लोग तर्कपूर्ण तरीके से अपनी बात रखने की बजाय एक-दूसरे पर छींटाकशी और आरोप-प्रत्यारोप लगाने लगते हैं। इस स्थिति को 'फ्लेम वार' कहते हैं।

Flare (धातु या चमकीली वस्तु की चमक) : कैमरे से दृश्यांकन करते समय कई बार धातु की वस्तुओं या किसी चमकीली चीज़ से तेज़ किरणें प्रत्यावर्तित होती हैं। इसी को 'फ्लेयर' कहते हैं।

Flash Cut (दृश्यों के बीच पल भर का अन्तराल) : कभी-कभी कुछ दृश्यों के बीच एक सेकण्ड या उससे भी कम समय का अन्तराल देने की ज़रूरत पड़ती है, इसी को 'फ्लैश कट' कहते हैं।

Floor Manager (स्टूडियो स्टाफ का प्रमुख) : टेलीविज़न स्टूडियो में कार्यरत स्टाफ का प्रमुख 'फ्लोर मैनेजर' होता है। वह प्रोडक्शन की पूरी जिम्मेदारी उठाता है। साथ ही निर्देशक के निर्देशों को कलाकारों और सेट के अन्य व्यक्तियों तक पहुँचाता और उनका पालन कराता है।

Fluff (गलत उच्चारण) : टेलीविज़न या रेडियो पर समाचार वाचक या उद्घोषक द्वारा किसी शब्द या वाक्य के गलत उच्चारण को 'फ्लफ' कहा जाता है।

FM (संकेतों को ऊँची फ्रीक्वेन्सीवाले बैण्ड में बदलना) : 'एफएम' को 'फ्रीक्वेन्सी मॉड्युलेशन' कहते हैं। तकनीकी तौर पर इसका अर्थ ध्वनि संकेतों को हाई फ्रीक्वेन्सीवाले बैण्डों में बदलना होता है। ऐसा करने से प्रसारण के दौरान व्यवधान और अन्य आवाज़ों का घालमेल नहीं हो पाता।

Following Shot (गतिमान् वस्तु का दृश्यांकन) : जब कैमरा एक ही स्थान पर घूमते हुए किसी गतिमान् व्यक्ति या वस्तु का पीछा करता है तो वह 'फॉलोइंग शॉट' कहलाता है।

Format (कार्यक्रम की प्रकृति) : प्रसारण केन्द्र द्वारा प्रस्तुत किये जानेवाले कार्यक्रम की प्रकृति को फॉरमेट कहते हैं, जैसे : शास्त्रीय संगीत, समाचार, सुगम संगीत, फिल्म संगीत आदि।

Frame (तस्वीरों का सामंजस्य) : किसी ख़ास दृश्य के लिए ली गयी तस्वीरों का परस्पर सामंजस्य 'फ्रेम' या फ्रेमिंग कहलाता है। यह सामंजस्य यदि न हो तो उसे 'ऑफ फ्रेम' कहते हैं।

Frames Per Second (प्रति सेकण्ड दिखायी देनेवाले दृश्यों की संख्या) : एक सेकण्ड में जितने दृश्य दिखायी देते हैं। उसे 'फ्रेम पर सेकण्ड' कहते हैं। वीडियो में प्रति सेकण्ड दृश्यों की यह संख्या पाल पर 25, एन.टी.एस.सी. पर 30 और फिल्म 24 होती है। इसी गति के कारण दर्शक को तस्वीरें चलती, फिरती, बोलती और काम करती दिखायी देती हैं।

Freeze Frame (पर्दे पर तस्वीरों को अविचल रखना) : 'फ्रीज फ्रेम' ऐसी फिल्म तकनीक है, जिसमें मनचाहे दृश्यों को पर्दे पर मनचाहे समय तक अविचल (Still) रखा जाता है।

Frequency (श्रोता या दर्शक को सुनाये अथवा दिखाये जाने वाले विज्ञापन की आवृत्ति) : एक विज्ञापन को कोई श्रोता या दर्शक कितनी बार सुनता या देखता है, उसे मीडिया शब्दावली में 'फ्रीक्वेन्सी' कहते हैं।

Frequency Discount (विज्ञापन की दर में रियायत) : नेटवर्क या प्रसारण स्टेशन द्वारा बड़ी तादाद में कॉमर्शियल टाइम ख़रीदनेवाले विज्ञापनदाताओं को दरों में दी जानेवाली रियायत।

Fringe Time (प्राइम टाइम के पहले या बाद का समय) : प्राइम टाइम के पहले या उसके बाद के समय को 'फ्रिंज टाइम' कहते हैं। इसमें जो कार्यक्रम प्राइम टाइम के पहले टेलीविज़न पर प्रसारित किये जाते हैं, उन्हें 'अर्ली फ्रिंज' और जो प्राइम टाइम के तुरन्त बाद दिखाये जाते हैं, वे 'लेट फ्रिंज' कहलाते हैं।

Full Shot (व्यक्ति या वस्तु को तस्वीर में पूरे आकार में दर्शाना) : कैमरे द्वारा जब इस प्रकार कोई दृश्य दर्ज किया जाये कि उसमें व्यक्ति या वस्तु पूरे आकार अथवा लम्बाई में दिखायी दे तो उसे 'फुल शॉट' कहते हैं।

Fuzzy (अस्पष्टता) : यह शब्द ऐसे कार्यक्रमों के लिए प्रयोग में आता है जो अस्पष्टता के दोष से ग्रस्त होते हैं।

G

Gaffer (इलेक्ट्रिकल काम सँभालनेवाला) : शूटिंग के दौरान इलेक्ट्रिकल काम की पूरी जिम्मेदारी निभानेवाले व्यक्ति को 'गैफर' कहते हैं।

Gain (ध्वनि नियन्त्रण) : ध्वनि को नियन्त्रित या वांछित स्तर पर रखने का कार्य।

Generation (फिल्म या टेप की प्रति) : फिल्म या टेप की मूल प्रति को 'मास्टर कॉपी' और दूसरे शब्दों में 'फर्स्ट जनरेशन' कहते हैं, लेकिन जब उसकी प्रति तैयार की जाती है तो उसे 'सेकण्ड जेनरेशन' और फिर इसी प्रकार अगली प्रति को थर्ड और उससे अगली को फोर्थ जेनरेशन कहते हैं।

Golden Time (विज्ञापन का देर तक प्रदर्शन) : जब टेलीविज़न पर कोई विज्ञापन अधिक देर तक दिखाया जाता है तो उसके एवज़ में मिलनेवाला पैसा काफी बढ़ जाता है। इसीलिए इस समय को 'गोल्डेन टाइम' कहते हैं।

Go To Black (तस्वीर का अदृश्य हो जाना) : जब चित्र या कोई दृश्य क्रमशः लुप्त हो जाता है तो उसे 'गो टु ब्लैक' कहते हैं। 'फेड टु ब्लैक' और 'फेड आउट' इसके पर्यायवाची हैं।

Graphics (ग्राफिक्स)-एक तरह का कलात्मक कार्य जिसके तहत लोगों के नाम, कार्यक्रम के नाम आदि पर तैयार होते हैं। ग्राफिक्स के दायरे में विभिन्न आँकड़ों को आकर्षक ढंग से प्रस्तुत करने से लेकर जटिल एनीमेशन तक आते हैं। चैनल के रंग-रूप को गढ़ने में इसी का इस्तेमाल होता है।

Group Shot (सामूहिक चित्र) : बहुत-से लोगों का एक साथ लिया गया चित्र 'ग्रूप शॉट' कहलाता है।

Gross Rating Point (दर्शनीयता का प्रतिशत) : किसी भी कार्यक्रम की दर्शनीयता का प्रतिशत उसकी 'रेटिंग' कहलाती है। दर्शनीयता के इस आँकड़े का आकलन करने के लिए अनेक मानक अपनाये जाते हैं और उसका आधार दर्शकों के अलग-अलग वर्ग को बनाया जाता है। इस प्रकार यदि हर रेटिंग के लिए दो अंक रखे जायें और उसकी कुल रेटिंग 15 आये तो उसका अर्थ होगा कि 100 में से 30 घरों में उस कार्यक्रम को देखा गया। इस आँकड़े से किसी भी कार्यक्रम की पहुँच या लोकप्रियता का पता चलता है और उसके आधार पर किसी कार्यक्रम के लिए विज्ञापनदाताओं के समक्ष विज्ञापन के लिए पात्रता का दावा किया जाता हैं।

Guide Line (किसी समाचार कथा का एक शब्द का नाम) : समाचार-पत्र/पत्रिका की शब्दावली में जो अर्थ 'स्लग' या 'स्लग लाइन' का है, इलेक्ट्रॉनिक माध्यम में उस अर्थ के लिए 'गाइड लाइन' शब्द का प्रयोग होता है।

H

Hair And Makeup (शूटिंग के लिए मेकअप) : शूटिंग से पहले कलाकारों के सजाने-संवारने और उनके श्रृंगार के काम को मेकअप करना कहते हैं।

Handling Noise (अनावश्यक आवाजें हटाना) : शूटिंग और अन्य गतिविधियों के दौरान माइक्रोफोन द्वारा क्लिक या इस तरह की अन्य आवाज़ों को सम्पादन के दौरान हटाने की ज़रूरत पड़ती है। इसको 'हैण्डलिंग नॉइज' कहते हैं।

Hand held (कैमरे या किसी उपकरण का हाथ में रखकर संचालन) : दृश्यांकन आदि के दौरान जब कैमरे या अन्य किसी उपकरण को बिना स्टैण्ड का प्रयोग किये, हाथ में रखकर संचालन किया जाता है तो वह 'हैण्ड हेल्ड' कहलाता है।

Head Shot (कन्धे से ऊपर की तस्वीर) : जब किसी कलाकार या समाचार वाचक की कन्धे से ऊपर की अथवा क्लोज़अप तस्वीर ली जाती है तो वह 'हेड शॉट' कहलाती है।

Hertz (प्रति सेकण्ड रेडियो तरंगों की आवृत्ति) : यह ध्वनि और विद्युत् चुम्बकीय तरंगों को नापने की इकाई है, जो तरंगों की प्रति सेकण्ड की आवृत्ति से तय होती है। यह नाम जर्मन वैज्ञानिक हीनरिक हट्र्ज के नाम पर रखा गया है। वस्तुतः हट्र्ज ने ही सबसे पहले वातावरण में रेडिया तरंगों की उपस्थिति का पता लगाया था और उन्हें कृत्रिम तरीके से उत्पन्न भी किया था।

Hiatus (विज्ञापन प्रसारण में व्यवधान) : विज्ञापनदाता या एजेन्सी द्वारा विज्ञापन के प्रसारण हेतु ज़ारी किये गये कार्यक्रम में किसी भी कारण से आये व्यवधान को 'हाईटस' कहते हैं।

Hidden Camera (गुप्त कैमरा) : सूक्ष्म या गुप्त कैमरा, जिससे ली जानेवाली तस्वीर के बारे में सम्बन्धित व्यक्ति को कोई जानकारी नहीं होती। उसे यह पता ही नहीं लगने दिया जाता कि उसकी तस्वीर ली जा रही है।

Hi-Fi (ध्वन्यंकन की अत्याधुनिक तकनीक) : वस्तुतः यह शब्द 'हाई फिडलिटी' का संक्षिप्त रूप है। यह ध्वनि या आवाज़ को रिकॉर्ड करने की ऐसी तकनीक है, जिसमें ध्वनि संकेत वीडियो ट्रैक की भीतरी सतह पर एनकोडेड रूप में अंकित हो जाते हैं और इस क्रिया के दौरान किसी भी प्रकार का अनचाहा शोर दर्ज नहीं होता।

High Angle Shot (ऊपर से लिया गया चित्र) : जब कैमरे को ऊपर रखते हुए नीचे का ऐंगल देकर तस्वीर खींची जाती है तो वह 'हाई ऐंगल शॉट' कहलाता है।

High Band (वीडियो रिकॉर्डिंग की आधुनिक तकनीक) : वीडियो रिकॉर्डिंग की ऐसी प्रणाली, जो हाई फ्रीक्वेन्सी की गुणवत्ता प्रदान करती है। हालाँकि अब इसका भी एक और परिष्कृत रूप खोज निकाला गया है, जिसे 'बीटा' प्रणाली कहते हैं।

High Definition TV (टीवी प्रसारण की नयी तकनीक) : 'हाई डेफिनीशन टेलीविज़न' प्रसारण की ऐसी तकनीक है, जिसमें तस्वीर की गुणवत्ता बहुत साफ होती है।

Hiss (अनचाहा शोर) : रिकॉर्डिंग या अन्य कामों के दौरान कभी-कभी अनचाही आवाज़ें भी दर्ज हो जाती हैं। इसको 'हिस' कहते हैं और इसे हटाना पड़ता है।

Hitch Hike (मुख्य कार्यक्रम के तत्काल बाद व्यावसायिक सन्देश का प्रसारण) : जब मुख्य प्रसारण कार्यक्रम के तत्काल बाद कोई छोटा-सा व्यावसायिक सन्देश या दृश्य प्रसारित किया जाता है तो उसे 'हिच हाइक' कहते हैं। ये कार्यक्रम या सन्देश 10 से 20 सेकण्ड की अवधि के होते हैं।

Hype (ज्यादा दर्शकों को आकर्षित करनेवाला कार्यक्रम) : इस शब्द का प्रयोग केवल प्रसारण के सन्देश में किया जाता है। जब कोई कार्यक्रम रेटिंग बढ़ाने के उद्देश्य से ज्यादा दर्शकों को आकर्षित करने के लिए प्रसारित किया जाता है तो उसे 'हाइप' या 'हाइपो' कहते हैं।

Hot (ज्यादा शोर या ज्यादा चमकदार तस्वीर) : (1) जब संगीत या बातचीत की आवाज़ सन्तुलन बिगाड़कर बहुत ऊँची हो जाये तो उसे 'हॉट' कहते हैं।

(2) जब किसी दृश्य का छोटा सा भाग या वह समूचा दृश्य ज्यादा रोशनी पड़ने या अन्य कारण से बहुत चमकदार हो जाये तो उसे भी 'हॉट' कहते हैं। इसको 'हॉट स्पॉट' भी कहते हैं।

Hot Set (तैयार सेट जिसे छूना मना हो) : शूटिंग के लिए ख़ासतौर पर तैयार किये हुए सेट, जिसमें किसी भी प्रकार की छेड़छाड़ या परिवर्तन की मनाही हो, क्योंकि उसकी शूटिंग ज़ारी है।

I

ID (प्रसारण केन्द्र का परिचय) : आठ या दस सेकण्ड का वह समय, जब कोई प्रसारण केन्द्र किसी दूसरे केन्द्र से सम्पर्क को भंग करके अपने नाम या पहचान की जानकारी देता है। जैसे- रात को प्राइम टाइम में मुख्य समाचार बुलेटिन प्रसारित करने के लिए टेलीविज़न के क्षेत्रीय प्रसारण केंद्र दिल्ली केन्द्र से अपना सम्पर्क जोड़ लेते हैं, लेकिन बुलेटिन के बाद वे पुनः अपने केन्द्र की पहचान और नाम की घोषणा करते हैं, उसे इमेज कहते हैं।

Image (छवि अंकन) : (1) किसी फिल्म के लिए कैमरा जो कुछ भी रिकॉर्ड करता है, उसे इमेज कहते हैं।

(2) विज्ञापन के लिए की जानेवाली शूटिंग के दौरान किसी उत्पाद के प्रभाव या उस उत्पाद को ख़रीदने के कारणों को दर्शानेवाले लाभ का काल्पनिक या वास्तविक दृश्यांकन ही 'इमेज' कहा जाता है।

Image Enhancer (तस्वीर की क्वालिटी सुधारनेवाला उपकरण) : वीडियो तस्वीर की क्वालिटी सुधारने के लिए काम में लिया जानेवाला उपकरण, जो अलग से लगाया जाता है।

Incommercial (लंबी अवधि का विज्ञापन प्रसारण) : टेलीविज़न पर प्रदर्शित होनेवाला 28 मिनट लंबा कॉमर्शियल प्रदर्शन।

In Cue And Out Cue (रिपोर्ट की पहचान और परिचय के लिए शुरुआत और अन्त में लिखे गये कुछ शब्द) : जब कोई रिपोर्ट (ख़बर) शुरू होती है तो उस पर निर्देश लिखे रहते हैं, जिससे यह पता लगाया जाता है कि प्रसारित की जा रही यह रिपोर्ट सही है। इस निर्देश को 'इन क्यू' कहा जाता है। इसी प्रकार जब रिपोर्ट का समापन होनेवाला होता है तो अन्तिम क्षणों में उस रिपोर्ट के निर्देशक, प्रस्तुतकर्त्ता और तकनीक सहयोगियों की जानकारी दी जाती है, जिसे 'आउट क्यू' कहते हैं।

कभी-कभी ऐसा भी होता है कि कहीं दूर से भेजी गयी अपनी रिपोर्ट की शुरुआत संवाददाता अपनी ही आवाज़ में कहे गये कुछ शब्दों से करना चाहता है। इस छोटी-सी बाइट को वह फोन पर रिकॉर्ड करा देता है और कार्यक्रम निर्माता (प्रोड्यूसर) को बता देता है कि इस बाइट को ख़बर शुरू करते समय लिया जाना है। इसी तरह रिपोर्टर कभी-कभी ख़बर का समापन भी अपनी आवाज़ में दी गयी बाइट से करता है तो उसे भी 'आउट क्यू' कहते हैं।

Input or Assignment -वह विभाग जो समाचारों को एकत्र करने का काम करवाता है यह न्यूज़ रूम और संवाददाताओं के बीच की महत्त्वपूर्ण कड़ी होता है।

Integrated Commercial (ऐसा विज्ञापन सन्देश जो किसी कार्यक्रम के मनोरंजक भाग के रूप में प्रसारित किया जाये) : जब विज्ञापन सन्देश को इस प्रकार प्रसारित

किया जाता है कि वह मुख्य कार्यक्रम का ही एक मनोरंजक भाग प्रतीत होता है तो उसे 'इण्टीग्रेटेड कॉमर्शियल' कहते हैं।

In The Can (तैयार संस्करण में छोड़ दिए गये दृश्य) : ऐसे दृश्य जो किसी कॉमर्शियल कार्यक्रम के लिए रिकॉर्ड तो किये गये हों, किन्तु उन्हें सम्पादित और अन्तिम संस्करण में शामिल न किया गया हो।

Interior (भीतर संस्करण में छोड़ दिए गये दृश्य) : ऐसे दृश्य जो किसी कॉमर्शियल कार्यक्रम के लिए रिकॉर्ड तो किये गये हों, किन्तु उन्हें संपादित और अन्तिम संस्करण में शामिल न किया गया हो।

Interior (भीतर की शूटिंग) : किसी मकान या भवन के भीतर लिये गये चित्र या की गयी शूटिंग 'इण्टीरियर' कहलाती है।

Interlock (दृश्य और ध्वनि का तारतम्य बिठाना) : जब दृश्य किसी एक फिल्म से लिया जाये और आवाज़ किसी दूसरी फिल्म से तथा दोनों में इस प्रकार 'इण्टरलॉक' किया जाये कि वे मौलिक दिखायी दें।

IV (रिपोर्टर को दिया जानेवाला निर्देशक) : ऐंकर या रिपोर्टर को निर्देश देनेवाला संकेत कि उस ख़ास बिन्दु पर उसे कैमरे के समक्ष होना चाहिए।

J

Jingle (प्रोत्साहन गीत) : किसी उत्पाद या सेवा को प्रोत्साहन देने के उद्देश्य से तैयार किये गये गीत को 'जिंगल' कहते हैं। सरल शब्दों में कहें तो यह लयात्मक शैली में ध्वनि और शब्दों की ऐसी संगीतात्मक प्रस्तुति होती है, जिसमें स्वयं ही गीत की मधुरता उत्पन्न हो जाती है। ऐसी संगीतात्मक प्रस्तुतियाँ विज्ञापन फिल्मों में किसी उत्पाद की बिक्री को प्रोत्साहन देने के लिए की जाती हैं।

Jumping Cue (निर्धारित समय से पूर्व कार्यक्रम का आरम्भ) : जब समाचार वाचक या उद्घोषक निर्धारित समय से पहले ही कार्यक्रम शुरू कर देता है तो उसे 'जम्पिंग क्यू' कहते हैं।

Jump Cut (शूटिंग में अचानक बदली हुई स्थिति) : जब किसी दृश्य का परिवर्तन सरल और सहज गति से नहीं होता अर्थात् एक दृश्य दिखायी देते-देते अचानक एक बिलकुल दूसरा दृश्य सामने आ जाता है, तो उसे 'जम्प कट' कहते हैं। इससे बचने के लिए कैमरामैन कुछ कटअवे शॉट भी बना लेता है।

K

Key Lighting (एक ख़ास दायरे में लाइट का फोकस) : जब किसी दृश्य की शूटिंग के दौरान एक ख़ास दायरे में तेज़ रोशनी को फोकस किया जाता है तो उसको 'की लाइटिंग' कहते हैं।

Kicker (रोचक उपसंहार) : (1) ऐसी रोचक या चुटीली ख़बर, जिसके साथ समाचार बुलेटिन का समापन किया जाये, 'किकर' कहलाती है। 'टेल पीस' भी इसका पर्यायवाची है।

(2) शूट किये जा रहे व्यक्ति के पीछे की ओर से रोशनी डालनेवाला उपकरण भी 'किकर' कहलाता है। इसका इस्तेमाल उस व्यक्ति के सिर और केश आदि को प्रमुखता से दर्शाने के लिए किया जाता है।

Kill ('कट' का पर्यायवाची) : रेडियो, टेलीविज़न या फिल्म के सन्दर्भ में इस शब्द का प्रयोग आवाज़, ऐक्शन, शॉट में से किसी को भी 'कट' करने के लिए कहने के मकसद से किया जाता है।

Ku Band (उन्नत संचार उपग्रह) : यह एक नयी और उन्नत किस्म का नया संचार उपग्रह है। इसके माध्यम से अधिक स्पष्ट और प्रभावी संकेत ग्रहण किये जा सकते हैं; इसीलिए मीडिया के लिए यह विशेष उपयोगी है।

L

Lap Dissolve (एक दृश्य के लुप्त होते हुए दूसरे का प्रकट होना) : एक दृश्य के लुप्त होते-होते उसी पर जब दूसरा दृश्य प्रकट होने लगे तो वह 'लैप डिजॉल्व' कहलाता है। इस स्थिति में पल भर के लिए दोनों दृश्य एक साथ दिखायी देते हैं।

Leader (कॉमर्शियल कार्यक्रम से पूर्व प्रदर्शित प्रस्तावना फिल्म) : आमतौर पर यह फिल्म दस सेकंड की होती है। यह कॉमर्शियल कार्यक्रम की प्रस्तावना के रूप में प्रदर्शित की जाती है। इसके प्रदर्शन का उद्‌देश्य वीडियो इंजीनियर आदि के बारे में जानकारी देना होता है।

Level (आवाज़ की तीव्रता का स्तर) : आवाज़ की तीव्रता की मात्रा या उसके कम अथवा ज्यादा तीव्रता को प्रकट करने को 'लेवल' शब्द से ही व्यक्त की जाती है। इसको मापने के लिए पोटेन्शियोमीटर का इस्तेमाल होता है।

Limbo Shot (पहचानविहीन पृष्ठभूमिवाला दृश्य) : (1) कोई भी ऐसा शॉट, जिसमें पृष्ठभूमि को पहचानविहीन छोड़ दिया गया हो। उदाहरण के लिए-यदि किसी दृश्य में समय और स्थान की अनन्तता को दर्शाना है तो उसके लिए पृष्ठभूमि को एकदम खाली या क्षितिज को दर्शाते हुए दिखाया जा सकता है।

(2) कुछ दृश्यों में पृष्ठभूमि को अन्धकारमय या अस्पष्ट दिखाने की आवश्यकता होती है। ऐसी स्थिति में व्यक्ति या वस्तु पर रोशनी इस प्रकार डाली जाती है कि आगे या सामने की ओर तो प्रकाश रहता है, लेकिन पृष्ठभूमि अँधेरी या काली अथवा अस्पष्ट दिखायी देती है।

Limited Use (सीमित प्रदर्शन) : जब किसी कॉमर्शियल कार्यक्रम को सीमित क्षेत्रों या सीमित अवधि के लिए ही दिखाया जाना हो तो वह 'लिमिटेड यूज़' कहलाता है।

Line (कार्यक्रम प्रसारण के लिए फोन का प्रयोग) : जब कार्यक्रम के प्रसारण या सम्प्रेषण के लिए लैण्डलाइन फोन का इस्तेमाल किया जाता है तो वह 'लाइन' कहलाता है।

Lip Synchronization (lip sync) (आवाज़ और होंठों का तारतम्य) : तैयार फिल्म में कलाकार के होंठों के संचालन के अनुसार आवाज़ की रिकॉर्डिंग, ताकि दोनों के

बीच तारतम्य बना रहे। दूसरी ओर, यह तारतम्य बनाने के लिए कलाकार के होंठों के संचालन के अनुसार फिल्म को शूट करना भी हो सकता है।

Live (सीधा प्रसारण) : रेडियो या टेलीविज़न पर किसी घटना या कार्यक्रम का घटनास्थल से पल-पल सीधा प्रसारण 'लाइव' टेलीकास्ट कहलाता है।

Live Announcement (सन्देश का सीधा प्रसारण) : जब कोई सूचना या सन्देश पहले से रिकॉर्ड न किया गया हो और जिसे व्यक्ति सीधे प्रसारित कर रहा हो, वह 'लाइव एनाउन्समेण्ट' कहलाता है।

Live Mike (माइक चालू करना) : जब माइक चालू या ऑन रहता है तो वह 'लाइव माइक' कहलाता है।

Linear Editing (लीनियर एडिटिंग)-इसमें कैमरा द्वारा लिये गये दृश्यों का चयन, उन्हें तरतीबवार ढंग से लगाने और उनमें काट-छाँट करने का काम वीडियो टेप पर ही होता है। ऑडियो रिकॉर्डिंग का काम भी वीडियो टेप पर किया जाता है।

Location (स्टूडियो से दूर शूटिंग का स्थान) : फिल्म या कार्यक्रम की शूटिंग जब स्टूडिया से बाहर जाकर किसी स्थान पर की जाती है तो वह स्थान 'लोकेशन' कहलाता है।

Lock Off (कैमरा अविचल रहना) : जब पूरे दृश्य या कार्यक्रम की शूटिंग के दौरान कैमरा एक ही स्थान पर बना रहे तो उसे 'लॉक ऑफ' कहते हैं।

Log (प्रसारण का रिकॉर्ड या कार्यक्रम) : प्रसारित किये जानेवाले कार्यक्रम की बारीक-से-बारीक हर सूचना का रिकॉर्ड रखना या प्रसारण कार्यक्रम का निर्धारण 'लॉग' कहलाता है।

Logo TypeèLogo (पहचान चिह्न) : जिस दृश्य में कलाकार या सभी कलाकारों सहित पूरी पृष्ठभूमि दर्शायी गयी हो वह 'लांग शॉट' कहलाता है। 'लांग शॉट' का संक्षेप में 'एलएस' भी कहते हैं।

M

Make Good (गलती या भूल के कारण विज्ञापन का पुनर्प्रसारण) : जब मानवीय भूल, गलती या तकनीक कठिनाई के कारण विज्ञापन का प्रसारण होने से रह जाये या उसमें कोई ख़ामी हो जाये तो सुधार के उद्देश्य से उसका पुनर्प्रसारण किया जाता है। इसी को 'मेक गुड' कहते हैं।

Mandatory (अनिवार्य प्रविष्टि) : विज्ञापनदाता के निर्देश या कानूनी प्रावधानों के कारण कॉमर्शियल कार्यक्रम में आवश्यक रूप से शामिल की जानेवाली प्रविष्टि।

Master (फिल्म, रिकॉर्डिंग, टेप या फाइल की मौलिक और निर्दोष प्रति) : संगीत, ध्वनि, फिल्म, फाइल, दस्तावेज़ टेप आदि की वह मौलिक और निर्दोष प्रति, जिससे अन्य प्रतियाँ तैयार की जाएँ और जो रिकॉर्ड के लिए सुरक्षित रखी जायें, ताकि डुप्लीकेट प्रति ख़राब होने या खो जाने पर उससे अनुकूल प्रति बनायी जा सके।

Match Dissolve (दृश्यों का परस्पर विलय) : जब एक दृश्य का उससे मिलत-जुलते दूसरे दृश्य के साथ इस प्रकार समापन होता है कि दोनों ही छवियों का परस्पर विलय हो जाता है और दर्शक सहज ही उसको भाँप नहीं पाता।

MCU (कुछ दूरी से लिया गया क्लोज़अप शॉट) : यह 'मीडियम क्लोज़अप' का संक्षिप्त रूप है। मीडियम क्लोज़अप का अर्थ है नज़दीक से इस प्रकार लिया गया दृश्य, जो अन्य छवियों पर हावी होता हुआ न लगे।

Mix (ध्वनियों का सम्मिश्रण) : साउण्ड स्टूडियो में आवश्यकता और स्थिति के अनुसार दो से अधिक आवाज़ों को एक-दूसरे में मिलाने को मिक्स करना कहते हैं।

Mix To Pix (दृश्य के अनुसार ध्वनि का तालमेल) : कॉमर्शियल कार्यक्रम में जब आवाज़ का उसमें दर्शाये हुए दृश्यों के साथ तालमेल बिठाया जाता है तो उसे 'मिक्स टु पिक्स' कहते हैं।

Monitor (टेलीविज़न सेट) : कार्यक्रमों के निर्माण के दौरान रंग और ध्वनि आदि तथा उनके विभिन्न प्रभावों की जाँच-पड़ताल के लिए प्रयोग किया जानेवाला टेलीविज़न सेट, जिसमें आरएफ, ट्यूनर या ऑडियो सर्किटरी नहीं होती है।

Monitoring (कार्यक्रम का जायजा लेना) : रेडियो पर प्रसारण के जब किसी कार्यक्रम का जायज़ा लिया जाता है तो वह 'मॉनीटरिंग' कहलाता है।

Montage (छोटे-छोटे दृश्यों से तैयार) : एक विशेष प्रभाव या विचार का आभास तैयार करने के लिए छोटे-छोटे अनेक दृश्यों को मिलाकर बनाया गया अनुक्रम। यह प्रभाव किसी एक दृश्य से बनाना सम्भव नहीं है।

Morphing (कम्प्यूटर द्वारा एक दृश्य को दूसरे में बदलने की तकनीक) : ऐसी डिजिटल कॉमर्शियल तकनीक, जिसकी सहायता से किसी व्यक्ति या दृश्य अथवा वस्तु या छवि को दूसरे में बदला जा सकता है।

Morties (एक दृश्य में दूसरा दृश्य दिखाना) : जब एक दृश्य के किसी छोटे-से हिस्से में एक दूसरा दृश्य दिखाया जाता है तो वह 'मोरटाइज' कहलाता है। इस प्रकार की प्रस्तुति प्रायः किसी उत्पाद के प्रचार के लिए की जाती है, जैसे कि ऐक्शनवाले दृश्य के एक कोने में बहुत नज़दीक से उभरता हुआ सुन्दर चेहरा, जो उस उत्पाद के प्रयोग के फलस्वरूप बेहतर हुआ दिखाया जाता है।

MOS (फिल्म का बिना आवाज़वाला या मूक हिस्सा) : फिल्म का वह हिस्सा जो शुरू में बिना आवाज़ के रहता है, लेकिन बाद में उसके साथ वांछित आवाज़ को मिला दिया जाता है।

Moving Shot (सचल कैमरे द्वारा लिया गया चित्र) : जब कोई दृश्य घूमते हुए या सचल कैमरे के द्वारा लिया गया है तो वह 'मूविंग शॉट' कहलाता है।

Medium Shot (मध्यम दृश्य) : ऐसा दृश्य, जो न बहुत पास से लिया गया हो और न बहुत दूर से 'मीडियम शॉट' कहलाता है।

MS (मध्यम दूरी से अंकित किया जानेवाला दृश्य) : कैमरे द्वारा जब मध्यम दूरी रखकर व्यक्ति या किसी वस्तु का शॉट लिया जाता है तो उसे 'मीडियम शॉट' या 'एमएस' कहते हैं।

Multiple Exposure (एक ही दृश्य में विभिन्न छवियों की प्रस्तुति) : जब एक ही दृश्य में विभिन्न छवियाँ देखी जा सकती हों तो वह 'मल्टीपल एक्सपोज़र' कहलाता है।

Multi Track (बहुत-सी आवाज़ों की एक साथ रिकॉर्डिंग) : आवाज़ की रिकॉर्डिंग या मिक्सिंग के लिए अपनायी जानेवाली वह प्रक्रिया और उपकरण, जिससे साज़ों और ध्वनि पैदा करनेवाले अन्य स्रोतों की आवाज़ों को एक साथ रिकॉर्ड या मिक्स किया जा सके।

NAB (रेडियो-टीवी केन्द्रों का संगठन) : रेडियो और टेलीविज़न केन्द्रों का व्यापारिक राष्ट्रीय संगठन।

NABET (प्रसारण इंजीनियरों और तकनीशियनों का संगठन) : यह प्रसारण कार्य से जुड़े इंजीनियरों और तकनीशियनों का राष्ट्रीय स्तर पर कार्यरत श्रमिक संगठन है।

Narrator (पटकथा का वर्णनकर्त्ता) : (1) शूटिंग ज़ारी रहने के दौरान जब यूनिट से सम्बन्धित व्यक्ति पटकथा की जानकारी कराता है तो वह 'नैरेटर' कहलाता है।

(2) पृष्ठभूमि या कैमरे के पीछे से की गयी बात।

Network (प्रसारण का ताना-बाना) : टेलीविज़न या रेडियो कार्यक्रमों के एक साथ प्रसारण के उद्‌देश्य से प्रसारण केन्द्रों का परस्पर सम्पर्क का ताना-बाना या जाल 'नेटवर्क' कहलाता है।

News Analyst (समाचार विश्लेषक) : जो व्यक्ति समाचारों के बारे में जानकारी देता है, उसका विश्लेषणकर्त्ता या उनके बारे में टिप्पणी करता है, वह 'समाचार विश्लेषक' याह 'न्यूज़ एनालिस्ट' कहलाता है।

News Bulletin (समाचार विवरणिका) : टेलीविज़न या रेडियो पर एक निश्चित अवधिवाली समाचार विवरणिकाएँ 'न्यूज़ बुलेटिन' कहलाती हैं, टेलीविज़न चैनलों से पहले आकाशवाणी अथवा ऑल इण्डिया रेडियो हर घण्टे समाचार बुलेटिन प्रसारित करता था, लेकिन अब टेलीविज़न पर हर आधे घण्टे बाद न्यूज़ बुलेटिन प्रसारित करता था, लेकिन अब टेलीविज़न पर हर आधे घण्टे बाद न्यूज़ बुलेटिन आते हैं।

News caster (घटनास्थल से सीधे ख़बर देनेवाला) : घटनास्थल से लिखित या अलिखित रूप में सीधे ख़बर देनेवाला व्यक्ति।

News Editor (समाचार सम्पादक) : प्रिन्ट और इलेक्ट्रॉनिक मीडिया में समाचार सम्पादक की भूमिका और उत्तरदायित्व में काफी अन्तर रहता है। इलेक्ट्रॉनिक मीडिया में समाचार सम्पादक समाचार कार्यक्रम का पर्यवेक्षण या समाचारों का पुनर्सम्पादन अथवा पुनर्लेखन करने की जिम्मेदारी निभाता है, जबकि प्रिन्ट मीडिया में वह समाचार और चित्रों के चयन के अतिरिक्त प्रशासनिक दायित्व का निर्वाह भी करता है।

Noise (दृश्य या ध्वनि संकेतों में किसी भी प्रकार की बाधा) : पर्दे पर दिखायी देने वाली तस्वीर के साथ यदि सनसनाहट या भिनभिनाहट आदि का स्वर भी साथ में सुनायी दे तो उसे 'नॉइज' कहते हैं।

Non Linear Editing (नॉन लीनियर एडिटिंग) : इस तरह की एडिटिंग डिजिटल वीडियो टेक्नोलॉजी पर आधारित होती है। इसमें वीडियो और ऑडियो डाटा को कम्प्यूटर के हार्ड डिस्क में डिजिटाइज कर लिया जाता है और फिर किसी एडिटिंग सॉफ्टवेयर की मदद से एडिटिंग कर ली जाती है। इस एडिटिंग में कई तरह की सुविधाएँ होती हैं और कई स्तरों से गुजरने के बावजूद क्वालिटी का नुकसान नहीं होता।

No Seam (पर्दे के काम में लिया जानेवाला कपड़ा या कागज़) : शूटिंग यूनिट के साथ कागज़ या कपड़े का ऐसा गोला मौजूद रहता है, जिसे कभी भी खोलकर पर्दे का रूप दिया जा सकता है और जिसे पीछे लगाकर उसके सामने के दृश्य की शूटिंग की जा सकती है।

NTI (टीवी दर्शक सूचकांक) : इसका पूरा नाम 'नीलसन टेलीविज़न सूचकांक' है। यह टेलीविज़न के किसी विशेष कार्यक्रम के दर्शकों की रेटिंग जानने की भरोसे योग्य पद्धति है।

O

OB (स्टूडियो के बाहर से प्रसारण) : इसका पूरा नाम 'आउटसाइड ब्रॉडकास्ट' है। जब प्रसारण का काम फील्ड में जाकर किया जाता है तो वह 'ओबी' कहलाता है।

OB Van (फील्ड प्रसारण का वाहन) : यह ऐसा वाहन है, जिस पर प्रसारण के लिए डिश और अपलिंक करने के तमाम उपकरण लगे होते हैं। घटनास्थल से किये जाने वाले प्रसारण कार्य को भी वैन से ही किया जाता है।

Off Camera (कलाकार या उद्‌घोषक की अनुपस्थिति में सुनायी देनेवाली आवाज़) : जब पर्दे पर न तो कोई कलाकार दिखायी देता है और न उद्‌घोषक, लेकिन उनकी आवाज़ सुनायी देती है। ऐसी स्थिति 'ऑफ कैमरा' (कैमरे के पीछे से) कहलाती है।

Off Line (प्रारम्भिक सम्पादन) : सम्पादन-कक्ष में सीमित उपकरणों की सहायता से किया जाने वाला प्रारंभिक सम्पादन 'ऑफ लाइन' कहा जाता है। इसके बाद अन्तिम सम्पादन 'ऑन लाइन' सम्पादन प्रणाली द्वारा एक इंचवाले वीडियो टेप पर किया जाता है।

Off Screen Narration (कैमरे के पीछे से सुनायी देनेवाली आवाज़) : जब किसी दृश्य के साथ वर्णनकर्त्ता बोलता हुआ दिखायी नहीं देता, लेकिन आवाज़ सुनायी देती है तो वह 'ऑफ स्क्रीन नैरेशन' कहलाता है। इसको 'वॉयस ओवर' (वीओ) भी कहते हैं।

On Air (कार्यक्रम का प्रसारण) : रेडियो के लिए कार्यक्रम के प्रसारण या उसकी रिकॉर्डिंग को 'ऑन एयर' कहा जाता है।

On Camera (पर्दे पर अपनी बात कहना) : (1) जब कोई कलाकार या उद्घोषक पर्दे पर प्रकट होकर अपनी बात कहता है तो उसे 'ऑन कैमरा' कहते हैं। (2) लेन्स की परिधि में जो कुछ भी नज़र आता है, उसे भी 'ऑन कैमरा' कहते हैं।

On Line (अन्तिम सम्पादन) : एक इंचवाले वीडियो टेप पर अत्याधुनिक उपकरणों से सुसज्जित सम्पादन कक्ष में की जानेवाली सम्पादन की कार्रवाई। 'ऑन लाइन' का अर्थ है कम्प्यूटरों द्वारा नियन्त्रित उपकरणों के माध्यम से सम्पादन।

Open End (ऐसा कार्यक्रम, जिसके समापन का समय निर्धारित न हो) : नेटवर्क कार्यक्रम प्रसारण के समापन के समय जब स्थानीय विज्ञापन प्रदर्शित या प्रसारित करने लायक समय छोड़ दिया जाता है तो उसे 'ओपेन इण्ड' कहते हैं। ओपेन इण्ड स्थानीय विज्ञापनदाता को राष्ट्रीय कार्यक्रम प्रायोजित करने अथवा उस कार्यक्रम के समापन के समय अपने उत्पाद की जानकारी देने का अवसर प्रदान करता है। कई बार रेडियो या टेलीविज़न के किसी विशेष कार्यक्रम के सन्दर्भ में ओपन इण्ड का यह अर्थ भी होता है कि उसके समापन का समय निर्धारित नहीं है। उदाहरण के लिए-रेडियो या टेलीविज़न पर लिये जा रहे इण्टरव्यू या किसी विशिष्ट व्यक्ति से बातचीत उस विषय से सम्बन्धित चर्चा के पूरे होने तक ज़ारी रखी जा सकती है। इस चर्चा के समापन का क्योंकि समय निर्धारित नहीं किया जा सकता, इसलिए इसे ओपेन इण्ड कहते हैं।

Optical (विशेष फ़ोटोग्रफिक प्रभाव) : फ़ोटोग्राफी के विशेष प्रभावों, जैसे-एक दृश्य में दूसरे का विलय, एक दृश्य के लुप्त होने के साथ दूसरे दृश्य का टेलीविज़न पर प्रसारित करने या फिल्मांकन के लिए उचित तरीके से फ्रेम और फोकस किया जाये।

Optional Copy (समाचार की अतिरिक्त कॉपी) : कई बार ऐसा होता है, जब समाचार बुलेटिन का समय बचा रह जाता है, लेकिन उसकी कॉपी में लिखी सभी खबरें वह पढ़ लेता है। ऐसी स्थिति के लिए समाचार वाचक या उद्घोषक के पास अतिरिक्त कॉपी मॉजूद रहती है, जिसे वह समय बच जाने पर इस्तेमाल कर सकता है। इसको 'ऑप्शनल कॉपी' कहते हैं।

Out Of Synch (दृश्य और आवाज़ में तालमेल का अभाव) : जब पर्दे पर दिखायी देनेवाले दृश्य के साथ होंठों के संचालन या आवाज़ का तालमेल न हो तो उसे 'आउट ऑफ सिंक' कहते हैं। आमतौर पर इस दोष का कारण वीडियो को ऑडियो से पहले या बाद में चलाना होता है।

Outs (हटाये गये दृश्य) : शूट किये गये जिन दृश्यों को हटा या निकाल दिया जाता है, वे 'ऑउट्स' कहलाते हैं।

Out put (आउटपुट) : वह विभाग जो इनपुट द्वारा एकत्र किये गये समाचारों को तैयार करके प्रसारित करवाता है। एक तरह से यही विभाग बुलेटिन का निर्माण करता है।

Out Take (अन्तिम सम्पादन में शामिल नहीं किये जानेवाले दृश्य) : शूट किये गये जिन दृश्यों को अन्तिम सम्पादन के दौरान छोड़ दिया जाता है, उन्हें 'आउट टेक' कहते हैं।

Over Crank (तेज़ रफ्तार से कैमरे का संचालन) : शूटिंग के दौरान जब कैमरे को उसकी सामान्य से ज्यादा रफ्तार से संचालित किया जाता है तो उसे 'ओवर क्रैंक' कहते हैं। ऐसा करने का कारण ऐक्शन की गति को सामान्य से धीमा दिखाना होता है।

Over Exposure (ज्यादा रोशनी में लिये गये दृश्य) : बहुत तेज़ रोशनी में लिए गये चित्र अपने आकार की बारीकियाँ खो देते हैं और बर्न हो जाते हैं। ऐस दृश्यों को 'ओवर एक्सपोज़र' कहा जाता है।

Over Modulating (बहुत तेज़ आवाज़ में प्रसारण) : जब प्रसारण का वॉल्यूम सामान्य से बहुत तेज़ होता है तो उसे 'ओवर मॉड्यूलेटिंग' कहते हैं। इसको 'ब्लास्टिंग' भी कहा जाता है।

Over Scale (सामान्य से ज्यादा दर पर भुगतान) : कार्य-विशेष के लिए जब बाज़ार की दरों से कहीं ज्यादा भुगतान माँगा जाये तो वह 'ओवर स्केल' कहलाता है। जाने-माने या कामयाबी की बुलन्दियाँ छूनेवाले कलाकार या महत्त्वपूर्ण व्यक्ति बाज़ार से कहीं ज्यादा दर पर अपने काम को भुगतान माँगते हैं।

P

PA (कार्यक्रम सहायक) : कार्यक्रम सहायक अर्थात् 'प्रोग्राम असिस्टेण्ट' को संक्षेप में 'पीए' कहते हैं। कहीं-कहीं 'प्रोडक्शन असिस्टेण्ट' के लिए भी इस शब्द का इस्तेमाल होता है।

Paint Box (इलेक्ट्रॉनिक ग्रेफिक मशीन का एक ब्राण्ड) : 'पेण्ट बॉक्स' ऐसी इलेक्ट्रॉनिक ग्राफिक मशीन है, जो फिल्म के दृश्यों में विशेष प्रभाव पैदा करने के लिए इस्तेमाल की जाती है।

Pan (पैनोरेमिक का संक्षिप्त रूप) : जब किसी दृश्य के विभिन्न पक्षों को अंकित करने के लिए कैमरे को स्टैण्ड पर यथावत रखते हुए बायें या दायें घुमाया जाता है तो उसे 'पैन' कहते हैं, लेकिन जब इस उद्‌देश्य से कैमरे को ऊपर या नीचे फोकस किया जाता है तो वह क्रिया 'टिल्ट' कहलाती है।

Parity Claim (किसी उत्पाद को श्रेष्ठतर ठहरानेवाली चतुर शब्दावली) : उपभोक्ता वस्तुओं के प्रचार के दौरान अपने उत्पादों को बेहतर बताने के लिए विज्ञापनों में ऐसी शब्दावली का प्रयोग किया जाता है, जिससे उसी वर्ग या श्रेणी के दूसरे उत्पाद कम अच्छी क्वालिटी के प्रतीत होते हैं या उनकी ख़ामी उजागर करते हैं।

Participating Programme (विज्ञापनदाताओं का शो) : टेलीविज़न या रेडियो पर जब एक साथ बहुत-से विज्ञापनदाताओं को अपने उत्पादों की चर्चा का अवसर मिलता है तो उसे 'पार्टीसिपेटिंग प्रोग्राम' कहते हैं।

PBS (सार्वजनिक प्रसारण सेवा) : शैक्षिक और सार्वजनिक हित के अन्य कार्यक्रम का प्रसारण करनेवाले टेलीविज़न केन्द्रों को 'पीबीएस' अर्थात् 'पब्लिक ब्रॉडकास्ट सर्विस' कहा जाता है। यह प्रसारण काल पूरी तरह गैरव्यावसायिक आधार पर होता है।

Pedestal Camera (घूमनेवाला कैमरा) : टेलीविज़न के लिए इस्तेमाल होनेवाला वह कैमरा, जो अपनी धुरी या स्टैण्ड पर आसानी से चारों ओर घुमाया जा सकता है, लेकिन

जिसका संचालन प्रशिक्षित कैमरामैन या ऑपरेटर द्वारा ही किया जाता है, वह 'पेडस्टल कैमरा' कहलाता है।

Picture Resolution (दृश्य की स्पष्टता) : दृश्य की स्पष्टता उसके 'रेजोल्यूशन' से मापी जाती है। यह रेजोल्यूशन उस चित्र में मौजूद बिन्दु या सूक्ष्म चिह्न (डॉट) होते हैं।

Piggy Back (एक मिनट का व्यावसायिक अन्तराल) : 'पिगी बैक' एक मिनट के उस अन्तराल को कहते हैं, जिसके दौरान प्रायोजक अपने अधिकतम दो उत्पादों के विज्ञापन प्रस्तुत करा सकता है।

Play Back (टेप का रिप्ले) : पुनर्निरीक्षण या संशोधन-सुधार के उद्देश्य से टेप का रीप्ले 'रिप्ले बैक' कहलाता है।

Positive (प्रस्तुति के लिए तैयार चित्र) : निगेटिव फिल्म से बनाया गया प्रोजेक्शन प्रिण्ट, जो प्रस्तुति के लिए अपने अन्तिम रूप में होता है।

Post Production (शूटिंग के बाद किया जानेवाला काम) : व्यावसायिक फिल्म की शूटिंग के बाद किये जानेवाले किसी भी काम को 'पोस्ट प्रोडक्शन' कहते हैं।

Pre-empt (विशेष घटना की प्रस्तुति के लिए प्रसारण) : नियमित कार्यक्रम के स्थान पर किसी विशेष घटना का प्रसारण 'प्रीएम्ट' कहलाता है। उदाहरण के लिए- समुद्री भूकम्प से उठी सुनामी लहरों के कारण हुई त्रासदी का समाचार देने के लिए अमेरिका में सभी चैनलों ने अपने निर्धारित कार्यक्रमों के बजाय घटना की जानकारी प्रसारित की।

Pre-Production (शूटिंग से पहले के कार्य) : कॉमर्शियल फिल्म बनाने के लिए शूटिंग से पहले किये जानेवाले काम 'प्री-प्रोडक्शन' कहलाते हैं।

Prime Time (श्रोताओं-दर्शकों की सार्वाधिक संख्या द्वारा कार्यक्रम का अनुसरण) : प्राइम टाइम कम-से-कम तीन घण्टे की वह अवधि है, जब श्रोताओं या दर्शकों की सर्वाधिक संख्या कार्यक्रमों को देखती या सुनती है। भारत में यह समय सामान्यतः रात 8 बजे से 11 बजे के बीच माना जाता है।

Principal (कॉमर्शियल फिल्म का मुख्य पात्र) : कॉमर्शियल फिल्म में जब कोई पात्र अपनी प्रस्तुति के कारण सहज ही पहचाना जा सके तो वह 'प्रिंसिपल' कहलाता है।

Prism Lense (चित्र को बहुत से हिस्सों में बाँट देनेवाला लेन्स) : यह कैमरे का ऐसा विशेष लेन्स होता है, जो एक चित्र या दृश्य को अनेक हिस्सों में बाँट देता है। उदाहरण के तौर पर- फिल्मों में प्रस्तुत ऐसे दृश्य याद किये जा सकते हैं, जिनमें नर्तकी के नृत्य के एक साथ बहुत-से चित्र दिखायी पड़ते है।

Process Shot (कल्पना और वास्तविकता से मिश्रित दृश्य) : ऐसे दृश्य की निमित, जिसमें वास्तविकता के साथ-साथ वांछित कल्पना का भी मेल कर लिया जाये 'प्रॉसेस शॉट' कहलाता है। उदाहरण के लिए- एक चित्रित शीशे को सामने रखकर उसकी पृष्ठभूमि में किसी ऐक्शन को शूट करना या जीते-जागते ऐक्शन के साथ, छोटे-छोटे सेटों द्वारा ऐसा संयुक्त प्रभाव उत्पन्न करना कि दोनों ही हकीकत में होते हुए जान पड़े।

Producer (टीवी कार्यक्रम निर्माण का मुख्य उत्तरदायी) : टेलीविज़न के लिए बनायी जा रही फिल्म या टेप से जुड़े सभी पहलुओं की निगरानी, नियन्त्रण और उनमें

परस्पर समन्वय स्थापित करनेवाला व्यक्ति, जो बजट, समय-सारणी, कलाकार या अन्य पात्रों के चयन तथा समयावधि के निर्धारित मानदण्डों का ध्यान रखता है।

Production Values (कार्यक्रम की गुणवत्ता) : व्यावसायिक कार्यक्रम या फिल्म बनाने के दौरान कालाकारों के प्रदर्शन, निर्देशन, प्रकाश व्यवस्था, सम्पादन, संगीत आदि तमाम पहलुओं के साथ-साथ स्टूडियो, उपकरणों और सेट आदि की गुणवत्ता सब मिलकर 'प्रोडक्शन वैल्यू' या कार्यक्रम की क्वालिटी का निर्माण करते हैं।

Product Protection (उत्पाद अनुरक्षण) : टेलीविज़न पर विज्ञापन प्रसारण के सन्दर्भ में विज्ञापनदाता को दिया जानेवाला यह आश्वासन कि उसके उत्पाद और प्रतिस्पर्द्धा उत्पाद के विज्ञापन के मध्य पर्याप्त अन्तराल रखा जायेगा।

PSA (जनहित में किया जानेवाला प्रसारण) : 'पीएसए' वस्तुतः 'पब्लिक सर्विस एनाउन्समेण्ट' का संक्षिप्त रूप है। टेलीविज़न केन्द्र द्वारा सार्वजनिक हित में किया जानेवाला गैर व्यावसायिक प्रसारण 'पीएसए' कहलाता है।

Psychographics (उपभोक्ता समूह का वैचारिक तानाबाना) : हर उपभोक्ता समूह की अलग-अलग धारणाएँ; इच्छाएँ, आदर्श, विश्वास और लक्ष्य होते हैं, इन सबको एक साथ 'साइकोग्राफिक्स' या वैचारिक ताना-बाना कहा जाता है। यह वैचारिक ताना-बाना ही विभिन्न उपभोक्ता समूहों की अलग पहचान बनाने का काम करता है।

Public Domain (जनसम्पदा) : कला, साहित्य, चित्र, संगीत से सम्बन्धित वह तमाम सामग्री, जो बिना मूल्य उपयोग के लिए उपलब्ध हो, 'पब्लिक डोमेन' कही जाती है। इस उपलब्धता का कारण इस सामग्री पर किसी प्रकार का कॉपीराइट नही होता है।

Pull Back (दृश्यपटल तकनीक) : फिल्म का वीडियो कार्यक्रम में एक चलते हुए दृश्य के बीच अचानक एक अन्य दृश्य प्रस्तुत कर देने की तकनीक। इस तकनीक को 'जूम बैक' या 'मूव बैक' भी कहते हैं।

Q

Quick Cut (दृश्य परिवर्तन) : कम लम्बाईवाले दृश्य को बदलने की कार्रवाई 'क्विक कट' कहलाती है।

Quiz Programme (प्रश्नोत्तर कार्यक्रम) : श्रोताओं और दर्शकों के सूचना-मनोरंजन के लिए रेडियो तथा टेलीविज़न पर अनेक प्रश्नोत्तर सम्बन्धी प्रतियोगितात्मक कार्यक्रम- 'क्विज़ प्रोग्राम'- प्रस्तुत किये जोते हैं। इन कार्यक्रमों के प्रति लोगों की पर्याप्त दिलचस्पी रहती है, इसीलिए ये काफी लोकप्रिय होते हैं।

R

Rack Focus (कैमरे का फोकस बदलना) : किसी दृश्य में जब कैमरा सामने की ओर के बजाय पृष्ठभूमि में या इसके विपरीत अर्थात् पृष्ठभूमि का दृश्य लेते-लेते सामने फोकस करता है तो उसे 'रैक फोकस' कहते हैं।

Rate Card (विज्ञापन प्रसारण दरों की सूची) : प्रसारण केन्द्र से विज्ञापन विशेष कार्यक्रम को सुनने या देखनेवाले श्रोताओं-दर्शकों का प्रतिशत 'रेटिंग' कहलाता है।

Ratings (श्रोताओं-दर्शकों का प्रतिशत) : प्रसारण केन्द्र से विज्ञापन-प्रसारण के समय, उसकी अवधि और पुनरावृत्ति के अनुसार दरों की सूचना देनेवाला प्रपत्र।

Reach (लोगों तक कार्यक्रम की पहुँच) : टेलीविज़न प्रसारण केन्द्र से समय-विशेष पर प्रसारित कार्यक्रम को देखनेवाले दर्शकों की संख्या।

Real Person (आम दर्शक या श्रोता) : किसी भी कार्यक्रम का सही मूल्यांकन करने वाला व्यक्ति आम दर्शक या श्रोता ही होता है, इसलिए उसे 'रीयल पर्सन' माना जाता है। कार्यक्रम का उसके द्वारा किया गया मूल्यांकन ही लोकप्रियता के मानक का काम करता है। यह व्यक्ति न तो कलाकार होता है, न कोई जानी-मानी हस्ती और न ही कार्यक्रम का प्रस्तुतकर्त्ता।

Rear Projection (एक ख़ास पृष्ठभूमि में दृश्यांकन की तकनीक) : इस तकनीक में कलाकारों को एक विशेष पर्दे के समक्ष लाकर दृश्य लेने की कार्रवाई की जाती है। यह पृष्ठभूमि अक्सर विशेष रूप से लगाया गया पर्दा होता है। इस तरीके से कलाकार या उद्घोषक को मनचाही पृष्ठभूमि में दर्शाते हुए दृश्य लिया जा सकता है।

Refelector (रिफ्लेक्टर)-यह विभिन्न आकार का सफेद बोर्ड होता हैं, जिसकी सहायता से लाइट को परावर्तित कर नियन्त्रित किया जाता है। आउटडोर तथा स्टूडियो हर जगह प्रकाश को नियन्त्रित करने के लिए इनका उपयोग होता है। रिफ्लेक्टर के अलावा लाइट को नियन्त्रित करने के लिए लाइट कटर बोर्ड का प्रयोग भी किया जाता है।

Remote (स्टूडियो के बाहर से प्रसारित कार्यक्रम) : जो कार्यक्रम स्टूडियो के बाहर रहते हुए प्रसारित किये जाते हैं, वे 'रिमोट' कहलाते हैं। इसका सबसे सरल उदाहरण रात के समय किसी घटनास्थल से संवाददाता द्वारा ख़बर का सीधा प्रसारण है, जबकि सबसे कठिन रिमोट कार्यक्रम दिन के समय खेल या मनोरंजन की किसी घटना को सीधे प्रसारित करना होता है।

Reprotage (हाथ में थामे कैमरे से शूटिंग) : फिल्म में विशेष प्रभाव पैदा करने या वास्तविकता लाने के उद्देश्य से स्वाभाविक रोशनी में हाथ के कैमरे से शूटिंग की यह विशेष तकनीक होती है।

Reveal (एक दृश्य में लगातार बने रहना) : जब कैमरे को इस प्रकार संचालित किया जाता है कि वह एक दृश्य में पूरे समय किसी व्यक्ति या वस्तु को निरन्तर दर्शाता रहता है तो उसे 'रिवील' कहते हैं।

Ripple Dissolve (तरंगों जैसे दृश्य) : बीतते हुए समय या स्वप्न को दर्शाने के लिए जब दृश्यों के बीच-बीच में लहर या तरंग जैसे चित्र गुजारे जाते हैं तो वह 'रिपल डिज़ॉल्व' कहलाता है।

Roll Out (बड़े पैमाने पर प्रदर्शन) : एक सफल व्यावसायिक कार्यक्रम की जाँच-परख के बाद जब उसका बड़े पैमाने पर प्रदर्शन किया जाता है तो उसे 'रोल आउट' कहा जाता है।

Room Tone (स्वाभाविक आवाज़) : स्टूडियो के भीतर या शूटिंग के स्थान पर मौजूद स्वाभाविक आवाज़ 'रूम टोन' कहलाती है।

Rough Cut (टेप का प्रारम्भिक सम्पादन) : जब प्रारम्भिक तौर पर टेप का सम्पादन अर्थात् उसमें कट या संशोधन किया जाता है तो वह 'रफ कट' कहलाता है। इस कार्य को अन्तिम रूप देने का 'मास्टर कट' कहते हैं।

Run Through (आज़माकर देखना) : जब किसी कार्यक्रम की फिल्म या टेप को जाँचने के लिए चलाकर देखा जाता है तो उसे 'रन थ्रू' कहते हैं। दूसरे शब्दों में यह एक प्रकार का रिहर्सल कहा जा सकता है।

S

SAG (टीवी/फिल्म कलाकारों का संगठन) : यह ऐसे कलाकारों का संगठन है, जो वेतनभोगी हैं। सम्बन्धित कम्पनी या यूनिट को अपना काम इन्हीं से कराने की बाध्यता का निर्वाह करना होता है। बाहरी कलाकारों से उसी परिस्थिति में काम कराया जा सकता है, जब वे उस काम के विशेषज्ञ हों और वह कार्य 'सैग' के सदस्य न कर सकें।

Saturation (विज्ञापनों की बहुतायत) : एक ख़ास अवधि के दौरान प्रसारित किये जानेवाले विज्ञापनों की संख्या बहुत अधिक रहने पर उसे मीडिया की शब्दावली में 'सेचुरेशन' कहते हैं।

Scale (निर्धारित पारिश्रमिक) : फिल्म और टेलीविज़न के संगठनों द्वारा कलाकारों तथा अन्य सहयोगियों के लिए निर्धारित पारिश्रमिक की मानक दरें।

Scene (एक सम्पूर्ण दृश्य) : (1) ऐक्शन या संवाद के एक सम्पूर्ण दृश्य को 'सीन' कहा जाता है।

(2) इसके अलावा विशेष तौर पर तैयार किये गये शूटिंग के सेट या लोकेशन के लिए भी 'शीन' शब्द का प्रयोग होता है।

Script (पटकथा-चित्रकथा) : फिल्म या किसी कार्यक्रम के लिए लिखी गयी चित्रकथा या पटकथा को 'स्क्रिप्ट' कहते हैं।

Script Notes (हर दृश्य का लिखित रिकॉर्ड) : शूटिंग से पहले तैयारी के तौर पर हर दृश्य का एक रिकॉर्ड बनाया जाता है, जिसमें उसका क्रमांक, लम्बाई और उसकी विशेषता या ख़ामी का भी जिक्र रहता है।

Script Supervisor (पटकथा पर्यवेक्षक) : वह व्यक्ति जो पटकथा सम्बन्धी टिप्पणी, दृश्यों की लम्बाई और उनकी शूटिंग की यथार्थपरकता और शूटिंग के दौरान समन्वय का उत्तरदायित्व निभाता है।

Segue (प्रसारण के दौरान एक आवाज़ को दूसरी में इस प्रकार मिलाना कि पता न लग सके) : (1) यह इतालवी भाषा का शब्द है, जिसका अर्थ होता है- अनुगमन। इस शब्द का उच्चारण 'सेगवे' की तरह किया जाता है। प्रसारण के सन्दर्भ में इस शब्द

का प्रयोग आवाज़ की एक रिकॉर्डिंग के बाद मालूम हुए बिना दूसरी रिकॉर्डिंग शुरू करने के अर्थ में किया जाता है।

(2) कभी-कभी जब रेडियो पर एक कार्यक्रम के समापन के बाद बिना उद्घोषणा या हस्तक्षेप के दूसरे कार्यक्रम को शुरू कर दिया जाता है तो उसे भी 'सेगवे' कहते हैं।

Selects (दृश्यों का चयन) : जिन दृश्यों का प्रिण्ट बना लिया जाये या जिनका प्रदर्शन के लिए चुनाव कर लिया जाये, उन्हें 'सेलेक्ट्स' कहते हैं।

Set (रंगमंच) : स्टूडियो में टेलीविज़न के दृश्य के लिए तैयार किया गया सेट या रंगमंच जिस पर ऐक्शन होता है और उसे फिल्माया जाता है।

Set Designer (रंगमंच निर्माता) : 'सेट' रंगमंच को बनाने और आवश्यकतानुसार सजानेवाला व्यक्ति।

Share Of Audience (दर्शक या श्रोता समूह का एक भाग) : किसी नेटवर्क, प्रसारण केन्द्र या कार्यक्रम के कुल श्रोताओं या दर्शकों का एक भाग। रोज की बोलचाल में इसे 'शेयर' कहते हैं।

Shock Cut (अकस्मात् किसी दृश्य को काट देना) : नाटकीय दृश्य या ऐक्शन के किसी विशेष हिस्से में अचानक की जानेवाली काट-छाँट को 'शॉक कट' कहा जाता है।

Shooting Date (फिल्मांकन की तिथि) : फिल्म तैयार करने या शूटिंग शुरू करने के लिए निर्धारित तिथि।

Shooting Schedule (शूटिंग का कार्यक्रम) : शूटिंग के दिन दृश्यों के फिल्मांकन का क्रम। इस कार्यक्रम के बारे में एक विशेष बात यह है कि यदि फिल्म प्रदर्शन के मुताबिक दृश्यों की शूटिंग की जाती है तो उसे क्रमिक दृश्यांकन या 'शूटिंग इन सीक्वेन्स' कहते हैं और इसकी विपरीत स्थिति में 'शूटिंग इन आउट ऑफ सीक्वेन्स' कहते हैं।

Signature (विज्ञापनदाता का नाम या पहचान) : विज्ञापनदाता का नाम, पहचान-चिह्न (लोगो) या ट्रेडमार्क मीडिया की भाषा में 'सिगनेचर' कहलाता है।

Simulcast (टीवी और रेडियो पर कार्यक्रम का एक साथ प्रसारण) : टेलीविज़न और रेडियो पर किसी कार्यक्रम को एक साथ प्रसारित किया जाता है तो उसे 'सिमलकास्ट' कहते हैं।

Slate (सूचना पट) : (1) यह सूचना पट एक बोर्ड के रूप में होता है, जिस पर प्रोडक्शन का नाम, निर्देशक का नाम, कैमरामैन का नाम, दृश्य का नम्बर आदि लिखा रहता है। हर दृश्य को शूट करने से पहले कैमरा एक बार इस बोर्ड पर फोकस करता है।

(2) व्यावसायिक कार्यक्रम के प्रदर्शन से पहले उसके प्रायोजक, उस प्रोडक्शन, उसके कॉमर्शियल नम्बर, विज्ञापन एजेन्सी, कार्यक्रम निर्माता कम्पनी, कार्यक्रम निर्माता और तारीख़ का विवरण देनेवाला सूचना पट।

Slide (पारदर्शी) : 'स्लाइड' का तकनीकी नाम 'ट्रान्सपेरेन्सी' है। हिन्दी में इसे पारदर्शी कहते हैं।

Slow Motion (सामान्य से कम रफ्तार में दिखाया जानेवाला ऐक्शन) : जब पर्दे पर कोई ऐक्शन सामान्य से कम रफ्तार में दिखायी देता है तो उसे 'स्लो मोशन' कहते हैं। स्लो मोशन दृश्य के लिए कैमरे की रफ्तार सामान्य से अधिक रखी जाती है।

Small Speaker (रिकॉर्डिंग स्टूडियो में इस्तेमाल होनेवाला स्पीकर) : यह स्पीकर काफी धीमी आवाज़ प्रसारित करता है और इसका उपयोग रिकॉर्डिंग स्टूडियो में मुख्य रूप से इस बात को जाँचने के लिए किया जाता है। कि आवाज़ें मिक्स होने के बाद 'वस्तुतः' कैसी सुनायी देंगी।

Smoke (धुँध या धुआँ) : प्रकाश के प्रभाव को घटाने एवं एक ख़ास वातावरण या मूड को दर्शाने के उद्देश्य से किसी दृश्य की शूटिंग के दौरान नुकसान न पहुँचानेवाले केमिकल से पैदा की जानेवाली धुँध 'स्मोक' कहलाती है।

SMPTE (इंजीनियरों का संगठन) : इसका पूरा नाम 'सोसाइटी ऑफ मोशन पिक्चर एण्ड टेलीविज़न इंजीनियर्स' है। यह फिल्म और वीडियो निर्माण तथा प्रसारण से जुड़े उन पेशेवर लोगों का संगठन है, जो फिल्म और वीडियो के सभी पहलुओं से सम्बन्धित इंजीनियरिंग और तकनीकी मानकों का स्तर बनाये रखने और उन्हें ऊँचा उठाने का काम करते हैं।

Soft Cut (दृश्य परिवर्तन) : दृश्य परिवर्तन का एक प्रकार, जो दृश्यों के विलय से कुछ देर में पूरा होता है।

Soft Focus (दृश्य का पैमाना घटाना) : जब दृश्य को फोकस से थोड़े बाहर कर दिया जाता है तो उसके पैनेपन या तीव्रता में कमी आ जाती है। इसी को 'सॉफ्ट फ़ोकस' कहते हैं।

Sound Effects (EFX) (ध्वनि को जीवन्त रूप देना) : आवाज़ या ध्वनि को एकदम स्वाभाविक या जीवन्त रूप देने के लिए विभिन्न उपकरणों और रिकॉर्डिंग का प्रयोग किया जाता है। इस कार्यवाही को ही 'साउण्ड इफेक्ट्स' कहते हैं।

Sound Track (टेप का वह भाग जिस पर आवाज़ रिकॉर्ड हो) : टेप के जिस भाग पर आवाज़ रिकॉर्ड की हुई रहती है, उस हिस्से को 'साउण्ड ट्रैक' कहते हैं।

Sound Stage (साउण्ड प्रूफ रंगमंच) : कैमरे के संचालन के दौरान आवाज़ की रिकॉर्डिंग के लिए रंगमंच या स्टेज को ध्वनिरोधी या 'साउण्ड प्रूफ' बना लिया जाता है, ताकि रिकॉर्डिंग के दौरान ध्वन्यंकन में किसी भी प्रकार का व्यवधान न हो सके।

Special Effects (विशेष प्रभाव) : विशेष नाटकीयता, वातावरण या ख़ास प्रभाव पैदा करने के लिए अलग तरह की पृष्ठभूमि, टाइटिल आदि दर्शानेवाले दृश्य, जो टीवी स्टूडियो में फिल्म निर्माण के दौरान या वास्तविकता में सम्भव नहीं होते हैं। इस प्रकार के दृश्यों की शूटिंग के दौरान 'स्पेशल इफेक्ट' देन के लिए विशेष उपकरणों का प्रयोग किया जाता है।

Special Effects (विशेष प्रभाव) : विशेष नाटकीयता, वातावरण या ख़ास प्रभाव पैदा करने के लिए अलग तरह की पृष्ठभूमि, टाइटिल आदि दर्शाने वाले दृश्य, जो टीवी स्टूडियो में फिल्म निर्माण के दौरान या वास्तविकता में सम्भव नहीं होते हैं। इस प्रकार के दृश्यों को शूटिंग के दौरान 'स्पेशल इफेक्ट' देने के लिए विशेष उपकरणों का प्रयोग किया जाता है।

Special Event (घटना का दृश्यवार प्रसारण) : जब किसी घटना का घटनास्थल से दृश्यवार प्रसारण किया जाता है तो वह 'स्पेशल इवेण्ट' कहलाता है। प्रायः इसके लिए पहले से ही तैयारी की गयी होती है।

Splice (फिल्म के दो हिस्सों को जोड़ना) : फिल्म के दो अलग-अलग हिस्सों को फिल्म सीमेण्ट द्वारा जोड़ने की कार्रवाई 'स्प्लाइस' कहलाती है।

Split Screen (एक साथ दो दृश्य दर्शाना) : दो या अधिक कैमरों का प्रयोग करते हुए पर्दे पर एक साथ दो दृश्यों का प्रदर्शन। उदाहरण के लिए-एक साथ दो व्यक्तियों को फोन पर बातचीत करते हुए दर्शाना।

Sponsor (प्रायोजक) : वह कम्पनी या व्यक्ति, जो प्रसारण के समय और उस कार्यक्रम के लिए भुगतान करता है, 'स्पान्सर' कहलाता है।

Spot (विज्ञापन के प्रसारण की अवधि) : (1) प्रसारण केन्द्र द्वारा विज्ञापनों के प्रसारण की एक मिनट या उससे कम की अवधि को 'स्पॉट' कहते हैं।

(2) प्रकाश के विशेष प्रभाव या विशेष रूप से किसी दृश्य को प्रकाशमान् बनाने की कार्रवाई को भी 'स्पॉट' या 'स्पॉट लाइनट' कहा जाता है।

Spot Commercial (एक मिनट या उससे कम समय के कॉमर्शियल) : फिल्म या टेप पर एक मिनट या उससे कम अवधिवाले कॉमर्शियल को 'स्पॉट कॉमर्शियल' कहते हैं। इसका किसी कार्यक्रम के दौरान या उससे जोड़कर प्रदर्शित किया जाता है।

Spot Radio (व्यावसायिक कार्यक्रमों के लिए तय समय) : स्थानीय रेडियो प्रसारण केन्द्रों द्वारा व्यावसायिक सन्देशों के प्रसारण के लिए अलग से निधारित समय को 'स्पॉट रेडियो' कहते हैं। स्पॉट रेडियो का अर्थ होता है : प्रसारण के लिए व्यावसायिक समय को ख़रीदेना।

Spot Television (व्यावसायिक प्रसारण का समय) : रेडियो की तरह ही टेलीविज़न के स्थानीय प्रसारण केन्द्र व्यावसायिक सन्देशों के प्रसारण के लिए एक निश्चित समय का पृथक् निर्धारण कहते हैं। 'स्पॉट टेलीविज़न' का अर्थ बहुत-से विज्ञापन सन्देशों को एक साथ प्रसारित करना है।

Stand By (कलाकारों को ऐक्शन से पहले तैयार हो जाने का संकेत) : माइक्रोफोन पर बोलने और ऐक्शन शुरू करने से पहले कलाकारों को तैयार रहने का संकेत देना होता है, इसी को 'स्टैण्ड बाई' कहते हैं।

Stand By (आपातृस्थिति में प्रसारित कार्यक्रम) : रेडियो कार्यक्रम के प्रसारण के दौरान कई बार ऐसी स्थिति भी पैदा हो जाती है, जब किसी तकनीकी गड़बड़ी या अन्य भाषा से प्रसारण में व्यवधान पड़ जाता है। ऐसे समय के लिए हमेशा कुछ कार्यक्रम तैयार

रखे जाते हैं, जिन्हें गड़बड़ी को ठीक करने के अन्तराल तक के लिए तत्काल शुरू कर दिया जाता है। ऐसे कार्यक्रम भी 'स्टैण्ड बाई' कहलाते हैं।

Standuppers (घटनास्थल से संवाददाता की ऑन कैमरा रिपोर्ट) : जब घटनास्थल से रिपोर्टर ऑन कैमरा सीधे अपनी रिपोर्ट देता है तो उसे 'स्टैण्डअपर्स' कहते हैं।

Station Break (प्रसारण केन्द्र द्वारा अपनी जानकारी देना) : कार्यक्रम प्रसारण के दौरान प्रसारण केन्द्र द्वारा अपनी पहचान बताने या जानकारी देने के लिए हासिल किया जानेवाला समय या अन्तराल। वस्तुतः एक घण्टे के नेटवर्क कार्यक्रम में 59 मिनट 25 सेकण्ड तक मूल कार्यक्रम प्रसारित होता है, पाँच सेकण्ड का समय उस कार्यक्रम की पहचान या जानकारी देने पर ख़र्च किया जाता है, अगले 20 सेकण्ड विज्ञापन कार्यक्रम दिये जाते हैं और अन्तिम 10 सेकण्ड में दिये जानेवाले आख़िरी विज्ञापन सन्देश में से दो सेकण्ड स्थानीय प्रसारण केन्द्र की जानकारी देने के लिए नियत रहते हैं। इसी प्रकार यदि आधा घण्टे का नेटवर्क कार्यक्रम है तो वह कुल मिलाकर 29 मिनट 25 सेकण्ड ही चलता है।

Stay Tuned (देखते रहिए) : विज्ञापन या किसी सन्देश के लिए ब्रेक लेने से पहले उद्घोषक अपने दर्शकों-श्रोताओं से कहता है 'स्टे ट्यून्ड' अर्थात् देखते या सुनते रहिये। कहने का तात्पर्य यह होता है कि श्रोता या दर्शक की निरन्तरता बनाये रखी जाये और वह स्टेशन या चैनल बदले नहीं।

Still (स्थिर चित्र) : जब किसी चित्र में ऐक्शन नहीं रहता और वह स्थिर दिखायी देता है तो उसे 'स्टिल' फ़ोटोग्राफ कहते हैं। इस प्रकार की सामग्री का उपयोग टेलीविज़न प्रसारण में होता है।

Stock Shot (पुरानी फाइल में से लिया गया दृश्य) : किसी कार्यक्रम में इस्तेमाल किये जानेवाले दृश्य को जब विशेष रूप से शूट न करके पुरानी फिल्म, फाइल या लाइब्रेरी से ले लिया जाता है, तो उसे 'स्टॉक शॉट' कहते हैं।

Stop Motion (एक बार में एक ही चित्र लेना) : जब एक समय पर बहुत-से चित्रों की बजाय केवल एक ही चित्र या फ्रेम लिया जाता है तो वह 'स्टॉप मोशन' कहलाता है।

Story Board (विज्ञापन प्रसारण के कार्यक्रम की सूची) : विज्ञापन शूटिंग के क्रम को किसी खाके या चित्रों द्वारा दर्शाने का काम 'स्टोरी बोर्ड' करता है। एक प्रकार से यह उस विज्ञापन के शूटिंग या निर्माण कार्यक्रम की सूची होती है। इसमें ऐक्शन के साथ-साथ आवाज़ की रिकॉर्डिंग का उल्लेख भी रहता है।

Strategy (विज्ञापन की रणनीति) : किसी भी उत्पाद या सेवा को हासिल करने के लिए प्रेरित करने हेतु एक रणनीति बनानी होती है। इस रणनीति का आधार वह तर्क या दलील होती है, जो दर्शक या श्रोता को किसी विशेष उत्पाद या सेवा को ख़रीदने या प्राप्त करने के लिए प्रेरित करता है। उदाहरण के लिए- 'चुटकी में चिपकाये', 'ये दिल मांगे मोर',

'ढूँढ़ते रह जाओगे' आदि ऐसी ही दलीलें या तर्क हैं, जिन्हें विज्ञापन की शब्दावली में हम 'स्ट्रेटजी' कहते हैं।

Strike (शूटिंग सेट या रंगमंच को हटाना) : शूटिंग का काम पूरा हो जाने के बाद उसके लिए तैयार सेट या रंगमंच को हटाने की कार्रवाई 'स्ट्राइक' कहलाती है।

Studio (कार्यक्रम प्रसारित करने या उन्हें तैयार करनेवाला कक्ष) : (1) टेलीविज़न केन्द्र के सन्दर्भ में स्टूडियो का अर्थ उस कक्ष से है, जहाँ से कार्यक्रम प्रसारित किये जाते हैं।

(2) फिल्म निर्माण के सन्दर्भ में स्टूडियो वह कक्ष होता है, जहाँ कार्यक्रम तैयार किये जाते हैं।

Super (एक चित्र का दूसरे पर अधिरोपण) : यह शब्द वस्तुतः 'सुपरइम्पोजीशन' का संक्षिप्तीकरण है। जब एक चित्र के ऊपर दूसरे का अधिरोपण किया जाता है तो वह 'सुपरइम्पोजीशन' कहलाता है। परिणाम के रूप में दोनों ही चित्र एक साथ दिखायी देते हैं।

Sweep (रंगमंच का धरातल) : सेट या रंगमंच के धरातल की वह स्थिति, जिसमें उसका क्षितिज दिखायी न दे। उसमें दृश्य को इस प्रकार शूट किया जाता है कि उसकी पृष्ठभूमि दिखायी नहीं देती और उसके बजाय दृश्य ऊपर की ओर वलयाकार हो जाता है।

Sync (दृश्य और आवाज़ का तालमेल) : 'सिंक' शब्द 'सिंकनाइजेशन' का संक्षिप्त रूप है, जिसका अर्थ है दृश्य और ध्वनि की एक साथ प्रस्तुति।

T

Tackup (समाचार कथा में एजेन्सी की ख़बर जोड़ना) : जब कोई समाचार कार्यक्रम पहले से लिखी हुई ख़बर में एजेन्सी की कॉपी शामिल करने के बाद सम्पादित करके तैयार किया जाता है तो उसे 'टैकअप' कहते हैं।

Tag (कार्यक्रम का अन्तिम दृश्य) : किसी उद्घोषणा, व्यावसायिक कार्यक्रम या संगीतात्मक प्रस्तुति में जोड़ा जानेवाला अन्तिम अंश।

Tail (शूटिंग के अन्तिम दृश्य) : वे दृश्य जो शूटिंग के समापन या अन्तिम समय में लिए जाते हैं और जिनका उपयोग दृश्य परिवर्तन की सहजता को देखते हुए ज़रूरत होने पर ही किया जाता है, 'टेल' कहलाते हैं।

Take (रिकॉर्ड कराने का उद्यम) : रेडियो और फिल्म की भाषा में 'टेक' का अर्थ है- उद्यम या प्रयास। जब भी रिकॉर्डिंग या शूटिंग की जाती है तो उसे 'टेक वन', 'टेक टू'- इसी प्रकार इस संख्या को आगे बढ़ाते चलते हैं।

Talent (योग्यता या प्रतिभा) : मीडिया के सन्दर्भ में 'टैलेण्ट' शब्द का प्रयोग कलाकारों, उद्घोषकों, संगीतकारों और अन्य कला प्रस्तुतकर्ताओं की विशेषता या प्रतिभा को बताने के लिए किया जाता है।

TCU (कम दूरी से लिया गया दृश्य) : जब दृश्य को काफी नज़दीक से या कम ऐंगल बनाकर शूट किया जाता है तो उसे 'टाइट क्लोज़अप' (टीसीयू) कहते हैं।

Technical Director (तकनीकी निर्देशक) : कैमरे और वीडियो से सम्बन्धित उपकरणों की कार्यप्रणाली की तकनीक को समझनेवाला विशेषज्ञ, जिसे शूटिंग यूनिट के साथ भेजा जाता है।

Telephoto Lens (छोटे ऐंगलवाला लेन्स) : 'टेलीफ़ोटो लेन्स' बहुत छोटे ऐंगलवाला वह लेन्स होता है, जो काफ़ी दूरी पर विशाल छवियाँ दर्शाता है। इसका उपयोग अक्सर मैच आदि के प्रदर्शन के लिए किया जाता है।

Teleprompter (संवाद याद दिलानेवाली मशीन) : इसी ब्राण्ड नेम से मिलनेवाली यह ऐसी मशीन है, जो वाँछित रफ्तार से पटकथा के लेख को दर्शाती चलती है। कैमरे में लगे हुए टेली प्राम्पटर से देखकर ही ऐंकर समाचार पढ़ता है।

.Televise (दृश्य प्रसारण) : टेलीविज़न उपकरण का प्रयोग करते हुए इलेक्ट्रॉनिक तरीके से दृश्य सम्प्रेषण या प्रसारण करना 'टेलीवाइज़' कहलाता है।

Tight Shot (पूरे पर्दे पर एकमात्र दृश्य दिखायी देना) : जब एक ही दृश्य पूरे पर्दे पर दिखायी देता है और उसकी पृष्ठभूमि में दर्शक का ध्यान बँटानेवाला कोई अन्य चित्र मौजूद नहीं रहता तो उसे 'टाइम शॉट' कहा जाता है।

Tilt (कैमरे का आड़ी दिशा में संचालन) : जब कैमरे का संचालन आड़ी या पीछे की दिशा में किया जाता है तो उसे 'टिल्ट' कहते हैं।

Time Lapse (अपेक्षाकृत लम्बे अन्तराल में लिये गये दृश्य) : फिल्मांकन की यह ऐसी तकनीक है, जिसमें अलग-अलग दृश्यों को अपेक्षाकृत अधिक अन्तराल देकर लिया जाता है। इसके फलस्वरूप बहुत देर में घटनेवाली किसी घटना को कम समय में दर्शाया जा सकता है। उदाहरण के लिए-कुछ ही सेकण्ड में किसी कली का फूल बन जाना या बाढ़ आदि के दृश्य।

Title (टीवी कार्यक्रम या फिल्म में प्रयुक्त नाम) : कोई भी नाम, जो किसी फिल्म, स्लाइड, व्यावसायिक या टेलीविज़न के अन्य कार्यक्रम में प्रदर्शित किया जाये, उसे 'टाइटिल' कहते हैं।

Track (फिल्म या वीडियो में ध्वन्यंकन पथ) : फिल्म या वीडियो का वह भाग, जिसे हम ध्वनि या आवाज़ कहते हैं, मीडिया शब्दावली में 'ट्रैक' कहलाता है। यह ट्रैक कई प्रकार का हो सकता है, जैसे- ऑडियो ट्रैक, वॉयस ट्रैक, म्यूजिक ट्रैक तथा वायलिन ट्रैक।

Traffic (व्यावसायिक सन्देश ज़ारी करने का निर्देश) : प्रसारण केन्द्र या नेटवर्क विभाग को, प्रसारित करने के लिए दिया जानेवाला निर्देश।

Trim (कतरना या हटाना) : चित्र या दृश्य के किसी भाग के अवांछित होने पर उसे हटाने या कतर देने की क्रिया को 'ट्रिम' कहते हैं।

Triple Spotting (एक ही समय तीन पृथक व्यावसायिक सन्देशों का प्रसारण): एक ही व्यावसायिक सन्देश प्रसारित करने के लिए निर्धारित एक कालखण्ड के दौरान ही तीन अलग-अलग सन्देशों का प्रसारण 'ट्रिपल स्पॉटिंग' कहलाता है।

Truck (स्टूडियो कैमरे के संचालन की एक तकनीक) : स्टूडियो में ऐक्शन का फिल्मांकन करते समय कैमरे को बायीं या दायीं ओर अथवा ऐक्शन के धरातल के समानन्तर संचालित करना 'ट्रक' कहलाता है।

Trucking (मोशन के साथ-साथ कैमरे का संचालन) : जब कलाकार, मोशनवाले स्थान या ऑब्जेक्ट के साथ-साथ कैमरे को संचालित करता है तो उसे 'ट्रकिंग' कहते हैं।

Truck Shot (स्टूडियो में निर्धारित पथ पर कैमरे को संचालित करना) : कैमरा जब ट्रॉली पर कसा रहता है और उसे स्टूडियो के धरातल पर पहले से ही निर्धारित पथ के अनुसार संचालित किया जाता है तो कैमरे के संचालन की इस प्रक्रिया को 'ट्रक शॉट' कहते हैं। इस प्रकार की जानेवाली शूटिंग में किसी भी वस्तु के पास आने, दूर जाने या गुज़रकर निकलने जैसे प्रभाव पैदा किये जा सकते हैं।

Two Shot (एक ही दृश्य में दो व्यक्ति दिखायी देना) : जब किसी चित्र में एक साथ दो व्यक्ति दिखायी दें तो उसे 'टू शॉट' कहते हैं। इसी प्रकार चित्र में तीन व्यक्ति होने पर उसे 'थ्री शॉट' कहा जाता है।

U

UHF (300 से 3000 मेगा हट्र्ज के दायरे में प्रसारित रेडियो-टीवी कार्यक्रम) : यूएचएफ 'अल्ट्रा हाई फ्रीक्वेन्सी' का संक्षिप्त रूप है। बेहद ऊँची फ्रीक्वेन्सी पर किये जाने वाले इस प्रसारण का मानक 300 से 3000 मेगा हट्र्ज के दायरे में रहता है। हालाँकि 'यूएचएफ' का प्रयोग अब सामान्य टेलीविज़न प्रसारण में नहीं के बराबर होता है। इस फ्रीक्वेन्सी को मोबाइल टेलीविज़न के लिए ही इस्तेमाल किया जा रहा है।

U-Matic (3/4 इंच का वीडियो टेप) : यह वीडियो कैसेट रिकॉर्डर के टेप का एक ब्राण्ड है, जो 3/4 इंच के साइज में आता है।

V

VCR (टेलीविज़न प्रसारण को मैग्नेटिक टेप पर रिकॉर्ड करनेवाली मशीन) : 'वीसीआर' का पूरा नाम 'वीडियो कैसेट रिकॉर्डर' है। एक ओर जहाँ वीसीआर टेलीविज़न पर हो रहे प्रसारण को मैग्नेटिक टेप पर रिकॉर्ड कर सकता है, वहीं वह पहले से ही रिकॉर्ड किया हुआ वीडियो कैसेट टेलीविज़न पर दर्शा भी सकता है। वीसीआर का निर्माण और पहली बार बाज़ार में लाने का काम 1976 में जापान की सोनी कम्पनी ने किया था।

Very Small Aperture Terminal (छोटी सैटेलाइट डिश और उससे जुड़े उपकरणों का सेट) : इसको संक्षेप में 'वीसैट' (VSAT) कहते हैं। यह काफी छोटी डिश होती है,

जिसे आसानी से मनचाहे स्थान पर ले जाया जा सकता है और इसके ज़रिये वहीं से सीधे समाचार या सूचनाएँ प्रसारित की जा सकती हैं।

VHF (बहुत ऊँची फ्रीक्वेन्सी वाले चैनल) : इसे 'वेरी हाई फ्रीक्वेन्सी' कहते हैं। ये रेडियो या टेलीविज़न प्रसारण करनेवाले वे चैनल हैं, जो 30 से 300 मेगा हट्र्ज की फ्रीक्वेन्सी के दायरे में संकेतों का प्रसारण करते हैं।

VHS (वीसीआर का ही एक और संस्करण) : वीएचएस 'वीडियो होम सिस्टम' का संक्षिप्त नाम है। यह आधा इंच कैसेटवाले फॉर्मेट में होता है। सोनी द्वारा वीसीआर को बनाने और बाज़ार में लाने के बाद जापान की ही एक अन्य प्रतिद्वन्द्वी कम्पनी मत्सुशिता ने उसी काम के लिए 'वीएचएस' के नाम से एक मशीन बाज़ार में पेश की। वह भी काफी लोकप्रिय हुई।

Video (दृश्य रूप में सूचना का संग्रह और उसकी इलेक्ट्रॉनिक प्रस्तुति) : जब किसी सूचना को हम दृश्य रूप में ग्रहण करके उसकी इलेक्ट्रॉनिक प्रस्तुति करते हैं तो यह पूरी प्रक्रिया 'वीडियो' कहलाती है। इसके अलावा यह शब्द टेलीविजअल (दूरदृश्य) से सम्बन्धित सभी विषयों को सही अर्थ देने के लिए उपसर्ग आदि के रूप में प्रयुक्त होता है।

Video 8 (केवल 8 मिमी. चौड़ा वीडियो टेप) : यह अभी तक बना सबसे छोटा वीडियो टेप है, जो 8 मिमी. चौड़ा और 90 मिनट चलता है।

Video Archivist (समाचार प्रसारण में प्रयुक्त वीडियो टेप कथाओं का विवरण रखनेवाला व्यक्ति) : समाचार प्रसारण में प्रयुक्त वीडियो टेपों को व्यवस्थित और सुरक्षित रखने का काम काफी जिम्मेदारी भरा होता है। बड़े प्रसारण केन्द्रों में इसके लिए अलग से 'वीडियो आर्किविस्ट' रखा जाता है, जो ऐसे सभी टेपों की जानकारी रखता है और उनकी व्यवस्था को देखता है।

Video Conference (सूचना का वीडियो संवादालाप) : यह ऐसी प्रक्रिया है, जिसमें एक-दूसरे से काफी दूर बैठे हुए दो या अधिक व्यक्तियों के मध्य दृश्यात्मक संवादालाप सम्भव हो पाता है।

Video Disk (रिकॉर्ड की हुई वीडियो सूचना की डिजिटल फॉर्मेट में पुनर्प्रस्तुति) : वीडियो कैसेट्स सिस्टम और वीडियो डिस्क में बुनियादी समानता होने के बावजूद मुख्य अन्तर रिकॉर्डिंग की सुविधा का है। 'वीडियो डिस्क' प्रणाली में प्लेबैक की ही सुविधा रहती है, जबकि वीसीआर में रिकॉर्ड करने और सुविधानुसार उसे रिप्ले करने की सहूलियत भी होती है। डिस्क सिस्टम वीसीआर की तुलना में काफी सस्ता भी पड़ता है।

Video Dub (वीडियो सम्पादन की एक शैली) : जब वीडियो सम्पादन इस प्रकार किया जाता है कि तस्वीर या दृश्य को हटा दिये जाने के बावजूद उससे सम्बन्धित ध्वनियाँ बनी रहती हैं तो वह 'वीडियो डब' कहलाता है।

Video Editing -रिपोर्ट की ज़रूरत के अनुसार सिलसिलेवार ढंग से दृश्यों को जोड़ना। हालाँकि न्यूज़ चैनलों में वीडियो एडिटिंग सामान्य ख़बरों के अलावा अन्य कई स्तरों पर भी की जाती है, मसलन, कार्यक्रमों और चैनल की पैकेजिंग आदि में।

Video Journalists (वीडियो कैमरा संचालन और सम्पादन का काम करनेवाला संवाददाता) : जब कोई संवाददाता स्वयं ही कैमरे का संचालन करता है और शूटिंग, इण्टरव्यू तथा सम्पादन का काम भी खुद ही पूरा करता है तो उसे वीडियो जर्नलिस्ट कहते हैं।

Video Recording (स्थिर या सचल दृश्यों को इलेक्ट्रॉनिक तरीके से रिकॉर्ड करने की प्रक्रिया) : वीडियो कैमरे की सहायता से चलते-फिरते दृश्य को रिकॉर्ड करने को वीडियो रिकॉर्डिंग कहते हैं।

Video Tape (वीडियो और ऑडियो रिकॉर्डिंग के लिए विभिन्न आकारों में उपलब्ध टेप) : वीडियो रिकॉर्डिंग के लिए प्रयुक्त होनेवाला प्लास्टिक से बना और आयरन ऑक्साइड की परत चढ़ा 'वीडियो टेप' दृश्य और ध्वनि अंकित करने के उपयोग में आता है। यह 8 मिमी. से लेकर एक इंच चौड़ाई तक के आकार में मिलता है। इस पर अंकित दृश्य और ध्वनि का तत्काल रिप्ले किया जा सकता है।

Viewer (टेलीविज़न दर्शक/एक उपकरण) : (1) हर टेलीविज़न दर्शक एक 'व्यूअर' है।

(2) एक विशेष उपकरण, जिसमें चित्रों, कलाकृतियों और स्लाइडों को बारीकी से जाँचा जाता है।

Visuals (टेलीविज़न रिपोर्ट का दृश्यात्मक भाग) : टेलीविज़न रिपोर्ट का वह भाग, जो चित्रों, फिल्म, ग्राफिक्स और टेप फुटेज से सम्बन्धित होता है, वह 'विजुअल' की श्रेणी में आता है।

VJ (टीवी पर संगीत कार्यक्रम का प्रस्तुतकर्ता) : संगीत के हल्के-फुल्के कार्यक्रमों की प्रस्तुति करनेवाले व्यक्ति को 'वीजे' या 'वीडियो जॉकी' कहते हैं।

VNR (वीडियो समाचार विज्ञप्ति) : प्रेस विज्ञप्तियाँ वीडियो के रूप में भी भेजी जाती हैं। इनको 'वीडियो न्यूज़ रिलीज़' या 'वीएनआर' कहते हैं।

Vocal Quality (ध्वनि की तमाम बारीकियाँ और भेदों के गुण-दोष) : ध्वनि की गुणवत्ता अर्थात् ध्वनि के उतार-चढ़ाव शैली, उच्चारण इत्यादि को वोकल क्वालिटी कहते हैं।

Voice Over (दृश्य के साथ सुनायी देनेवाली आवाज़, जिसका वक्ता दिखायी न दे) : जब किसी अदृश्य व्यक्ति द्वारा पर्दे पर दिखायी देनेवाली तस्वीरों के साथ विवरण दिया जाता है, लेकिन वह स्वयं दिखायी नहीं देता तो इसको 'वॉइस ओवर' कहते हैं।

Voice Over Script (पर्दे पर प्रदर्शित तस्वीरों के साथ उद्घोषक द्वारा पढ़ा गया समाचार) : कई बार हम देखते हैं कि जैसे ही समाचार वाचक या उद्घोषक ख़बर पढ़ना शुरू करता है, वैसे ही पर्दे पर उससे सम्बन्धित जीवन्त या रिकॉर्ड की गयी तस्वीरें आने लगती हैं। इस दौरान ऐंकर द्वारा समाचार पढ़ना ज़ारी रहता है। समाचार वाचन और दृश्य प्रसारण की इस पूरी कार्यवाही को 'वॉइस ओवर स्क्रिप्ट' कहते हैं।

Voice Report (Voicer) (बुलेटिन के दौरान संवाददाता द्वारा समाचार कथा के बारे में दी गयी जानकारी) : आमतौर पर किसी बुलेटिन को समाचार वाचक या ऐंकर द्वारा दिया जाता है, लेकिन कभी-कभी समाचार से जुड़ी विशेष जानकारी संवाददाता के स्वर में भी प्रस्तुत की जाती है। उसी को 'वॉइस रिपोर्ट' कहते हैं।

W

Wide Angle Shot (सामान्य से अधिक कोण से लिया गया दृश्य) : जब कोई दृश्य सामान्य की तुलना में ज्यादा कोण बनाते हुए लिया जाता है तो वह 'वाइड ऐंगल शॉट' कहलाता है।

Wireless Microphone (बेतारवाला माइक्रोफोन) : यह ऐसा माइक्रोफोन होता है, जिसमें एक कम शक्तिवाला ट्रान्समीटर लगा रहता है। इसका सम्बन्ध मुख्य ट्रान्समीटर से रहता है। ऐसे स्थानों पर भी, जहाँ माइक का तार साथ रखने में कठिनाई होती है, बेतारवाला माइक्रोफोन काम में लिया जाता है।

Woof (आवाज़ में सामंजस्य बिठाने की कार्रवाई) : जब ध्वनि इंजीनियर माइक्रोफोन पर बोलकर अपनी आवाज़ की तीव्रता को सही सामंजस्य के लिए जाँचता है तो इस कार्य को 'वूफ' कहते हैं। टेलीविज़न और संगीत उपकरणों में अब इसी उद्देश्य से कम्पनियाँ अपने उत्पाद 'वूफर' लगाकर बाज़ार में ला रही हैं।

Worldwide Televesion News (ब्रिटेन की टेलीविज़न समाचार एजेन्सी) : यह ब्रिटेन की अन्तरराष्ट्रीय स्तर पर काम करनेवाली टेलीविज़न समाचार एजेन्सी है। इसके ग्राहक अपने देशों में कार्यरत टेलीविज़न चैनल हैं। इसका मुख्यालय ब्रिटेन में हैं।

•

सन्दर्भिका आभार सहित

रेडियो स्क्रिप्ट प्रो. नारायण बारेठ और विविध भारती 100.3 मेगा हट्र्ज
टेलीविज़न स्क्रिप्ट, अजय सिंह एनडीटीवी
मो.मोइन एबीपी न्यूज़
चित्र श्रीमती पूजा सिंह एवं विभिन्न इण्टरनेट साइट से
न्यूज चैनल-आजतक चैनल, एबीपी न्यूज, एनडी टीवी, न्यूज नेशन, सहारा, इण्डिया न्यूज इत्यादि।
समाचार पत्र-दैनिक जागरण, दैनिक भाष्कर, हिन्दुस्तान, अमर उजाला, टाइम्स ऑफ इण्डिया, द हिन्दू, राजस्थान पत्रिका एवं आज।
Television Production by Jim Owens, Gerald Millerson. Focal Press, 2012
Handbook of Television Productions by Herbert Zettl. Wordsworth Cengage, 2006
Digital Telivision Production by Jeremy Orlebar Arnold
Visual Aids and Photography in Education-By Michael Langford
The Mannual of Photography- Edited by Alan Horder
Photography Hand Book- By John Hedgecoe
Handbook of Aerial Photography and Interpretation-By K.K. Rampal
Video Production by Vasuki Belavadi, Oxford Higher Education, 2010 Edition
पटकथा लेखन, असगर वजहत, राजकमल प्रकाशन, संस्करण, 2011
फ़ोटो पत्रकारिता, नवल जायसवाल, सामयिक प्रकाशन, संस्करण, 2008
टेलीविज़न और क्राइम रिपोर्टिंग, वर्तिका नन्दा, राजकमल प्रकाशन, संस्करण, 2010
फ़ोटो पत्रकारिता के मूल तत्त्व, शशिप्रभा शर्मा, कनिष्क पब्लिशर्स डिस्ट्रीब्यूटर, संस्करण, 2007
सम्पूर्ण पत्रकारिता, डॉ. अर्जुन तिवारी, विश्वविद्यालय प्रकाशन, संस्करण, 2010
टेलीविज़न की भाषा, हरिश्चन्द्र बर्नवाल, राधाकृष्ण प्रकाशन, संस्करण, 2011

ख़बरें विस्तार से, डॉ. श्याम कश्यप मुकेश कुमार, राजकमल प्रकाशन, संस्करण, 2008
मीडिया लेखन, सुमित मोहन, वाणी प्रकाशन, संस्करण, 2005
प्रेक्टिकल फ़ोटोग्राफी, ओ. पी. शर्मा, हिन्द पॉकेट बुक, संस्करण, 2005
फिल्म निर्देशन, कुलदीप सिनहा, राधाकृष्ण प्रकाशन, संस्करण, 2011
रेडियो प्रसारण, कौशल शर्मा, संस्करण, 2004
रेडियो टेलीविज़न और फिल्म, डॉ. इन्द्रप्रकाश श्रीमाली, हिमांशु पब्लिकेशन्स, संस्करण, 2008

इण्टरनेट की निम्नलिखित साईट से चित्र प्रयोग के लिए :

1. photobucket.com/images/video%20camera
2. full-video-audio-mixer.en.softonic.com
3. www.kadungo.com
4. www.a-zplus.com
5. en.wikipedia.org/wiki/photographic_filte
6. meade.com
7. photo1pro.com
8. oneslidephotography.com
9. camerafilters.com
10. charapersis.com

●●●